Tabellen mit LaTeX

Vierte Auflage

Für Thea

Tabellen mit LaTeX

Vierte, überarbeitete und
erweiterte Auflage

Herbert Voß
Berlin

dante

lehmanns
media

Vierte Auflage
ISBN 978-3-96543-377-9
Umschlag: Herbert Voß (Bsp. 07-00-59 auf Seite 245)
Karikaturen: Duane Bibby, mit Genehmigung von TUG.org
Satz: LuaLaTeX (Schriften: Libertinus, AnonymousPro)
Verlag: Lehmanns Media, Berlin (https://www.lehmanns.de)
Druck: Elanders, Waiblingen (Germany)

Inhaltsverzeichnis

1 **Einführung** 3
1.1 Die Umgebung **tabular** 3
1.2 Die Umgebung **tabbing** 13
1.3 Zusammenfassung 17

2 **Pakete** 19
2.1 **array** 21
2.2 **arydshln** 29
2.3 **bigdelim** und **multirow** 31
2.4 **blkarray** 38
2.5 **booktabs** 46
2.6 **cellspace** 51
2.7 **collcell** 53
2.8 **ctable** 54
2.9 **datatool** 58
2.10 **easytable** 62
2.11 **hhline** 64
2.12 **makecell** 65
2.13 **mdwtab** 71
2.14 **diagbox** 73
2.15 **spreadtab** 75
2.16 **odsfile** 80
2.17 **tabls** 83
2.18 **tabularht** 84
2.19 **tabularkv** 86
2.20 **tabularx** 86
2.21 **tabulary** 89
2.22 **threeparttable** 90
2.23 **threeparttablex** 92
2.24 **warpcol** 94
2.25 **widetable** 96
2.26 **dcolumn** 96
2.27 **fcolumn** 98
2.28 **rccol** 100
2.29 **siunitx** 101

2.30 pgfplotstable 107
2.31 polytable 109
2.32 keyvaltable 111
2.33 tabto 113
2.34 Tabbing 115

3 Mehrseitige Tabellen 117
3.1 longtable 117
3.2 ltablex 130
3.3 ltxtable 132
3.4 stabular 135
3.5 supertabular 138
3.6 xtab 145
3.7 tabularray 153

4 Spezielle Tabellen 163
4.1 Anordnung von Tabellen mit hvfloat 163
4.2 Wahrheitstabellen mit luatruthtable 177

5 Farbe in Tabellen 181
5.1 colortbl 181
5.2 xcolor 186
5.3 TEXnisches 191

6 Tipps und Tricks 195
6.1 Tabelle – Allgemein 195
6.2 Umgebung tabbing 197
6.3 Zweispaltenmodus 198
6.4 Tabellenüberschriften 199
6.5 Mathematischer Modus 201
6.6 Excel- und LibreOffice-Dateien 202
6.7 Tabelle neben einer Abbildung 206

7 Beispiele 209

8 Fragen und Antworten 251
8.1 DANTE e.V. 251
8.2 Dokumentationen 251
8.3 Tabellen als Gleitobjekte 253
8.4 Von pdfLATEX nach LuaLATEX/XƎLATEX 255
8.5 Beispielprogramme 256

Literatur 259

Index der Befehle und Begriffe 264

Personen 273

Vorwort

Ein ganzes Buch nur für Tabellen erscheint auf den ersten Blick etwas verwegen. Vergleicht man aber einmal die Zahl der Beiträge, beziehungsweise Fragen zum Satz von Tabellen unter LaTeX, dann zeigt dies schnell die Bedeutung bei Veröffentlichungen jeglicher Art. Axel Reichert hatte schon vor längerer Zeit das Dokument **tabsatz** erstellt, welches bisher als allgemeine Referenz für Probleme im Umgang mit Tabellen galt. (Reichert 2016) Die Beispiele dieses Dokuments findet man mehr oder weniger auch in dieser Veröffentlichung, wobei sie allerdings eigenen Vorstellungen angepasst wurden. Der *LaTeX-Begleiter* von Mittelbach, Goossens u. a. (2006) ist mit seinem gut 40 Seiten umfassenden Kapitel auch nur eine kurze Einführung in die grundsätzliche Konstruktion von Tabellen und die Anwendung der bekanntesten Pakete.

Seit der Veröffentlichung von **tabsatz** ist jedoch die Zeit nicht stehen geblieben und es wurden weitere Pakete entwickelt, die auf unterschiedlichste Weise das Erstellen von Tabellen unterstützen. Sie alle werden hier behandelt, wobei insbesondere für das Paket **datatool** von Nicola Talbot eine Auswahl getroffen werden musste, denn der Umfang dieser Veröffentlichung war natürlicherweise begrenzt.

Prinzipiell wird von TeX kein Unterschied zwischen einer Tabelle und einer Matrix (array) gemacht. Dennoch wird hier nur die Tabelle behandelt, die normalen Text beinhaltet. Mathematische Elemente spielen dabei keine Rolle; man findet für dieses Themenfeld in Voß 2018 umfangreiche Beschreibungen.

Sämtliche Beispiele gibt es als vollständige LaTeX-Dokumente auf CTAN (Comprehensive TeX Archive Network – **http://www.ctan.org**) im Verzeichnis **CTAN://info/examples/Tabellen/**. Nur diese sollte man beim Experimentieren benutzen, da häufig aus reinen Platzgründen in den Beispielen das Laden von Paketen oder allgemeinem Code in den hier nicht sichtbaren Teil der Präambel ausgelagert wurde. Beispielsweise das Laden des Paketes **eurosym**, wenn das €-Symbol im Beispiel verwendet wurde. Es handelt sich dabei jedoch immer um Dinge, die nicht für das Verständnis des Beispiels wichtig sind. Einige der Beispiele erfordern nicht standardmäßige Dokumentenklassen oder weitere externe Programme, diese sind dann ebenfalls mit in dem CTAN-Verzeichnis gespeichert.

Wenn nichts weiteres angegeben ist, so wurden immer die Pakete der zur Zeit aktuellen TEXLive 2007, beziehungsweise die Pakete von CTAN in der Ende 2007 gültigen Version, verwendet. Es ist nicht zu erwarten, dass die neue Ausgabe der TEXLive zu Problemen führen wird, wenn nicht zwischenzeitlich einzelne Pakete extreme Änderungen in der Syntax der Makros erfahren. An manchen Stellen wird man gleiche Erklärungen finden, da dies vorteilhafter erschien, als auf entsprechende Erklärungen anderer hier behandelter Pakete zu verweisen. Es ist immer schwierig eine Wertung für oder gegen einzelne Pakete vorzunehmen, aber standardmäßig die Pakete **array**, **booktabs**, **tabularx** und für externe Daten **datatool** zu laden, erscheint in jedem Fall sinnvoll. Die Wertung der anderen Pakete sei dem Leser überlassen. Zur besseren Unterscheidung von allgemeinen Argumenten sind optionale grundsätzlich mit einer [*grauen*] Box unterlegt.

Optionale Argumente

Wie immer haben Klaus Höppner, Lutz Ihlenburg, Christoph Kaeder, Rolf Niepraschk, Uwe Ziegenhagen und ganz besonders Volker RW Schaa dankenswerterweise über das Manuskript geschaut, dabei auf Fehler hingewiesen und wertvolle Hinweise gegeben.

Berlin, im Mai 2008 Herbert Voß

Vorwort zur 4. Auflage

Eigentlich könnte man der Meinung sein, dass es zum Thema »Tabellen« nicht mehr viel Neues geben wird; schließlich existieren schon seit Jahrzehnten die wesentlichen Pakete zum Textsatz von Tabellen. In der letzten Auflage hatte ich im Vorwort auf **tabu** und **longtabu** verwiesen, deren Entwicklung vielversprechend begann, dann aber nicht weitergeführt wurde. Nun steht mit dem Paket **tabularray** ein neues Paket zur Verfügung, welches faktisch alle unterschiedlichen Anforderungen am Tabellensatz in einem Paket vereinigen will. Entsprechend komplex ist die Anwendung der verschiedenen Makros. Dieses Paket wird daher auch in einem etwas längeren Abschnitt behandelt. Hinzugekommen ist ebenfalls ein Abschnitt über spezielle Tabellen, beziehungsweise deren Anordnung über eine Doppelseite.

Das Modul (»Add-In«) **Excel2LaTeX** wurde zwischenzeitlich modifiziert und arbeitet nun auch mit neueren Excel-Dateien. Der Export nach LATEX funktioniert dabei mehr als nur zufriedenstellend.

Berlin, im Dezember 2022 Herbert Voß

Kapitel 1

Einführung

1.1 Die Umgebung `tabular` 3
1.2 Die Umgebung `tabbing` 13
1.3 Zusammenfassung 17

Beim Thema Tabellen spielt die Typografie eine bedeutende Rolle, denn Tabellen kann man in verschiedensten Varianten setzen, die zwar formal inhaltlich immer dasselbe darstellen, vom Leser aber nicht gleich schnell erfasst werden können. Konventionen als allgemein gültig zu bezeichnen, ist immer subjektiver Natur. Dennoch kann man folgende Voraussetzungen für eine typografisch gut gestaltete Tabelle als sinnvoll erachten:

- Keine vertikalen Linien
- Keine doppelten Linien
- Zeilen nicht zu eng setzen
- Spalten nicht zu weit auseinanderziehen
- Zeilen links- und rechtsbündig mit horizontalen Linien setzen
- Horizontale Linien unterschiedlicher Dicke verwenden

Standard LaTeX unterstützt zwei tabellenartige Umgebungen, die **`tabbing`**- und die **`tabular`**-Umgebung, wobei letztere prinzipiell der mathematischen Umgebung **`array`** entspricht, nicht zu verwechseln mit dem *Paket* **`array`** (siehe dazu Abschnitt 2.1 auf Seite 21).

1.1 Die Umgebung `tabular`

Die Syntax der standardmäßigen Umgebung **`tabular`** unterscheidet sich von der möglichen Sternversion:

```
\begin{tabular}[Position]{Spaltendefinition}
...&...&...\\
...
\end{tabular}

\begin{tabular*}{Breite}[Position]{Spaltendefinition}
...&...&...\\
...
\end{tabular*}
```

Zulässige Notationen für die Spaltendefinition sind:

l	linksbündige Spalte (ohne Zeilenumbruch!)
c	zentrierte Spalte (ohne Zeilenumbruch!)
r	rechtsbündige Spalte (ohne Zeilenumbruch!)
p{*Länge*}	entspricht der Definition von **\parbox**[*c*]{*Länge*}, welche grundsätzlich im Blocksatz und mit Zeilenumbrüchen gesetzt wird.
@{*Spaltentrenner*}	vor und nach jeder Spalte wird @{*Spaltentrenner*} eingefügt, im Normalfall der Abstand **\tabcolsep**.
|	senkrechte Linie, kann beliebig erweitert werden zu ||...

Die Breite der Tabelle 1.1 mit einer Spaltendefinition von **{|l|r|p{3cm}|}** lässt sich exakt ausmessen und ist tabellarisch im Beispiel angegeben.

Tabelle 1.1: Bedeutung des Abstandes **\tabcolsep**, wobei der hellere Block die linke und der dunklere die rechte Seite einer Spalte markiert.

01-01-1

Links	Rechts	p{3cm}
Links	Rechts	p{3cm}

Längen	*Wert*
\tabcolsep	6.0pt
\widthof{Links}	22.43pt
2\tabcolsep	12.0pt
\widthof{Rechts}	27.13pt
2\tabcolsep	12.0pt
p{3cm}	85.35826pt
\tabcolsep	6.0pt
Gesamtbreite	170.91826pt

Setzt man die gesamte Tabelle in eine Box, so ergibt sich bei gleichzeitiger Anwendung des **array**-Paketes eine Breite von 172.51823 pt, was einer Differenz von 1.59998 pt entspricht, beziehungsweise gerundet 1.6 pt. Dies ist die Summe der vier senkrechten Linien in der Tabelle 1.1, die durch die Breite von **\arrayrulewidth**=0.4 pt vorgegeben ist. Lässt man diese senkrechten Linien weg oder benutzt nicht das Paket **array**, so ergibt sich eine Boxbreite von 170.91826 pt. Sämtliche der hier angegebenen Längen wurden durch TeX ausgemessen und mit **\the\<Länge>** ausgegeben. Dadurch wurde eine korrekte Berechnung sichergestellt.

Das obige Beispiel zeigt, dass man sehr wohl die exakte Breite einer Tabelle vorher bestimmen kann, was insbesondere bei solchen von Interesse ist, die über mehrere Seiten gehen, aber die volle Textbreite ausnutzen sollen. Wie in Kapitel 3 auf Seite 117 gezeigt wird, ist dies sonst nur über das Einlesen einer externen Datei oder Anwendung anderer Pakete möglich.

Ohne jegliches Ergänzungspaket existieren nur zwei spezielle Symbole, `*` und `@`, mit denen eine erweiterte Spaltendefinition möglich ist.

`*`{*Anzahl*}{*Spaltentyp*}, wobei hier *Anzahl* für den Wiederholungsfaktor und *Spaltentyp* für einen bekannten Typ steht.

01-01-2

l	l	l	r	r	r	r
L	L	L	R	R	R	R

```
\usepackage{array}

\begin{tabular}%
 {|*{3}{l}|*{4}{r|}}\cline{1-3}
l&l&l&r&r&r&r\\ L&L&L&R&R&R&R\\\cline{1-3}
\end{tabular}
```

Syntax von *

Der Operator `*` erwartet zwei Parameter, die auch beide in Kurzform angegeben werden können, wenn die Anzahl der Wiederholungen kleiner als 10 ist (einstellig) und nur der zu wiederholende Spaltentyp folgt: **`*{4}{r}`** ist identisch zu **`*4r`** und **`*{4}{r|}`** identisch zu **`*4{r|}`**.

`@`{...}, wobei hier »...« wieder für eine beliebige Code-Sequenz steht, die diesmal *anstelle* eines Spaltenabstandes in jeder Zeile eingefügt wird, wobei links und rechts *kein* Abstand mehr zwischen den beiden Spalten besteht. In diesem Beispiel wird wieder anstelle des Spaltenabstandes ein Doppelpunkt bzw. ein Pfeil eingefügt. Der Unterschied zu obigem Beispiel ist offensichtlich.

01-01-3

Links	Rechts:Zentriert→Box
l	r: c →p{1.5cm}

```
\begin{tabular}
  {@{} l|r @{:} c @{$\rightarrow$} p{1.5cm} @{}}
Links & Rechts & Zentriert & Box\\\cline{2-4}
l & r & c & p\{1.5cm\}\\\cline{1-1}
\end{tabular}
```

Die Sternversion der Umgebung **`tabular`** erlaubt die Vorgabe einer bestimmten Tabellenbreite, wobei LaTeX ausschließlich die letzte Spalte in ihrer Breite anpasst, um auf die entsprechende Vorgabe zu kommen. Das folgende Beispiel zeigt dies deutlich, denn die zweite Tabelle hat zwar eine rechtsbündige Ausrichtung der letzten Spalte, jedoch bleibt dies wirkungslos, da der darauf folgende Abstand gleich geblieben ist.

01-01-4

1	2	3
A	B	Rechts

1	2	3
A	B	Rechts

```
\begin{tabular*}{\linewidth}{lll}
1 & 2 & 3 \\\hline A & B & Rechts \\\hline
\end{tabular*}\par\bigskip
\begin{tabular*}{\linewidth}{llr}
1 & 2 & 3 \\\hline A & B & Rechts \\\hline
\end{tabular*}
```

Dies stellt in der Regel ein unbefriedigendes Ergebnis dar. Durch Anwendung des `@`-Operators und des Macros **`\extracolsep`** kann jedoch eine gleichmäßige Verteilung der »Spaltenbreiten« erreicht werden. Dazu muss einfach die dynamische Länge **`\fill`** als Spaltenabstand übergeben werden.

`\extracolsep`{*Länge*}

Insbesondere bei Verwendung senkrechter Linien, erkennt man den Unterschied zwischen dem Vergrößern der Spaltenbreite und dem Vergrößern des Spaltenabstandes (**\tabcolsep**). **tabular*** arbeitet ausschließlich mit der letzten Variante, was durch die folgenden Beispiele deutlich wird.

1	2	3
A	B	C

1	2	3
A	B	C

```
\begin{tabular*}{\linewidth}%
   {|l@{\extracolsep{\fill}}|l|l|}
1 & 2 & 3 \\\hline A & B & C \\\hline
\end{tabular*}\par\bigskip
\begin{tabular*}{\linewidth}%
   {|l|l|@{\extracolsep{\fill}}r|}
1 & 2 & 3 \\\hline A & B & C \\\hline
\end{tabular*}
```

01-01-5

Eine gleichmäßige Verteilung des zusätzlichen Spaltenabstandes erreicht man durch Einfügen von **@{\extracolsep{\fill}}** *nach* der ersten Tabellenspalte. Alternativ auch vor der ersten Spalte, wenn kein linksbündiger Rand erwünscht ist.

1	2	3
A	B	C

1	2	3
Links	Links	Rechts

```
\begin{tabular*}{\linewidth}%
   {|@{\extracolsep{\fill}}l|l|l@{}|}
1 & 2 & 3 \\\hline A & B & C \\\hline
\end{tabular*}\par\bigskip
\begin{tabular*}{\linewidth}%
   {|@{\extracolsep{\fill}}l|l|r@{}|}
1 & 2 & 3 \\\hline
Links & Links & Rechts \\\hline
\end{tabular*}
```

01-01-6

Grundsätzlich ist die Anwendung der Umgebung **tabularx** aus dem gleichnamigen Paket vorzuziehen, wenn man Tabellen einer bestimmten Breite erstellen möchte. Entsprechende Beispiele findet man im Abschnitt 2.20 auf Seite 86. Alternativ bietet sich auch die manuelle Berechnung der Spaltenbreiten an, wie es bereits in Tabelle 1.1 auf Seite 4 gezeigt wurde. Der Vorteil bei dieser Vorgehensweise ist die Tatsache, dass die Spaltenbreiten angepasst werden und nicht die Spaltenabstände, um auf die geforderte Breite zu kommen.

1.1.1 Linien

Grundsätzlich sollte man beachten, dass Linien im Allgemeinen *nicht* die Übersichtlichkeit einer Tabelle fördern und sehr häufig kontraproduktiv sind. Dies gilt ganz besonders für die vertikalen Linien. Die folgenden Beispiele dienen daher ausdrücklich nicht als Vorbild, sondern sollen lediglich als Beispiele für das formale Erstellen von Linien sein. Horizontale Linien werden mit **\hline** erzeugt und haben grundsätzlich Vorrang vor vertikalen Linien, was insbesondere für doppelte Linien zu beachten ist. Dies ergibt sich einfach aus der Tatsache, dass TeX die vertikalen Linien zeilenweise setzt und dafür nur die Zeilenhöhe berücksichtigt.

\hline
\cline{*Anfangsspalte-Endspalte*}

Beide Makros müssen in der Regel einem \\ oder **\tabularnewline** folgen; die einzige Ausnahme ist eine Anwendung direkt nach der Spaltendefinition, um eine Linie über der Tabelle zu erhalten. Sind die Werte für *Anfangsspalte* und *Endspalte* gleich, so wird nur diese Spalte mit einer Linie versehen.

01-01-7

links	p–Spalte	rechts
A	jetzt hat diese Spalte eine fixe Breite und ein sorgt für eine neue Zeile in dieser Spalte	B
1	2	3

```
\begin{tabular}{|l|||p{4cm}|r||}\hline
 links & p--Spalte & rechts\\
    \hline\hline\hline
 A      &  jetzt hat diese Spalte eine
           fixe Breite und ein \newline
           sorgt für eine neue Zeile in
           dieser Spalte & B \\\hline\hline
     1 &  2          & 3 \\\hline\hline
\end{tabular}
```

\cline{*1-2*} bedeutet eine Linie unter den ersten beiden Spalten und **\cline**{*2-2*} nur unter der zweiten Spalte.

01-01-8

links	p–Spalte	rechts
A	jetzt hat diese Spalte eine fixe Breite und ein sorgt für eine neue Zeile in dieser Spalte	B
1	2	3

```
\begin{tabular}{lp{4cm}r}
links & p--Spalte & rechts\\
         \cline{1-2}\hline% siehe Text
 A      &  jetzt hat diese Spalte eine
           fixe Breite und ein \newline
           sorgt für eine neue Zeile in
           dieser Spalte & B \\\cline{2-2}
     1 &  2          & 3 \\\cline{2-3}
\end{tabular}
```

Folgt ein **\cline** einem **\hline** oder geht diesem voran, so bleibt es ohne Wirkung, es wird von **\hline** überschrieben. **\cline** kann zwar mehrfach hintereinander auftreten, verhält sich aber ohne zusätzliche Codeänderungen wie ein einfaches **\cline**! Eine Lösung für farbige Teillinien findet man in Abschnitt 5.3 auf Seite 191. *\cline*

Ein Problem ergibt sich bei sehr dicken Linien, da LaTeX hier nicht auf eine korrekte Verbindung in den Eckpunkten achtet und die Linienstärke bei der Bestimmung des Zeilenabstandes in keiner Weise beachtet wird. Bezüglich der Eckverbindungen schafft die Anwendung des **array**-Paketes hier Abhilfe (siehe auch Abschnitt 2.1 auf Seite 21). Die Höhe einer einzelnen Zeile kann man leicht mit dem **\rule**-Befehl beeinflussen. Durch die Breite Null bleibt die Linie unsichtbar. *Linienstärke*

Das folgende Beispiel zeigt zuerst die Problematik der Eckverbindungen, wenn das Paket **array** *nicht* benutzt wird.

01-01-9

A	B
C	D

```
\setlength\arrayrulewidth{2pt}
\begin{tabular}{|c|c|}\hline
A & B \\\cline{1-1}
C & D \\\hline
\end{tabular}
```

Die Breite der vertikalen Linien hat *keinen* Einfluss auf die horizontale Breite einer Tabelle; die Linien werden sozusagen »über« den Text gezeichnet. Dies ist besonders bei breiten senkrechten Linien zu beachten. Bei Anwendung des **array**-Pakets ändert sich dieses Verhalten (siehe Abschnitt 2.1.1 auf Seite 27). *Vertikale Linien*

A	B
C	D

```
\usepackage{array} \setlength\arrayrulewidth{2pt}

\begin{tabular}{|c|c|}\hline
A & B\\\cline{1-1}\rule{0pt}{3.2ex}C & D\\\hline
\end{tabular}
```

01-01-10

1.1.2 Spaltenübergreifende Zellen

Der Befehl **\multicolumn** erlaubt das Zusammenfassen von *mehreren* Zellen einer Zeile zu *einer* Zelle mit einer eigenständigen Spaltendefinition, einschließlich eigener vertikaler Linien, die nur für diese Zelle gültig sind. Sie kann auch für eine einzelne Zelle zur Änderung des Spaltentyps genutzt werden.

\multicolumn{*Spaltenanzahl*}{*Spaltendefinition*}{*Inhalt*}

Für die Spaltendefinition ist all das möglich, was auch innerhalb eines standardmäßigen **tabular**-Kopfes möglich ist. Bei Verwendung des **array**-Paketes erweitern sich diese Möglichkeiten entsprechend (siehe dazu Abschnitt 2.1 auf Seite 21).

Personen		**Beruf**	
Anzahl	Geschl.	Angest.	Frei
222	m	160	62
2	n	**1**	2
97	w	70	27
Summen			
319		230	89
		319	

```
\begin{tabular}{@{}cccc@{}}\hline
\multicolumn{2}{|@{}c}{\textbf{Personen}} &
\multicolumn{2}{@{}c|}{\textbf{Beruf}}\\\hline
Anzahl& Geschl.& Angest.& Frei\\\hline
222   &    m   &    160 & 62  \\
  2   &    n   &\textbf{1}& 2 \\[5pt]
97    &    w   &     70  & 27  \\\hline
\multicolumn{4}{c}{Summen}     \\\cline{1-1}
\multicolumn{1}{@{}|c|@{}}{319}
      &        &    230  & 89 \\
                         \cline{1-1}\cline{3-4}
 & & \multicolumn{2}{|c|}{319}\\\cline{3-4}
\end{tabular}
```

01-01-11

Die Anwendung von **\multicolumn** ist lediglich im Zusammenhang mit senkrechten Linien gewöhnungsbedürftig, denn bei der Spaltendefinition bilden der Spaltentyp mit eventuell *folgender* Liniendefinition eine Einheit. Durch **\multicolumn** werden diese Liniendefinitionen aber ignoriert, da sie als Teil der zusammengefassten Spalte aufgefasst werden. Daher *muss* innerhalb von **\multicolumn** die Liniendefinition zwingend wiederholt werden; ansonsten fehlt hier ein Teilstück der senkrechten Linie. Nur für den Fall, dass die erste Spalte mit einbezogen wird, muss auch der linke Rand entsprechend beachtet werden; nur hier wird auch der linke Rand der Zelle zugeordnet.

Erste Spalte

Personen		**Beruf**	
Anzahl	Geschl.	Angest.	Frei
222	m	160	62
2	n	**1**	2
97	w	70	27
Summen			
319		230	89
		319	

```
\begin{tabular}{|cc|cc|@{}}\hline
\multicolumn{2}{|c}{\textbf{Personen}} &
\multicolumn{2}{c|}{\textbf{Beruf}} \\\hline
\multicolumn{4}{c}{}\\% leere Zeile ohne |
Anzahl& Geschl.& Angest.& Frei\\\hline
222   &    m   &    160 & 62  \\
  2   &    n   &\textbf{1}&2  \\[5pt]
97    &    w   &     70  & 27  \\\hline
\multicolumn{4}{c}{Summen}     \\\cline{1-1}
\multicolumn{1}{|c|}{319} & & 230 & 89
    \\\cline{1-1}\cline{3-4}
 & & \multicolumn{2}{|c|}{319}\\\cline{3-4}
\end{tabular}
```

01-01-12

01-01-13

Personen		Beruf	
Anzahl	Geschl.	Angest.	Frei
222	m	160	62
2	n	**1**	2
97	w	70	27
Summen			
319		230	89
		319	

```
\begin{tabular}{@{}|cc|cc|@{}}
\multicolumn{2}{|c|}{\textbf{Personen}} &
\multicolumn{2}{c|}{\textbf{Beruf}} \\[5pt]
Anzahl & Geschl. & Angest. & Frei\\\hline
222    &    m    &    160  & 62  \\
  2    &    n    &\textbf{1}&  2 \\[5pt]
97     &    w    &    70   & 27  \\\hline
\multicolumn{4}{|c|}{Summen}      \\\cline{1-1}
\multicolumn{1}{@{}|c|@{}}{319} & & 230 & 89
     \\\cline{1-1}\cline{3-4}
\multicolumn{1}{c}{}
  & & \multicolumn{2}{|c|}{319} \\\cline{3-4}
\end{tabular}
```

1.1.3 Verschachtelte Tabellen

Tabellen können beliebig ineinander verschachtelt werden, wobei schon ab der zweiten Stufe auf eine sinnvolle Code-Anordnung geachtet werden sollte, denn Verschachtelungen erschweren sehr häufig die Übersicht und führen zu Fehlern, die dann nur mit hohem Zeitaufwand korrigiert werden können. Andererseits erlauben verschachtelte Tabellen faktisch jegliche auch noch so komplizierte Anordnung, ohne auf das **multirow**-Paket (siehe Abschnitt 2.3 auf Seite 31) zurückgreifen zu müssen, welches selbst nicht immer optimale Ergebnisse liefert. Im folgenden Beispiel sind die Zellen mit kleinen Buchstaben jeweils Teil einer geschachtelten Tabelle, die man zudem mit dem **\cline**-Makro einfach einrahmen kann.

01-01-14

A1	A1	A1	A1	A1
	a1	a2		a3
A2	a1	a2	A	a3
	a1	a2		a4
A3	A3	A3	A3	A3
A4	A4	A4*		A4
A5	A5	A5	A5	A5

```
\begin{tabular}{ccccc}
A1 & A1 & A1 & A1 & A1\\\hline
A2 & \begin{tabular}{|c|}\hline
       a1\\a1\\a1\\\hline
     \end{tabular} &
 \begin{tabular}{c}a2\\a2\\a2\\\end{tabular} &
   A &
 \begin{tabular}{|c|}\hline
   a3\\a3\\a4\\\hline\end{tabular}\\
A3 & A3 & A3 & A3 & A3\\\cline{3-4}
A4 & A4 & \multicolumn{2}{|c|}{A4*} & A4\\\cline{3-4}
A5 & A5 & A5 & A5 & A5\\
\end{tabular}
```

Das folgende Beispiel zeigt allerdings ein unbefriedigendes Ergebnis, denn die beiden senkrechten Linien liegen nicht übereinander. Der Grund liegt in dem Abstand **\tabcolsep**, der jeder Tabelle vorangestellt wird, was zu einem zusätzlichen Abstand führt, wenn eine Tabelle Teil einer anderen Tabelle ist. Entsprechend Tabelle 1.1 auf Seite 4 ergibt sich in solchen Fällen dann ein Abstand von 3**\tabcolsep** oder 4**\tabcolsep** zwischen zwei Spalten. Dieser Effekt ist deutlich im folgenden Beispiel zu sehen, wo die Spalten einen deutlich zu großen Abstand zueinander haben.

01-01-15

Sp1 Z1	Sp2 Z1	Sp3 Z1
Sp1 Z2	Sp2 Z2/3	Sp4 Z2
Sp1 Z3		Sp4 Z3
Sp1 Z4	Sp2 Z4	Sp3 Z4

```
\begin{tabular}{|ccc|}
 Sp1 Z1 & Sp2 Z1 & Sp3 Z1\\
 \begin{tabular}{c}Sp1 Z2\\Sp1 Z3\end{tabular}
 & \begin{tabular}{|c|}\hline
    Sp2 Z2/3\\\hline \end{tabular}
 & \begin{tabular}{c}Sp4 Z2\\Sp4 Z3\end{tabular}\\
  Sp1 Z4 & Sp2 Z4 & Sp3 Z4
\end{tabular}
```

Hier muss in der Regel der Spaltenoperator **@** benutzt werden, um diese zusätzlichen Abstände zu korrigieren. In diesem Fall wird bereits in der übergeordneten Tabelle dafür gesorgt, dass alle Spalten (von außen betrachtet) keinen Abstand haben: `{|@{}c @{}c@{} c@{}|}`. Dass sich dennoch zwischen den Spalten 2`\tabcolsep` als Abstand ergibt, liegt an den inneren (geschachtelten) Tabellen. Man beachte die Reihenfolge von `|` und `@{}`, die besagt, erst die senkrechte Linie, dann kein weiterer Abstand. Im umgekehrten Fall (`@{}` und `|`) ist die Bedeutung von `@{}` wirkungslos, sie wird durch den folgenden senkrechten Strich aufgehoben. Denn diesem folgt in der Regel `\tabcolsep`, wenn nichts anderes vereinbart, wie beispielsweise wieder ein folgendes `@{}`.

|@{} und @{}| sind unterschiedlich

Sp1 Z1	Sp2 Z1	Sp3 Z1
Sp1 Z2	Sp2 Z2/3	Sp4 Z2
Sp1 Z3		Sp4 Z3
Sp1 Z4	Sp2 Z4	Sp3 Z4

```
\begin{tabular}{|@{}c @{}c@{} c@{}|}
  Sp1 Z1 & Sp2 Z1 & Sp3 Z1\\
  \begin{tabular}{c} Sp1 Z2\\Sp1 Z3 \end{tabular} &
  \begin{tabular}{|c|}\hline
    Sp2 Z2/3\\\hline \end{tabular} &
  \begin{tabular}{c} Sp4 Z2\\Sp4 Z3 \end{tabular}\\
  Sp1 Z4 & Sp2 Z4 & Sp3 Z4
\end{tabular}
```

01-01-16

Je nachdem wie die Tabellen aufgebaut sind und Linien gesetzt werden, kann ein unterschiedliches Vorgehen notwendig sein, beispielsweise innere Tabellen ohne Spaltenabstand zu setzen oder den Rahmen von außen um die innere Tabelle zu setzen, wie im folgenden Beispiel gezeigt wird:

Sp1 Z1	Sp2 Z1	Sp3 Z1
Sp1 Z2	Sp2 Z2/3	Sp4 Z2
Sp1 Z3		Sp4 Z3
Sp1 Z4	Sp2 Z4	Sp3 Z4

```
\begin{tabular}{@{}c @{}c@{} c@{}}
  Sp1 Z1 & Sp2 Z1 & Sp3 Z1\\\cline{2-2}
  \begin{tabular}{c|} Sp1 Z2\\Sp1 Z3 \end{tabular} &
  \begin{tabular}{c} Sp2 Z2/3 \end{tabular} &
  \begin{tabular}{|c} Sp4 Z2\\Sp4 Z3 \end{tabular}
    \\\cline{2-2}
  Sp1 Z4 & Sp2 Z4 & Sp3 Z4
\end{tabular}
```

01-01-17

Weiterhin kann es hilfreich sein, sich aus Gründen der Übersichtlichkeit, Abkürzungen zu definieren, sodass insbesondere bei verschachtelten Tabellen Fehler vermieden werden können. Im folgenden Beispiel wurden die erste Zeile nach oben und die letzte nach unten gestreckt, sodass eine bessere Anordnung des Rahmens die Folge ist. Die Bedeutung von `\rule` kann man Voß 2014 entnehmen.

Sp1 Z1	Sp2 Z1	Sp3 Z1
Sp1 Z2	Sp2 Z2/3	Sp4 Z2
Sp1 Z3		Sp4 Z3
Sp1 Z4	Sp2 Z4	Sp3 Z4

```
\providecommand\Btab{}% schon definiert
\renewcommand\Btab[2][c]{\tabular[#1]{#2}}
\providecommand\Etab{}% dito
\renewcommand\Etab{\endtabular}

\Btab{|@{}c @{}c@{} c@{}|}\hline
  \rule{0pt}{3ex}% besserer Abstand nach Oben
  Sp1 Z1 & Sp2 Z1 & Sp3 Z1\\\cline{2-2}
  \Btab{c|} Sp1 Z2\\Sp1 Z3 \Etab &
  \Btab{c} Sp2 Z2/3\\ \Etab &
    \Btab{|c} Sp4 Z2\\Sp4 Z3 \Etab \\\cline{2-2}
  \rule[-1.5ex]{0pt}{2ex}% besserer Abstand nach Unten
  Sp1 Z4 & Sp2 Z4 & Sp3 Z4\\\hline
\Etab
```

01-01-18

Weitere Ausführungen zum Thema »Linien« finden sich unter anderem im:

- Beispiel 05-03-1 auf Seite 191 für farbige Linien,
- Abschnitt 2.2 auf Seite 29 für gestrichelte Linien,
- Abschnitt 2.11 auf Seite 64 für nicht überlappende doppelte (Teil-)Linien.

1.1.4 Fußnoten

Der Befehl **\footnote** kann innerhalb einer Tabelle zwar benutzt werden, führt jedoch nicht zum erwarteten Ergebnis; der Fußnotentext fehlt. Mit der Verwendung der Kombination **\footnotemark** und **\footnotetext** kann man das Problem umgehen. Zu beachten ist lediglich, dass **\footnotemark** den Fußnotenzähler inkrementiert, sodass dieser wieder zurückgesetzt werden muss, bevor der Fußnotentext mit **\footnotetext** geschrieben wird.

01-01-19

L[1]	C	R
L	C	R
L	C[2]	R
L	C	R
L	C	R[3]

Normale Textzeile nach der zentrierten Tabelle mit normaler Fußnote[4].

[1]Linksbündig
[2]Zentriert
[3]Rechtsbündig
[4]Normale Fußnote

```
\begin{tabular}{lcr}\hline
L\footnotemark & C & R\\
L & C & R\\
L & C\footnotemark & R\\
L & C & R\\
L & C & R\footnotemark\\\hline
\end{tabular}
\addtocounter{footnote}{-2}
\footnotetext{Linksbündig}
\stepcounter{footnote}\footnotetext{Zentriert}
\stepcounter{footnote}\footnotetext{Rechtsbündig}

Normale Textzeile nach der zentrierten Tabelle
mit normaler Fußnote\footnote{Normale Fußnote}.
```

Alternativ kann man zum einen die Pakete verwenden, die Fußnoten in Tabellen unterstützen oder das Paket **tablefootnote** von H. Martin Münch, welches Fußnoten in der Umgebung **tabular** ermöglicht, wobei diese aber Teil einer der Umgebungen **table** und **sidewaystable** sein *muss.*

01-01-20

L[1]	C	R
L	C	R
L	C[2]	R
L	C	R
L	C	R[3]

Normale Textzeile nach der Tabelle mit normaler Fußnote[4].

[1]Linksbündig
[2]Zentriert
[3]Rechtsbündig
[4]Normale Fußnote

```
\usepackage{tablefootnote}

\begin{table}
\begin{tabular}{lcr}\hline
L\tablefootnote{Linksbündig}
  & C & R\\
L & C & R\\
L & C\tablefootnote{Zentriert} & R\\
L & C & R\\
L & C & R\tablefootnote{Rechtsbündig}
  \\\hline
\end{tabular}
\end{table}

Normale Textzeile nach der Tabelle
mit normaler Fußnote\footnote{Normale Fußnote}.
```

1.1.5 Endnoten

Mit dem Paket **postnotes** von Gustavo Barros können auch Fußnoten in Tabellen als Endnoten am Ende des Abschnitts, des Kapitels oder des Dokuments erscheinen. Bei längeren Dokumenten kann hierbei eine Unterteilung in Abschnitte, beziehungsweise Kapitel, sinnvoll sein.

```
\usepackage{postnotes} \usepackage{hyperref}
\chapter{Erstes Kapitel}
\postnotesection{\section*{Fußnoten zu Kapitel \pnthechapter}} \blindtext

\begin{tabular}{cc}\hline
foo\postnote{tab:foo} & bar \\
foo & bar\postnote{tab:bar}\\\hline
\end{tabular}

Bar note.\postnote{Foo note.}  Bar.\postnote{Bar note.}
\Blindtext

\chapter{Second chapter}  \blindtext
\postnotesection{\section*{Fußnoten zu Kapitel \pnthechapter}} \setcounter{postnote}{0}
Baz.\postnote{Baz note.}  Boo.\postnote{Boo note.}  \Blindtext

\printpostnotes
```

01-01-21

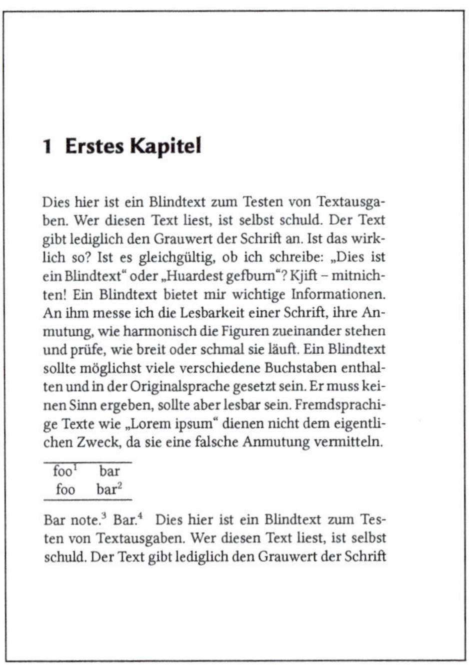

1 Erstes Kapitel

Dies hier ist ein Blindtext zum Testen von Textausgaben. Wer diesen Text liest, ist selbst schuld. Der Text gibt lediglich den Grauwert der Schrift an. Ist das wirklich so? Ist es gleichgültig, ob ich schreibe: „Dies ist ein Blindtext“ oder „Huardest gefburn“? Kjift – mitnichten! Ein Blindtext bietet mir wichtige Informationen. An ihm messe ich die Lesbarkeit einer Schrift, ihre Anmutung, wie harmonisch die Figuren zueinander stehen und prüfe, wie breit oder schmal sie läuft. Ein Blindtext sollte möglichst viele verschiedene Buchstaben enthalten und in der Originalsprache gesetzt sein. Er muss keinen Sinn ergeben, sollte aber lesbar sein. Fremdsprachige Texte wie „Lorem ipsum“ dienen nicht dem eigentlichen Zweck, da sie eine falsche Anmutung vermitteln.

foo[1]	bar
foo	bar[2]

Bar note.[3] Bar.[4] Dies hier ist ein Blindtext zum Testen von Textausgaben. Wer diesen Text liest, ist selbst schuld. Der Text gibt lediglich den Grauwert der Schrift

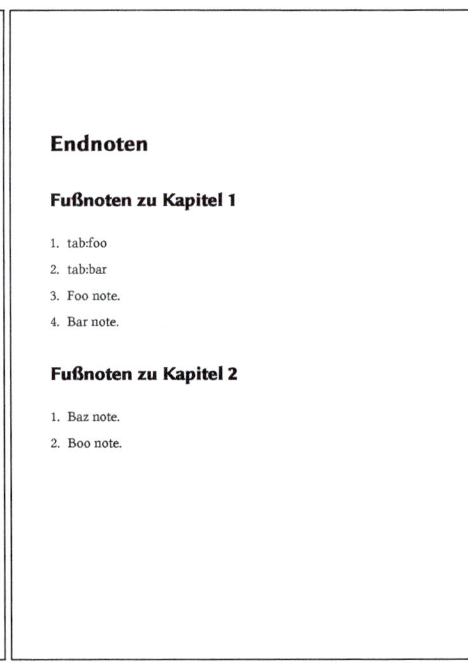

Endnoten

Fußnoten zu Kapitel 1

1. tab:foo
2. tab:bar
3. Foo note.
4. Bar note.

Fußnoten zu Kapitel 2

1. Baz note.
2. Boo note.

01-01-22

```
\usepackage[ngerman]{babel}  \usepackage{postnotes}
\AddToHook{cmd/chapter/before}{%
  \postnotesection{\section*{Endnoten zu Kapitel \pnthechapternextnote}}}
  \counterwithin*{postnote}{chapter}
\usepackage{hyperref}
\tableofcontents    \chapter{Erstes Kapitel}  \blindtext

\begin{tabular}{cc}\hline
foo\postnote{tab:foo} & bar \\    foo & bar\postnote{tab:bar}\\\hline
\end{tabular}

Bar note.\postnote{Foo note.}  Bar.\postnote{Bar note.}  \Blindtext
```

```
\chapter{Zweites Kapitel} \blindtext Baz.\postnote{Baz note.} Boo.\postnote{Boo note.} \Blindtext

\printpostnotes
```

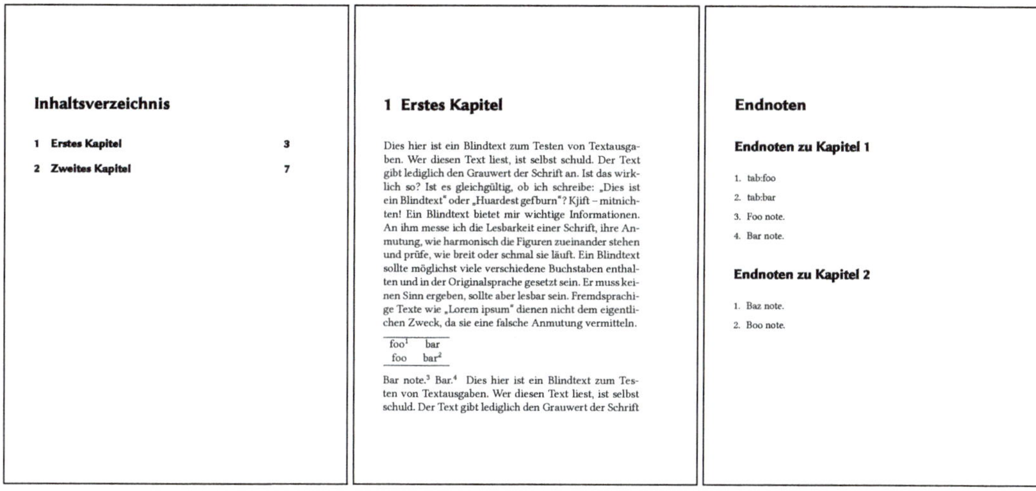

Das Paket bietet noch weitere Möglichkeiten für die Ausgabe, die alle hinreichend in der Dokumentation beschrieben sind. (Barros 2022)

1.2 Die Umgebung **tabbing**

Die Umgebung **tabbing** erzeugt im eigentlichen Sinne keine Tabelle, ermöglicht aber tabellarische Anordnungen, weshalb sie auch immer wieder im Zusammenhang mit Tabellen aufgeführt wird. Sie hat insbesondere den Vorteil, dass sie sowohl Fußnoten als auch Seitenumbrüche ermöglicht. Der Name der Umgebung weist schon auf die alte Tabulatortaste hin, wie sie schon bei der ersten Schreibmaschinen zur Anwendung kam. Das Prinzip dieser »Tabulatortaste« ist in der Umgebung **tabbing** erhalten geblieben. Für die Steuerung der Tabulatoren stehen mehrere Kurzbefehle zur Verfügung, die alle in Tabelle 1.2 zusammengestellt sind.

```
\begin{tabbing}
Eine \=Musterzeile \=... \kill \\
Die \>formatierten \>Zeilen...\\
...
\end{tabbing}
```

Tabelle 1.2: Zusammenstellung der Tabulatorbefehle für die Umgebung **tabbing**.

Symbol	*Bedeutung*
\=	Setzt einen Tabstop an der aktuellen Position.
\>	Springt zum nächsten Tabstop.
\<	Ermöglicht Text links vom linken Rand zu setzen ohne diesen zu ändern.

Symbol	*Bedeutung*
`\+`	Der linke Rand wird einen Tabstop nach rechts versetzt.
`\-`	Der linke Rand wird einen Tabstop nach links versetzt.
`\'`	Der vor dem `\'`-Befehl stehende Text wird rechtsbündig und der folgende Text linksbündig gesetzt.
``\` ``	Der dem ``\` ``-Befehl folgende Text wird rechtsbündig in der Zeile gesetzt.
`\a`	Zum Setzen von Akzenten innerhalb der Umgebung **`tabbing`**, beispielsweise **`\a 'e`**$\rightarrow$é.
`\kill`	Löscht die aktuelle (Muster-)Zeile und behält die darin definierten Tabstops.
`\pushtabs`	Speichert oder setzt alle aktuellen Tabulatoren, je nach Reihenfolge.

Die Musterzeile kann „gekillt“ werden
ersterTabstop
zweiter Tabstop
dritter
vierter

```
\usepackage{pst-node}

\begin{tabbing}
Die \=\rnode{A}{}Musterzeile \=\rnode{B}{}kann
  \=\rnode{C}{},,gekillt`` \=\rnode{D}{}werden\\
\>\rnode{a}{}erster Tabstop\\
\>\>\rnode{b}{}zweiter Tabstop\\
\>\>\>\rnode{c}{}dritter\\
\>\>\>\>\rnode{d}{}vierter
\end{tabbing}
\psset{nodesepA=-1ex,nodesepB=1ex}
\ncline{->}{A}{a}\ncline{->}{B}{b}
\ncline{->}{C}{c}\ncline{->}{D}{d}
```

01-02-1

Die sogenannte Musterzeile erlaubt zusammen mit dem **`\kill`**-Befehl auf einfache Weise eine Festlegung der einzelnen Tabulatoren; **`\kill`** löscht zwar die Zeile, nicht jedoch die mit **`\=`** festgelegten Positionen.

erster Tabstop
zweiter Tabstop
dritter
vierter
0 1 2 3 4

```
\begin{tabbing}
Die \=Musterzeile \=kann
  \=,,gekillt`` \=werden\kill\\
\>erster Tabstop\\ \>\>zweiter Tabstop\\
\>\>\>dritter\\ \>\>\>\>vierter\\
0 \>1 \>2 \>3 \>4
\end{tabbing}
```

01-02-2

Akzente Ein Problem ergibt sich bei der Anwendung einiger Kurzbefehle, wenn diese gleichzeitig als Akzent definiert sind. In diesen Fällen müssen die Akzente innerhalb einer Umgebung **`tabbing`** durch **`\a`** eingeleitet werden (vergleiche dazu auch das Paket **`Tabbing`** im Abschnitt 2.34 auf Seite 115).

erstes Café
zweites Café
Mâitre
Crème brûlée

```
\begin{tabbing}
Die \=Musterzeile \=kann
  \=,,gekillt`` \=werden\kill\\
\>erstes Caf\a'e\\ \>\>zweites Caf\a'e\\
\>\>\>M\a^aitre\\
\>Cr\a`eme\>\>\>br\a^ul\a'ee
\end{tabbing}
```

01-02-3

Wenn in folgenden Zeilen auch jeweils ein zum aktuellen Tabulator folgender angesprungen werden soll, so kann man den Befehl **\+** anwenden, der den linken Rand auf die folgende Tabulatorposition setzt. Damit ist dann ein **\>** überflüssig geworden, da der aktuelle linke Textrand dann der Tabulatorposition entspricht. Dieser Effekt lässt sich mit **\-** umkehren; der aktuelle linke Rand wird genau einen Tabstop nach links gesetzt. Diese beiden Möglichkeiten bieten sich besonders bei Algorithmen an, wenn man das sonst übliche Paket **listings** nicht verwenden will oder kann.

Ähnlich einer normalen Tabelle werden die einzelnen Elemente zwischen den Tabulatoren in einer Gruppe gesetzt, sodass eine Schriftumschaltung für die ganze Umgebung **tabbing** grundsätzlich vor der Umgebung zu erfolgen hat. Die Tabulatoren **\=** können nach der Musterzeile nach Belieben ergänzt werden, sie werden jedoch immer in die vorhandene Liste zusätzlich eingefügt; bestehende werden nicht gelöscht.

01-02-4

Eine normale Zeile…

```
function fact(n: integer): integer;
         begin
               if n > 1 then
               fact:= n * fact(n-1)
         else
               fact:= 1;
end;
```

```
\usepackage[scaled]{beramono}

Eine normale Zeile\ldots \ttfamily\small
\begin{tabbing}
function \=\textbf{fact(n: integer)}: integer;\\
\> begin \=\+ \\% linker Rand auf Tabstop
\> if \=n $>$ 1 then \+  \\
fact:= n * fact(n-1) \- \\
else \+ \\
fact:= 1; \-\-\\% 2 Tabs zurueck
end;
\end{tabbing}\normalfont\normalsize
```

Die Festlegung der Tabulatoren muss nicht notwendigerweise über einen Mustertext erfolgen, es können auch mithilfe von **\hspace** Abstände festgelegt werden.

```
\usepackage[scaled]{beramono}

Eine normale Zeile\ldots
\small\ttfamily % Schriftumschaltung lokal halten
\begin{tabbing}
\=\hspace{0.25in} \=\hspace{0.25in} \=\hspace{0.25in} \=\hspace{0.25in}\kill
\> <category> \+ \\
   \> <pattern>WHAT IS A *</pattern> \+ \\
   \> <template><srai>DEFINE <star index ="1"></srai> \\
   \> </template> \-\-  \\
\> </category>   \\[0.5\normalbaselineskip]
\> <category> \+ \\
   \> <pattern>DO YOU KNOW WHAT A * IS</pattern> \+ \\
\> <template><srai>DEFINE <star index ="1"></srai></template> \-\- \\
\> </category>
\end{tabbing}
\normalfont\normalsize
```

01-02-5

Eine normale Zeile…

```
<category>
    <pattern>WHAT IS A *</pattern>
        <template><srai>DEFINE <star index ="1"></srai>
        </template>
</category>

<category>
    <pattern>DO YOU KNOW WHAT A * IS</pattern>
        <template><srai>DEFINE <star index ="1"></srai></template>
</category>
```

Die beiden Tabulatorbefehle `\'` und `` \` `` ermöglichen es, Wörter links- oder rechtsbündig zu setzen, wobei sich die Rechtsbündigkeit bei `` \` `` immer auf die Zeile als Ganzes bezieht; weitere Tabulatoren werden nach dem Befehl `` \` `` ignoriert. Dagegen bezieht sich der Befehl `\'` auf den aktuellen Tabulator, was deutlich im folgenden Beispiel zu sehen ist. Der Abstand zwischen den beiden rechts- und linksbündigen Zeichenfolgen ist durch **\tabbingsep**=5.0pt festgelegt und kann beliebig geändert werden. Dabei ist darauf zu achten, dass innerhalb der Umgebung **tabbing** die Längenänderung global vorgenommen werden muss; der Inhalt zwischen zwei Tabstops wird intern lokal gehalten und die Änderung der Länge hätte sonst keine Auswirkung nach außen.

```
0   1            2    3        4
              2  Linksbündig
          2      Linksbündig
     1 Linksbündig
   0 Linksbündig
```

```
\begin{tabbing}
Die \=Musterzeile \=kann
  \=,,gekillt`` \=werden\kill\\
0 \>1 \>2 \>3 \>4\\
  \>  \>2 \'Linksbündig\\
\global\setlength\tabbingsep{20pt}
  \>  \>2 \'Linksbündig\\
\global\setlength\tabbingsep{0pt}
  \>1      \'Linksbündig\\
0          \'Linksbündig\\
\end{tabbing}
```

01-02-6

```
0   1           2    3       4
                2 Rechtsbündig in der Zeile
    1                      Rechtsbündig
0                                Rechts
```

```
\begin{tabbing}
Die \=Musterzeile \=kann
  \=,,gekillt`` \=werden\kill\\
0 \>1 \>2 \>3 \>4\\
  \>  \>2 \`Rechtsbündig in der Zeile\\
  \>1 \`Rechtsbündig \\
0 \`Rechts \\
\end{tabbing}
```

01-02-7

Zentrieren Das horizontale Zentrieren von **tabbing**-Umgebungen lässt sich durch Einfügen der Umgebung in eine **minipage** maximaler Breite erreichen. Diese wird nach Erstellung der Umgebung **tabbing** intern auf die benötigte Breite »zugeschnitten«.

Dies ist ein normaler Text in einer normal breiten Textzeile.

```
0   1           2    3        4
  Rechtsbündig  Linksbündig
```

Dies ist ein normaler Text in einer normal breiten Textzeile.

```
Dies ist ein normaler Text in einer
normal breiten Textzeile.
\begin{center}
\begin{minipage}{\linewidth}
\begin{tabbing}
Die \=Musterzeile \=kann
  \=,,gekillt`` \=werden\kill\\
0 \>1 \>2 \>3 \>4\\
  \>  \> Rechtsbündig\'Linksbündig\\
\end{tabbing}
\end{minipage}
\end{center}
Dies ist ein normaler Text in einer
normal breiten Textzeile.
```

01-02-8

Fußnote Fußnoten verhalten sich in der Umgebung **tabbing** analog zur Umgebung **tabular** (siehe Abschnitt 1.1.4 auf Seite 11); sie sind formal nicht möglich, können aber mit der Kombination **\footnotemark** – **\footnotetext** erreicht werden.

\footnotemark [*Nummer*]
\footnotetext [*Nummer*] {*Text*}

01-02-9

f	fb	fbb
f[1]	fb	fbb
f	fb	fbb
f	fb[2]	fbb
f	fb	fbb
f	fb	fbb[3]

Normale Textzeile nach der Umgebung `tabbing` mit normaler Fußnote[4].

[1] foo
[2] foobar
[3] foobarbaz
[4] Normale Fußnote

```
\begin{center}\begin{minipage}{\textwidth}
\begin{tabbing}
foo \= foobar \= foobarbaz\kill
f \> fb \> fbb\\
f\footnotemark \> fb \> fbb\\
f \> fb \> fbb\\
f \> fb\footnotemark \> fbb\\
f \> fb \> fbb\\
f \> fb \> fbb\footnotemark
\end{tabbing}
\end{minipage}\end{center}
\addtocounter{footnote}{-2}
\footnotetext{foo}\stepcounter{footnote}
\footnotetext{foobar}\stepcounter{footnote}
\footnotetext{foobarbaz}

Normale Textzeile nach der Umgebung
\texttt{tabbing} mit normaler
Fußnote\footnote{Normale Fußnote}.
```

\footnotemark inkrementiert den Fußnotenzähler **footnote** und setzt nur die Fußnotennummer, während **\footnotetext** nur den Fußnotentext setzt ohne den Zähler zu verändern. Ist das optionale Argument angegeben, so bleibt der Fußnotenzähler unbeeinflusst und es wird *Nummer* als Fußnote genommen, wobei *Nummer* in jedem Fall eine positive Zahl sein muss.

Spezielle Pakete zu Tabulatoren findet man im Abschnitt 2.33 auf Seite 113. Sie erlauben ein vereinfachtes Setzen von Tabulatoren und erleichtern den Umgang mit Akzenten.

1.3 Zusammenfassung

- Alle Definitionen innerhalb einer Tabellenzelle bleiben lokal, da sie intern in eine **\begingroup**...**\endgroup**-Sequenz gesetzt werden. Schriftänderungen in einer Zelle sind daher völlig unproblematisch:

01-03-1

Fett bleibt lokal	Normalschrift

```
\begin{tabular}{|c|c|}
\bfseries Fett bleibt lokal & Normalschrift
\end{tabular}
```

Andererseits ist festzustellen, dass eine Schriftanweisung für die *ganze* Zeile, also alle Zellen, nicht so ohne weiteres möglich ist.

- Senkrechte Linienabschnitte können fehlen, wenn Zeilen durch \\ oder bei Verwendung des **array**-Pakets mit **\tabularnewline** vorzeitig beendet werden, weil nur noch leere Zellen folgen. Auch diese leere Zellen sollten daher durch **& &** eingegeben werden.

01-03-2

1	2							
1	2							
1	2	3	4	5	6	7	8	9

```
\begin{tabular}{ |*9{c|} }\hline
1&2 \\\hline % Rest ist leer
1&2& & & & & & & \\\hline
1&2&3&4&5&6&7&8&9\\\hline
\end{tabular}
```

- Ein häufiger Fehler entsteht durch eine zu geringe Zahl an definierten Bezeichnern für Spaltentypen. Die folgende Fehlermeldung entstand, weil nur zwei Spalten definiert, aber drei eingegeben wurden:

```
! Extra alignment tab has been changed to \cr.
<recently read> \endtemplate
1.7  text & text &
                   \\
?
```

- Zwischen zwei Spalten entsteht standardmäßig ein Abstand von **2\tabcolsep**, da jede Spalte links und rechts den einfachen Abstand **\tabcolsep** hat.
- Jede Spalte ist für eine eventuelle rechte Linie »zuständig«, nur die erste Spalte ist auch für die linke vertikale Linie »zuständig«.
- **\multicolumn** überschreibt standardmäßig eine bestehende Festlegung für die rechte Seite der Spalte oder Spalten. Dies ist besonders bei vertikalen Linien zu beachten. Für die erste Spalte ist auch der linke Rand betroffen.
- Die Umgebung **tabbing** hat den Vorteil, dass sie im Zweispaltenmodus (**\twocolumn**) angewendet werden kann und außerdem Seitenumbrüche erlaubt.
- Beginnt eine Tabellenzeile mit der öffnenden eckigen Klammer und endet die vorhergehende Zeile mit \\, beispielsweise:

```
foo   & bar \\
[baz] & baz
```

  so muss zur Vermeidung von Missverständnissen ein Befehl eingefügt werden, der zum einen die Interpretation von `\\[..]` verhindert und zum anderen keine zusätzliche Ausgabe erzeugt, beispielsweise **\relax**:

```
foo   & bar \\\relax
[baz] & baz
```

  Das Problem liegt beim Doppelbackslash, der ein optionales Argument für einen zusätzlichen Zeilenvorschub erlaubt und daher `[foo]` als zusätzliche Länge interpretiert.

Kapitel 2

Pakete

2.1 array 21
2.2 arydshln 29
2.3 bigdelim und multirow 31
2.4 blkarray 38
2.5 booktabs 46
2.6 cellspace 51
2.7 collcell 53
2.8 ctable 54
2.9 datatool 58
2.10 easytable 62
2.11 hhline 64
2.12 makecell 65
2.13 mdwtab 71
2.14 diagbox 73
2.15 spreadtab 75
2.16 odsfile 80
2.17 tabls 83
2.18 tabularht 84
2.19 tabularkv 86
2.20 tabularx 86
2.21 tabulary 89
2.22 threeparttable 90
2.23 threeparttablex 92
2.24 warpcol 94
2.25 widetable 96
2.26 dcolumn 96
2.27 fcolumn 98
2.28 rccol 100
2.29 siunitx 101
2.30 pgfplotstable 107
2.31 polytable 109
2.32 keyvaltable 111
2.33 tabto 113
2.34 Tabbing 115

In diesem Kapitel werden alle zurzeit auf CTAN vorhandenen Pakete behandelt, die sich auf die Struktur einer Tabelle beziehen. Pakete, die mehrseitige Tabellen ermöglichen, werden in einem eigenen Kapitel 3 auf Seite 117 behandelt. Dabei ist zu beachten, dass Tabellen mit der Möglichkeit eines Seitenumbruchs auch in eine **minipage** gesetzt werden können, womit sie sich dann wie Tabellen ohne die Möglichkeit eines Seitenumbruchs verhalten.

Das einzige Paket, was Unterstützung für Tabellen ohne und mit der Möglichkeit eines Seitenumbruchs bietet, ist **tabularray**, welches im Abschnitt 3.7 auf Seite 153 behandelt wird.

In jedem Fall sollte man vor einer Anwendung noch einmal kontrollieren, ob nicht zwischenzeitlich eine Aktualisierung benutzter Pakete stattgefunden hat. Um dies zu erleichtern, sind in der folgenden Tabelle alle Pakete mit ihren derzeitigen Versionen und aktuellem Versionsdatum angegeben.

Es gibt sicherlich wichtige und weniger wichtige Pakete. Da dies jedoch einer subjektiven Wahrnehmung unterliegt, werden die Pakete einfach alphabetisch aneinandergereiht, wenn es keine offensichtlichen Unterscheidungsmöglichkeiten gibt. Die folgende Tabelle trennt daher die Pakete auch nur nach den Bereichen »Allgemein – Dezimalzahlen – Farbe – Tabulatoren – Seitenumbruch«. Es bleibt letztlich dem Leser überlassen, welche er dann als wichtig und notwendig empfindet.

Tabelle 2.1: Zusammenstellung aller behandelten Pakete mit Datum und Versionsnummer.

Name	*Datum*	*Version*	*Bedeutung*
`array`	1. 11. 2022	2.5g	Erweiterung der `array`- und `tabular`-Umgebung.
`arydshln`	22. 2. 2019	1.76	Horizontale und vertikale gestrichelte Linien.
`bigstrut`	15. 3. 2021	2.8	Vertikale Längen für bessere Zeilenabstände.
`blkarray`	6. 1. 2018	0.07	Erweiterung der `array`- und `tabular`-Umgebung.
`booktabs`	14. 1. 2020	1.61803398	Besseres Layout von Tabellen.
`cellspace`	5. 1. 2022	1.9.0	Einfache Anordnung von Zelleninhalten einer Tabelle.
`collcell`	26. 10. 2022	0.5	Zelleninhalt sammeln und als Argument benutzen..
`ctable`	24. 6. 2016	1.31	Zentrierte, links- oder rechtsseitige Tabellen.
`datatool`	27. 9. 2019	2.32	Mächtiges Paket zum Einlesen und Bearbeiten externer Daten (CSV) und Darstellung als Tabelle.
`easytable`	5. 8. 2017	1.0	Tabellen mit gleicher Spaltenbreite oder Zeilenhöhe und unterschiedlichsten vertikalen und horizontalen Linien.
`hhline`	1. 6. 2021	2.04	Erweiterte horizontale »Linien« in Tabellen.
`keyvaltable`	5. 4. 2020	2.2	Zuordnung der Zelleneinträge über das »key-value«-System.
`makecell`	14. 8. 2019	0.1e	Unterstützung für spezielle Tabellenköpfe und mehrzeilige Zellen.
`mdwtab`	24. 6. 2016	1.9	Eine Reimplementation der `tabular` und `array`-Umgebung.
`multirow`	15. 3. 2021	2.8	Mehrzeilige Zellen innerhalb einer Tabelle.
`odsfile`	24. 6. 2016	0.6	Einlesen von Daten aus einer Tabelle im Format OpenDocument.
`spreadtab`	27. 2. 2019	0.5	Tabellen mit Funktionen einer Tabellenkalkulation.
`tablefootnote`	24. 6. 2016	1.1c	Fußnoten innerhalb der Umgebungen `table` und `sidewaystable`.
`tabls`	24. 6. 2016	3.5	Verbesserte vertikale Abstände in einer Tabelle (tabular lineskip).
`tabularht`	31. 12. 2019	2.7	`tabular`-Umgebung mit festlegbarer Höhe der Tabelle.
`tabularkv`	6. 1. 2018	1.2	`tabular`-Umgebung mit einem »key-value«-Interface.
`tabularx`	1. 6. 2021	2.11c	Tabellen mit variablen Spaltenbreiten.
`tabulary`	6. 1. 2018	0.10	Tabellen mit gleicher Höhe und unterschiedlicher Breite.
`threeparttable`	24. 6. 2016		Erlaubt Tabellen mit Über-, Unterschriften und Fußnoten derselben Breite.
`threeparttablex`	24. 6. 2016	0.3	Bessere Unterstützung von Anmerkungen.

Fortsetzung...

... Fortsetzung

Name	*Datum*	*Version*	*Bedeutung*
warpcol	24. 6. 2016	1.0c	Relative Anordnung von Zeilen mit numerischen Inhalten.
widetable	15. 1. 2020	2.1	Eine erweiterte Version der longtable*-Umgebung.
dcolumn	1. 6. 2021	1.06	Dezimalzahlen am Dezimaltrenner ausrichten.
fcolumn	1. 2. 2022	1.4.1	Dezimalzahlen am Dezimaltrenner ausrichten und Spalten addieren.
rccol	24. 6. 2016	1.2c	Dezimalzahlen am Dezimaltrenner ausrichten, mit Rundungsmöglichkeit der Nachkommastellen.
siunitx	5. 12. 2022	3.1.11	Setzen von Zahlenkolonnen mit und ohne Einheiten.
colortbl	31. 7. 2022	1.0f	Farbige Tabellenspalten, -zeilen und -zellen.
xcolor	12. 6. 2022	2.14	Erweiterungen für farbige Tabellenzeilen, -spalten und -zellen.
polytable	14. 7. 2020	0.8.6	tabular-ähnliche Umgebung mit symbolischen Spaltennamen.
tabto	5. 3. 2019	1.4	»Tab« zu bestimmten Stellen einer Zeile.
tabbing	28. 6. 2021		Erlaubt eine tabbing-Umgebung mit Akzenten in der üblichen Notation.
longtable	12. 11. 2021	4.17	Unterstützung für Seitenumbrüche innerhalb von Tabellen. Flexibler als das ctan-supertabular-Paket.
ltablex	28. 9. 2017	1.1	Erweiterung der tabularx-Umgebung um Seitenumbrüche innerhalb der Tabelle analog zum Paket longtable zu ermöglichen.
ltxtable	14. 3. 2022	0.4	Kombination aus den Paketen longtable und tabularx.
stabular	11. 10. 2021	2.1	Tabellen mit möglichem Seitenumbruch.
supertabular	2. 2. 2020	4.1g	Mehrseitige Tabellen, ähnlich dem longtable-Paket.
tabularray	2022D	2022D	Ein universelles Tabellenpaket mit Unterstützung für Seitenumbrüche.
xtab	24. 6. 2016	2.3f	Eine erweiterte Version des supertabular-Pakets.
luatruthtable	25. 9. 2022	1.1	Erstellen von Wahrheitstabellen mit LuaLaTeX.

2.1 array

Mit dem **array**-Paket von Frank Mittelbach und David Carlisle stehen vielfältige Möglichkeiten für eine bessere Einteilung einer Tabelle zur Verfügung. Zu empfehlen ist in jedem Fall noch die Anwendung von **booktabs**. Ausgehend von der folgenden Tabelle wird zum Vergleich jeweils eine der neuen Möglichkeiten gezeigt, wobei der Vollständigkeit halber auch »normale« Spaltendefinitionen zur Anwendung kommen. Es sei darauf hingewiesen, dass die Vielzahl der horizontalen und vertikalen Linien nicht der »Lesbarkeit« einer Tabelle förderlich ist; sie dient hier nur zur besseren Erklärung der einzelnen Optionen. Im Allgemeinen sollte man vertikale Linien gar nicht und horizontale nur sparsam einsetzen (siehe auch Zusammenstellung auf Seite 3).

Links	Rechts	Zentriert	Eine parbox
l	r	c	p{1.5cm}

```
\usepackage{array}

\begin{tabular}{|l|r|c|p{1.5cm}|}\hline
Links & Rechts & Zentriert &Eine parbox\\\hline
l     & r      & c         &p\{1.5cm\}\\\hline
\end{tabular}
```

02-01-1

\extrarowheight vergrößert die **Höhe** der Zeile ohne Einfluss auf die Tiefe zu nehmen, sodass dieser Abstand nicht zu groß gewählt werden sollte. Er dient im Wesentlichen nur zur Vermeidung des Anstoßens von Großbuchstaben an eine obere Linie.

Links	Rechts	Zentriert	Box
l	r	c	p{1.75cm}

```
\usepackage{array}

\setlength\extrarowheight{8pt}
\begin{tabular}{|l|r|c|p{1.75cm}|}\hline
Links & Rechts & Zentriert & Box\\\hline
l & r & c & p\{1.75cm\}\\\hline
\end{tabular}
```

02-01-2

\arraybackslash definiert den standardmäßigen Befehl für einen Tabellenzeilenumbruch, den Doppelbackslash \\, neu. Dieser hätte sonst bei gleichzeitiger Anwendung eines der Formatierungsmakros **\raggedright**, **\raggedleft** oder **\centering** ohne **\arraybackslash** in sogenannten **p**-Spalten nicht mehr seine ursprüngliche Bedeutung. Für eine neue *Zeile in einer Spalte* benutzt man dann **\newline** und für eine neue *Tabellenzeile* dann \\ oder alternativ das Makro **\tabularnewline**.

L	R	Z	Box
l	r	c	p{2.5cm} neue Zeile mit \newline
l	r	c	neue Tabellenzeile mit \\
wie jetzt			

```
\usepackage{array}

\begin{tabular}{|l|r|c|>{\raggedright%
    \arraybackslash}p{2.5cm}|}\hline
L & R & Z & Box\\\hline
l & r & c & p\{2.5cm\}\newline
  neue Zeile mit \verb+\newline+\\
l & r & c & neue Tabellenzeile mit \verb+\\+\\
  wie jetzt &&& \\\hline
\end{tabular}
```

02-01-3

Bei Anwendung des Pakets **ragged2e** kann auf das explizite Einfügen des Befehls **\arraybackslash** verzichtet werden.

L	R	Z	Box
l	r	c	p{2.5cm} neue Zeile mit \newline
l	r	c	neue Tabellen- zeile mit \tabularnewline
wie jetzt			

```
\usepackage{array,ragged2e}

\begin{tabular}{|l|r|c|
    >{\RaggedRight}p{3.5cm}|}\hline
L & R & Z & Box\tabularnewline\hline
l & r & c & p\{2.5cm\}
  \newline neue Zeile mit \verb+\newline+\\
l & r & c & neue Tabellen\-zeile
  mit \verb=\tabularnewline=\\
wie jetzt&&&\tabularnewline\hline
\end{tabular}
```

02-01-4

>{...}, wobei hier »...« für eine beliebige Code-Sequenz steht, die *vor dem Beginn* der jeweiligen Spalte in jeder Zeile ausgeführt wird. Im folgenden Beispiel wird die Fettschrift für die erste Spalte gewählt.

02-01-5

Links	Rechts	Zentriert	Box
l	r	c	p{1.5cm}

```
\usepackage{array}

\begin{tabular}{|>{\bfseries}l|r|c|p{1.5cm}|}
Links & Rechts & Zentriert & Box\\
    l &      r &     c     & p\{1.5cm\}
\end{tabular}
```

<{...}, wobei hier »...« wieder für eine beliebige Code-Sequenz steht, die diesmal *vor dem Ende* der jeweiligen Spalte in jeder Zeile ausgeführt wird. Im folgenden Beispiel wird der mathematische Modus gewählt, indem **>{$}** den Inlinemodus ein- und das folgende **<{$}** diesen ausschaltet.

02-01-6

Links	*Rechts*	Zentriert	Box
l	*r*	c	p{1.5cm}

```
\usepackage{array}

\begin{tabular}{l>{$}r<{$}c|p{1.5cm}|}
Links & Rechts & Zentriert & Box\\\hline
l & r & c & p\{1.5cm\}
\end{tabular}
```

!{...}, wobei hier »...« für eine beliebige Code-Sequenz, die *anstelle* einer Trennlinie in jeder Zeile eingefügt wird, wobei links und rechts der gleiche Abstand zu den beiden Spalten bestehen bleibt. In diesem Beispiel wird anstelle der Trennlinie ein Doppelpunkt bzw. ein Pfeil eingefügt.

02-01-7

Links	Rechts :	Zentriert $\mathcal{E}$	Box
l	r :	c $\mathcal{E}$	p{1.5cm}

```
\usepackage{array}
\begin{tabular}{l ! {\vline}r !{:} c
     !{$\rightarrow$} p{1.5cm}}
Links & Rechts & Zentriert & Box\\\hline
l & r & c & p\{1.5cm\}
\end{tabular}
```

Zusätzlicher Zwischenraum mit !

Zu beachten ist, dass **c!{\hspace {1cm}}c** zu einem *zusätzlichen* Zwischenraum von 1 cm führt. Insgesamt beträgt dieser dann 1 cm+2**\tabcolsep**. Im Gegensatz dazu ersetzt **c@{\hspace {1cm}}c** den standardmä0igen Zwischenraum von 2**\tabcolsep** zu 1 cm.

m{...}, wobei hier »...« für eine beliebige Längenangabe steht, beispielsweise **m{3cm}**, was für eine vertikale Zentrierung (middle) einer an der *aktuellen* Zeile ausgerichteten Box steht. *m-Spalte*

02-01-8

Links	Ein kurzer Absatz.
l	m{1.5cm}

```
\usepackage{array}

\begin{tabular}{|l | m{1.5cm}|}\hline
Links & Ein kurzer Absatz.\\\hline
l     & m\{1.5cm\}\\\hline
\end{tabular}
```

b-Spalte **b{...}**, wobei hier »...« für eine beliebige Längenangabe steht, beispielsweise **b{3cm}**, was für eine an der Unterkante (bottom) der *aktuellen* Zeile ausgerichteten Box steht.

Links	Ein kurzer Absatz.
l	b{1.5cm}

```
\usepackage{array}

\begin{tabular}{|l | b{1.5cm}|}\hline
Links & Ein kurzer Absatz.\\\hline
l     & b\{1.5cm\}\\\hline
\end{tabular}
```

02-01-9

Eine parbox	Eine parbox	Eine parbox
m{1.5cm}	p{1.5cm}	b{1.5cm}

```
\usepackage{array}

\begin{tabular}{|m{1.5cm} | p{1.5cm} | b{1.5cm}|}
\hline
Eine parbox & Eine parbox & Eine parbox\\\hline
m\{1.5cm\}  & p\{1.5cm\}  & b\{1.5cm\}\\\hline
\end{tabular}
```

02-01-10

w-Spalte **w{align}{...}**, wobei hier **align** für die horizontale Anordnung und »...« für eine beliebige Längenangabe steht, beispielsweise **w{c}{3cm}** Dies entspricht prinzipiell dem Befehl **\makebox**. (Voß 2022a) Der Inhalt der Spalte wird in eine horizontale Box der angegeben Breite gesetzt; ein Zeilenumbruch ist nicht möglich. Passt der Inhalt *nicht* in die Box, erfolgt *keine* Warnung im Logfile (overful box). *Kein Zeilenumbruch*

L	Eine Box	Eine Box
l	w{c}{1.5cm}	w{r}{1.5cm}

```
\usepackage{array}

\begin{tabular}{|l | w{c}{2.5cm} | w{r}{2.5cm}|}
\hline
L & Eine Box & Eine Box\\\hline
l & w\{c\}\{1.5cm\} & w\{r\}\{1.5cm\}\\\hline
\end{tabular}
```

02-01-11

W-Spalte **W{align}{...}**, ist identisch zur **w**-Variante, allerdings wird für den Fall, dass der Inhalt *nicht* in die horizontale Box passt, *eine* Warnung im Logfile (overful box) und für den **draft**-Modus die entsprechende Overfullrule ausgegeben.

L	Eine Box	Eine Box
l	W{c}{1.5cm}	W{r}{1.5cm}

```
\usepackage{array,xcolor}

\begin{tabular}{|l | W{c}{2.5cm} | W{r}{1.5cm}|}
\hline
L & Eine Box & Eine Box\\\hline
l & W\{c\}\{1.5cm\} &
    \textcolor{red}{W\{r\}\{1.5cm\}}\\\hline
\end{tabular}
```

02-01-12

Absatzeinzug

In Tabellenzellen, die durch die Spaltentypen **p**, **m** oder **b** definiert sind, wird der Absatzeinzug **\parindent** auf 0pt gesetzt (kein Einzug). Änderungen sind wie üblich durch **\setlength** innerhalb der einzelnen Zelle oder über den **>**-Operator möglich.

2.1.1 \newcolumntype

\newcolumntype{*Zeichen*} [*n*] {*Spaltendefinition*}

Das Makro **\newcolumntype** erlaubt beliebige neue Spaltentypen, die dann in abgekürzter Form als Spaltendefinition im Tabellenkopf benutzt werden können. *Zeichen* kann nur ein Buchstabe sein, der von den bereits reservierten abweichen muss, da diese sonst überschrieben werden. *n* bezeichnet die Anzahl der verwendeten Parameter und bleibt unberücksichtigt, wenn die Definition ohne Parameter erfolgt. Die *Spaltendefinition* muss auf einen bereits existierenden Spaltentyp Bezug nehmen. Die folgenden Beispiele zeigen jeweils exemplarisch die Anwendung des Makros.

```
\usepackage{array} \newcolumntype{L}{>{$}l<{$}} \newcolumntype{T}{>{\ttfamily\small}l}

\begin{tabular}{@{}lLT@{\qquad}lLT@{}}\hline
Sinus  & \sin(\alpha) &<Wert> sin &Cosinus & \cos(\alpha) & <Wert> cos \\
Tangens&\tan(\alpha)&<Wert> tan &Arcus Tangens&\arctan(x)&<Wert1> <Wert2> atan\\\hline
\end{tabular}
```

Sinus	$\sin(\alpha)$	`<Wert> sin`	Cosinus	$\cos(\alpha)$	`<Wert> cos`
Tangens	$\tan(\alpha)$	`<Wert> tan`	Arcus Tangens	$\arctan(x)$	`<Wert1> <Wert2> atan`

Im folgenden Beispiel wird eine Kopfzeile gedreht, um auf diese Weise die schmalen Spalten nicht unnötig zu verbreitern, was zu Lasten der Lesbarkeit der Tabelle ginge. Wenn bei einer Spalte mehrere Zeilen im Kopf erscheinen, dann sollte das Paket **varwidth** von Donald Arseneau mit der gleichnamigen Umgebung eingesetzt werden, welches gegenüber der Umgebung **minipage** den Vorteil hat, dass man die benötigte Breite nicht explizit angeben muss.

```
\usepackage{array,rotating} \newcolumntype{B}{>{\bfseries}c}
\newcolumntype{T}{>{\ttfamily}l}
\newcolumntype{R}[1]{>{\begin{turn}{#1}}l<{\end{turn}}}

\begin{tabular}[b]{BTl}
\multicolumn{1}{R{45}}{Abkürzung} & \multicolumn{1}{R{45}}{Bezugsspalte} &
\multicolumn{1}{R{45}}{Parameter}\\\hline B & c & - \\ T & l & - \\ R & l & 1\\\hline
\end{tabular} \qquad
\begin{tabular}[b]{@{}BTl@{}}
\multicolumn{1}{R{90}}{Abkürzung} & \multicolumn{1}{R{90}}{Bezugsspalte} &
\multicolumn{1}{R{90}}{Parameter}\\ B & c & - \\ T & l & - \\ R & l & 1
\end{tabular}
```

Abkürzung	Bezugsspalte	Parameter
B	c	-
T	l	-
R	l	1

Abkürzung	Bezugsspalte	Parameter
B	c	-
T	l	-
R	l	1

Trennung

Nach Definition trennt Standard-TeX nicht das erste Wort eines Absatzes. Dies ist in schmalen Spalten aber manchmal wünschenswert. Man definiert daher einen Spaltentyp, der als erstes ein **\hspace{0pt}** in die Spalte schreibt, was TeX als ein Wort der Breite Null erkennt und daraus folgend dann das nächste reguläre Wort trennt. Im folgenden

Beispiel erkennt man dies deutlich; die erste Tabelle ist fehlerhaft in der letzten Spalte, die zweite korrekt.

Links	Rechts	Zentriert	Box
l	r	c	Definitionsgemäß

Links	Rechts	Zentriert	Box
l	r	c	Definiti- onsgemäß

```
\usepackage{array}
\newcolumntype{P}[1]{>{\hspace{0pt}}p{#1}}

\begin{tabular}{|l|r|cp{1.75cm}|}
Links & Rechts & Zentriert & Box\\\hline
l & r & c & Definitionsgemäß
\end{tabular}\\[8mm]
\begin{tabular}{|l|r|cP{1.75cm}|}
Links & Rechts & Zentriert & Box\\\hline
l & r & c & Definitionsgemäß
\end{tabular}
```

LuaTeX Es ist jedoch zu beachten, dass LuaTeX alle Wörter in einem Absatz gleich behandelt und somit auch ein erstes Wort trennen kann.

Horizontale Ausrichtungen erreicht man mit den bereits mehrfach erwähnten drei Makros **\raggedleft**, **\centering** und **\raggedright**, beziehungsweise den modifizierten Makros **\RaggedLeft**, **\Centering** und **\RaggedRight** des Paketes **ragged2e** von Martin Schröder, die Worttrennungen erlauben.

```
\usepackage{array,ragged2e}
\newcolumntype{L}[1]{>{\hspace{0pt}\RaggedRight}p{#1}}%% \hspace{0pt} nur pdflatex/xelatex
\newcolumntype{C}[1]{>{\hspace{0pt}\Centering}p{#1}}
\newcolumntype{R}[1]{>{\hspace{0pt}\RaggedLeft}p{#1}}

\begin{tabular}{@{}L{3cm}C{3cm}R{3cm}@{}}\hline
Eine linksbündige Spalte mit rechtsseitigem Flattersatz
  & Eine zentrierte Spalte mit linkem und rechtem Flattersatz
  & Eine rechtsbündige Spalte mit linksseitigem Flattersatz\\
L & C & R\\\hline
\end{tabular}
```

Eine linksbün- dige Spalte mit rechtsseitigem Flattersatz	Eine zentrier- te Spalte mit linkem und rech- tem Flattersatz	Eine rechts- bündige Spalte mit linksseiti- gem Flattersatz
L	C	R

Man kann mit **\newcolumntype** auch auf mehrere Spaltentypen Bezug nehmen, beispielsweise durch **\newcolumntype{x}{llcll}**.

R	L	L	C	L	L
RR	LL	LL	CC	LL	LL

```
\usepackage{array} \newcolumntype{x}{llcll}

\begin{tabular}{ r x }
R & L & L & C & L & L\\
RR& LL& LL& CC& LL& LL
\end{tabular}
```

Insbesondere bei der Benutzung größerer Pakete kann es manchmal hilfreich sein, sich mit **\showcols** die definierten Spaltentypen im Terminal, beziehungsweise Logfile, ausgeben zu lassen.

```
\showcols
```

Für das Beispiel 02-01-16 findet man dann die folgenden Zeilen im Logfile:

```
Column w#1#2 -> >{\begin {lrbox}\ar@cellbox \d@llarbegin }c<{\d@llarend \end
        {lrbox}\makebox [#2][#1]{\unhbox \ar@cellbox }}
Column W#1#2 -> >{\begin {lrbox}\ar@cellbox \d@llarbegin }c<{\d@llarend \end
        {lrbox}\let \hss \hfil \makebox [#2][#1]{\unhbox \ar@cellbox }}
Column L#1 -> >{\hspace {0pt}\RaggedRight }p{#1}
Column C#1 -> >{\hspace {0pt}\Centering }p{#1}
Column R#1 -> >{\hspace {0pt}\RaggedLeft }p{#1}
```

Vertikale Linien

Im Zusammenhang mit dem **\multicolumn**-Befehl muss auf die Definition vertikaler Linien geachtet werden. Insbesondere dann, wenn diese Definition sowohl in der übergeordneten Spaltendefinition als auch im Argument von **\multicolumn** erfolgt. Im nächsten Beispiel wurde die betroffene vertikale Linie absichtlich breiter gestaltet, um den Effekt deutlicher hervortreten zu lassen.

L	L	C	L	L
LL	CCC			L

```
\usepackage{array}

\begin{tabular}{|l!{\vrule width 3pt}l|c|l|l|}\hline
L & L & C & L & L\\
LL&\multicolumn{3}{!{\vrule width 3pt}c|}{CCC} & L\\\hline
\end{tabular}
```

Es ist offensichtlich, dass die linke vertikale Linie sowohl von der normalen als auch der **\multicolumn**-Spaltendefinition gezeichnet wurde. Dieser Effekt ist nur bei Anwendung des **array**-Paketes zu sehen, da die vertikalen Linien hier mit ihrer wirklichen Breite beachtet werden. In der normalen Umgebung **tabular** von Standard-LaTeX werden die Linien nicht zur Bestimmung der horizontalen Abstände herangezogen, sodass dieser Effekt dort nicht zu sehen ist; die Linien werden übereinander gezeichnet. Eine Ausnahme bildet allerdings eine Umgebung **\multicolumn**, die bereits in der ersten Spalte beginnt. Dort müssen dann beide vertikalen Linien gesetzt werden. Ansonsten gilt die Regel, dass nur auf der rechten Seite der Spaltendeklaration eine Linie zu setzen ist. Linien sind bis auf die erste Spalte grundsätzlich der vorhergehenden Spalte zugeordnet.

L	L	C	L	L
CCC			L	L
L	L	Rechts		

```
\usepackage{array}

\begin{tabular}{!{\vrule width 3pt}l|l|c|l|l|}\hline
L & L & C & L & L                  \\\cline{1-3}
\multicolumn{3}{!{\vrule width 3pt}c|}{CCC} & L & L\\\hline
L & L & \multicolumn{3}{r|}{Rechts} \\\hline
\end{tabular}
```

Horizontale Linien

Solange man eine gerahmte Tabelle in einem eigenen Absatz oder vertikal zentriert in einer Zeile hat, beispielsweise wie diese Eins
Zwei Tabelle, ergibt sich keinerlei Problem der Darstellung, wenn man hier einmal von dem typografisch ungünstigen Zeilenabstand absieht. Wird diese Tabelle dagegen mit dem optionalen Argument **[t]** mit ihrer oberen Kante an der Grundlinie (Baseline) der aktuellen Zeile ausgerichtet, beispielsweise wie diese Eins Zwei Tabelle, ergibt sich das Problem mit der ersten horizontalen Linie der Tabelle. Diese ist nach Definition auf die Basislinie der Zeile ausgerichtet und nicht an der Höhe dieser aktuellen Zeile. Das die untere Linie zu sehr an der folgenden Zeile »klebt« ist dabei noch das kleinere Problem. Das Paket **array** hat für diese Situation zwei weitere spezielle Befehle definiert:

```
\firsthline        \lasthline
```

Damit kann dann sowohl für die erste als auch letzte horizontale Linie der Tabelle eine entsprechende Ausrichtung erreicht werden. Im folgenden Beispiel ist die erste Tabelle die gewohnte Anordnung, die zweite wird durch **\firsthline** nach oben verschoben und die dritte hat durch **\lasthline** zusätzlich noch einen kleinen Abstand zur folgenden Zeile.

Zeile Eins Zwei Zeile
eine neue Zeile im Absatz
Zeile Eins Zwei Zeile
eine neue Zeile im Absatz
Eins Zeile Zwei Zeile
eine neue Zeile im Absatz

```
\usepackage{array}

Zeile \begin{tabular}[t]{|c|}\hline
  Eins\\Zwei\\\hline
\end{tabular} Zeile \\
eine neue Zeile im Absatz\par Zeile
\begin{tabular}[t]{|c|}\firsthline
  Eins\\Zwei\\\hline
\end{tabular} Zeile \\
eine neue Zeile im Absatz\par Zeile
\begin{tabular}[b]{|c|}\firsthline
  Eins\\Zwei\\\lasthline
\end{tabular} Zeile \\
eine neue Zeile im Absatz
```

Der vertikale Abstand der Tabelle kann nach oben und nach unten durch die spezielle Länge **\extratabsurround** beeinflusst werden. Standardmäßig hat diese Länge den Wert von 2 pt.

Eine Zeile im Absatz vor der Tabelle.
Zeile Eins Zwei Zeile
Eine Zeile im Absatz nach der Tabelle.
Eine Zeile im Absatz vor der Tabelle und
`\addtolength\extratabsurround{10pt}`.

Zeile Eins Zwei Zeile

Eine Zeile im Absatz nach der Tabelle.

```
\usepackage{array}

Eine Zeile im Absatz vor der Tabelle.\par
Zeile \begin{tabular}[t]{|c|}\firsthline
  Eins\\Zwei\\\lasthline
\end{tabular} Zeile \\
Eine Zeile im Absatz nach der Tabelle.\par
Eine Zeile im Absatz vor der Tabelle und\\
\verb+\addtolength\extratabsurround{10pt}+.
\par Zeile
\addtolength\extratabsurround{10pt}
\begin{tabular}[t]{|c|}\firsthline
  Eins\\Zwei\\\lasthline
\end{tabular} Zeile \\
Eine Zeile im Absatz nach der Tabelle.
```

2.2 arydshln

Werden mehrere tabellenspezifische Pakete geladen, so sollte das von Hiroshi Nakashima erstellte **arydshln** in jedem Fall als letztes geladen werden. Nur so kann man Interferenzen mit anderen Paketen vermeiden. **arydshln** ermöglicht gestrichelte vertikale oder horizontale Linien und kann mit den normalen Linienmakros zusammen angewendet werden.

Links	Rechts	Zentriert	Box
l	r	c	p{1.5cm}
l	r	c	p{1.5cm}

```
\usepackage{arydshln}

\begin{tabular}{|l:r:|:c:p{1.5cm}|}\hline
Links & Rechts & Zentriert & Box\\\hdashline
l & r & c & p\{1.5cm\}\\\hline
l & r & c & p\{1.5cm\}\\\hdashline\hdashline
\end{tabular}
```

Dem obigen Beispiel kann bereits entnommen werden, dass der Doppelpunkt eine vertikale und **\hdashline** eine horizontale Linie markiert. Die Anwendung erfolgt in der bereits bekannten Art und Weise. Neben dem Doppelpunkt gibt es zusätzlich das Semikolon, welches über sein Argument ebenfalls eine Modifizierung der gestrichelten Linie erlaubt.

Vertikal	*Horizontal*
:	**\hdashline** [*dash/gap*]
;{*dash/gap*}	**\cdashline**{*von–bis*} [*dash/gap*]

Analog zu den Standardlinien gibt es auch hier die Möglichkeit, mit **\cdashline** eine Teillinie zu zeichnen. Beide Makros haben ein optionales Argument, welches eine individuelle Festlegung der gestrichelten Linie durch Vorgabe der Längen von Schwarz/Weiß (dash/gap) erlaubt.

Links	Rechts	Zentriert	Box
l	r	c	p{1.5cm}
l	r	c	p{1.5cm}
l	r	c	p{1.5cm}
l	r	c	p{1.5cm}

```
\usepackage{arydshln}

\begin{tabular}
  {|l:r:|:c;{2pt/2pt}p{1.5cm};{2pt/4pt}}
  \hdashline[3pt/1.5pt]
Links & Rechts & Zentriert & Box\\
  \cdashline{2-3}[1pt/3pt]
l & r & c & p\{1.5cm\}\\\hdashline[5pt/3pt]
l & r & c & p\{1.5cm\}\\\hline
l & r & c & p\{1.5cm\}\\\hdashline[3pt/5pt]
l & r & c & p\{1.5cm\}\\\hline
\end{tabular}
```

Bei Verwendung des **array**-Paketes (*muss* vorher geladen werden) stehen auch analoge Versionen zu **\firsthline** und **\lasthline** zur Verfügung (siehe Abschnitt 2.1.1 auf Seite 27), wobei hier jeweils ein optionales Argument für die Schwarz/Weiß-Folge der Linie möglich ist:

\firsthdashline [*dash/gap*]
\lasthdashline [*dash/gap*]

eine neue Zeile im Absatz

Zeile Eins Zeile
Zwei
eine neue Zeile im Absatz

Zeile Eins Zeile
Zwei
eine neue Zeile im Absatz

```
\usepackage{array,arydshln}

eine neue Zeile im Absatz\par Zeile
\begin{tabular}[t]{:c:}\firsthdashline
  Eins\\Zwei\\\hdashline
\end{tabular} Zeile \\
eine neue Zeile im Absatz\par Zeile
\begin{tabular}[t]{:c:}\firsthdashline[3pt/1pt]
  Eins\\Zwei\\\lasthdashline[1pt/3pt]
\end{tabular} Zeile \\
eine neue Zeile im Absatz
```

Der Linienstil kann global über die beiden Längen **\dashlinedash** und **\dashlinegap** geändert werden. Beide sind intern mit einer Länge von 4 pt festgelegt.

Links	Rechts	Zentriert	Box
l	r	c	p{1.5cm}
l	r	c	p{1.5cm}

```
\usepackage{arydshln}
\setlength\dashlinedash{2pt}
\setlength\dashlinegap{2pt}

\begin{tabular}{|l:r:|:c:p{1.5cm}:}
    \hdashline
Links & Rechts & Zentriert & Box\\
    \cdashline{2-3}
l & r & c & p\{1.5cm\}\\\hdashline
l & r & c & p\{1.5cm\}\\\hdashline
\end{tabular}
```

In den Abschnitten 1.1.1 auf Seite 6 und 2.1.1 auf Seite 27 wurde bereits auf das unterschiedliche Verhalten von Standard-LaTeX und dem **array**-Paket beim Erstellen von senkrechten Linien hingewiesen. Das Paket **arydshln** stellt zwei Befehle zur Verfügung, die ein Umschalten zwischen den unterschiedlichen Verhaltsweisen erlauben.

\ADLnullwide
\ADLsomewide
\ADLdrawingmode{*Modus***}**

\ADLnullwide führt zum Verhalten von Standard-LaTeX; die Breite der Linie hat keinen Einfluss auf die Breite der Tabelle, wohingegen **\ADLsomewide** das Gegenteil bewirkt. Im Allgemeinen wird man dies nicht anwenden müssen, da die Liniendicke sehr häufig unter 1 pt sein wird und nicht, wie im folgenden Beispiel zu sehen, übertrieben dick.

Eins
Zwei

Eins
Zwei

```
\usepackage{arydshln}

\setlength\arrayrulewidth{5pt}
\begin{tabular}{:c:}\hdashline
  Eins\\Zwei\\\hdashline
\end{tabular}\par\medskip
\ADLsomewide% Umschalten auf array-Stil
\begin{tabular}{:c:}\hdashline
  Eins\\Zwei\\\hdashline
\end{tabular}
```

Unter bestimmten Umständen kann der Fall eintreten, dass die gestrichelten Linien nicht vernünftig am rechten beziehungsweise unteren Rand enden. In solchen Fällen kann versucht werden, über einen geänderten Zeichenmodus ein besseres Verhalten zu erreichen. Für das Makro **\ADLdrawingmode** stehen drei verschiedene Modi zur Verfügung, wobei in vielen Fällen der erste bereits hinreichende Ergebnisse liefern wird. Im folgenden Beispiel wird man schon genauer hinsehen müssen, um bei den Kreuzungspunkten der gestrichelten Linien den Unterschied zwischen den einzelnen Modi zu erkennen.

```
\usepackage{arydshln}

\setlength\tabcolsep{0pt}
\setbox\strutbox\hbox{\vrule height14pt depth6pt width0pt}
\newcommand\mb{\makebox[20pt]}
\setlength\dashlinedash{3.01pt}
\setlength\dashlinegap{3.01pt}
\newcommand\Tabelle[1]{\begin{tabular}[b]{|c:c;{2pt/2pt}c|}\hline
    \noalign{\vskip-\arrayrulewidth}
  \mb{A}&\mb{A}&\mb{A}\\[-\arrayrulewidth]\hdashline
  \mb{B}&\mb{B}&\mb{B}\\[-\arrayrulewidth]\hdashline[2pt/2pt]
  \mb{C}&\mb{C}&\mb{C}\\[-\arrayrulewidth]\hline
  \multicolumn3c{(#1)}
\end{tabular}}
\Tabelle1\qquad\ADLdrawingmode{2}\Tabelle2\qquad\ADLdrawingmode{3}\Tabelle3
```

A	A	A
B	B	B
C	C	C

(1)

A	A	A
B	B	B
C	C	C

(2)

A	A	A
B	B	B
C	C	C

(3)

2.3 bigdelim, bigstrut und multirow

Die drei von Jerry Leichter und Piet van Oostrum erstellten Pakete stellen eigentlich eine Einheit dar und unterstützen im Wesentlichen das Erstellen von einzelnen Tabellenzellen über mehrere Zeilen. Prinzipiell kann jede **\multirow**-Anordnung durch eine geschachtelte Tabelle ersetzt werden, wie es bereits im Abschnitt 1.1.3 auf Seite 9 gezeigt wurde. Sehr häufig ist dies sogar die bessere Variante. Die anderen beiden Pakete erleichtern das Erstellen von Klammern um Tabellen oder Teilen von ihnen.

2.3.1 multirow

Das Paket kennt nur ein einziges Makro mit der folgenden Syntax:

\multirow{*Zeilen*} [*Summe* **\bigstrut**] {*Breite*} [*Shift*] {*Text*}
\multirow{*Zeilen*} [*Summe* **\bigstrut**] * [*Shift*] {*Text*}

Die Bedeutung der einzelnen verpflichtenden und optionalen Parameter ergibt sich aus der folgenden Zusammenstellung:

Zeilen — Anzahl der Tabellenzeilen, die formal zu einer **multirow**-Zelle zusammengefasst werden sollen.

Summe **\bigstrut** — Besonders in der **array**-Umgebung kann dieser optionale Parameter hilfreich sein, um einen besseren Abstand der Zeilen zu ermöglichen.

*	Der Spaltentyp der übergeordneten Tabelle wird übernommen.
Breite	Der Spaltentyp der übergeordneten Tabelle wird ignoriert und lokal zu einer p-Spalte der angegebenen Breite geändert.
Shift	Die optionale Angabe einer Länge ermöglicht eine vertikale Feinjustierung des Textes.
Text	Der Inhalt der **\multirow**-Zelle, der wiederum selbst aus einer Tabelle oder anderen komplexen Objekten, beispielsweise parbox bestehen kann.

Sp1 Z0	Sp2 Z0	Sp3 Z0
Sp1 Z1	Sp2 Z1	
Sp1 Z2	Sp2 Z2	Sp 3
Sp1 Z3	Sp 2	
Sp1 Z4	und	Sp3 Z4
	mehr	
	Text	

```
\usepackage{multirow}

\begin{tabular}{|l|l|l|}\hline
  Sp1 Z0 & Sp2 Z0 & Sp3 Z0\\
  Sp1 Z1 & Sp2 Z1 & \multirow{3}{2cm}{Sp 3}\\\cline{1-1}
  Sp1 Z2 & Sp2 Z2 & \\\cline{1-2}
  Sp1 Z3 & \multirow{2}{1cm}{Sp 2 und mehr Text} &\\
    \cline{1-1}\cline{3-3}
  Sp1 Z4 &        & Sp3 Z4\\\hline
\end{tabular}
```

Das Prinzip ist relativ einfach zu verstehen; die **\multirow**-Anweisung ist in die Tabellenzelle zu setzen, die den Beginn der Mehrzeilenzelle markiert. *Danach*, d. h. mit der nächsten Tabellenzeile, lässt man die entsprechend der in **\multirow** definierten Zellen/Spalten leer. Standardmäßig wird der Eintrag horizontal linksbündig und vertikal zentriert eingefügt, wenn eine Spaltenbreite bei **\multirow** angegeben wurde; die Zelle entspricht dann dem Spaltentyp **p**. Dabei erfolgt keinerlei Kontrolle, ob der Text in die vorgegebene Zeilenzahl gesetzt werden kann oder nicht, was deutlich in obigem Beispiel zu sehen ist. In solchen Fällen muss man selbst dafür Sorge tragen, dass die entsprechende Zeilenzahl durch leere Zeilen erhöht wird.

Sp1 Z0	Sp2 Z0	Sp3 Z0
Sp1 Z1	Sp2 Z1	
Sp1 Z2	Sp2 Z2	Sp 3
Sp1 Z3	Sp 2	
Sp1 Z4	und	Sp3 Z4
	mehr	
	Text	

```
\usepackage{multirow,bigstrut}

\begin{tabular}{|l|l|l|}\hline
  Sp1 Z0 & Sp2 Z0 & Sp3 Z0\\
  Sp1 Z1 & Sp2 Z1 & \multirow{3}{2cm}{Sp 3}\\\cline{1-1}
  Sp1 Z2 & Sp2 Z2 & \\\cline{1-2}
  Sp1 Z3 & \multirow{4}{1cm}{Sp 2 und mehr Text} &\\
    \cline{1-1}\cline{3-3}
  Sp1 Z4 &        & Sp3 Z4\\
         &        &       \\
         &        &       \\\hline
\end{tabular}
```

Die Sternoption der **\multirow**-Anweisung übernimmt einfach den Typ der aktuellen Spalte, wie sie im Tabellenkopf definiert wurde.

Sp1 Z0	Sp2 Z0	Sp3 Z0
Sp1 Z1	Sp2 Z1	
Sp1 Z2	Sp2 Z2	Sp 3
Sp1 Z3	Sp 2	
Sp1 Z4		Sp3 Z4

```
\usepackage{multirow}

\begin{tabular}{|l|r|c|}\hline
  Sp1 Z0 & Sp2 Z0 & Sp3 Z0\\
  Sp1 Z1 & Sp2 Z1 & \multirow{3}*{Sp 3}\\\cline{1-1}
  Sp1 Z2 & Sp2 Z2 & \\\cline{1-2}
  Sp1 Z3 & \multirow{2}*{Sp 2} &  \\
    \cline{1-1}\cline{3-3}
  Sp1 Z4 &        & Sp3 Z4\\\hline
\end{tabular}
```

Die horizontalen Linien machen sich insbesondere in der linken Spalte negativ bemerkbar, da sie sehr dicht am Text erscheinen. Durch Angabe eines zusätzlichen Zeilenvorschubes \\[*Dim*] kann der Abstand vergrößert werden. Damit auch **multirow** davon etwas mitbekommt, sollte man hier auf das Paket **bigstrut** zurückgreifen und dafür das Makro **\bigstrut** verwenden, welches einer Box einer bestimmten Höhe und der Breite Null entspricht (Höhe 2.0pt, der Tiefe 2.0pt und Breite 0.0pt.). Über das optionale Argument kann dann dem **\multirow**-Makro mitgeteilt werden, wie viele derartiger **\bigstrut**-Makros vorhanden sind. Dann ist es auch möglich den Text nach wie vor vertikal zentriert anzuordnen.

Das folgende Beispiel zeigt dies erst einmal für den Fall, dass das optionale Argument nicht benutzt wird. Dies führt dann zu einem Ergebnis, bei dem die **\multirow**-Einträge nicht mehr vertikal zentriert sind.

Sp1 Z0	Sp2 Z0	Sp3 Z0
Sp1 Z1	Sp2 Z1	
Sp1 Z2	Sp2 Z2	Sp 3
Sp1 Z3	Sp 2	
Sp1 Z4		Sp3 Z4

```
\usepackage{multirow,bigstrut}

\begin{tabular}{|l|r|c|}\hline
  Sp1 Z0 & Sp2 Z0 & Sp3 Z0\\
  Sp1 Z1 & Sp2 Z1 &
   \multirow{3}{1.25cm}{Sp 3}\bigstrut\\\cline{1-1}
  Sp1 Z2 & Sp2 Z2 & \bigstrut\\\cline{1-2}
  Sp1 Z3 & \multirow{2}{1.25cm}{Sp 2} & \bigstrut\\
    \cline{1-1}\cline{3-3}
  Sp1 Z4 &          & Sp3 Z4\bigstrut\\\hline
\end{tabular}
```

Teilt man dem **\multirow**-Makro jetzt die Zahl der wirksamen zusätzlichen **\bigstrut** über das optionale Argument mit, so kann eine entsprechende Korrektur erfolgen. Die »wirksame« Zahl ergibt sich dabei durch Art der Anwendung des Makros. Ohne optionales Argument zählt jede Zeile doppelt und für **\bigstrut** [*Position*] einfach, wobei Position die Werte **t** für top und **b** für bottom steht. In diesen Fällen wird dann nur oben oder unten ein zusätzlicher Abstand eingefügt, der demzufolge auch nur einfach zählt.

Im folgenden Beispiel umfasst die erste **\multirow**-Anwendung drei Zeilen und die zweite zwei Zeilen, sodass sich daraus die entsprechenden Werte des optionalen Arguments ergeben, da **\bigstrut** in jeder betreffenden Zeile angewendet wurde.

Sp1 Z0	Sp2 Z0	Sp3 Z0
Sp1 Z1	Sp2 Z1	
Sp1 Z2	Sp2 Z2	Sp 3
Sp1 Z3	Sp 2	
Sp1 Z4		Sp3 Z4

```
\usepackage{multirow,bigstrut}

\begin{tabular}{|l|r|c|}\hline
  Sp1 Z0 & Sp2 Z0 & Sp3 Z0\\
  Sp1 Z1 & Sp2 Z1 &
   \multirow{3}[6]{1.25cm}{Sp 3}\bigstrut\\\cline{1-1}
  Sp1 Z2 & Sp2 Z2 & \bigstrut\\\cline{1-2}
  Sp1 Z3 & \multirow{2}[4]{1.25cm}{Sp 2} & \bigstrut\\
    \cline{1-1}\cline{3-3}
  Sp1 Z4 &          & Sp3 Z4\bigstrut\\\hline
\end{tabular}
```

Eine notwendige Feinjustierung ergibt sich in der Regel bei Anwendung von abgesetzten mathematischen Umgebungen, da diese selbst vertikale Abstände einfügen, die dann zu einem falschen Ergebnis bezüglich der vertikalen Zentrierung führen.

Sp1 Z0	Sp2 Z0	Sp3 Z0
Sp1 Z1	Sp2 Z1	
Sp1 Z2	Sp2 Z2	Sp 3
Sp1 Z3		
Sp1 Z4	$f(x,y) = xy$	Sp3 Z4

```
\usepackage{multirow,bigstrut}

\begin{tabular}{|l|r|c|}\hline
  Sp1 Z0 & Sp2 Z0 & Sp3 Z0\\
  Sp1 Z1 & Sp2 Z1 & \multirow{3}[6]{1.25cm}{Sp 3}
       \bigstrut\\\cline{1-1}
  Sp1 Z2 & Sp2 Z2 & \bigstrut\\\cline{1-2}
  Sp1 Z3 & \multirow{2}[4]{2cm}{\[f(x,y)=xy\]}
                  & \bigstrut\\\cline{1-1}\cline{3-3}
  Sp1 Z4 &        & Sp3 Z4\bigstrut\\\hline
\end{tabular}
```

Der Abstand **\abovedisplayskip** ist bereits durch LaTeX definiert und der Faktor 0.8 ist hier, wie bei einer Feinjustierung üblich, durch reines Probieren ermittelt worden.

Sp1 Z0	Sp2 Z0	Sp3 Z0
Sp1 Z1	Sp2 Z1	
Sp1 Z2	Sp2 Z2	Sp 3
Sp1 Z3	$f(x,y) = xy$	
Sp1 Z4		Sp3 Z4

```
\usepackage{multirow,bigstrut}

\begin{tabular}{|l|r|c|}\hline
 Sp1 Z0 & Sp2 Z0 & Sp3 Z0\\ Sp1 Z1 & Sp2 Z1 &
  \multirow{3}[6]{1.25cm}{Sp 3}\bigstrut\\\cline{1-1}
 Sp1 Z2 & Sp2 Z2 & \bigstrut\\\cline{1-2}
 Sp1 Z3 &
 \multirow{2}[4]{2cm}[0.8\abovedisplayskip]{%
  \[f(x,y)=xy\]} &
  \bigstrut\\\cline{1-1}\cline{3-3}
 Sp1 Z4 &        & Sp3 Z4\bigstrut\\\hline
\end{tabular}
```

Es wurde bereits darauf hingewiesen, dass **\multirow** grundsätzlich einen p-Spaltentyp annimmt, wenn nicht anstelle einer Breitenangabe die Sternversion verwendet wird, die die übergeordnete Spaltendefinition übernimmt. Eine p-Spalte wird per Definition immer linksbündig im Blocksatz gesetzt. Mit der Neudefinition des Makros **\multirowsetup** kann das Verhalten geändert werden, sodass sich, wie im folgenden Beispiel zu sehen ist (Sp 3), auch ein horizontales Zentrieren innerhalb einer r-Spalte möglich ist.

Sp1 Z0	Sp2 Z0	Sp3 Z0
Sp1 Z1	Sp2 Z1	
Sp1 Z2	Sp2 Z2	Sp3
Sp1 Z3	$f(x,y) = xy$	
Sp1 Z4		Sp3 Z4

```
\usepackage{multirow,bigstrut}
\renewcommand\multirowsetup{\centering}

\begin{tabular}{| l | r | r |}\hline
 Sp1 Z0 & Sp2 Z0 & Sp3 Z0\\  Sp1 Z1 & Sp2 Z1
& \multirow{3}[6]{2cm}{Sp3}\bigstrut\\\cline{1-1}
 Sp1 Z2 & Sp2 Z2 & \bigstrut\\\cline{1-2}
 Sp1 Z3 &
 \multirow{2}[4]{2cm}[0.8\abovedisplayskip]{%
  \[f(x,y)=xy\]} &
  \bigstrut\\\cline{1-1}\cline{3-3}
 Sp1 Z4 &        & Sp3 Z4\bigstrut\\\hline
\end{tabular}
```

Für die Darstellung der Gleichung ist dies unerheblich, da abgesetzte Formeln im Allgemeinen immer horizontal zentriert werden.

2.3.2 bigstrut

Das Paket **bigstrut** definiert nur den gleichnamigen Befehl **\bigstrut**, der die bereits erwähnte Box bestimmter Höhe und Tiefe, aber der Breite Null definiert.

\bigstrut [*Position*]

Das optionale Argument erlaubt durch Vorgabe von **t** oder **b** die unsichtbare Box nur auf die Höhe oder Tiefe zu beschränken. In diesen Fällen ist dann auch die Zählung für das optionale Argument pro Zeile anzupassen; d. h. nur einfache statt doppelte Zählung. Im folgenden Beispiel ist die linke Tabelle mit **\bigstrut** ohne optionales Argument (⊥), die mittlere mit **t** (ı) und die rechte mit **b** (┬) gesetzt worden.[1]

```
\usepackage{multirow,bigstrut}

\begin{tabular}{|l|r|c|}\hline
  11 & 21 & \multirow{3}[6]{1cm}{3}\bigstrut\\\cline{1-1}
  12 & 22 &                         \bigstrut\\\cline{1-2}
  13 & \multirow{2}[4]{1cm}{2} &    \bigstrut\\\cline{1-1}\cline{3-3}
  14 &    & 34                      \bigstrut\\\hline
\end{tabular}
\quad
\begin{tabular}{@{}|l|r|c|@{}}\hline
  11 & 21 & \multirow{3}[3]{1cm}{3}\bigstrut[t]\\\cline{1-1}
  12 & 22 &                         \bigstrut[t]\\\cline{1-2}
  13 & \multirow{2}[2]{1cm}{2} &    \bigstrut[t]\\\cline{1-1}\cline{3-3}
  14 &    & 34                      \bigstrut[t]\\\hline
\end{tabular}
\quad
\begin{tabular}{@{}|l|r|c|@{}}\hline
  11 & 21 & \multirow{3}[3]{1cm}{3}\bigstrut[b]\\\cline{1-1}
  12 & 22 &                         \bigstrut[b]\\\cline{1-2}
  13 & \multirow{2}[2]{1cm}{2} &    \bigstrut[b]\\\cline{1-1}\cline{3-3}
  14 &    & 34                      \bigstrut[b]\\\hline
\end{tabular}
```

11	21	
12	22	3
13		
14	2	34

11	21	
12	22	3
13		
14	2	34

11	21	
12	22	3
13		
14	2	34

Die Abstände können durch Neudefinition von **\bigstrut** oder einfacher durch Veränderung der Länge **\bigstrutjot**, welche für die Bestimmung der Box herangezogen wird. Standardmäßig ist diese Länge auf 0.0pt gesetzt. Mit Erhöhen von **\bigstrutjot** um 2 pt erhält man das folgende Aussehen:

11	21	
12	22	3
13		
14	2	34

11	21	
12	22	3
13		
14	2	34

11	21	
12	22	3
13		
14	2	34

\multirow und **\bigstrut** können auch für die **eqnarray**-Umgebung eingesetzt werden. Dabei entsteht dann aber das Problem, dass LaTeX bereits vor und nach jeder Zeile einen Abstand der Größe **\jot**=3.0pt einfügt, was zu leichten vertikalen Verschiebungen führen

[1] Die »Rahmen« wurden mit **\fbox** und einem **\fboxsep** von 0 pt erzeugt, um sie überhaupt ansatzweise »sichtbar« zu machen und ihre Lage in Bezug zur Basislinie zu zeigen.

kann, da diese Länge dann nicht von **\multirow** für die vertikale Zentrierung herangezogen wird. Grundsätzlich sollte man beachten, dass die Anwendung von **eqnarray** ohnehin vermieden werden sollte, da es Probleme mit den vertikalen Abständen geben kann. Entsprechende Makros aus dem Paket **amsmath** sind zu bevorzugen. (Madsen 2006; Voß 2018)

1	1		1	1
2	2		2	2
3	3		3	3
	4			4
8	5			5
	6		8	6
	7			7
	8			8
9	9		9	9
10	10		10	10

```
\usepackage{bigstrut,multirow}

\begin{minipage}{2cm}
\begin{eqnarray*}
  1&1\\2&2\\3&3\\
  \multirow{5}*{8} &4\\ &5\\ &6\\ &7\\ &8\\
  9&9\\10&10
\end{eqnarray*}
\end{minipage}\setlength\bigstrutjot{\jot}
\begin{minipage}{2cm}
\begin{eqnarray*}
  1&1\\2&2\\3&3\\
  \multirow{5}[20]*{8} &4\\ &5\\ &6\\ &7\\ &8\\
  9&9\\10&10
\end{eqnarray*}
\end{minipage}
```

2.3.3 bigdelim

Das Paket ist eine spezielle Anwendung des **\multirow**-Befehls und ermöglicht zeilenübergreifende Klammern für Tabellen und Matrizen.

\ldelim{*Klammersymbol*}{*Zeilen*}{*Abstand*} [*Text*]
\ldelim{*Klammersymbol*}{*Zeilen*}* [*Text*]
\rdelim{*Klammersymbol*}{*Zeilen*}{*Astand*} [*Text*]
\rdelim{*Klammersymbol*}{*Zeilen*}* [*Text*]

Klammersymbol Als Klammersymbol können alle so genannten »Delimiter« verwendet werden, die auch im mathematischen Modus für **\left** und **\right** zulässig sind, also im Wesentlichen geschweifte, runde, spitze und eckige Klammern.

Zeilen Anzahl der Zeilen, die von der linken oder rechten Klammer umspannt werden sollen.

Abstand Legt den Abstand zwischen der Klammer und der Tabelle/Matrix fest, indem die Spaltenbreite der Klammer auf *Abstand* gesetzt wird.

* Mit der Stern-Variante wird der übergeordnete Spaltentyp der **tabular**-, beziehungsweise **array**-Umgebung berücksichtigt.

Text Ein optionaler Text kann links oder rechts von der jeweiligen Klammer geschrieben werden.

	0	…
	1	dann mache…
	2	dann mache…
Wenn $f(n) = \{$	3	dann mache…
	4	dann mache…
	5	dann mache…
	6	…
	7	…

```
\usepackage{multirow,bigdelim}

\begin{tabular}{lll}
 & 0 &\ldots\\
\ldelim\{{6}{1.9cm}[Wenn $f(n)=$]
 & 1 & dann mache\ldots\\
 & 2 & dann mache\ldots\\
 & 3 & dann mache\ldots\\
 & 4 & dann mache\ldots\\
 & 5 & dann mache\ldots\\
 & 6 &\ldots\\
 & 7 &\ldots
\end{tabular}
```

	0	…	
	1	dann mache…	
	2	dann mache…	
Wenn $f(n) = \{$	3	dann mache…	]
	4	dann mache…	
	5	dann mache…	
	6	…	

```
\usepackage{multirow,bigdelim}

\begin{tabular}{lllr}
 & 0 & \ldots          &\\
\ldelim{\{}{6}{1.9cm}[Wenn $f(n)=$]
 & 1 & dann mache\ldots &\\
 & 2 & dann mache\ldots &\\
 & 3 & dann mache\ldots &\rdelim{]}{4}{7mm}\\
 & 4 & dann mache\ldots &\\
 & 5 & dann mache\ldots &\\
 & 6 &\ldots            &\\
\end{tabular}
```

Das Prinzip ist bereits aus den Beispielen ersichtlich, denn die Klammern einschließlich eines optionalen Textes sind einfach innerhalb eines **\multirow**-Befehls angeordnet und somit Teil einer normalen Tabellenspalte. Dies ist auch der Grund, warum die Zellen vor und nach dem **\ldelim**- und **\rdelim**-Befehl jeweils leer bleiben müssen, was besonders für die erste Spalte wichtig ist. Ansonsten erscheint in diesen Zellen der entsprechende Inhalt. Die speziellen Spalten für **\ldelim**- und **\rdelim** müssen bei der Spaltendefinition berücksichtigt werden; hat man drei normale Spalten und möchte eine rechte Klammer setzen, so sind vier Spalten im Kopf von **tabular** oder **array** zu definieren.

2.3.4 Farbige Tabellenzeilen

Bei der Anwendung des **colortbl**- oder alternativ des **xcolor**-Paketes, gibt es ein Problem mit **\multirow**, **\ldelim** und **\rdelim**, wenn diese wie in den obigen Abschnitten angewendet werden. Dies ergibt sich aus der Tatsache, dass nicht Spalten und Zeilen in Tabellen in einem Durchgang gefärbt werden, sondern nacheinander einzelne Zellen. Die jeweils aktuelle Zelle wird zuerst gefärbt und danach wird dann der Text gesetzt. Bei **\multirow** wird dieser Text aber über mehrere Zellen einer Spalte gesetzt, von denen aber nur die erste Zelle vorher gefärbt wurde. Bei der nächsten Zeile führt das Färben der entsprechenden nächsten Spaltenzelle dazu, dass der in dieser Zelle sichtbare Text durch die Farbe verdeckt wird, was deutlich im folgenden Beispiel zu sehen ist.

\multirow erlaubt bei der Angabe der Zeilen auch eine negative Angabe, was dann dazu führt, dass diese nicht von oben nach unten sondern von unten nach oben gezählt werden. Durch die Umkehrung der Reihenfolge erreicht man gleichzeitig eine Umkehrung der Folge Färben/Schreiben; alle Zellen sind bereits gefärbt, bevor **\multirow** den Text setzt. Grundsätzlich könnte man ausschließlich mit negativen Zeilenangaben arbeiten, was jedoch etwas mehr Konzentration bei der Erstellung der Tabelle erfordert und zudem nur Sinn macht, wenn eine Einfärbung von Tabellenzellen in Erwägung gezogen wird.

```
\usepackage{multirow,bigstrut}  \renewcommand\multirowsetup{\centering}
\usepackage[table]{xcolor}

\begin{tabular}{|l|>{\columncolor{black!30}}r|>{\columncolor{black!20}}r|}\hline
  Sp1 Z1 & Sp2 Z1 & \multirow{3}[6]{2cm}{Sp 3} \bigstrut\\\cline{1-1}
  Sp1 Z2 & Sp2 Z2 & \bigstrut                        \\\cline{1-2}
  Sp1 Z3 & \multirow{2}[4]{2cm}[0.8\abovedisplayskip]{\[f(x,y)=xy\]} &
                                                 \bigstrut\\\cline{1-1}\cline{3-3}
  Sp1 Z4 &        & Sp3 Z4\bigstrut\\\hline
\end{tabular} \quad
\begin{tabular}{|l|>{\columncolor{black!30}}r|>{\columncolor{black!20}}r|}\hline
  Sp1 Z1 & Sp2 Z1 & \bigstrut                        \\\cline{1-1}
  Sp1 Z2 & Sp2 Z2 & \bigstrut                        \\\cline{1-2}
  Sp1 Z3 &  & \multirow{-3}[6]{2cm}{Sp 3} \bigstrut  \\\cline{1-1}\cline{3-3}
  Sp1 Z4 &  \multirow{-2}[4]{2cm}[0.8\abovedisplayskip]{\[f(x,y)=xy\]}
      & Sp3 Z4                           \bigstrut\\\hline
\end{tabular}
```

Sp1 Z1	Sp2 Z1	
Sp1 Z2	Sp2 Z2	
Sp1 Z3	$f(.. ..) — ....$	
Sp1 Z4		Sp3 Z4

Sp1 Z1	Sp2 Z1	
Sp1 Z2	Sp2 Z2	Sp 3
Sp1 Z3	$f(x,y) = xy$	
Sp1 Z4		Sp3 Z4

Etwas umständlicher wird es, wenn die **\multirow**-Zelle nicht die gesamte Spalte einimmt. In diesem Fall kann nicht mit **\columncolor** gearbeitet werden, Die jeweilige Zeile, die Teil von **\multirow** ist, muss mit **\cellcolor** auf die entsprechende Farbe gesetzt werden.

	1
	2
Zahlen	3
von	4
2 bis 5	5
	6
	7

	1
	2
Zahlen	3
von	4
2 bis 5	5
	6
	7

```
\usepackage{multirow,makecell}
\usepackage[table]{xcolor}

\begin{tabular}{|c|c|}\hline
   &1 \\
\cellcolor{blue!20}&2\\ \cellcolor{blue!20}&3\\
\cellcolor{blue!20}&4\\ \cellcolor{blue!20}&5\\
\cellcolor{blue!20}\multirowcell{-5}{Zahlen\\von\\2 bis 5}&6\
   &7 \\\hline
\end{tabular}
%
\begin{tabular}{
  |>{\columncolor{blue!20}}c|c|}\hline
  \cellcolor{white}&1\\&2\\&3\\&4\\&5\\
\cellcolor{blue!20}\multirowcell{-5}{Zahlen\\von\\2 bis 5}&6\
 \cellcolor{white} &7 \\\hline
\end{tabular}
```

2.4 blkarray

Das Paket **blkarray** von David Carlisle erlaubt das Bilden von eigenständigen Blöcken (blockarray) innerhalb einer **tabular** oder **array**-Umgebung und hat eigene Befehle für die Definition von spaltenübergreifenden Zellen. Das Paket ist zwar nie über den Experimentierstatus hinausgelangt, bietet aber einige sehr interessante Eigenschaften, die sonst von keinem anderen Paket bereitgestellt werden.

Das Paket benötigt Angaben über die Größe des mathematischen Fonts, wozu bei *älteren* Versionen vor der ersten Anwendung der **blockarray**-Umgebung mindestens einmal der mathematische Modus aktiv gewesen sein muss. In Fällen, wo dies nicht durch andere Makros schon geschehen ist, beispielsweise die Standard-Umgebung **tabular**, muss dies vom Anwender selbst vorgenommen werden. Im einfachsten Fall in der Dokumentenpräambel durch:

Mathematischer Modus

```
\usepackage{blkarray}
\AtBeginDocument{\setbox0\hbox{$ $}}% nur für Versionen vor 2018 !!
```

Wird die **blockarray**-Umgebung ohnehin in eine mathematische Umgebung eingebettet, so kann darauf verzichtet werden.

In Abschnitt 2.1.1 auf Seite 27 wurde bereits auf das Problem im Zusammenhang mit **\multicolumn** und senkrechten Linien hingewiesen. **blkarray** bietet hier eine besondere Definition der Spalten an. Durch ein Voranstellen von **&** vor einer Liniendefinition kann diese von weiteren **\BAmulticolumn**-Befehlen nicht mehr überschrieben werden.

11	21	31
12	22	32
13	23	33

11	21	31
12	22	32
13	23	33

```
\usepackage{blkarray}

\begin{tabular}{c|c|c}
11 & 21 & 31\\
12 & \multicolumn{1}{r}{22} & 32\\
13 & 23 & 33
\end{tabular}

\begin{blockarray}{c|c&|c}
11 & 21 & 31\\
12 & \BAmulticolumn{1}{r}{22} & 32\\
13 & 23 & 33
\end{blockarray}
```

Die Syntax von **\BAmulticolumn** ist identisch zum bekannten **\multicolumn**-Befehl aus Standard-LaTeX. **blkarray** unterstützt geschachtelte Tabellen durch eine eigene Umgebung **block**, die sich allerdings immer auf eine komplette Zeile der übergeordneten Tabelle beziehen muss.

```
\begin{blockarray} [Position] {Spaltendefinition}
...
...
\begin{block*}{Spaltendefinition}
...
...
\end{block*} ...
...
\end{blockarray}
```

$$\begin{array}{c|c|c} 11 & 21 & 31 \\ \textit{12} & \multicolumn{2}{r}{\textit{23–32}} \\ \textit{13} & \multicolumn{2}{r}{\textit{23–33}} \\ 14 & 24 & 34 \end{array}$$

```
\usepackage{blkarray}

\begin{blockarray}{c|c|c}
11 & 21 & 31\\
\begin{block}{>{\itshape}c\BAmulticolumn{2}{>{\itshape}r}}
12 & 23--32\\ 13 & 23--33\\
\end{block}
14 & 24 & 34
\end{blockarray}
```

Der Vorteil der **block**-Umgebung ergibt sich jedoch erst, wenn man die vom Paket erweiterten Spaltentypen benutzt, die ein Einfügen von Klammern (delimiter) an beliebigen Stellen erlauben. Voraussetzung ist dann allerdings die Verwendung des mathematischen Modus und daraus folgend einer Anwendung von **\text** aus dem Paket **amsmath** oder **\mbox** aus Standard-LaTeX, wenn Text eingegeben werden soll. Die Sternversion der **block**-Umgebung übernimmt die übergeordnete Definition von Klammern, die dann auch nicht mehr von der **block**-Umgebung unterbrochen werden.

$$\begin{array}{c} 11 \\ 12 \\ 13 \\ 14 \end{array} \left\{ \begin{array}{cc} 21 & 31 \\ \multicolumn{2}{c}{23–32} \\ \multicolumn{2}{c}{23–33} \\ 24 & 34 \end{array} \right\} \begin{array}{c} 41 \\ 42 \\ 43 \\ 44 \end{array}$$

```
\usepackage{blkarray}

\begin{blockarray}{c \{ c c \} c}
11 & 21 & 31 & 41\\
\begin{block*}{c \BAmulticolumn{2}{c} c}
12 & 23\mbox{--}32 & 42\\13 & 23\mbox{--}33 & 43\\
\end{block*}
14 & 24 & 34 & 44
\end{blockarray}
```

$$\begin{array}{cccc} 11 & 21 & 31 & 41 \\ 12 & \multicolumn{2}{|c}{22 \quad 32\,\}} & 42 \\ 13 & \multicolumn{2}{|c}{23 \quad 33\,\}} & 43 \\ 14 & 24 & 34 & 44 \end{array}$$

```
\usepackage{blkarray}

\begin{blockarray}{cccc}
11 & 21 & 31 & 41\\
\begin{block}{c | cc \} c}
12 & 22 & 32 & 42\\ 13 & 23 & 33  & 43\\
\end{block}
14 & 24 & 34 & 44
\end{blockarray}
```

Besonders gut eignen sich die **blockarray**- und **block**-Umgebung um einzelne Zeilen und/oder Spalten einer Matrix zu nummerieren, wobei im Gegensatz zur standardmäßigen **\bordermatrix** (siehe dazu Voß 2018) auch einfache Schriftänderungen für die Nummerierung möglich sind.

$$\begin{array}{cccc} {\scriptstyle 1} & {\scriptstyle 2} & {\scriptstyle 3} & {\scriptstyle 4} \end{array}$$
$$\begin{array}{c} {\scriptstyle 2} \\ {\scriptstyle 3} \\ {\scriptstyle 4} \end{array} \begin{pmatrix} 22 & 32 & 42 \\ 23 & 33 & 43 \\ 24 & 34 & 44 \end{pmatrix}$$

```
\usepackage{blkarray}

\begin{blockarray}{>{\scriptsize}cccc}
\begin{block}{*{4}{>{\scriptsize}c}}
1 & 2 & 3 & 4\\
\end{block} \begin{block}{>{\scriptsize}c(ccc)}
2 & 22 & 32 & 42\\ 3 & 23 & 33  & 43\\
4 & 24 & 34 & 44\\
\end{block}
\end{blockarray}
```

Zwei weitere Makros erleichtern das Kennzeichnen von Blöcken mit Text, wobei diese ausschließlich in der jeweiligen Spaltendefinition auftreten dürfen. Mit **\BAnoalign*** kann beliebiger Text eingefügt werden, der über sämtliche Spalten hinweg geht. Dieses Makro entspricht einem **\multicolumn**-Befehl, der wiederum eine **\parbox** definiert, die über die Breite der vorgegebenen Tabelle geht. Klammerungen werden jedoch analog zu **block*** nur bei der Sternversion nicht unterbrochen.

\Right{*Klammer*}{*Text*}	**\Left**{*Text*}{*Klammer*}
\BAmultirow{*Breite*}{*Text*}	
\BAnoalign*	
\BAenum	
\BAtablenotes	

\Right Ermöglicht Text rechts von der Klammer.

\Left Ermöglicht Text links von der Klammer.

\BAmultirow Analog zu **\multirow** (siehe Abschnitt 2.3 auf Seite 31), jedoch mit Vorgabe der Breite; die Höhe ist durch den Block vorgegeben.

\BAnoalign Ermöglicht einen Textblock, der die gesamte Blockbreite umfasst.

\BAnoalign* dito, jedoch werden übergeordnete Klammern nicht unterbrochen.

\BAenum Inkrementiert den internen Zeilenzähler **BAenumi** und gibt das Ergebnis aus, welches durch **\theBAenumi** formatiert wird. Mit einem anschließenden `!"`=Operator kann rechtsbündiger Freiraum erreicht werden.

\BAtablenotes Durch Setzen von **\BAtablenotestrue** erscheinen die Fußnoten unterhalb und in der Breite der Tabelle. Mit **\BAtablenotesfalse** wird das Standardverhalten von Fußnoten erreicht, sie erscheinen unten auf der Seite.

	1	2	3	4	Spalten
Demo {	2	22	32	42	} 3×3 Matrix
	3	23	33	43	
	4	24	34	44	
	Zeilen				

```
\usepackage{blkarray}

\begin{blockarray}{>{\scriptsize}ccccl}
\begin{block}{*{5}{>{\scriptsize}c}}
1 & 2 & 3 & 4 & Spalten\\
\end{block}
\begin{block}{\Left{Demo} \{ >{\scriptsize}cccc
     \Right\}{3$\times$3 Matrix} l}
2 & 22 & 32 & 42\\ 3 & 23 & 33  & 43\\
4 & 24 & 34 & 44\\
\end{block}
\makebox[0pt][l]{\scriptsize Zeilen}
\end{blockarray}
```

Im folgenden Beispiel wird der !-Operator in der Tabellendefinition sowohl zur Formatierung als auch zur Schaffung von Freiraum verwendet. **\BAenum!{.\quad}** bedeutet, dass der Wert des Zählers **BAenumi** ausgegeben und als folgender »Spaltentrenner« der Punkt mit dem Abstand **\quad** verwendet wird. Innerhalb einer Tabelle sind alle Zellen lokal, sodass Änderungen, die Auswirkungen für folgende Zeilen haben sollen, global vorgenommen werden müssen. Im Beispiel wird mit **\gdef\theBAenumi{\Roman{BAenumi}}** die Zählerausgabe als römische Zahl gesetzt.

```
\usepackage{blkarray,ragged2e}

\begin{blockarray}{\BAenum!{.\quad}cc\Right{\}}{\ttfamily Block 1}}
 ccc &cc\\  c &ccccccccc \\
 \BAnoalign*{\RaggedRight\cs{BAnoalign*} setzt den Text genau in der Tabellenbreite.}
  \begin{block}{\BAenum!{.\quad}(rr\Right
```

```
            {\}}{\parbox{3cm}{Block 2, mit einem geschachtelten \texttt{block*}}}}
  rrr & rr \\ rrr & r \\% Nächste Zeile leeres "Feld" für BAenum
    \begin{block*}{\BAenum!{.\quad}ll} lll&ll \\ l&lll \\ \end{block*}
  r & r \\
  \end{block}
  ccc \\
  \begin{block}{\BAenum!{.\quad}>{\bfseries}l\{c\Right{\}}{\ttfamily Block 3}}
  \gdef\theBAenumi{\Roman{BAenumi}}%
  LLL & \BAmultirow{50pt}{\Centering Alle Spalten in einem Block.}\\ LL& \\ L& \\
  \end{block}
  \begin{block}{\BAenum!{.\quad}\{l\}l\Right{\}}{\ttfamily Block 4}}
  ll & l\\ \BAnoalign{Im Gegensatz zum Befehl  \cs{BAnoalign*},
      unterbricht \cs{BAnoalign} alle Klammern im aktuellen Block.}
  l & lll \\
  \end{block}
  c & c
\end{blockarray}
```

1.	ccc	cc	} Block 1
2.	c	ccccccccc	
\BAnoalign* setzt den Text genau in der Tabellenbreite.			
3.	(rrr	rr)	} Block 2, mit einem geschachtelten block*
4.	rrr	r	
5.	| lll	ll	
6.	| l	lll	
7.	r	r)	
8.	ccc		} Block 1
9.	**LLL**	{ Alle Spalten in einem Block.	} Block 3
X.	**LL**		
XI.	**L**		
XII.	{ll }	l	} Block 4
Im Gegensatz zum Befehl \BAnoalign*, unterbricht \BAnoalign alle Klammern im aktuellen Block.			
XIII.	{l }	lll	} Block 4
XIV.	c	c	} Block 1

2.4.1 Fußnoten

Standard-LaTeX erlaubt nicht das direkte Setzen von Fußnoten innerhalb einer Tabelle. Mit **blkarray** ist dies möglich, wobei zwischen zwei Varianten gewählt werden kann. Mit der Angabe von **\BAtablenotestrue** wird das Setzen von Fußnoten innerhalb des jeweils aktuellen Blocks erreicht.

```
\usepackage{blkarray}\BAtablenotestrue
```

```
\begin{blockarray}{|c||c|}
   I\footnotetext[\textsc{Quelle:}]{Chicago Manual of Style.}
 & II\footnote{Anmerk. zu II. Dies ist eine lange Fußnote zur Demonstration des
        Zeilenumbruchs in der Fußnote.}\\
   \begin{blockarray}{(ll)}
     \footnotetext[\textsc{Quelle:}]{Chicago Manual of Style.}
     \footnotetext[\textsc{Anm.:}]{Obige Angabe ist inkorrekt.}
```

```
    Linke Spalte--1 & Links--2\\ Links--3\footnote{Fußnote zu Links-3.} & Links--4\\
  \end{blockarray} & \begin{blockarray}{(ll)}
    \footnotetext[\textsc{Quelle:}]{Chicago Manual of Style.}
    \footnotetext[\textsc{Anm.:}]{Obige Angabe ist inkorrekt.}
    Rechte Spalte--1 & Rechts--2\\ Rechts--3\footnote{Fußnote zu Rechts-3} & Rechts--4\\
  \end{blockarray}\\
 III\footnote{Note on THREE.} & IV \\
\end{blockarray}
```

I	II*
$\begin{pmatrix}\text{Linke Spalte–1} & \text{Links–2}\\ \text{Links–3}^{*} & \text{Links–4}\end{pmatrix}$ QUELLE: Chicago Manual of Style. ANM.: Obige Angabe ist inkorrekt. * Fußnote zu Links-3.	$\begin{pmatrix}\text{Rechte Spalte–1} & \text{Rechts–2}\\ \text{Rechts–3}^{*} & \text{Rechts–4}\end{pmatrix}$ QUELLE: Chicago Manual of Style. ANM.: Obige Angabe ist inkorrekt. * Fußnote zu Rechts-3
III†	IV

QUELLE: Chicago Manual of Style.
* Anmerk. zu II. Dies ist eine lange Fußnote zur Demonstration des Zeilenumbruchs in der Fußnote.
† Note on THREE.

$$\left[\begin{array}{cc} \text{I}^{1} & \text{II}^{2} \\ \begin{pmatrix}\text{l-1}^{3} & \text{l-2}\\ \text{l-3}^{4} & \text{l-4}\end{pmatrix} & \begin{pmatrix}\text{r-1}^{5} & \text{r-2}\\ \text{r-3}^{6} & \text{r-4}\end{pmatrix} \\ \text{III}^{7} & \text{IV} \end{array}\right]$$

[1]Chicago Manual of Style (CMoS).
[2]Dies ist eine lange Fußnote zur Demonstration des Zeilenumbruchs.
[3]Chicago Manual of Style.
[4]Fußnote zu l-3.
[5]CMoS
[6]...
[7]Anm. zu III.

```
\usepackage{blkarray}
\BAtablenotesfalse

\begin{blockarray}{[c c]}
  I\footnote{Chicago Manual of Style (CMoS).} &
 II\footnote{Dies ist eine lange Fußnote
  zur Demonstration des Zeilenumbruchs.}\\
 \begin{blockarray}{(ll)}
   l-1\footnote{Chicago Manual of Style.} & l-2 \\
   l-3\footnote{Fußnote zu l-3.} & l-4 \\
   \end{blockarray}
 & \begin{blockarray}{(ll)}
   r-1\footnote{CMoS}
 & r-2\\r-3\footnote{\ldots} & r-4\\
 \end{blockarray}\\
 III\footnote{Anm. zu III.} & IV \\
\end{blockarray}
```

2.4.2 Linien

Vertikale Linien werden analog zu Standard-LaTeX erzeugt, wobei aber die vom Paket **hhline** bekannten Erweiterungen auch hier möglich sind. Horizontale Linien mit **\hline** sind hier nicht möglich. **blkarray** stellt dafür eigene Makros bereit, wobei ebenfalls zwei weitere Makros für einen besseren vertikalen Abstand vorhanden sind.

> **\BAhline**
> **\BAhhline{***Liniennotation***}**
> **\BAextrarowheight**
> **\BAextraheightafterhline**

Für die senkrechten beziehungsweise waagerechten Linien gilt die folgende Notation, die eine Erweiterung von der aus dem Paket **hhline** darstellt:

- Eine einfache Linie der Spaltenbreite.
= Eine doppelte Linie der Spaltenbreite.
. Eine einfach gestrichelte Linie der Spaltenbreite.
" Eine doppelt gestrichelte Linie der Spaltenbreite.

~ Kennzeichnung einer Spalte ohne Linie.

| Eine senkrechte Linie, die durch doppelte horizontale Linien hindurchgeht.
: dito, jedoch doppelte horizontale Linien nicht schneidend.

Ein einzelne Linie zwischen zwei senkrechten.
t Die obere Hälfte einer doppelten horizontalen Linie.
b Die untere Hälfte einer doppelten horizontalen Linie.
* Wiederholungsoperator: `*{3}{==#}` expandiert zu `==#==#==#`, analog zur Definition von mehrfachen gleichen Spaltentypen.

Bei der Aufstellung ist zu beachten, dass die Notationen `t` und `b` nur zwischen zwei Typen senkrechter Linien auftreten dürfen.

0	1	2	3	4	5
0	1	2	3	4	5
0	1	2	3	4	5
0	1	2	3	4	5
0	1	2	3	4	5

```
\usepackage{blkarray}

\begin{blockarray}{||c||c|cc||cc||}
   \BAhhline{|t:=:t:=|==#==:t|}
 0 & 1 & 2 & 3 & 4 & 5\\\BAhline
 0 & 1 & 2 & 3 & 4 & 5\\\BAhline\BAhline
 0 & 1 & 2 & 3 & 4 & 5\\\BAhhline{||-||-..||.-}
 0 & 1 & 2 & 3 & 4 & 5\\\BAhhline{=::=""::"=}
 0 & 1 & 2 & 3 & 4 & 5\\\BAhhline{|b:=:b:=""::"=:b|}
\end{blockarray}
```

Zum besseren Verständnis sollen die einzelnen Linien ausführlich erklärt werden, da es manchmal nicht ganz einfach ist, insbesondere die Eckverbindungen und Kreuzungen zu verstehen.

`||c||c|cc||cc||` → Die standardmäßigen senkrechten Linien.

`\BAhhline{|t:=:t:=|==#==:t|}`

`|t:` → Eine senkrechte Linie (`|`), die obere Hälfte einer doppelten waagerechten (`t`) und eine senkrechte Linie (`:`), die aber waagerechte Linien nicht schneidet: Zusammen mit der Spaltendefinition ergibt dies

`=` → Eine normale doppelte waagerechte Linie: , zusammen mit den bisherigen Linien:

`:t:` → Eine senkrechte (`:`), obere Hälfte einer waagerechten (`t`) und noch mal eine senkrechte Linie (`:`), wobei diese nicht die waagerechten schneiden: , zusammen mit den bisherigen Linien:

`==#==` → Zwei Spalten mit doppelten Linien (`==`), eine doppelte Linie zwischen zwei senkrechten (`#`) und wieder zwei Spalten mit doppelten horizontalen Linien: , zusammen mit den bisherigen Linien:

`:t|` → Eine senkrechte Linie (`:`), die obere Hälfte einer doppelten waagerechten (`t`) und eine senkrechte Linie (`t`), die aber waagerechte Linien schneidet. Das Ganze stellt spiegelbildlich den Anfang der Tabelle dar: , zusammen mit den bisherigen Linien:

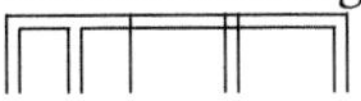

`\BAhline` → Erstellt eine Linie über die ganze Tabellenbreite.

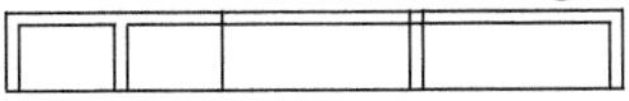

`\BAhline\BAhline` → Erstellt eine doppelte Linie über die ganze Tabellenbreite.

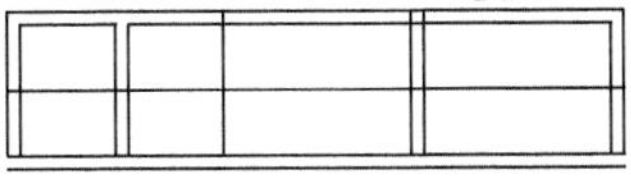

`\BAhhline{||-||-..||.-}` → Die mittlere Linie der Tabelle.

`||-||-]` → Jeweils zwei senkrechte Linien (`||`), gefolgt von einer einfachen Linie der Spaltenbreite: 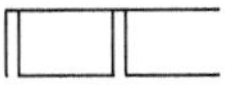 Zusammen mit den bisherigen Linien:

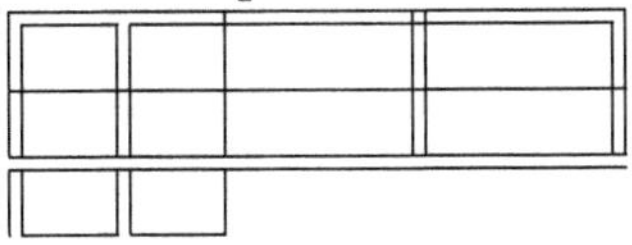

`..||.-` → Jeweils zwei gestrichelte Linien über die Spaltenbreite (`..`), gefolgt von zwei senkrechten Linien (`||`), einer gestrichelten Linie (`.`) und abschließend einer einzelnen durchgehenden Linie (`-`), jeweils von der Spaltenbreite: 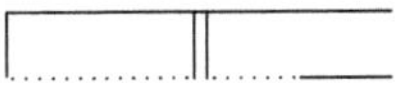 Zusammen mit den bisherigen Linien:

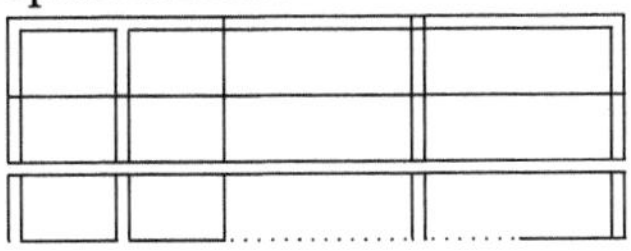

`=::=""::"=` → Eine doppelte horizontale (`=`), gefolgt von zwei senkrechten (`::`), einer weiteren horizontalen (`=`), zwei doppelt gestrichelten (`""`), wieder zwei senkrechten (`::`), einer doppelt gestrichelten (`"`) und abschließend einer normalen doppelten Linie (`=`). 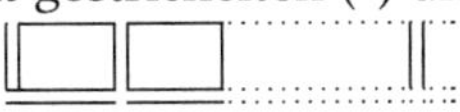 Zusammen mit den bisherigen Linien ergibt dies:

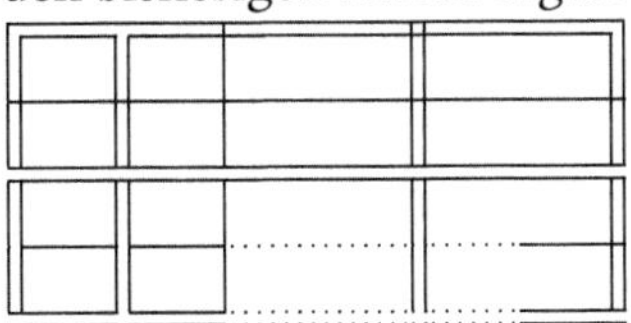

`|b:=:b:=""::"=:b|` → Eine senkrechte Linie (`|`), untere Hälfte einer doppelten (`b`), eine senkrechte (`:`), eine doppelte horizontale (`=`), eine senkrechte (`:`), untere Hälfte einer doppelten (`b`), eine senkrechte (`:`), eine doppelte horizontale (`=`), zwei doppelte gestrichelte (`""`), zwei senkrechte (`::`), eine doppelt gestrichelte (`"`), eine doppelte waagerechte (`=`), eine senkrechte (`:`), eine untere Hälfte einer doppelten (`b`) und abschließend einer senkrechten Linie (`|`): . Alles zusammen führt dann zu dem bereits angegeben Beispiel 02-04-10 auf der vorherigen Seite.

2.5 booktabs

Das Paket **booktabs** von Simon Fear und Danie Els gehört sicherlich in die Kategorie »sehr empfehlenswert« und sollte daher standardmäßig benutzt werden. Das Paket bezieht sich primär auf allgemeingültige typografische Konventionen, auf die man bei der Erstellung von Tabellen achten sollte und auf die bereits in Kapitel 1 auf Seite 3 verwiesen wurde. Diese Vorgaben werden von **booktabs** insbesondere bei senkrechten Linien übernommen; sie werden nicht vom Paket in besonderer Weise unterstützt. In der Paketbeschreibung zu booktabs wird ein Beispiel aus Lamport 1995, Seite 73 als Ausgangspunkt für eine typografisch *schlechte* Tabelle genommen:

Gnome	Pfund	€13.65
	Stück	.01
Gnu	gefüllt	92.50
Emu		33.33
Schnabeltier	gefroren	8.99

```
\begin{tabular}{||l|lr||} \hline
Gnome        & Pfund    & \euro13.65\\
                            \cline{2-3}
             & Stück    & .01    \\\hline
Gnu          & gefüllt  & 92.50 \\
                \cline{1-1}\cline{3-3}
Emu          &          & 33.33 \\\hline
Schnabeltier & gefroren & 8.99   \\\hline
\end{tabular}
```

Natürlich gilt es hier zu beachten, dass Fragen der Makroanwendung und nicht Fragen der Typografie im Vordergrund stehen. Dennoch eignet sich diese Tabelle als Ausgangspunkt für eine Diskussion »was gut und was weniger gut ist«. Betrachten wir zum Vergleich diese Tabelle erst einmal ohne senkrechte Linien und links- beziehungsweise rechtsbündige horizontale Linien.

Gnome	Pfund	€13.65
	Stück	.01
Gnu	gefüllt	92.50
Emu		33.33
Schnabeltier	gefroren	8.99

```
\usepackage{eurosym}

\begin{tabular}{@{}llr@{}} \hline
Gnome & Pfund   & \euro13.65\\\cline{2-3}
      & Stück   & .01   \\\hline
Gnu   & gefüllt & 92.50\\\cline{1-1}\cline{3-3}
Emu   &         & 33.33\\\hline
Schnabeltier& gefroren& 8.99 \\\hline
\end{tabular}
```

Der Text rückt dabei rein optisch betrachtet etwas in den Vordergrund, was immer ein sinnvolles Ziel ist. Einige der horizontalen Linien kann man sich ebenfalls sparen und mit dem **\multirow**- oder **\raisebox**-Befehl den einen gemeinsamen Eintrag »gefüllt« vertikal zentriert setzen.

Gnome	Pfund	€13.65
	Stück	.01
Gnu	gefüllt	92.50
Emu		33.33
Schnabeltier	gefroren	8.99

```
\usepackage{eurosym,multirow}

\begin{tabular}{@{}llr@{}} \hline
Gnome & Pfund & \euro13.65     \\
      & Stück   & .01          \\
Gnu   & \multirow{2}*{gefüllt} & 92.50\\
Emu   &         & 33.33        \\
Schnabeltier & gefroren & 8.99\\\hline
\end{tabular}
```

Das Paket **booktabs** bietet nun weitere Möglichkeiten der Verbesserung. Insbesondere lassen sich auf einfach Weise unterschiedliche Liniendicken erreichen. Zur Erleichterung der Anwendung werden dazu unterschiedliche Makros definiert:

\toprule [*Dicke*]
\midrule [*Dicke*]
\cmidrule [*Dicke*] (*hor. Trimm*) {*von–bis*}
\morecmidrules
\bottomrule [*Dicke*]
\addlinespace [*Abstand*]
\specialrule{*Dicke*}{*Abstand oben*}{*Abstand unten*}

Die vorgegebenen Werte für die einzelnen Liniendicken mit ihren zugeordneten Längen und Abständen darüber/darunter, beziehungsweise für **\cmidrule** dem optionalen horizontalen Trimm, sind in der Tabelle 2.0 zusammengefasst. Benutzt man jetzt die Linientypen von **booktabs** und versieht die Beispieltabelle 02-05-3 auf der vorherigen Seite noch mit einer Überschrift, kommt man zu einer ansprechenden Anordnung. Da in vielen Fonts die Ziffern immer die gleiche Breite haben, reicht eine rechtsbündige Anordnung, um die Zahlenreihe zu formatieren.

Länge	*Vorgabe*	*Aktuell*	*Linientyp*
\heavyrulewidth	0.08 em	0.80002pt	\toprule, \bottomrule
\lightrulewidth	0.05 em	0.50003pt	\midrule
\cmidrulewidth	0.03 em	0.29999pt	\cmidrule
\belowrulesep	0.65 ex	2.78847pt	\toprule, \midrule, \cmidrule
\belowbottomsep	0 pt	0.0pt	\bottomrule
\aboverulesep	0.4ex	1.71596pt	\midrule, \cmidrule, \bottomrule
\abovetopsep	0 pt	0.0pt	\toprule
\cmidrulesep	2\p@	2.0pt	\cmidrule, \morecmidrules
\cmidrulekern	0.5 em	5.0pt	\cmidrule
\defaultaddspace	0.5 em	5.0pt	\addlinespace

Tabelle 2.0: Zusammenfassung der relevanten Längen und ihrer Zuordnung zu den Makros, wobei die Spalte *Aktuell* die Werte für die hier zugrundeliegende Klasse wiedergibt.

Fleisch		
Tier	Einheit	Preis in €
Gnome	Pfund	13.65
	Stück	0.01
Gnu	gefüllt	92.50
Emu		33.33
Schnabeltier	gefroren	8.99

```
\usepackage{eurosym,array,multirow,booktabs}

\begin{tabular}{@{}ll>{$}r<{$}@{}} \toprule
\multicolumn{2}{c}{Fleisch}\\\cmidrule(r){1-2}
Tier  &Einheit& \textrm{Preis in \euro}\\\midrule
Gnome & Pfund & 13.65      \\
      & Stück &  0.01      \\
Gnu   & \multirow{2}*{gefüllt} & 92.50\\
Emu   &         & 33.33      \\
Schnabeltier & gefroren & 8.99\\\bottomrule
\end{tabular}
```

Grundsätzlich kann man auch einfache Balkendiagramme mit Tabellen erstellen, die dann die Anwendung anderer Pakete oder externer Programme ersparen.

```
\usepackage{xcolor,booktabs}
\newlength{\basis}\setlength{\basis}{10cm} \newlength{\balkenlaenge}
\newcommand*{\Balken}[1]{%
  \setlength{\balkenlaenge}{0.01\basis}\setlength{\balkenlaenge}{#1\balkenlaenge}%
  \textcolor{black!40}{\rule{\balkenlaenge}{1.5ex}} #1\,\%}
```

```
\begin{tabular}{@{}ll@{}}\toprule
\Balken{57}  & sehr groß   \\ \Balken{23}  & groß\\
\Balken{12}  & weniger groß\\ \Balken{8}   & klein\\\bottomrule
\end{tabular}
```

57 %	sehr groß
23 %	groß
12 %	weniger groß
8 %	klein

Das Makro **\cmidrule** erlaubt über die Werte für die horizontale Justierung eine bessere Ausrichtung als der standardmäßige **\cline**-Befehl. Für die Justierung kann man die beiden Werte **l** und/oder **r** verwenden. Zum besseren Verständnis soll dies erst einmal an zwei einfachen Beispielen gezeigt werden. Das erste unterscheidet sich vom zweiten im Code nur durch den Tabellenkopf; im zweiten Fall ist die Tabelle links-/rechtsbündig.

Eins	Zwei	Drei	Vier
Eins	Zwei	Drei	Vier
Eins	Zwei	Drei	Vier
Eins	Zwei	Drei	Vier
Eins	Zwei	Drei	Vier

```
\usepackage{booktabs}

\begin{tabular}{cccc}
Eins&Zwei&Drei&Vier\\\cmidrule{1-1}\cmidrule{2-2}
                    \cmidrule{3-3}\cmidrule{4-4}
Eins&Zwei&Drei&Vier\\\cmidrule(lr){1-2}\cmidrule(lr){3-4}
Eins&Zwei&Drei&Vier\\\cmidrule(lr){1-1}\cmidrule(lr){2-2}
                    \cmidrule(lr){3-3}\cmidrule(lr){4-4}
Eins&Zwei&Drei&Vier\\\cmidrule(r){1-2}\cmidrule(l){3-4}
Eins&Zwei&Drei&Vier\\\cmidrule(r){1-1}\cmidrule(lr){2-2}
                    \cmidrule(lr){3-3}\cmidrule(l){4-4}
\end{tabular}
```

Eins	Zwei	Drei	Vier
Eins	Zwei	Drei	Vier
Eins	Zwei	Drei	Vier
Eins	Zwei	Drei	Vier
Eins	Zwei	Drei	Vier
Eins	Zwei	Drei	Vier

```
\usepackage{booktabs}

\begin{tabular}{@{}cccc@{}}
Eins&Zwei&Drei&Vier\\\cmidrule{1-2}\cmidrule{3-4}
Eins&Zwei&Drei&Vier\\\cmidrule{1-1}\cmidrule{2-2}
                    \cmidrule{3-3}\cmidrule{4-4}
Eins&Zwei&Drei&Vier\\\cmidrule(lr){1-2}\cmidrule(lr){3-4}
Eins&Zwei&Drei&Vier\\\cmidrule(lr){1-1}\cmidrule(lr){2-2}
                    \cmidrule(lr){3-3}\cmidrule(lr){4-4}
Eins&Zwei&Drei&Vier\\\cmidrule(r){1-2}\cmidrule(l){3-4}
Eins&Zwei&Drei&Vier\\\cmidrule(r){1-1}\cmidrule(lr){2-2}
                    \cmidrule(lr){3-3}\cmidrule(l){4-4}
\end{tabular}
```

Der Unterschied in der Anwendung sollte offensichtlich sein. Aufeinanderfolgende **\cmidrule** sind ohne die horizontale Ausrichtung nicht zu unterscheiden, denn sie bilden eine aneinandergereihte Linienkette. Benutzt man dagegen einen oder beide der optionalen Trimmparameter **l** oder **r**, so wird die Teillinie links und rechts um den Wert **\cmidrulekern** verkürzt, wobei **\cmidrule** dabei nicht zwischen Zellen in der Tabellenmitte oder am Tabellenrand unterscheidet. Der Wert von **\cmidrulekern** ist mit 0.5 em vorbelegt und kann jederzeit überschrieben werden. Alternativ ist auch eine explizite Angabe einer Länge als Parameter für **l** und **r** möglich, sodass beispielsweise mit **r{*\tabcolsep*}** eine Verkürzung um **\tabcolsep** möglich ist. Negative Werte bewirken eine Verlängerung der Linie nach links beziehungsweise rechts.

Das folgende Beispiel ist eine eher komplexe Anwendung der **booktabs**-Makros. Durch **@{\kern-30pt}** (negativer Spaltenabstand) im Kopf der Tabelle erreicht man ein »Heranziehen« der folgenden Spalte.

```
\usepackage{eurosym,array,booktabs}

\begin{tabular}{@{}>{\raggedright}p{4.5cm}@{\kern-30pt}*{6}{>{\small}r}@{}}\toprule
\textit{Alternative 1}  &  Investitions- & Jahr\\[-2pt]
                        &  zeitpunkt     & 2006 & 2007 & 2008 & 2009 & 2010 \\
\cmidrule(lr){3-3}\cmidrule(lr){4-4}\cmidrule(lr){5-5}
                   \cmidrule(lr){6-6}\cmidrule(l){7-7}
Einführungszahlungen   & 0 &      0 &      0 &      0 &      0 &      0 \\
Lfd. Personalzahlungen & 0 &  7.187 &  7.187 &  7.187 &  7.187 &  7.187 \\
Lfd. Zahlungen für \newline
Wartung/Systempflege   & 0 & 13.572 & 13.572 & 13.572 & 13.572 & 13.572\\
   \cmidrule[0.8pt](r){1-2}\cmidrule(lr){3-3}\cmidrule(lr){4-4}\cmidrule(lr){5-5}
   \cmidrule(lr){6-6}\cmidrule(l){7-7}
Gesamtzahlungen für die Investition
  & 0 & 20.759 & 20.759 & 20.759 & 20.759 & 20.759\\\bottomrule
%
\multicolumn{7}{c}{\rule{0pt}{3ex}\small(Alle Angaben in \euro)}
\end{tabular}
```

Alternative 1	Investitions- zeitpunkt	Jahr 2006	2007	2008	2009	2010
Einführungszahlungen	0	0	0	0	0	0
Lfd. Personalzahlungen	0	7.187	7.187	7.187	7.187	7.187
Lfd. Zahlungen für Wartung/Systempflege	0	13.572	13.572	13.572	13.572	13.572
Gesamtzahlungen für die Investition	0	20.759	20.759	20.759	20.759	20.759

(Alle Angaben in €)

\cmidrule kann analog zum Standard-LaTeX-Befehl **\cline** zwar mehrmals hintereinander mit gleichen Parametern aufgerufen werden, hat aber dennoch keine doppelten oder mehrfachen Linien zur Folge. Mit dem Befehl **\morecmidrules** zwischen zwei gleichen **\cmidrule**-Befehlen kann dies aber erreicht werden, wobei dieser Vorgang bei höherer Linienzahl zu wiederholen ist. Der Linienabstand ist durch **\cmidrulesep**=2.0pt vorgegeben und kann wie üblich durch einen Längenbefehl geändert werden.

Eins	Zwei	Drei	Vier
Eins	Zwei	Drei	Vier
Eins	Zwei	Drei	Vier

```
\usepackage{booktabs}

\begin{tabular}{cccc}
Eins & Zwei & Drei & Vier\\\cmidrule{2-3}\cmidrule{2-3}
Eins & Zwei & Drei & Vier\\
              \cmidrule{2-3}\morecmidrules\cmidrule{2-3}
Eins & Zwei & Drei & Vier\\\cmidrule{2-3}\morecmidrules
              \cmidrule{2-3}\morecmidrules\cmidrule{2-3}
\end{tabular}
```

Besonders im Zusammenhang mit farbigen Tabellen ist die Anwendung des Makros **\specialrule** hilfreich, da es damit möglich ist, Linien zu erstellen, die keinen vertikalen Abstand davor und dahinter erzeugen und somit direkt hinter farbige Blöcke gesetzt werden können. Dies ermöglicht gleichzeitig auch die Verwendung senkrechter Linien, die ansonsten wegen der zusätzlichen vertikalen Abstände vor und nach horizontalen Linien unterbrochen wären.

```
\usepackage{array,booktabs}  \usepackage[table]{xcolor}
\definecolor{LightRed}{rgb}{1,.70,.70}   \definecolor{LightYellow}{rgb}{.90,.85,.55}
\definecolor{LightGray}{rgb}{.90,.90,.90}\definecolor{MediumGray}{rgb}{.70,.70,.70}
\definecolor{DarkGray}{rgb}{.50,.60,.70} \newcommand\thickc[1][0.5pt]{\vrule width #1}
\newcommand\myMidrule{\specialrule{0.6pt}{0pt}{0pt}}
```

```
\renewcommand{\arraystretch}{1.35}
\begin{tabular}{|l|c|c|m{4cm}|} \specialrule{2pt}{5pt}{0pt}
  \multicolumn{4}{!{\thickc[2pt]}c!{\thickc[2pt]}}{%
     \large \textbf{Boot Loader Header Table}}\\\specialrule{2pt}{0pt}{0pt}
  \multicolumn{4}{!{\thickc[1pt]}>{\columncolor{LightYellow}}r!{\thickc[1pt]}}{%
     \large Version Independent }\\\specialrule{1pt}{0pt}{0pt}
  \multicolumn{1}{!{\thickc[1pt]}>{\columncolor{DarkGray}}c|}{Entry}
  & \multicolumn{1}{|>{\columncolor{DarkGray}}c|}{Location}
  & \multicolumn{1}{|>{\columncolor{DarkGray}}c|}{Size}
  & \multicolumn{1}{|>{\columncolor{DarkGray}}c!{\thickc[1pt]}}{Comments}\\\specialrule{1pt}{0pt}{0pt}
%
  \rowcolor{LightGray} JmpTrap & 0 & Word & 0EBFEh (JMP \$)\\\myMidrule
  \rowcolor{MediumGray} MagicNumber & 2 & Word & 0AA55h \\\myMidrule
  \rowcolor{LightGray} Name & 4 & 4 Bytes & 'EBLH' \\\myMidrule
  \rowcolor{MediumGray} Version & 8 & Word & Version of BLH table\\\myMidrule
  \rowcolor{LightGray} Size & 10 & Byte & Size of BLH table \\\myMidrule
  \rowcolor{MediumGray}SizeVDT & 11 & Byte & Size of following version dependent table\\\myMidrule
  \multicolumn{4}{!{\thickc[1pt]}>{\columncolor{LightYellow}}r!{\thickc[1pt]}}{%
    \large Version 1.x }\\\myMidrule
  \rowcolor{LightGray} Empty & 0 & 0 & No Data for 1.x\\\myMidrule
  \multicolumn{4}{!{\thickc[2pt]}c!{\thickc[2pt]}}{%
    \large \textbf{End of Boot Loader Header Table}}\\[-2pt]\bottomrule[2pt]
\end{tabular}
```

Boot Loader Header Table			
			Version Independent
Entry	Location	Size	Comments
JmpTrap	0	Word	0EBFEh (JMP $)
MagicNumber	2	Word	0AA55h
Name	4	4 Bytes	'EBLH'
Version	8	Word	Version of BLH table
Size	10	Byte	Size of BLH table
SizeVDT	11	Byte	Size of following version dependent table
			Version 1.x
Empty	0	0	No Data for 1.x
End of Boot Loader Header Table			

In obigem Beispiel war ein zusätzlicher vertikaler Abstand wegen der farbigen Zeilen unerwünscht. Im folgenden ist es genau das Gegenteil; mit **\addlinespace** kann man an jeder beliebigen Stelle der Zeile zusätzlichen vertikalen Abstand angeben. Bei Anwendung einer **longtable** kann man zusätzlich mit dem **\specialrule**-Befehl den Abstand nach einer Tabellenüberschrift steuern. Bei der Anwendung von **longtable** und **booktabs** ist zu beachten, dass sich die Syntax der Befehle etwas ändert:

Achtung: longtable

\toprule(*hor. Trimm*) [*Dicke*]
\midrule(*hor. Trimm*) [*Dicke*]
\bottomrule(*hor. Trimm*) [*Dicke*]
\specialrule(*hor. Trimm*) {*Dicke*}{*Abstand oben*}{*Abstand unten*}

Das optionale Argument für den horizontalen Trimm ist nun bei allen Makros möglich. Dies ist wichtig zu wissen, denn im folgenden Beispiel ist das **\relax** nach dem letzten **\midrule** wichtig, weil es sonst wegen der in der folgenden Zeile erscheinenden runden Klammer zu einer Fehlermeldung kommt; **\midrule** würde diese für sich als den Beginn eines optionales Arguments betrachten.

```
\usepackage{longtable}
\usepackage{booktabs}

\begin{longtable}{@{}lrccccr@{}}
\caption{Übersicht}\\          \specialrule{1pt}{5pt}{5pt}
\multicolumn{1}{l}{Verbindung} & \multicolumn{1}{c}{Lit.}
  & \multicolumn{1}{c}{X-Ray} & \multicolumn{1}{c}{Lsm.}
  & \multicolumn{1}{c}{$^{125}$Te-shift}
  & \multicolumn{1}{c}{$^{19}$F-shift} \\\midrule
\addlinespace[0.3em]
\endhead
%
\addlinespace[0.5em]
\endfoot
%
\bottomrule
\endlastfoot
%
(CF$_3$C$_6$F$_4$)$_2$Te$_2$ &---&---&---&---&--- \\\midrule
Ph$_2$Te                     &---&---&---&729&--- \\\midrule\relax
(C$_6$F$_4$)$_2$Te$_2$       &---& ja&---&762& $-108,0$; $-152,0$
\end{longtable}
```

Tabelle 1: Übersicht

Verbindung	Lit.	X-Ray	Lsm.	^{125}Te-shift	^{19}F-shift
$(CF_3C_6F_4)_2Te_2$	—	—	—	—	—
Ph_2Te	—	—	—	729	—
$(C_6F_4)_2Te_2$	—	ja	—	762	$-108,0$; $-152,0$

2.6 cellspace

Das Paket **cellspace** von Josselin Noirel lädt automatisch die Pakete **ifthen**, **array** und **calc** und sorgt für einen besseren Zeilenabstand bei Verwendung von abgesetzten Gleichungen in Tabellen und Matrizen. Besonders bei Verwendung von Brüchen, Wurzeln oder Exponenten in **tabular**-Umgebungen zeigen sich Probleme wie in der folgenden Abbildung:

$f(x) = \frac{\sqrt{x^2-1}}{x^2+1}$
$f(x) = \frac{\sqrt{x^2-1}}{x^2+\frac{1}{x^2}}$

```
\begin{tabular}{c}\hline
$ f(x)=\frac{\sqrt{x^2-1}}{x^2+1}$               \\\hline
$ f(x)=\frac{\sqrt{x^2-1}}{x^2+\frac{1}{x^2}}$\\\hline
\end{tabular}
```

Allgemein könnte man über das Makro **\arraystretch** eine Streckung der Tabelle erreichen, was jedoch nicht immer bei verschiedenen Tabellen zu gleichen Abständen führt, da der Wert für **\arraystretch** zwingend angepasst werden müsste. Außerdem braucht man sehr viel Erfahrung, um auf sinnvolle Werte zu kommen, die dann auch nicht notwendigerweise eine erwartete Lösung ergeben.

$f(x)=\frac{\sqrt{x^2-1}}{x^2+1}$
$f(x)=\frac{\sqrt{x^2-1}}{x^2+\frac{1}{x^2}}$

```
\renewcommand\arraystretch{2.5}
\begin{tabular}{c}\hline
$ f(x)=\frac{\sqrt{x^2-1}}{x^2+1}$ \\\hline
$ f(x)=\frac{\sqrt{x^2-1}}{x^2+\frac{1}{x^2}}$\\\hline
\end{tabular}
```

Das Paket **cellspace** versucht durch Berechnung der benötigten Zellenhöhe einen sinnvollen oberen und unteren Abstand zu ermitteln. Dazu wurde mit dem Befehl **\newcolumntype** ein neuer Spaltentyp **S** definiert, der als Parameter den eigentlichen Typ erwartet, wobei **l**, **c**, **r**, **p**, **m** und **b** möglich sind. Dabei kann für die einfachen Typen auf die Klammerung verzichtet werden, da dann automatisch das nächste Zeichen als Argument genommen wird; **Sl** und **S{l}** sind in diesem Fall identisch.

$f(x)=\frac{\sqrt{x^2-1}}{x^2+1}$
$f(x)=\frac{\sqrt{x^2-1}}{x^2+\frac{1}{x^2}}$

```
\usepackage{cellspace}

\begin{tabular}{Sc}\hline
$ f(x)=\frac{\sqrt{x^2-1}}{x^2+1}$ \\\hline
$ f(x)=\frac{\sqrt{x^2-1}}{x^2+\frac{1}{x^2}}$\\\hline
\end{tabular}
```

Der obere und untere Abstand in einer Zelle wird dabei von den beiden Längen **\cellspacetoplimit**=1 pt und **\cellspacebottomlimit**=1 pt kontrolliert. Beide Werte können über **\setlength** oder **\addtolength** verändert werden, was auch empfehlenswert ist, da die Vorgaben im Paket sehr klein gewählt wurden.

$f(x)=\frac{\sqrt{x^2-1}}{x^2+1}$
$f(x)=\frac{\sqrt{x^2-1}}{x^2+\frac{1}{x^2}}$

```
\usepackage{cellspace}
\addtolength\cellspacetoplimit{3pt} \addtolength\cellspacebottomlimit{3pt}

\begin{tabular}{Sc}\hline
$ f(x)=\frac{\sqrt{x^2-1}}{x^2+1}$ \\\hline
$ f(x)=\frac{\sqrt{x^2-1}}{x^2+\frac{1}{x^2}}$\\\hline
\end{tabular}
```

cellspace ermöglicht über das Makro **\addparagraphcolumntypes** das Hinzufügen von weiteren Spaltentypen, was sich hauptsächlich auf vom Anwender selbst definierte Typen bezieht, von denen **cellspace** sonst nichts mitbekommt. Ein typischer Fall wäre das Hinzufügen des Spaltentyps **X** bei Verwendung des Paketes **tabularx**.

x	die unabhängige Variable, kann willkürlich vorgegeben werden
y	die abhängige Variable
$f(x)$	die Funktion $y=f(x)\dfrac{1}{\sqrt{x}}$

```
\usepackage{amsmath,cellspace,tabularx}
\addparagraphcolumntypes{X}
\addtolength\cellspacetoplimit{3pt}
\addtolength\cellspacebottomlimit{3pt}

\begin{tabularx}{\linewidth}{S{p{3em}}SX}\hline
$x$ & die unabhängige Variable, kann
  willkürlich vorgegeben werden  \\\hline
$y$ & die abhängige Variable     \\\hline
$f(x)$ & die Funktion
      $y=f(x)\dfrac{1}{\sqrt{x}}$\\\hline
\end{tabularx}
```

2.7 collcell

Das Paket **collcell** von Martin Scharrer erlaubt auf einfache Weise den Inhalt einer Zelle zu »sammeln«, um ihn dann beispielsweise als Argument für ein Makro nutzen zu können. Dies ist immer dann notwendig, wenn der Zelleninhalt ein Argument eines anderen Makros sein soll.

\collectcell{*Makro*} ... \endcollectcell

Spalte 1	*Spalte 2*	*Spalte 1*
Z21	Z22	Z23
Z31	Z32	Z33
Z41	Z42	Z43

```
\usepackage{collcell,xcolor}
\newcolumntype{F}{
  >{\collectcell{\fcolorbox{black}{black!20}}}
  l
  <{\endcollectcell}}

\renewcommand\arraystretch{1.5}
\begin{tabular}{ l F l }\hline
\emph{Spalte 1} &
  \multicolumn{1}{c}{\emph{Spalte 2}} &
  \emph{Spalte 1}\\\hline
Z21 & Z22 & Z23 \\
Z31 & Z32 & Z33 \\
Z41 & Z42 & Z43 \\\hline
\end{tabular}
```

Das als Parameter übergebene Makro *muss* in Klammern gesetzt werden, wenn es selbst weitere Parameter als nur den Zelleninhalt erwartet. Im obigen Beispiel ist dies der Fall für **\fcolorbox**{*Rahmenfarbe*}{*Füllfarbe*}. Der Zelleninhalt als dritter Parameter wird dann von **\collectcell** an das Makro übergeben.

Für spezielle Fälle, beispielsweise bei Verwendung von **\verb** innerhalb einer Zelle oder **\noalign** für spezielle Linien, sei auf die Dokumentation verwiesen. (Scharrer 2022a)

Ein automatisches Addieren der Zelleninhalte ist einfach möglich, wenn man das Dokument mit LuaLaTeX übersetzt. (Niepraschk 2017) Sobald eine Zelle keine normalen Werte enthält, beispielsweise die Summe der Spaltenwerte, muss mit **\multicolumn** der Zellentyp neu definiert werden, damit **\collectcell** für diese Zelle nicht aktiv ist. Dies betrifft die letzte Zeile im folgenden Beispiel, bei der die Summen und Mittelwerte ausgegeben werden.

Durch einen Trick kann man dem Makro **\collectcell** einen weiteren Parameter übergeben, indem vor dem Makro **\endcollectcell** durch ein Sonderzeichen (hier ;) getrennt, die Spaltennummer angegeben wird. Das Makro **\Summe** muss jetzt zuerst wieder diese Trennung in **#1;#2** vornehmen, bevor die Summen gebilder werden.

```
\usepackage{array,booktabs,supertabular,luacode,collcell}
\newcommand\mc{\multicolumn{1}}% nur zur Vereinfachung
\begin{luacode}
  function resetSumme() n = {0,0,0}  Sum = {0,0,0}; MWert = {0,0,0}  end
  function addiereBetrag(s,c) -- s ist ein String!
s2 = s:gsub(",",".")
Sum[c] = Sum[c] + tonumber(s2)
n[c] = n[c] + 1; MWert[c] = Sum[c]/n[c]
  end
  function printSumme(z)
   if z < 0 then tex.print(MWert[math.abs(z)])
           else tex.print(Sum[z])
```

```
    end
  end
\end{luacode}
\newcommand\Summe[1]{\expandafter\SummeA#1;}   \def\SummeA#1;#2;{#1\directlua{addiereBetrag('#1',#2)}}
\newcommand*\printSumme[1]{\directlua{printSumme(#1)}} \newcommand*\resetSumme{\directlua{resetSumme()}}
\newcolumntype{A}[2]{>{\collectcell\Summe}#2<{;#1\endcollectcell}}

\resetSumme
\begin{tabular}{r A1r A2r A3l }
 & 0  & 0 & 1,0012345 \\
 & 1 & -1 & 2,1  \\
 & 2 & -2 & 3,4  \\
 & 3 & -3 & 4,5  \\
 & 4 & -4 & 5,6  \\
 & 5 & -5 & 6,7  \\\midrule
\mc{r}{Summen}     &\mc{r}{\printSumme{1}} & \mc{r}{\printSumme{2}} & \mc{l}{\printSumme{3}}\\
\mc{r}{Mittelwerte}&\mc{r}{\printSumme{-1}}& \mc{r}{\printSumme{-2}}& \mc{l}{\printSumme{-3}}\\\midrule
\end{tabular}
```

	0	0	1,0012345
	1	-1	2,1
	2	-2	3,4
	3	-3	4,5
	4	-4	5,6
	5	-5	6,7
Summen	15	-15	23.3012345
Mittelwerte	2.5	-2.5	3.8835390833333

2.8 ctable

Das Paket **ctable** von Wybo Dekker fast die Eigenschaften der Pakete **array**, **tabularx** und **booktabs** zusammen. Zusätzlich zu diesen werden noch **rotating**, **xspace**, **color** und **xkeyval** geladen. **ctable** definiert das gleichnamige Makro, mit welchem über Schlüsselworte gesteuert, das Layout einer Tabelle beeinflusst werden kann. Zusätzlich werden weitere Makros für Fußnoten und Linien definiert.

\ctable [*Optionen*] {*Spaltendeklaration*}{*Fußnoten*}{*Tabellenzeilen*}
\tmark [*Symbol*]
\tnote [*Symbol*] {*Text*}
\NN [*Abstand*]   **\FL** [*Abstand*]   **\ML** [*Abstand*]   **\LL** [*Abstand*]

Im einfachsten Fall wird das Makro ohne Optionen und mit leerem Argument für die Fußnoten angewendet:

Links	*Zentriert*	*Rechts*
l	c	r
left	center	right

```
\usepackage{ctable}

\ctable{lcr}{}{% <-- leeres Fussnotenargument!
  \emph{Links} & \emph{Zentriert} & \emph{Rechts}\\\hline
  l            & c                & r \\
  left         & center           & right }
```

Tabelle 2.1 fasst alle möglichen optionalen Parameter zusammen und gibt auch die entsprechenden Standardwerte an. Ein wesentlicher Teil der Optionen bezieht sich auf die Tabelle als Gleitumgebung, was hier jedoch nicht von Bedeutung ist, sodass darauf nicht weiter eingegangen wird.

Tabelle 2.1: Zusammenstellung der möglichen Optionen für das Makro \ctable

Name	*Bedeutung*
caption	Tabellenüber- oder Tabellenunterschrift, die in Klammern gesetzt werden *muss*, falls der Text ein Komma oder ein Gleichheitszeichen enthält.
cap	Alternative Kurzform für die Liste der Tabellen (\listoftables).
captionskip	Abstand zwischen Tabellentitel und Tabelle (Vorgabe ist 2 ex).
mincapwidth	Vorgabe der Mindestbreite der Tabellenüber- oder Tabellenunterschrift. Sinnvoll für sehr schmale Tabellen, wobei Fußnoten jedoch immer mit der »caption«-Breite gesetzt werden.
pos	Floatposition (Vorgabe ist tbp).
label	Setzt eine \caption voraus und entspricht dem Makro \label.
width	Bei Angabe einer Breite wird die **tabularx**-Umgebung für das Setzen der Tabelle benutzt, sodass sich daraus folgend die Anwendung mindestens einer **X**-Spalte ergibt.
maxwidth	Erreicht die Tabelle nicht die maximale Breite, so wird jede **X**-Spalte in eine normale l-Spalte umgewandelt.
center	Zentriert die Tabelle in der aktuellen Zeile (Vorgabe).
left	Setzt die Tabelle linksbündig in der aktuellen Zeile.
right	Setzt die Tabelle rechtsbündig in der aktuellen Zeile.
figure	Anstelle einer table- wird eine figure-Gleitumgebung für das Setzen der Tabelle benutzt.
botcap	Setzt eine Tabellenunterschrift anstelle einer -überschrift.
sideways	Dreht die Tabelle entgegen (oneside) oder mit (twoside) dem Uhrzeigersinn um 90 Grad und setzt sie auf eine eigene Seite. Die pos-Option darf in diesem fall nicht benutzt werden.
nosuper	Setzt die Fußnotensymbole *nicht* im »superscript«-Modus.
notespar	Setzt alle Fußnotentexte hintereinander in *einen* Absatz.
star	Verwendet als Gleitumgebung die jeweilige Sternvariante, was nur im \twocolumn-Modus sinnvoll ist, um damit die Tabelle über beide Spalten zu setzen.
framerule	Die Tabelle wird *grundsätzlich* mit einem Rahmen versehen, der jedoch standardmäßig eine Liniendicke von 0 pt hat, sodass er unsichtbar bleibt, wenn kein anderer Wert angegeben wird.
framesep	Entspricht dem **\fboxsep** und legt den Abstand zwischen Rahmen und Tabelle fest (Vorgabe ist 0 pt).
framefg	Erwartet drei durch Lerzeichen getrennte Angaben (RGB) im Bereich [0 ... 1] für die Rahmenfarbe (Vorgabe ist 0 0 0 für Schwarz).
framebg	dito, für die Hintergrundfarbe (Vorgabe ist 1 1 1 für Weiß).

Fußnoten werden grundsätzlich unter die Tabelle gesetzt und orientieren sich in ihrer Breite (Marke und Text) an der Tabellenüber- beziehungsweise Tabellenunterschrift. Ist diese nicht vorhanden, so wird automatisch die Tabellenbreite genommen. Bei Anwendung des standardmäßigen **\footnotetext**-Befehls wird eine Trennlinie gezogen. Die Zählung erfolgt dabei in der für eine **minipage** üblichen Form, d. h. für **\tmark** ist der »echte« Buchstabe und für **\footnotetext** die entsprechende Zahl einzusetzen (f→6). Werden **\tmark** und **\tnote** ohne optionales Argument angewendet, wird automatisch als Label a genommen, wobei keine automatische Inkrementierung des Fußnotenzählers erfolgt.

I[Quelle:]	II[a]
Links–1	Rechts–1
Links–2	Rechts–2
Links–3[b]	Rechts–3[*]
Links–4	Rechts–4
III[c]	IV[f]

Quelle: Chicago Manual of Style. [a] Anmerk. zu II. Dies ist eine sehr lange Fußnote zur Demonstration des Zeilenumbruchs in der Fußnote. [b] Fußnote zu Links-3. [*] Fußnote zu Rechts-3 [c] Fußnote zu III.

[f] Noch eine echte Fußnote zu III.

```
\usepackage{ctable}

\ctable[notespar=true]{|c||c|}{%
 \tnote[\textsc{Quelle:}]{Chicago Manual of Style.}%
 \tnote{Anmerk. zu II. Dies ist eine sehr lange Fußnote
 zur Demonstration des Zeilenumbruchs in der Fußnote.}%
 \tnote[b]{Fußnote zu Links-3.}%
 \tnote[*]{Fußnote zu Rechts-3}%
 \tnote[c]{Fußnote zu III.}%
 \footnotetext[6]{Noch eine echte Fußnote zu III.}}{%
  I\tmark[\textsc{Quelle:}] & II\tmark \\
  Links--1          & Rechts--1         \\
  Links--2          & Rechts--2         \\
  Links--3\tmark[b]& Rechts--3\tmark[*]\\
  Links--4          & Rechts--4         \\
  III\tmark[c]      & IV\tmark[f] }
```

Ein Rahmen wird grundsätzlich nur um die Tabelle gezogen, die Fußnoten erscheinen daher außerhalb. Bei der Angabe der Liniendicke ist darauf zu achten, dass bei zu dünnen Linien diese manchmal nicht auf dem Bildschirm sichtbar sind. Eine Vergrößerung der *xcolor* Darstellung oder ein Ausdruck sind dann zur Kontrolle hilfreich. Farbangaben in einer der erweiterten **xcolor**-Notation sind nicht möglich.

I[Quelle:]	II[a]
Linke Spalte–1	Rechte Spalte–1
Links–2	Rechts–2
Links–3[b]	Rechts–3[*]
Links–4	Rechts–4
III[c]	IV[f]

Quelle: Chicago Manual of Style.
[a] Anmerk. zu II. Dies ist eine sehr lange Fußnote zur Demonstration des Zeilenumbruchs in der Fußnote.
[b] Fußnote zu Links-3.
[*] Fußnote zu Rechts-3
[c] Fußnote zu III.

```
\usepackage{ctable}

\ctable[framerule=0.5pt,framesep=5pt,
    framebg=0.8 0.5 0.6]{@{}c||c@{}}{%
  \tnote[\textsc{Quelle:}]{Chicago Manual of Style.}%
  \tnote{Anmerk. zu II. Dies ist eine sehr lange
    Fußnote zur Demonstration des Zeilenumbruchs
    in der Fußnote.}%
  \tnote[b]{Fußnote zu Links-3.}%
  \tnote[*]{Fußnote zu Rechts-3}%
  \tnote[c]{Fußnote zu III.}%
  \footnotetext[6]{Noch eine ,,echte`` Fußnote
     zu III.}%
}{%
   I\tmark[\textsc{Quelle:}] & II\tmark \\
   Linke Spalte--1  & Rechte Spalte--1  \\
   Links--2         & Rechts--2         \\
   Links--3\tmark[b]& Rechts--3\tmark[*]\\
   Links--4         & Rechts--4         \\
   III\tmark[c]     & IV\tmark[f]           }
```

[f] Noch eine „echte“ Fußnote zu III.

Die Anwendung des **sideways**-Parameters führt immer zu einer eigenen Seite für die Tabelle und macht daher nur bei entsprechend großen Tabellen Sinn. Ist die Tabelle dagegen nur sehr breit bei geringer Höhe, dann sollte man auf eine einfache Rotation mit **\rotatebox** zurückgreifen.

Anstelle der standardmäßigen Zeilenendebefehle wie \\ oder **\tabularnewline** kann man mit **ctable** die alternativen Varianten benutzen, die auf Seite 54 angegeben sind. Zu beachten ist lediglich, dass *alle* Linienmakros innerhalb des Tabellenblocks erscheinen müssen. Für den Fall, dass eine Linie gezogen wird, beziehen sich die Befehle auf die entsprechenden **booktabs**-Varianten **\toprule**, **\midrule** und **\bottomrule** mit der jeweiligen Möglichkeit, die Dicke der Linie anzugeben.

```
\usepackage{ctable}
Hier kommt zur Demonstration ziemlich sinnloser Text vor der folgenden Tabelle,
die wegen der \texttt{sideways}-Option auf einer eigenen Seite erscheinen wird.

\ctable[sideways,maxwidth=\textheight,
  caption=Eine Tabelle mit \texttt{\textbackslash ctable}]{@{}>{\ttfamily}l X@{}}%
{\tnote[*]{Eine Demonstration mit \texttt{\textbackslash ctable}.}}%
{\FL% FirstLine mit Standarddicke
 sideways\tmark[*] & Dreht die Tabelle entgegen (oneside) oder mit (twoside) dem
    Uhrzeigersinn um 90 Grad und setzt sie auf eine eigene Seite. Die
    \texttt{pos}-Option darf in diesem Fall nicht benutzt werden.\ML[0.1pt]% MidLine
 star     & Verwendet als Gleitumgebung die jeweilige Sternvariante, was nur im
    \texttt{\textbackslash twocolumn}-Modus sinnvoll ist, um damit die Tabelle über
    beide Spalten zu setzen.\LL[0.5pt]% LastLine
}% Ende des Tabellenarguments
```

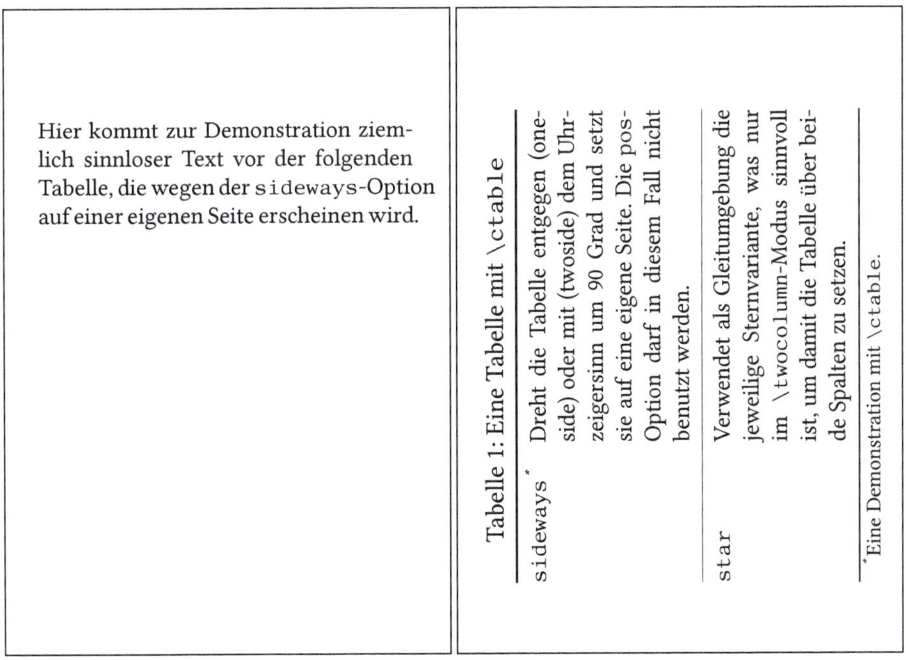

Die **maxwidth**-Option ist immer dann hilfreich, wenn Tabellen durch externe Skripte oder Programme generiert werden, bei denen der Tabelleninhalt vorher nicht unbedingt bekannt ist. Die generelle Anwendung einer **X**-Spalte zusammen mit dem **tabularx**-Paket kann dann manchmal störend wirken, wenn die zwingend anzugebene Breite der Tabelle größer als notwendig ist. Durch Angabe einer maximalen Breite durch **maxwidth** kann mit **\ctable** eine automatische Umwandlung einer **X**- in eine normale **l**-Spalte erreicht werden, wenn die Tabelle insgesamt schmaler als die maximale Breite ist. Die horizontale Ausrichtung der Tabelle, die standardmäßig in der aktuellen Zeile zentriert ist, kann über die Optionen **left**, **center** und **right** leicht beeinflusst werden.

Links	*Zentriert*	*Rechts*
l	c	r
left	center	right

```
\usepackage{ctable}

\ctable{@{}lcr@{}}{}{%
  \emph{Links} & \emph{Zentriert}
    & \emph{Rechts}\\\hline
  l    & c      & r\\
  left & center & right }
\ctable[left]{@{}lcr@{}}{}{%
  \emph{Links} & \emph{Zentriert}
    & \emph{Rechts}\\\hline
  l    & c      & r\\
  left & center & right }
\ctable[right]{@{}lcr@{}}{}{%
  \emph{Links} & \emph{Zentriert}
    & \emph{Rechts}\\\hline
  l    & c      & r\\
  left & center & right }
```

Links	*Zentriert*	*Rechts*
l	c	r
left	center	right

Links	*Zentriert*	*Rechts*
l	c	r
left	center	right

2.9 datatool

Das Paket **datatool** von Nicola Talbot löst das alte Paket **csvtools** der Autorin ab und macht dieses daher überflüssig. **datatool** ist eigentlich eine Sammlung von mehreren Paketen, die allesamt externe Daten einlesen und in irgendeiner Weise darstellen, sei es als Tabelle, als Tortendiagramm oder als Funktionsgraph. Alle Datensätze werden zeilenweise eingelesen und müssen einen einheitlichen Trenner haben, der vom Anwender festgelegt werden kann.

Vorname	**Nachname**	**Alter**
Hannes	Wader, sen.	68
Jane	Austen	75
James	Brown	42
Jana	Voß	26
Roger	Daltry	58
Claire	Waldoff	45
Johan	Voß	29

```
\usepackage{datatool}

\DTLloaddb{Liste}{data0.csv}
\begin{tabular}{llc}
\bfseries Vorname & \bfseries Nachname
  & \bfseries Alter
\DTLforeach{Liste}{\vorname=Vorname,
  \nachname=Nachname,\alter=Alter}{%
  \\ \vorname & \nachname & \alter}
\end{tabular}
```

Im Standardfall wird die externe Datei eine kommaseparierte Liste sein, wobei einzelne Einträge zusätzlich durch Anführungsstriche »geklammert« werden können, wenn sie selbst ein Komma enthalten, wie im ersten Datensatz (zweite Zeile) zu sehen ist. Die erste Zeile eines Datensatz *muss* Bezeichner für die einzelnen Spalten enthalten, auf die dann mit **\DTLforeach** bezug genommen werden kann.

```
Vorname,Nachname,AusweisNo,Alter
Hannes,"Wader, sen.",102689,68
Jane,Austen,102647,75
James,Brown,103569,42
Jana,Voß,105488,26
Roger,Daltry,106872,58
```

```
Claire,Waldoff,104356,45
Johan,Voß,513110,29
```

\DTLloaddb{*Datenliste*}{*Dateiname*}
\DTLforeach* [*Bedingung*] {*Datenliste*}{*Zuweisungsliste*}{ *Tabellenzeile*}

Die Sternversion arbeitet bei größeren Datenlisten etwas schneller, da sie keine Veränderungen der einzelnen Einträge erlaubt, sozusagen die Daten nur »Read only« einliest. Das erste Argument von **\DTLforeach** erwartet den logischen Dateinamen, das zweite liefert die Zuweisung der einzelnen Spalten zu Makronamen und das letzte Argument stellt die Formatierung einer einzelnen Tabellenzeile dar. Wie man den Doppelbackslash einfügt, bleibt dem Anwender überlassen; es kann vor oder nach der neuen Zeile erfolgen. Eine Nummerierung der einzelnen Zeilen kann man leicht mit dem internen Zähler **DTLrowi** erreichen, der in der üblichen Weise abgefragt und auch gleich für ein Label benutzt werden kann. Dann kann man jederzeit die einzelnen Zeilen der Tabelle referenzieren.

No.	*Vorname*	*Nachname*	*Alter*
1.	Hannes	Wader, sen.	68
2.	Jane	Austen	75
3.	James	Brown	42
4.	Jana	Voß	26
5.	Roger	Daltry	58
6.	Claire	Waldoff	45
7.	Johan	Voß	29

Man findet den Eintrag von James Brown in Zeile 3 der Tabelle und den von Claire in Zeile 6.

```
\usepackage{datatool}
\usepackage{booktabs} \DTLloaddb{Liste}{data0.csv}

\begin{tabular}{ @{}cllc@{}}\toprule
\emph{No.} & \emph{Vorname} &
  \emph{Nachname} & \emph{Alter}\\\midrule
\DTLforeach{Liste}{\vorname=Vorname,
  \nachname=Nachname,\alter=Alter}{%
\label{tab:\nachname} \theDTLrowi.
  & \vorname & \nachname   & \alter\\}
\end{tabular}\par
Man findet den Eintrag von James Brown in
Zeile~\ref{tab:Brown} der Tabelle und den
von Claire in Zeile~\ref{tab:Waldoff}.
```

Ein Referenzieren ist dann mit dem allgemein bekannten **\ref**-Befehl möglich, wobei zu beachten ist, dass man das Label vor den Zeilenumbruch **** setzen *muss*, damit der Bezug zu der internen Anweisung **\refstepcounterDTLrowi** gegeben ist; alle Zähler werden am Begin des Arguments *Tabellenzeile* gesetzt (siehe Syntax des Befehls). Die Zähler werden den Elementen der *Zuweisungsliste* zugeordnet und ähnlich wie bei einer normalen Liste mit kleinen römischen Buchstaben fortlaufend bezeichnet. Der erste lautet **DTLrowi**, der zweite **DTLrowii**, usw.

No.	**Vorname**	**Nachname**	**Alter**
1.	Hannes	Wader, sen.	68
2.	Claire	Waldoff	45

```
\usepackage{datatool} \DTLloaddb{Liste}{data0.csv}

\begin{tabular}{cllc}
\bfseries No. & \bfseries Vorname
  & \bfseries Nachname & \bfseries Alter
\DTLforeach[\DTLisopenbetween{\nachname}{W}{X}]%
    {Liste}{\vorname=Vorname,
  \nachname=Nachname,\alter=Alter}{\\
  \theDTLrowi.&\vorname&\nachname&\alter}
\end{tabular}
```

\DTLisopenbetween{*Liste*}{*Anfangszeichen*}{*Endzeichen*}
\DTLiffirstrow{*Wahr*}{*Falsch*}   **\DTLifoddrow**{*Wahr*}{*Falsch*}

No.	*Vorname*	*Nachname*	*Alter*
1.	Hannes	Wader, sen.	68
2.	Jane	Austen	75
3.	James	Brown	42
4.	Jana	Voß	26
5.	Roger	Daltry	58
6.	Claire	Waldoff	45
7.	Johan	Voß	29

```
\usepackage{datatool}
\usepackage[table]{xcolor}

\DTLloaddb{Liste}{data0.csv}
\begin{tabular}{cllc}
\emph{No.} & \emph{Vorname} &
  \emph{Nachname} & \emph{Alter}
\DTLforeach{Liste}{\vorname=Vorname,
 \nachname=Nachname,\alter=Alter}{\\
 \DTLifoddrow%
   {\rowcolor{black!20}}{\rowcolor{black!40}}
 \theDTLrowi.&\vorname&\nachname&\alter}
\end{tabular}
```

Über das optionale Argument von **\DTLforeach** kann eine Bedingung formuliert werden, die es erlaubt, nur bestimmte Einträge auszugeben, beispielsweise nur diejenigen, deren Nachname mit »W« beginnt. Das Makro **\DTLisopenbetween** definiert den Bereich, für den die Datenliste »offen« ist, wobei die Angabe des Anfangs einschließlich und die des Endes ausschließlich zu verstehen ist.

Mit dem Makro **\DTLifoddrow** kann auf einfache Weise eine »doppelte« Tabelle erreicht werden, indem ein Test auf die Zeile zu einem Zeilenumbruch \\ oder zu einem Spaltentrenner **&** führt. Die Reihenfolge ist hier wichtig, da als erstes der fehlende Zeilenumbruch für die Kopfzeile erstellt werden muss. Hierbei ist allerdings zu beachten, dass die Zeilenzählung analog zur Datenliste erfolgt, bei der die erste Zeile die Spaltenbezeichner enthalten muss (vergleiche den Datensatz auf Seite 58).

```
\usepackage{datatool}
\DTLloaddb{Liste}{data0.csv}

\begin{tabular}{cllc@{\qquad}cllc}
\bfseries No. & \bfseries Vorname & \bfseries Nachname & \bfseries Alter &
\bfseries No. & \bfseries Vorname & \bfseries Nachname & \bfseries Alter
\DTLforeach{Liste}{\vorname=Vorname,\nachname=Nachname,\alter=Alter}%
  {\DTLifoddrow{\\}{&} \theDTLrowi. & \vorname & \nachname   & \alter}
\end{tabular}
```

No.	**Vorname**	**Nachname**	**Alter**	**No.**	**Vorname**	**Nachname**	**Alter**
1.	Hannes	Wader, sen.	68	2.	Jane	Austen	75
3.	James	Brown	42	4.	Jana	Voß	26
5.	Roger	Daltry	58	6.	Claire	Waldoff	45
7.	Johan	Voß	29				

\DTLiffirstrow kann benutzt werden, um nach der ersten Zeile eine horizontale Linie zu erzeugen.

No.	*Vorname*	*Nachname*	*Alter*
1.	Hannes	Wader, sen.	68
2.	Jane	Austen	75
3.	James	Brown	42
4.	Jana	Voß	26
5.	Roger	Daltry	58
6.	Claire	Waldoff	45
7.	Johan	Voß	29

```
\usepackage{datatool}
\usepackage{booktabs}
\DTLloaddb{Liste}{data0.csv}

\begin{tabular}{@{} cllc @{}}\toprule
\emph{No.} & \emph{Vorname} &
  \emph{Nachname} & \emph{Alter}
\DTLforeach{Liste}{\vorname=Vorname,
  \nachname=Nachname,\alter=Alter}{%
  \DTLiffirstrow{\\\midrule}{\\}
  \theDTLrowi.&\vorname&\nachname&\alter}
\\\bottomrule
\end{tabular}
```

Eine weitere interessante Möglichkeit des **datatool**-Pakets besteht in der Sortierung der Datenzeilen.

\DTLsort* [*Sortierreihenfolge*] {*Sortierkriterium*} {*Datenliste*}

Die optionale Angabe der Sortierreihenfolge ist nur für den Fall interessant, dass das eigentliche Sortierkriterium versagt, weil kein entsprechender Eintrag in der Spalte der Datenliste vorhanden ist, ähnlich dem Null-Eintrag in einer SQL-Datenbank. Im folgenden Beispiel ist alternativ *Nachname* angegeben, was als Sortierkriterium herangezogen würde, falls eine Datenzeile keine Altersangabe hätte.

No.	**Vorname**	**Nachname**	**Alter**
1.	Jane	Austen	75
2.	Hannes	Wader, sen.	68
3.	Roger	Daltry	58
4.	Claire	Waldoff	45
5.	James	Brown	42
6.	Johan	Voß	29
7.	Jana	Voß	26

```
\usepackage{datatool}
\DTLloaddb{Liste}{data0.csv}

\DTLsort[Nachname]{Alter=descending}{Liste}
\begin{tabular}{@{}cllc@{}}
\bfseries No. & \bfseries Vorname
  & \bfseries Nachname & \bfseries Alter
\DTLforeach{Liste}{\vorname=Vorname,
  \nachname=Nachname,\alter=Alter}{%
  \DTLiffirstrow{\\\hline}{\\}
  \theDTLrowi.&\vorname&\nachname&\alter}
\end{tabular}
```

Die optionale Angabe *descending* führt zur absteigenden Sortierung, während *ascending* zur standardmäßigen aufsteigenden Liste führt. Bei der Sortierung ist die Groß- und Kleinschreibung von Zeichenketten signifikant, wohingegen diese bei Anwendung der Sternversion ignoriert wird. In diesem Fall werden vor der Sortierung alle Zeichenketten in Kleinbuchstaben gewandelt.

No.	**Vorname**	**Nachname**	**Alter**
1.	Jane	Austen	75
2.	James	Brown	42
3.	Roger	Daltry	58
4.	Jana	Voß	26
5.	Johan	Voß	29
6.	Hannes	Wader, sen.	68
7.	Claire	Waldoff	45

```
\usepackage{datatool}
\DTLloaddb{Liste}{data0.csv}

\DTLsort*{Nachname}{Liste}
\begin{tabular}{@{}cllc@{}}
\bfseries No. & \bfseries Vorname
  & \bfseries Nachname & \bfseries Alter
\DTLforeach{Liste}{\vorname=Vorname,
  \nachname=Nachname,\alter=Alter}{%
  \DTLiffirstrow{\\\hline}{\\}
  \theDTLrowi.&\vorname&\nachname&\alter}
\end{tabular}
```

Die Zahl der Möglichkeiten des **datatool**-Pakets ist vielfältig, wovon hier nicht alle aufgeführt werden können. Man findet viele Beispiele in der Dokumentation zum Paket. (Talbot 2019)

2.10 easytable

Das Paket **easytable** von Enrico Bertolazzi erlaubt zwei Paketoptionen: **thinlines** und **thicklines**, sodass bereits mit dem Laden des Paketes die allgemeine Liniendicke gewählt werden kann. Das Paket ist Teil der **easy**-Reihe und lädt auch automatisch das gleichnamige Paket. Bei älteren LaTeX-Versionen (vor 2020) kann die Fehlermeldung »no room for a new dimen« auftreten. Es muss dann in jedem Fall das Paket **etex** geladen werden, welches mehr als die sonst üblichen Dimensionsregister erlaubt (aktueller Standard).

Tabelle 2.2: Festlegung der Liniendicken durch die Paketoption

Option	\@tab@size@rule	\@tab@size@dash
thinlines	0.7 pt	0.5 pt
thicklines	1.5 pt	1.2 pt

Grundsätzlich stellt das Paket mit der **TAB**-Umgebung eine vereinfachte **tabular**-Umgebung zur Verfügung, die allerdings eine erweiterte Möglichkeit aufweist. Die Syntax ist etwas gewöhnungsbedürftig:

```
\begin{TAB}(Typ,xMin,yMin)[Rand,XMin,YMin]{Spalten}{Zeilen}
```

Typ *,xMin,yMin*
: Typ muss einen der folgenden Werte annehmen:
@ keine Wirkung
r gleiche Zeilenhöhen
c gleiche Spaltenbreiten
b gleiche Zeilenhöhen und gleiche Spaltenbreiten
e gleiche Zeilenhöhen und Spaltenbreiten (identische Werte)
Die optionale Angabe von **xMin,yMin** erzwingt eine Mindestgröße der Box und muss als Maßzahl mit einer TeX-typischen Einheit angegeben werden, beispielsweise 10pt,30pt.

Rand,XMin,YMin
: Optional gibt *Rand* analog zu **\fboxsep** den Wert für den äußeren Rand um die einzelnen Zellen an und ist mit 2 pt vorbesetzt. Die zusätzlichen optionalen Argumente **XMin,YMin** geben die Mindestgröße der gesamten Tabelle vor, beispielsweise »10cm,5cm«.

Spalten
: Dies sind die standardmäßigen Spaltendefinitionen von LaTeX, können jedoch nur die drei Standardwerte l, c, r annehmen.

Zeilen
: Hiermit muss die Ausrichtung der Zeilen vorgegeben werden, wobei die Werte c, t, b möglich sind. Die Zahl der Zeilen *muss* bereits am Anfang der Umgebung feststehen, beziehungsweise nachträglich geändert werden, wenn sich die Zeilenzahl erhöht. Intern ist die maximale Spalten- und Zeilenzahl auf 30 festgelegt.

kein \hline und kein \cline!

Zu beachten ist allerdings, dass **easytable** keine horizontalen Linien in der gewohnten Syntax erlaubt, womit eine Kombination mit dem **booktabs**-Paket nicht möglich ist. Die Vorteile von **easytable** sind insbesondere Fälle, bei denen es auf eine gleichmäßige Spalten- und Zeilenformatierung ankommt. Das folgende Beispiel zeigt den Fall für quadratische Zellen, was durch der Wert **e** erreicht wird. Innerhalb dieser Zellen werden die Zellen und Zeilen dann entsprechend der Vorgaben **lrc** und **ctb** angeordnet. Das Fehlen von **\hline** und **\cline** stellt keine Einschränkung dar, denn durch die Definition der Zeilenformatierung können dort die Linien in derselben Notation vorgegeben werden, wie bei den Spalten üblich.

l	r	c
AA	BB	tt
l	r	b

l	r	c
AA	BB	tt
l	r	b

```
\usepackage[thinlines]{easytable}

\begin{TAB}(e){lrc}{ctb}
l  & r  & c \\
AA & BB & tt\\
l  & r  & b
\end{TAB}\qquad
\begin{TAB}(e){|l|r|c|}{|c|t|b|}
l  & r  & c\\AA & BB & tt\\l  & r  & b
\end{TAB}
```

Obigem Beispiel kann entnommen werden, dass die Formatierungsvorgabe für die Zeile immer für alle Spalten einer Zeile gilt, wodurch in der ersten Zeile des obigen Beispiels nur das **l** innerhalb der einzelnen Zelle korrekt zentriert erscheinen kann; **r** und **c** haben keine Oberlänge.

l	r	c
AA	BB	tt
l	r	b

```
\usepackage[thinlines]{easytable}

\fbox{%
\begin{TAB}(e,15pt,15pt)[5pt,3cm,3cm]{l:r:c}{c:t:b}
l  & r  & c  \\
AA & BB & tt \\
l  & r  & b
\end{TAB}}
```

Horizontale und vertikale Linien brauchen hinsichtlich ihrer eigenen Syntax jetzt nicht mehr unterschiedliche Makros oder Symbole. Die vorgegebene Syntax der **TAB**-Umgebung behandelt sowohl Spalten als auch Zeilen gleichberechtigt, sodass alle Linien dort mit denselben Symbolen angegeben werden können, beziehungsweise müssen. Für die Linien gelten die in Tabelle 2.1 zusammengestellten Symbole.

Abbildung 2.1: Zusammenstellung der Symbole für horizontale und vertikale Linien.

Symbol	*Bedeutung*	*Symbol*	*Bedeutung*
|	durchgehende Linie	:	gestrichelte Linie
;	strichpunktierte Linie	.	Punktlinie
0	wie |, nur 1/5 der Stärke	1	wie |, nur 1/4 der Stärke
2	wie |, nur 1/3 der Stärke	3	wie |, nur 1/4 der Stärke
4	wie |	5	wie |, nur doppelte Stärke
6	wie |, nur dreifache Stärke	7	wie |, nur vierfache Stärke
8	wie |, nur fünffache Stärke	9	wie |, nur sechsfache Stärke

Teillinien sind hierbei nicht möglich, jedoch kann die **TAB**-Umgebung beliebig geschachtelt werden, womit derselbe Zweck erreicht werden kann.

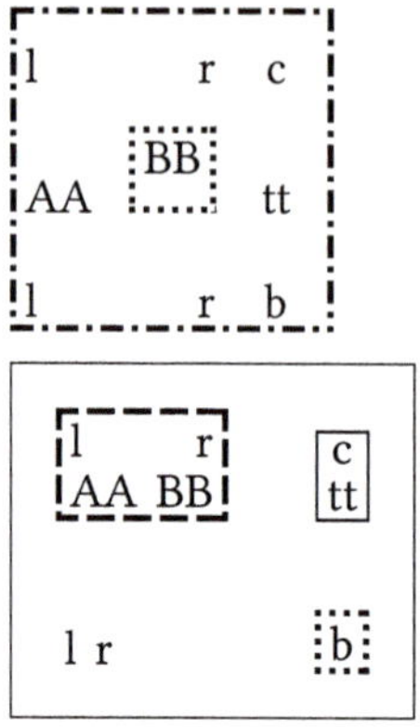

```
\usepackage[thicklines]{easytable}

\begin{TAB}(e){;lrc;}{;ctb;}
l  & r  & c \\
AA & \begin{TAB}(e){.r.}{.t.}BB\end{TAB} & tt\\
l  & r  & b
\end{TAB}\\[\medskipamount]
\begin{TAB}(@)[10pt]{0lr0}{0tt0}
  \begin{TAB}(@){:lr:}{:ct:}
    l  & r  \\ AA & BB
  \end{TAB} &
  \begin{TAB}(@){1c1}{2bb2}
    c\\tt
  \end{TAB}\\
  \begin{TAB}(@){lr}{c}
    l  & r
  \end{TAB} & \begin{TAB}(@){.c.}{.c.} b \end{TAB}
\end{TAB}
```

2.11 hhline

Das Paket **hhline** von David Carlisle erweitert die standardmäßigen Linienmakros. Im Abschnitt 2.4 auf Seite 38 wurde bereits das Paket **blkarray** vom selben Autor behandelt, das ebenfalls Linienerweiterungen bereitstellt, teilweise mit gleicher Syntax. **hhline** definiert das gleichnamige Makro, welches nur einen Parameter erwartet:

```
\hhline{Liniendefinition}
```

Es gelten die in Tabelle 2.3 zusammengestellten Symbole für die Linien.

Tabelle 2.3: Symbole und ihre Eigenschaften

Symbol	*Beschreibung*
`-`	Eine einfache Linie der Spaltenbreite.
`=`	Eine doppelte Linie der Spaltenbreite.
`~`	Kennzeichnung einer Spalte ohne Linie.
`|`	Eine senkrechte Linie, die durch doppelte horizontale Linien hindurchgeht.
`:`	dito, jedoch doppelte horizontale Linien nicht schneidend.
`#`	Ein einzelne Linie zwischen zwei senkrechten.
`t`	Die obere Hälfte einer doppelten horizontalen Linie.
`b`	Die untere Hälfte einer doppelten horizontalen Linie.
`*`	Wiederholungsoperator: `*{3}{==#}` expandiert zu `==#==#==#`, analog zur Definition von mehrfachen gleichen Spaltentypen.

Das folgende Beispiel lässt sich prinzipiell mit den sehr ausführlichen Erklärungen zu Beispiel 02-04-10 auf Seite 44 verstehen, sodass hier keine weiteren Erklärungen folgen.

0	1	2	3	4	5
0	1	2	3	4	5
0	1	2	3	4	5
0	1	2	3	4	5
0	1	2	3	4	5

```
\usepackage{hhline}

\begin{tabular}{||c||c|cc||cc||}
   \hhline{|t:=:t:=|==#==:t|}
 0 & 1 & 2 & 3 & 4 & 5\\\hline
 0 & 1 & 2 & 3 & 4 & 5\\\hhline{======}
 0 & 1 & 2 & 3 & 4 & 5\\\hhline{||-||-..||.-}
 0 & 1 & 2 & 3 & 4 & 5\\\hhline{=::=~~::~=}
 0 & 1 & 2 & 3 & 4 & 5\\\hhline{|b:=:b:=--::-=:b|}
\end{tabular}
```

Eine weitere Anwendung zeigt Beispiel 07-00-63 auf Seite 247.

2.12 makecell

Das Paket **makecell** von Olga Lapko eignet sich hervorragend um einzelne Tabellenzellen speziell zu formatieren. Grundsätzlich ließe sich all das, was das Paket an speziellen Makros zur Verfügung stellt, auch mit denen aus diversen anderen Paketen bewerkstelligen, aber **makecell** vereinfacht vieles.

\makecell* [*Spalten-/Zeilentyp*] {*Zelleninhalt*}

Wie der Makroname schon andeutet, geht es immer um die Formatierung einer einzelnen Zelle, wobei als Parameter für die horizontale Ausrichtung alle Werte zulässig sind, die das Paket **array** erlaubt: **l**, **c**, **r**, **p**, **m** und **b**. Da die letzten drei einen eigenen Parameter erwarten, sind sie zwingend noch einmal zu klammern, beispielsweise **{p{4cm}}** oder auch **{>{\ttfamily}m{4em}}**. Fehlt dabei der Parameter für die horizontale Ausrichtung, so muss es in diesen Fällen durch **{}** dem Makro mitgeteilt werden. Für die vertikale Ausrichtung gibt es die gewohnten drei Werte **b**, **c** und **t**. **\makecell** erstellt prinzipiell eine Zelle, die aus einer einspaltigen Tabelle besteht. Bei fehlenden optionalen Werten wird horizontal und vertikal zentriert.

1.	Ohne Parameter
2.	Ohne Parameter aber zweizeilig
3.	horizontal linksbündig
4.	horizontal linksbündig
5.	horizontal rechtsbündig
6.	horizontal rechtsbündig

7.	feste Breite
8.	feste Breite

```
\usepackage{makecell}

\begin{tabular}{|c|c|}\hline
1. & \makecell{Ohne Parameter} \\\hline
2. & \makecell{Ohne Parameter\\aber zweizeilig}\\\hline
3. & \makecell[l]{horizontal linksbündig}   \\\hline
4. & \makecell[l]{horizontal\\ linksbündig} \\\hline
5. & \makecell[r]{horizontal rechtsbündig}  \\\hline
6. & \makecell[r]{horizontal\\ rechtsbündig}\\\hline
\end{tabular}\\[5pt]
\begin{tabular}{|c|c|}\hline
7. & \makecell[{}{p{3cm}}]{feste Breite}  \\\hline
8. & \makecell[{}{p{3cm}}]{feste\\ Breite}\\\hline
\end{tabular}
```

1.	Ohne Parameter
2.	vertikal oben
3.	vertikal oben
4.	vertikal unten
5.	vertikal unten

```
\usepackage{makecell}

\begin{tabular}{|c|c|}\hline
1. & \makecell{Ohne Parameter}      \\\hline
2. & \makecell[t]{vertikal oben}    \\\hline
3. & \makecell[t]{vertikal\\ oben} \\\hline
4. & \makecell[b]{vertikal unten}   \\\hline
5. & \makecell[b]{vertikal\\ unten}\\\hline
\end{tabular}
```

1.	Ohne Parameter
2.	vertikal oben horizontal links
3.	vertikal oben horizontal rechts
4.	vertikal unten horizontal links
5.	vertikal unten horizontal rechts

```
\usepackage{makecell}

\begin{tabular}{|c|c|}\hline
1. & \makecell{Ohne Parameter} \\\hline
2. & \makecell*[tl]{vertikal oben\\
           horizontal links}\\\hline
3. & \makecell[tr]{vertikal oben\\
           horizontal rechts}\\\hline
4. & \makecell*[bl]{vertikal unten\\
           horizontal links}\\\hline
5. & \makecell[br]{vertikal unten\\
           horizontal rechts}\\\hline
\end{tabular}
```

Die Sternversion fügt sowohl vor als auch nach der aktuellen Zelle den vertikalen Abstand **1\jot**=3.0pt ein. Im Gegensatz zu **\makecell** arbeitet das Makros **\thead** mit bereits definierten Werten für die Formatierung von Kopfzeilen einer Tabelle.

\thead [*Spaltentyp*] {*Text*} **\rothead**{*Text*} **\theadfont** *Text*

Titel für die Spalte 1	Spalte 2	Spalte 3
A	vertikal oben horizontal links	B
C	vertikal oben horizontal rechts	RECHTS

```
\usepackage{makecell}

\begin{tabular}{ccc}
\thead{Titel für die\\Spalte 1}
    & \thead[l]{Spalte 2}
    & \thead[r]{Spalte 3} \\\hline
A & \makecell*[tl]{vertikal oben\\
    horizontal links} & B\\
C & \makecell[tr]{vertikal oben\\
    horizontal rechts} & RECHTS \\\hline
\end{tabular}
```

Mit dem optionalen Parameter kann man lediglich die horizontale Ausrichtung beeinflussen, alles andere ist durch die folgenden Makros festgelegt. Eine Modifikation durch **\renewcommand** ist bei Makros natürlich immer möglich.

\cellset{*Definition*}
\cellalign{*Horizontaler/Vertikaler Spaltentyp*}
\cellrotangle{*Winkel*}
\theadalign{*Horizontaler/Vertikaler Spaltentyp*}

```
\theadfont{Fontgröße}
\theadset{Definition}
```

Das Paket hat intern folgende Vorbelegungen für die einzelnen Makros:

```
\newcommand\cellset{\def\arraystretch{1}\extrarowheight\z@\nomakegapedcells}
\newcommand\cellgape{}
\newcommand\cellalign{cc}
\newcommand\cellrotangle{90}
\newcommand\theadfont{\footnotesize}
\newcommand\theadset{}
\newcommand\theadgape{\gape}
\newcommand\rotheadgape{}
\newcommand\theadalign{cc}
\newcommand\bottopstrut{\gape{\strut}}
\newcommand\topstrut{\gape[t]{\strut}}
\newcommand\botstrut{\gape[b]{\strut}}
```

Bei den einzelnen Makros kommen jeweils die angebenenen Makros zur Ausführung:

```
\makecell: \cellalign\cellset
\thead:    \theadalign\cellset\theadfont\theadset
\rothead:  \cellset\theadfont\theadset
```

Das folgende Beispiel zeigt eine Anwendung für **\cellalign**, **\theadalign** und **\theadfont**, wobei die Änderungen global vorgenommen wurden, was für die Titelzeile immer zu empfehlen ist. Alle Zellen werden mit **lt** (left/top) und die Überschriften mit **lb** (left/bottom) formatiert.

Titel für die Spalte 1	*Spalte 2*	*Spalte 3*
A	vertikal oben LINKS	B
C	vertikal oben LINKS	RECHTS

```
\usepackage{makecell}

\renewcommand\cellalign{lt}
\renewcommand\theadalign{lb}
\renewcommand\theadfont{\itshape\small}
\begin{tabular}{@{}ccc@{}}
\thead{Titel für die\\Spalte 1}
  & \thead{Spalte 2}
    & \thead{Spalte 3} \\\hline
A & \makecell*{vertikal oben\\LINKS} & B\\
C & \makecell{vertikal oben\\ LINKS}
  & RECHTS \\\hline
\end{tabular}
```

Paket rotating laden!

Für den Fall gedrehter Überschriften *muss* man mit einer Längenzuweisung an **\rotheadsize** vorab die Höhe des Textes festlegen. Dies kann man einfach mit dem Makro **\settowidth** erreichen, indem diesem als Muster der aktuelle Font und die längste Zeile übergeben wird. Wird **\rotheadsize** keine Länge zugewiesen, wird automatisch die Breite 0 pt genommen, was zu keiner sinnvollen Ausgabe führt. Der Drehwinkel ist durch **\cellrotangle** vorgegeben und kann mit **\renewcommand** geändert werden. Im Logfile wird eine entsprechende Warnung ausgegeben, falls man für die Drehung nicht das Paket **rotating** geladen hat.

Titel für die Spalte 1	*Spalte 2*	*Spalte 3*
A	vertikal oben LINKS	B
C	vertikal oben LINKS	RECHTS

```
\usepackage{makecell,rotating}

\renewcommand\cellalign{lt}
\renewcommand\theadalign{lb}
\renewcommand\theadfont{\itshape\normalsize}
\settowidth\rotheadsize{\theadfont Titel für die}
\begin{tabular}{@{}ccc@{}}\hline
\rothead{Titel für die\\Spalte 1}
  & \thead{Spalte 2}
    & \renewcommand\cellrotangle{45}
      \rothead{Spalte 3} \\\hline
A & \rotcell{vertikal oben\\LINKS} & B\\
C & \makecell*{vertikal oben\\ LINKS}
  & RECHTS \\\hline
\end{tabular}
```

2.12.1 Zellengröße

Der Inhalt einzelner Tabellenzellen kann hinsichtlich seiner Position zur Grundlinie (Baseline) mit dem Standard-Befehl **\raisebox** nach oben oder unten verschoben werden. Das Paket **makecell** vereinfacht diese Anwendung etwas, indem es zwei spezielle Makros für diese vertikale Verschiebung definiert.

\gape [*Position*] {*Text*}
\Gape [*Höhe*] [*Tiefe*] {*Text*}

Das Makro **\gape** ist analog zu **\smash** aus dem Paket **amsmath** und verändert die vertikale Größe der Box von *Text*. Das optionale Argument **b** lässt dabei die Boxtiefe und **t** die Boxhöhe unangetastet. Die jeweils andere Größe wird also so minimiert, dass *Text* gerade erfasst wird. Ohne Argument werden sowohl Tiefe als auch Höhe der Box um **\jot**=3.0pt vergrößert.

```
\usepackage{makecell}

\rule{1em}{0.5pt}\fbox{guter Text}\rule{1em}{0.5pt}\fbox{\gape{guter Text}}%
\rule{1em}{0.5pt}\fbox{\gape[b]{guter Text}}\rule{1em}{0.5pt}
\fbox{\gape[t]{guter Text}}\rule{1em}{0.5pt}
```

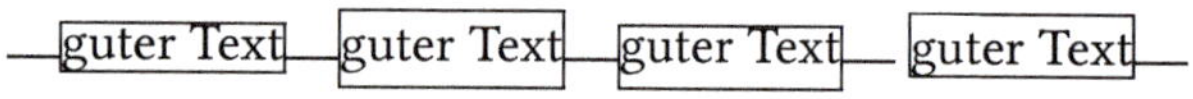

Während **\gape** die Verschiebungen in Abhängigkeit der bestehenden Boxgröße vornimmt, kann dies mit **\Gape** individuell eingestellt werden.

```
\usepackage{makecell}

\rule{1em}{0.5pt}\fbox{guter Text}\rule{1em}{0.5pt}\fbox{\Gape{guter Text}}%
\rule{1em}{0.5pt}\fbox{\Gape[5pt]{guter Text}}\rule{1em}{0.5pt}
\fbox{\Gape[5pt][-5pt]{guter Text}}\rule{1em}{0.5pt}
```

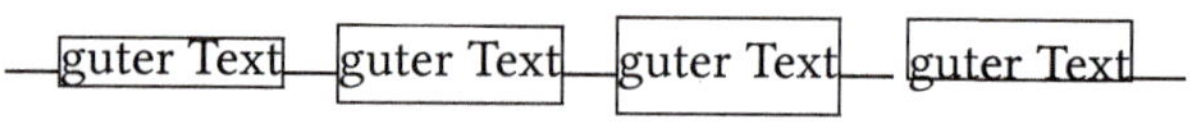

Während **\gape** und **\Gape** die Tiefe und Höhe *einer* Zelle verändern, kann dies mit den folgenden Makros für eine oder alle Zeilen einer Tabelle erreicht werden:

```
\bottopstrut
\topstrut
\botstrut
\setcellgapes[Position]{Länge}
\makegapedcells
\nomakegapedcells
```

Die ersten drei Makros vergrößern den vorgegebenen Wert für **\strut** um jeweils **\jot**=3.0pt, entweder für Tiefe und Höhe (**\bottopstrut**), nur die Tiefe (**\botstrut**) oder nur die Höhe (**\topstrut**).

normale Zeile
oben und unten
nur unten
nur oben

```
\usepackage{makecell}

\begin{tabular}{@{}c@{}}\hline
normale Zeile\\\hline
\bottopstrut oben und unten\\\hline
\botstrut nur unten\\\hline
\topstrut nur oben\\\hline
\end{tabular}
```

Mit **\setcellgapes** kann dies wieder individuell für die Höhe und Tiefe aller Zeilen der Tabelle eingestellt werden. Mit den beiden Schaltern **\makegapedcells** und **\nomakegapedcells** kann das zusätzliche Einfügen des vertikalen Abstandes aktiviert oder deaktiviert werden. Ohne Angabe eines optionalen Parameters (**b** oder **t**) wird die Längenangabe sowohl auf die Höhe als auch die Tiefe bezogen.

normale Zeile
oben und unten
oben und unten

normale Zeile
oben und unten
oben und unten

```
\usepackage{makecell}

\setcellgapes{5pt}\makegapedcells
\begin{tabular}{@{}c@{}}\hline
normale Zeile\\\hline  oben und unten\\\hline
oben und unten\\\hline
\end{tabular}\\[10pt]
\nomakegapedcells
\begin{tabular}{@{}c@{}}\hline
normale Zeile\\\hline  oben und unten\\\hline
oben und unten\\\hline
\end{tabular}
```

2.12.2 Mehrzeilige Zellen

In Abschnitt 2.3 auf Seite 31 wurde bereits das Makro **\multirow** erklärt, welches vom Paket **makecell** durch zwei eigene Makros nachgebildet wird. Es werden jedoch andere interne Makros von **multirow** benutzt, sodass dieses Paket ebenfalls geladen werden muss.

```
\multirowcell{Zeilen}[vert. Shift][Pos]{Text}
\multirowhead{Zeilen}[vert. Shift][Pos]{Text}
```

Das Verhalten dieser beiden Makros ist analog zu **\makecell** und **\thead**, wie es bereits im Beispiel 02-12-5 auf Seite 67 gezeigt wurde.

```
\usepackage{booktabs,multirow,makecell} \renewcommand\theadfont{\itshape\footnotesize}

\begin{tabular}{@{}llr@{--}rrlr@{--}rrl@{}}\toprule
  & \multicolumn{8}{l}{\thead{Zum Umsetzen}} & \\\cmidrule(lr){2-9}
  & \multicolumn{4}{l}{\thead{von Frequenzen im}}
  & \multicolumn{4}{l}{\thead{auf Frequenzen im}}\\\cmidrule(lr){2-5}\cmidrule(lr){6-9}
 \thead[b]{Typ} & \thead[t]{Fernseh-\\bereich} & \multicolumn{2}{l}{\thead{Kanal}}
  & \thead{MHz} & \thead[t]{Fernseh-\\bereich} & \multicolumn{2}{l}{\thead{Kanal}}
  & \thead{MHz} & \thead[t]{Bau-\\form}\\\cmidrule(r){1-1}\cmidrule(lr){2-2}
     \cmidrule(lr){3-4}\cmidrule(lr){5-5}\cmidrule(lr){6-6}\cmidrule(lr){7-8}
     \cmidrule(lr){9-9}\cmidrule(l){10-10}
  SAFE 381 WK & F I   &  2 &  4 & 174 & F III & 5 & 12 & 174 & DO \\
  SAFE 382 WK & F II  &  5 & 12 &  68 & F I   & 2 &  4 &  47 & DO \\
  SAFE 383 WK & F III & 21 & 38 & 174 & F III & 5 & 12 & 174 & ES \\
  SAFE 384 WK & F IV  & 42 & 48 &  47 & F III & 5 & 12 & 174 & ET \\\bottomrule
\end{tabular}
```

	Zum Umsetzen						*Bau-form*
	von Frequenzen im			*auf Frequenzen im*			
Typ	*Fernseh-bereich*	*Kanal*	*MHz*	*Fernseh-bereich*	*Kanal*	*MHz*	
SAFE 381 WK	F I	2– 4	174	F III	5–12	174	DO
SAFE 382 WK	F II	5–12	68	F I	2– 4	47	DO
SAFE 383 WK	F III	21–38	174	F III	5–12	174	ES
SAFE 384 WK	F IV	42–48	47	F III	5–12	174	ET

```
\usepackage{multirow,makecell}

\begin{tabular}{ l c c }\hline
\multirowthead{4}{Erster Spaltenkopf} & \multicolumn{2}{c}{\thead{Mehrspaltenkopf}}\\\cline{2-3}
  & \thead{Zweiter und\\mehrzeiliger\\Spaltenkopf} & \thead{Dritter\\Spaltenkopf}\\\hline
Zellentext & A &\multirowcell{4}{28--31}\\\cline{1-2}  \makecell{Mehrzeiliger \\ Zellentext}  & B & \\ \hline
\makecell[l]{Linksbündiger \\ Zellentext} & C & \multirowcell{4}[.5\normalbaselineskip][l]{37--43}\\\cline{1-2}
\makecell[r]{Rechtsbündiger \\ Zellentext} & D & \\\hline
\makecell[b]{Fußbündiger \\ Zellentext} & E & \multirowcell{6}[\normalbaselineskip][r]{37--43\\52--58}\\\cline{
\makecell[{{p{5cm}}}]{langer langer langer Zellentext mit fester Breite} & F & \\\cline{1-2}
\makecell[{{>{\setlength\parindent{1em}}p{5cm}}}]{langer langer langer Zellentext mit fester Breite} & G & \\\h
\end{tabular}
```

Erster Spaltenkopf	Mehrspaltenkopf	
	Zweiter und mehrzeiliger Spaltenkopf	Dritter Spaltenkopf
Zellentext	A	28–31
Mehrzeiliger Zellentext	B	
Linksbündiger Zellentext	C	37–43
Rechtsbündiger Zellentext	D	
Fußbündiger Zellentext	E	37–43 52–58
langer langer langer Zellentext mit fester Breite	F	
langer langer langer Zellentext mit fester Breite	G	

2.12.3 Spaltennummerierung

Das Paket erlaubt mit **\nline** das automatische Nummerieren von Spalten, wobei mit dem Befehl **\eline** eine bestimmte Anzahl von Spalten übersprungen werden kann. Die Nummerierung kann über das optionale Argument *Typ* in gewissen Grenzen frei vorgegeben werden, wobei *Typ* lediglich auf LaTeX-typische Ausgabeformen Bezug nehmen muss: **arabic**, **alph**, **Alph**, **roman** und **Roman**.

\eline{*Spalten*}
\nline [*Typ*] [*Start*] {*Spalten*}
\rnline [*Typ*] [*Start*] {*Spalten*}

Dabei ist **\rnline** ähnlich zu **\nline**, mit dem einzigen Unterschied, dass die Zählung mit russischen Symbolen erfolgt.

1	2	3	4	5	6	7	8	9	10
2	A								Z
3	1	2						1	2
4	S4	S5	S6	S7	S8	S9	S10	S11	S12
5	(2)	(3)	(4)	(5)	(6)	(7)			
6					4	5	6		

```
\usepackage{makecell}

\begin{tabular}{@{}c|*{9}{c}@{}}
1 & \nline[1][2]{9}\\\hline
2 & A & \eline{7} & Z\\
3 & \nline{2} & \eline{5} & \nline{2}\\
4 & \nline[S1][4]{9}\\
5 & \nline[(a)][2]{6}\\
6 & \eline{4} & \nline[1][4]{3}
\end{tabular}
```

2.13 mdwtab

Das Paket **mdwtab** von Mark Wooding ist Teil einer ganzen Reihe, der sogenannten **mdwtools**. Das Paket stellt im eigentlichen Sinne keine Erweiterung der Standard-Umgebungen **tabular** und **array** dar, da es diese beiden Umgebungen völlig neu implementiert. Es ist daher mit Problemen zu rechnen, wenn man Pakete verwendet, die selbst die beiden Umgebungen erweitern, dabei aber von der Standarddefinition ausgehen.

- Eine wesentliche Neuerung ist die Art- und Weise wie die Spaltendefinitionen gelesen und interpretiert werden. Ein Ausdruck wie **{|@{}|}** ist in Standard-LaTeX erlaubt, bei Benutzung von **mdwtab** aber nicht; der »Missbrauch« von **@{}** zur Vermeidung von **\doublerulesep** zwischen zwei senkrechten Linien soll absichtlich unterbunden werden. Eine entsprechende Fehlermeldung weist darauf hin:

  ```
  ! Package mdwtab Error: Missing column type.
  See the mdwtab package documentation for explanation.
  ```

  Andererseits sind aber Konstrukte wie **{c@*{4}{{:}@}{-}c}** bei Verwendung von **mdwtab** erlaubt. Dieses spezielle Beispiel expandiert dann zum Ausdruck **{c@{:}@{:}@{:}@{:}@{-}c}**.
- Folgt einer vertikalen Linie ein **@**-Ausdruck, so bezieht sich dieser auf die *folgende* Spalte und nicht die aktuelle.
- Neben den üblichen Spaltentypen gibt es mit **mdwtab** einige weitere Typen:

  Ml, **Mc**, **Mr** — **M** steht für *Math* und kennzeichnet Spalten mit mathematischen Ausdrücken, wobei **l**, **c** und **r** die gewohnte Bedeutung haben.

  Tl, **Tc**, **Tr** — dito für reinen Text

#{*pre*}{*post*} Benutzerdefinierter Spaltentyp, der durch die *pre-* und *post-*Angaben genauer spezifiziert werden muss.

Mit dem neuen Makro **\tabpause** lässt sich auf einfache Weise eine optische Unterbrechung einer Tabelle erreichen, um entsprechende Linien ziehen zu können oder aber Text über alle Spalten hinweg einzufügen, ohne den **\multicolumn**-Befehl benutzen zu müssen. *Text* wird hierbei im sogenannten Paragraph-Modus gesetzt, Zeilenumbrüche sind daher möglich.

\tabpause{*Text*}
\vline [*Länge*]
\vgap [*Länge*]
\hlx{*Argumente*}

Mit **\vline** und einem möglichen optionalen Argument kann eine vertikale Linie bestimmter Dicke vorgegeben werden. Das folgende Beispiel zeigt eine Anwendung beider Makros. Durch den verwendeten Spaltentyp **Mc** brauchen die mathematischen Ausdrücke nicht in **$**...**$** eingeschlossen zu werden. Das Argument von **\tabpause** wird grundsätzlich im Textmodus gesetzt. Mit dem Befehl **\vgap** kann an beliebiger Stelle einer Tabellenzeile vertikaler Abstand eingefügt werden. Die Anwendung von **\hlx** erscheint in jedem Fall effektiver.

Gleichungen	
1.	$f(x) = \frac{\sqrt{x^2-1}}{x^2+1}$
2.	$f(x) = \frac{\sqrt{x^2-1}}{x^2+\frac{1}{x^2}}$

Jetzt kommen dieselben
Gleichungen noch mal!

3.	$f(x) = \frac{\sqrt{x^2-1}}{x^2+1}$
4.	$f(x) = \frac{\sqrt{x^2-1}}{x^2+\frac{1}{x^2}}$

```
\usepackage{mdwtab}

\begin{tabular}{!{\vline[3pt]}l@{\quad}|Mc|}\hlx{hv[1]}
 \multicolumn{2}{!{\vline[3pt]}c|}{%
    Gleichungen}\\\hlx{v[1]hv}
1.& f(x)=\frac{\sqrt{x^2-1}}{x^2+1} \\\hlx{vhv}
2.& f(x)=\frac{\sqrt{x^2-1}}{x^2+\frac{1}{x^2}}\\\hlx{vh}
\tabpause{Jetzt kommen dieselben\\
          Gleichungen noch mal!}\hlx{hv}
3.& f(x)=\frac{\sqrt{x^2-1}}{x^2+1} \\\hlx{vhv}
4.& f(x)=\frac{\sqrt{x^2-1}}{x^2+\frac{1}{x^2}}\\\hlx{vh}
\end{tabular}
```

Die Verwendung des speziellen Linienbefehls **\hlx** (**\hline**e**x**tended) erlaubt ohne Anwendung weiterer Befehle einen entsprechenden Zeilenabstand zu schaffen. Dafür stehen folgende Argumente für **\hlx** zur Verfügung:

h Wirkung wie \hline, wobei mehrere h entsprechend vielen \hline-Anweisungen entsprechen.

v [*Linie*] [*H*] Fügt einen vertikalen Abstand von *H* ein, wobei alle Linien, bis auf die optional angegebenen, entsprechend verlängert werden. In obigem Beispiel bedeutet **\hlx**{v[1]hv[1]}, dass ein vertikaler Abstand eingefügt wird, aber die Linie Nr. 1 *nicht* verlängert wird; diese ist durch die Anwendung von \multicolumn ohnehin nicht sichtbar. Linien werden von 0 bis n (der Spaltenanzahl) gezählt. Mehrere Linien können durch eine kommaseparierte Liste oder Von-bis-Angabe oder beiden ausgeschlossen werden. Fehlt die optionale Angabe

	der Höhe wird \doublerulesep=2.0pt angenommen.
s [*H*]	Wie die Option v, jedoch ohne Verlängerung der Linien.
c [*von-bis*]	Analog zu \cline.
b	Fügt einen negativen horizontalen Vorschub (Backspace) von der Liniendicke ein, was in der Regel nur bei der longtable-Umgebung benötigt wird.
/ [*Zahl*]	Analog zum normalen \pagebreak[*Zahl*]-Befehl, wo *Zahl* die Dringlichkeit des Seitenumbruchs festlegt.
.	Der Punkt beginnt unmittelbar danach eine neue Tabellenzeile und wird nur für spezielle Zwecke benötigt. Dem Punkt darf direkt kein tabellentypischer Befehl wie \hline folgen.

Im Beispiel 02-13-1 auf der vorherigen Seite haben die einzelnen Argumente folgende Bedeutung, wobei diese immer der Reihe nach interpretiert werden müssen:

hv[1]	\hline, vertikaler Abstand, Linie Nr. 1 nicht verlängern
v[1]hv	vertikaler Abstand Linie Nr. 1 nicht verlängern, \hline, vertikaler Abstand
vhv	vertikaler Abstand, \hline, vertikaler Abstand
vh	vertikaler Abstand, \hline
hv	\hline, vertikaler Abstand
vhv	vertikaler Abstand, \hline, vertikaler Abstand
vh	vertikaler Abstand, \hline

Bei Verwendung von **mdwtab** hat auch der Befehl **\newcolumntype** eine veränderte Syntax. Im Gegensatz zum Paket **array** erlaubt **mdwtab** ein optionales Argument.

\newcolumntype{*Zeichen*} [*Param.*] [*Standard*] {*Spalten*}{*Spaltentyp*}{*Inhalt*}

Belie-biger Text	Noch mal beliebiger Text

```
\usepackage{mdwtab}
\newcolumntype{P}[1][2cm]{>{\raggedright\hspace{0pt}}p{#1}}

\begin{tabular}{| P[1cm] | P | }\hlx{hv}
Beliebiger Text & Noch mal beliebiger Text\\\hlx{vh}
\end{tabular}
```

2.14 diagbox

Ein häufiger Anwendungsfall ist die gleichzeitige Angabe einer Spalten- und Zeilenbezeichnung in der obersten linken Zelle einer Tabelle. Das Paket **slashbox** ist seit einiger Zeit wegen einer fehlenden Lizenzangabe nicht mehr Teil der aktuellen TeXLive und müsste daher selbst installiert werden. Es steht aber mit dem Paket **diagbox** von Leo Liu eine Alternative zur Verfügung, die ebenfalls diagonale Linien in Tabellenzellen unterstützt.

\diagbox [*Optionen*] {*Text*} {*Text*} {*Text*}

```
\usepackage{diagbox}

\begin{tabular}{l|*{5}{c}}
\diagbox{Feiertag}{Jahr} & 2007 & 2008 & 2009 & 2010 & 2011\\\hline
Ostern    & 08.04. & 23.03. & 12.04. & 04.04. & 24.04.\\
Pfingsten & 27.05. & 11.05. & 31.05. & 23.05. & 12.06.
\end{tabular}
```

Jahr Feiertag	2007	2008	2009	2010	2011
Ostern	08.04.	23.03.	12.04.	04.04.	24.04.
Pfingsten	27.05.	11.05.	31.05.	23.05.	12.06.

Unterschiedliche Linienrichtungen sind über das optionale Argument von **\diagbox** möglich. **dir=NW** oder **dir=SE** ergibt die Standardlinie von Oben-Links (NorthWest) nach Unten-Rechts (SouthEast). Die andere Richtung erhält man mit **dir=SW** (SouthWest) oder **dir=NE** (NorthEast).

```
\usepackage{diagbox}

\begin{tabular}{r|*{5}{c}|l}
\diagbox{Fest}{Jahr}& 2007& 2008& 2009& 2010& 2011& \diagbox[dir=SW]{Jahr}{Fest}\\\hline
Ostern    & 08.04. & 23.03. & 12.04. & 04.04. & 24.04. & Ostern\\
Pfingsten & 27.05. & 11.05. & 31.05. & 23.05. & 12.06. & Pfingsten
\end{tabular}
```

Jahr Fest	2007	2008	2009	2010	2011	Jahr Fest
Ostern	08.04.	23.03.	12.04.	04.04.	24.04.	Ostern
Pfingsten	27.05.	11.05.	31.05.	23.05.	12.06.	Pfingsten

Die Argumente für die Texte werden im Absatzmodus gesetzt, sodass \\ im Argument verwendet werden kann. Dadurch wird allerdings automatisch die Spalte breiter. Durch eine Anwendung des optionalen Arguments für die Breite kann diese beeinflusst werden.

```
\usepackage{diagbox}

\begin{tabular}{l | *{5}{c} | l }
\diagbox[width=25mm]{Zwei\\Feiertage}{Jahr} &2007 &2008 &2009 &2010 &2011\\\hline
Ostern    & 08.04. & 23.03. & 12.04. & 04.04. & 24.04.\\
Pfingsten & 27.05. & 11.05. & 31.05. & 23.05. & 12.06.\\\hline
Weihnachten& 24.12.& 24.12. & 24.12. & 24.12. & 24.12.
    & \diagbox[dir=SW,height=10mm]{Jahr}{Fest}\\\hline
\end{tabular}
```

Jahr Zwei Feiertage	2007	2008	2009	2010	2011	
Ostern	08.04.	23.03.	12.04.	04.04.	24.04.	
Pfingsten	27.05.	11.05.	31.05.	23.05.	12.06.	
Weihnachten	24.12.	24.12.	24.12.	24.12.	24.12.	Jahr Fest

\diagbox geht standardmäßig davon aus, dass der Abstand **\tabcolsep** links und rechts von der Tabelle vorhanden ist. Wird bei der Spaltendefinition der **@{}**-Operator verwendet, so ergibt sich eine Linie, die genau um **\tabcolsep** zu weit nach links bzw. rechts verschoben ist. Mit dem optionalen Argument **trim** kann dem Makro jedoch mitgeteilt werden, auf welcher Seite kein **\tabcolsep** zur Verfügung steht. Mögliche Werte sind **l** für Links, **r** für Rechts, **lr** für Links-Rechts und **rl** für Rechts-Links. Im folgenden Beispiel kann man erkennen, dass die rechte obere diagonale Linie nicht korrekt ist. Ein zusätzliches drittes Argument ist möglich, was auf der linken Seite angewendet wird.

```
\usepackage{diagbox}

\begin{tabular}{|@{}r|*{5}{c}|l@{}|}\hline
\diagbox[trim=l]{Fest}{Datum}{Jahr} & 2007 & 2008 & 2009 & 2010 & 2011
   & \diagbox[dir=SW]{Jahr}{Fest}\\\hline
Ostern    & 08.04. & 23.03. & 12.04. & 04.04. & 24.04. & Ostern\\
Pfingsten & 27.05. & 11.05. & 31.05. & 23.05. & 12.06. & Pfingsten\\\hline
Weihnachten&24.12. & 24.12. & 24.12. & 24.12. & 24.12.
   & \diagbox[dir=SW,trim=r]{Jahr}{Fest}\\\hline
\end{tabular}
```

Datum / Jahr / Fest	2007	2008	2009	2010	2011	Jahr / Fest
Ostern	08.04.	23.03.	12.04.	04.04.	24.04.	Ostern
Pfingsten	27.05.	11.05.	31.05.	23.05.	12.06.	Pfingsten
Weihnachten	24.12.	24.12.	24.12.	24.12.	24.12.	Jahr / Fest

2.15 spreadtab

Das Paket **spreadtab** von Christian Tellechea stellt eine einfache Tabellenkalkulation zur Verfügung, sodass ein Summieren von Zahlenwerten in Spalten möglich wird. Die Umgebung **tabular** wird dabei durch **spreadtab** ersetzt:

\begin{spreadtab} [*Optionen*] {{*Name der Tabellenumgebung*}{*Spaltendefinition*}}
... Tabellenzeilen und -spalten ...
\end{spreadtab}

\STautoround*Stellenzahl*

Eine Tabellenzelle ist durch ihre Zeile und Spalte eindeutig festgelegt. die Spalten werden hierbei von [*a..z*] und die Zeilen von [*1..*]. Groß- und Kleinschreibung bei der Spalte ist nicht signifikant und mehr als 26 Spalten sind nicht möglich. Wird eine **\multicolumn**-Anweisung verwendet, so bekommen die zusammengefassten Zellen die absolute Referenz der linken Zelle.

a1	b1	c1	d1	e1	f1	g1
a2	b2		d2	e2	f2	g2
a3			d3	e3		g3

```
\begin{tabular}{|*7{c|}}\hline
a1&b1&c1&d1&e1&f1&g1\\\hline
a2&\multicolumn{2}{l|}{b2}&d2&e2&f2&g2\\\hline
\multicolumn{3}{|l|}{a3}&d3&
\multicolumn{2}{l|}{e3}&g3\\\hline
\end{tabular}
```

Zelleninhalte können mit den üblichen Rechenoperationen verknüpft werden, wozu intern das Paket **fp** verwendet wird, sodass bei Divisionen bis zu 18 Nachkommastellen ausgegeben werden.

27	54	81
58	45	13
50	25	1250
60	47	1.276595744680851063
135	146	0.924657534246575342

```
\usepackage{spreadtab}

\begin{spreadtab}{{tabular}{rr |r}}
       27 &        54 & a1+b1 \\
       58 &        45 & a2-b2 \\
       50 &        25 & a3*b3 \\
       60 &        47 & a4/b4 \\\hline
a1+a2+a3 & b1+b2+b4 & a5/b5
\end{spreadtab}
```

Es ist empfehlenswert das Makro **\STautoround** insbesondere bei Divisionen zu verwenden, um die Ausgabe der Dezimalstellen auf eine sinnvolle Größe zu beschränken.

27	54	81
58	45	13
50	25	1250
60	47	1.277
135	146	281

```
\usepackage{spreadtab}

\STautoround{3}
\begin{spreadtab}{{tabular}{rr |r}}
 27 & 54 & a1+b1 \\     58 & 45 & a2-b2 \\
 50 & 25 & a3*b3 \\     60 & 47 & a4/b4 \\\hline
 a1+a2+a3 & b1+b2+b4 & a5+b5
\end{spreadtab}
```

2.15.1 Relative Referenzen auf Tabellenzellen

Ausgehend von der aktuellen Tabellenzelle, kann man durch Angabe von zwei in eckige Klammern zu setzende Zahlenwerten relative Zellenadressen festlegen. Eine Angabe **[-1,3]** kennzeichnet eine Zelle, die eine Spalte weiter links und drei Reihen tiefer liegt. Das Pascalsche Zahlendreieck kann daher mit nur einer einzigen Zahl als Vorgabe erstellt werden. Möchte man auf die Angabe der Spaltendefinition verzichten, kann man auf die mathematische Umgebung **matrix** zurückgreifen, die die Zahl der Spalten selbstständig ermittelt.

```
\usepackage{spreadtab,amsmath}

$\begin{spreadtab}{{matrix}{}}
1\\
[0,-1] & [-1,-1]\\
[0,-1] & [-1,-1]+[0,-1] & [-1,-1]\\
[0,-1] & [-1,-1]+[0,-1] & [-1,-1]+[0,-1] & [-1,-1]\\
[0,-1] & [-1,-1]+[0,-1] & [-1,-1]+[0,-1] & [-1,-1]+[0,-1] & [-1,-1]\\
[0,-1] & [-1,-1]+[0,-1] & [-1,-1]+[0,-1] & [-1,-1]+[0,-1] & [-1,-1]+[0,-1] & [-1,-1]
\end{spreadtab}$
```

$$\begin{matrix} 1 \\ 1 & 1 \\ 1 & 2 & 1 \\ 1 & 3 & 3 & 1 \\ 1 & 4 & 6 & 4 & 1 \\ 1 & 5 & 10 & 10 & 5 & 1 \end{matrix}$$

2.15.2 Textspalten

Standardmäßig geht das Paket **spreadtab** davon aus, dass eine Tabellenzelle nur aus einem rein numerischen Inhalt, einer Anweisung oder einer relativen Referenz besteht. Enthält die Zelle reinen Text, so ist dies durch das **@**-Symbol am Beginn der Zelle mitzuteilen.

Monat	Einkommen	Steuer
1	5409	1622.7
2	4523	1356.9
3	4711	1413.3
	14643	4392.9

```
\usepackage{spreadtab}

\begin{spreadtab}{{tabular}{rr |r}}
@ Monat & @ Einkommen & @ Steuer \\\hline
      1 &  5409     & b2*0.3 \\
      2 &  4523     & b3*0.3 \\
      3 &  4711     & b4*0.3 \\\hline
        & b2+b3+b4 & B5*0.3
\end{spreadtab}
```

Kann das **@**-Symbol nicht verwendet werden, so kann alternativ das Makro **\STtextcell** benutzt werden, welches identisch zu dem **@**-Symbol ist.

2.15.3 Gemischte Zellen

Enthält eine Zelle sowohl Text als auch für **spreadtab** spezifischen Code, so kann durch das Zuordnungssymbol := der numerische Inhalt vom Textteil getrennt werden. Die allgemeine Syntax für gemischte Zellinhalte ist:

‹*Text*›:={*Numerisches Feld*}‹*Ende Textfeld*›

Der numerische Inhalt ist also grundsätzlich in geschweifte Klammern zu setzen. Ein Synonym für das Zuordnungssymbol ist das Makro **\STnumericfieldmarker**, welches wieder benutzt werden kann, wenn das Symbol := aus TEXnischen Gründen nicht zulässig ist, beispielsweise bei Aktivierung der Sprache Französisch, da dort der Doppelpunkt ein aktives Zeichen ist.

Monat	Einkommen	Steuer
1	5409	1622.7
2	4523	1356.9
3	4711	1413.3
	Summe: 14643 €	$\sum$: 4392.9

```
\usepackage{spreadtab,eurosym}

\begin{spreadtab}{{tabular}{rr |r}}
@ Monat & @ Einkommen & @ Steuer \\\hline
      1 &  5409     & b2*0.3 \\
      2 &  4523     & b3*0.3 \\
      3 &  4711     & b4*0.3 \\\hline
        & \llap{Summe: :={b2+b3+b4} \euro}
         & $\sum$: :={B5*0.3}
\end{spreadtab}
```

2.15.4 Unterdrücken von Zeilen und/oder Spalten

Einzelne Zeilen oder Spalten können für die Ausgabe unberücksichtigt bleiben, wenn in einer Zeile oder einer Spalte das entsprechende Makro angegeben wird:

\SThiderow   **\SThidecol**

Dabei ist zu beachten, dass die nicht erscheinende Spalte auch *nicht* in der Spaltendefinition der Tabelle erscheint. Im folgenden Beispiel existieren daher intern zwar fünf Spalten, mit der Umgebung **tabular** werden jedoch nur die vier »aktiven« Spalten **r|ccc** definiert.

```
\usepackage{spreadtab}

\begin{spreadtab}{{tabular}{r | ccc}}\hline
@ $x$-Werte            & -1        & 0 \SThidecol & 2          & 3           \\\hline
@ $f(x)=2\cdot x-1$    & 2*[0,-1]-1& 2*[0,-1]-1   & 2*[0,-1]-1 & 2*[0,-1]-1\\
@ $g(x)=x-10$\SThiderow& [0,-2]-10 & [0,-2]-10    & [0,-2]-10  & [0,-2]-10 \\
@ $h(x)=1-x$           & 1-[0,-3]  & 1-[0,-3]     & 1-[0,-3]   & 1-[0,-3]  \\\hline
\end{spreadtab}
```

x-Werte	-1	2	3
$f(x) = 2 \cdot x - 1$	-3	3	5
$h(x) = 1 - x$	2	-1	-2

2.15.5 Speichern von Zelleninhalten

Sollen Zelleninhalte außerhalb einer aktuellen Zelle weiter verwendet werden, so kann mit dem Makro **\STsavecell** ein Zelleninhalt in einem frei zu wählenden Makronamen gespeichert werden, wobei die Angabe im optionalen Argument von **spreadtab** erfolgen muss.

\STsavecell\‹*Makro*›{*Zelle*}

Für die Zelle muss eine absolute Referenz angegeben werde, also eine eindeutige Kombination aus Spalte und Zeile, beispielsweise **h3**.

10	20	30	60	Zelle c1 : 30

Zelle c1 hatte den Wert: 30

```
\usepackage{spreadtab}

\begin{spreadtab}[\STsavecell\result{c1}]%
  {{tabular}{|c|c|c|c|c|}}\hline
10 & a1+10 & b1+10 & a1+b1+c1
   & @Zelle c1 : \result\\\hline
\end{spreadtab}\par\bigskip
Zelle c1 hatte den Wert: \result
```

Die Zahl der in der Umgebung **spreadtab** zu speichernden Variablen ist nicht beschränkt und kann einfach hintereinander im optionalen Argument angeordnet werden.

Monat	Einkommen	Steuer
1	5409	1622.7
2	4523	1356.9
3	4711	1413.3
	Summe: 14643 €	$\sum$: 4392.9

Das Einkommen betrug 14643 € und die Steuer 4392.9 €!

```
\usepackage{spreadtab,eurosym}

\begin{spreadtab}[\STsavecell\EK{b5}%
  \STsavecell\ST{c5}]{{tabular}{rr |r}}
@ Monat & @ Einkommen & @ Steuer \\\hline
 1 & 5409 & b2*0.3 \\ 2 & 4523 & b3*0.3\\
 3 & 4711 & b4*0.3 \\\hline
 & \llap{Summe: :={b2+b3+b4} \euro} & $\sum$: :={B5*0
\end{spreadtab}\par\medskip
Das Einkommen betrug \EK~\euro\ und die Steuer \ST~\e
```

2.15.6 Makrofunktionen

Die folgenden mathematischen Makros zum Berechnen von Zelleninhalten werden von **spreadtab** zur Verfügung gestellt:

sum(‹*Bereich1*›;‹*Bereich2*›;...) Aufsummieren der Zellen, beginnend mit dem ersten *Bereich* und endend mit dem n-ten *Bereich*. Ein *Bereich* kann alternativ
- eine einzelne Zellenangabe sein, oder
- ein *von–bis-Bereich* in der Form ‹*von*›:‹*bis*›, wobei für Bereich auch eine rechteckförmige Anordnung möglich ist, die mehrere Spalten und Zeilen umfasst.

Monat	Einkommen	Steuer
1	5409	1622.7
2	4523	1356.9
3	4711	1413.3
	Summe: 14643 €	$\sum$: 4392.9

```
\usepackage{spreadtab,eurosym}

\begin{spreadtab}{{tabular}{rr |r}}
@ Monat & @ Einkommen & @ Steuer \\\hline
 1 & 5409 & b2*0.3 \\ 2 & 4523 & b3*0.3 \\
 3 & 4711 & b4*0.3 \\\hline
& \llap{Summe: :={sum(b2:b4)} \euro}
& $\sum$: :={sum(C2:C4)}
\end{spreadtab}
```

fact(‹*Zahl*›) Gibt die Fakultät von *Zahl* aus.

```
\usepackage{spreadtab} \setlength\tabcolsep{2pt}

\begin{spreadtab}{{tabular}{@{} *9{p{3em}} @{}}}
 0    &  1   &  2   &  3   &  4   &  5   &   6  &  7   &8\\\hline
fact(a1)&fact(b1)&fact(c1)&fact(d1)&fact(e1)&fact(f1)&fact(g1)&fact(h1)&fact(i1)
\end{spreadtab}
```

0	1	2	3	4	5	6	7	8
1	1	2	6	24	120	720	5040	40320

sumprod(‹*Bereich1*›;‹*Bereich2*›;...) Korrespondierende Zellen werden zuerst multipliziert und danach addiert. Voraussetzung ist, dass alle Bereiche dieselbe Länge haben und der oben angegeben Syntax entsprechen. Zellen, die keinen Zahlenwert enthalten oder durch eine **`\multicolumn`**-Anweisung nicht mehr »existieren«, wird die Zahl Null zugeordnet.

```
\usepackage{spreadtab}

\begin{spreadtab}{{tabular}{ @{} r *6c @{}}}
@Alter      & 10 & 11 & 12 & 13 & 14 & 15\\
@Anzahl     &  5 &  8 & 20 & 55 &  9 &  3\\\hline
\multicolumn{7}{@{}l}{Altersmittelwert: :={sumprod(b1:g1;b2:g2)/sum(b2:g2)}}
\end{spreadtab}
```

Alter	10	11	12	13	14	15
Anzahl	5	8	20	55	9	3
Altersmittelwert: 12.64						

rand Gibt eine Zufallszahl zwischen 0 und 1 aus. Soll eine Zahlenfolge reproduzierbar sein, so muss das interne Macro **`\ST@seed`** überschrieben werden:

`\makeatletter\renewcommand\ST@seed{}\makeatletter`

Dann kann mit **`\FPseed`**=‹*Zahl*› der Zufallszahlengenerator individuelle gestartet werden. Bei gleich Zahl ergibt sich dann auch die gleiche Zahlenfolge.

randint(*Min,* **Max)** Gibt eine ganzzahlige Zufallszahl zwischen *Min* und *Max* aus. Ist *Min* nicht angegeben, so wird eine ganze Zahl zwischen 0 und *Max* ausgegeben.

```
\usepackage{spreadtab} \STautoround{4}

\begin{spreadtab}{{tabular}{@{} l|cccc @{}}}
@Zufallszahl $\in [0;1]$    &rand()         &rand()         &rand()         &rand()        \\
@Zufallszahl $\in [-20;20]$ &randint(-5,5)  &randint(-5,5)  &randint(-5,5)  &randint(-5,5)\\
@Zufallszahl $\in [0;20]$   &randint(20)    &randint(20)    &randint(20)    &randint(20)   \\
\end{spreadtab}
```

Zufallszahl $\in [0; 1]$	0.7384	0.0482	0.7697	0.863
Zufallszahl $\in [-20; 20]$	2	0	-4	0
Zufallszahl $\in [0; 20]$	14	12	4	0

ifeq(Zahl1,Zahl2,Zahl3,Zahl4) Ist *Zahl1*=*Zahl2*, dann wird *Zahl3* ausgegeben, andernfalls *Zahl4*.

ifgt(Zahl1,Zahl2,Zahl3,Zahl4) Ist *Zahl1*>*Zahl2*, dann wird *Zahl3* ausgegeben, andernfalls *Zahl4*.

iflt(Zahl1,Zahl2,Zahl3,Zahl4) Ist *Zahl1*<*Zahl2*, dann wird *Zahl3* ausgegeben, andernfalls *Zahl4*.

engshortdatetonum(Zelle) Ein Datum in der Kurzform *JJJJ/MM/TT* kann in die Anzahl von Tagen gewandelt werden, die seit dem 1. März des Jahres Null vergangen sind. *Zelle* kann dabei eine absolute oder relative Referenz auf eine Tabellenzelle sein, die ein Datum in Textform enthalten muss. *Zelle* kann auch durch ein Makro ersetzt werden, welches ein Datum in der Kurzform liefert, beispielsweise **\today**.

englongdatetonum(Zelle) Ein Datum in der Langform *Monatsname TT, JJJJ* kann in die Tagesnummer des Jahres gewandelt werden.

1789/7/14	653554
2001/1/1	730791
0	738797
732295	738797
July 1, 1970	719649
2010/11/23	734404
2010/1/1	734078
Differenz	326 Tage

```
\usepackage{spreadtab}

\begin{spreadtab}{{tabular}{cc}}
@1789/7/14         & engshortdatetonum(a1)\\
2001/1/1 :={}      & engshortdatetonum([-1,0])\\
engshortdatetonum(0/3/1) & engshortdatetonum(%
     \number\year/\number\month/\number\day)\\
englongdatetonum(February 13, 2005)
    & englongdatetonum(\today)\\
@July 1, 1970      & englongdatetonum(a5)\\\hline
@2010/11/23        & engshortdatetonum([-1,0])\\
@2010/1/1          & engshortdatetonum([-1,0])\\
@Differenz         & :={[0,-2]-[0,-1]} Tage
\end{spreadtab}
```

numtoengshortdate(Zahl) Wandelt eine Zahl in ein Datum der Kurzform *JJJJ/MM/TT*.

numtoenglongdate(Zahl) Wandelt eine Zahl in ein Datum der Langform *Monatsname TT, JJJJ*.

numtoengmonth(Zahl) Wandelt eine Zahl in einen Monatsnamen, der dem zugeordneten Datum entspricht.

numtoengday(Zahl) Wandelt eine Zahl in einen Tagesnamen, der dem zugeordneten Datum entspricht.

2010/3/17	
365	2011/3/17
365	March 17, 2011
365	March
365	thursday
-365	2009/3/17
-365	March 17, 2009
-365	March
-365	tuesday

```
\usepackage{spreadtab}

\begin{spreadtab}{{tabular}{cc}}\hline
\multicolumn{2}{|c|}{@2010/3/17}                            \\\hline
 365 & numtoengshortdate(engshortdatetonum(a1)+[-1,0])\\
 365 & numtoenglongdate(engshortdatetonum(a1)+[-1,0]) \\
 365 & numtoengmonth(engshortdatetonum(a1)+[-1,0])    \\
 365 & numtoengday(engshortdatetonum(a1)+[-1,0])      \\\hline
-365 & numtoengshortdate(engshortdatetonum(a1)+[-1,0])\\
-365 & numtoenglongdate(engshortdatetonum(a1)+[-1,0]) \\
-365 & numtoengmonth(engshortdatetonum(a1)+[-1,0])    \\
-365 & numtoengday(engshortdatetonum(a1)+[-1,0])
\end{spreadtab}
```

2.16 odsfile

Das Paket **odsfile** von Michal Hoftich erlaubt die Verarbeitung von Tabellenkalkulationen, die im Format **.ods** (Open Document Spreadsheet) gespeichert sind. Mit den folgenden Makros werden zum einen die Daten aus einer **.ods**-Datei eingelesen und zum anderen Templates definiert, die die Darstellung in einer LaTeX-Tabelle erleichtern.

\includespread [*Optionen*]
\tabletemplate{*Name*}{*Code*}

Das Paket **odsfile** benötigt zwingend einen LuaLaTeX-Lauf, um die Daten aus der **.ods**-Tabelle einlesen zu können. Die für das Beispiel verwendete **.ods**-Datei enthält mehrere Tabellen (sheets), wovon im Beispiel 02-16-1 nur ein Teil der in Abbildung 2.2 dargestellten Daten eingelesen wird. Die Datei enthält insgesamt drei Tabellen. Die Überschrift wird nicht aus der Datei übernommen, da sie dort in zwei Zeilen steht, in der Ausgabe aber nur einzeilig erscheinen soll.

```
\usepackage{odsfile,booktabs}

\begin{tabular}{ l *8c }\toprule
\multicolumn{9}{c}{\itshape Besucherzahlen und Öffnungen im Café Netzwerk}\\\midrule
\includespread[file=data/Statistik.ods, sheet=Jahresdaten, range=a4:i12]
\bottomrule
\end{tabular}
```

Besucherzahlen und Öffnungen im Café Netzwerk								
Januar	Vormittag				Nachmittag			
	M	W	Ges.	Öffn.	M	W	Ges.	Öffn.
Kinder			0		11	1	12	
Teenager			0		70	10	80	
Jugendliche	32		32		251	41	292	
Jung. Erw.			0		50	18	68	
Erwachsene			0		9	5	14	
Summe	32	0	32	3	391	75	466	13
/Öffnung	10,67	0	10,67		30,08	5,77	35,85	

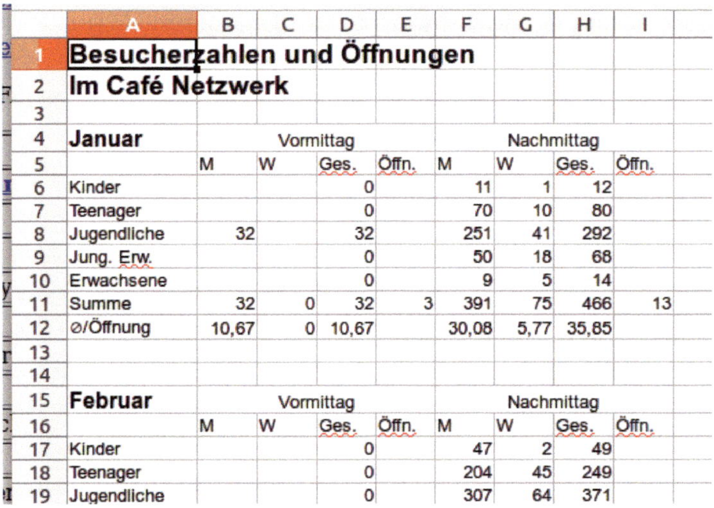

	A	B	C	D	E	F	G	H	I
1	Besucherzahlen und Öffnungen								
2	Im Café Netzwerk								
3									
4	Januar	Vormittag				Nachmittag			
5		M	W	Ges.	Öffn.	M	W	Ges.	Öffn.
6	Kinder			0		11	1	12	
7	Teenager			0		70	10	80	
8	Jugendliche	32		32		251	41	292	
9	Jung. Erw.			0		50	18	68	
10	Erwachsene			0		9	5	14	
11	Summe	32	0	32	3	391	75	466	13
12	⌀/Öffnung	10,67	0	10,67		30,08	5,77	35,85	
13									
14									
15	Februar	Vormittag				Nachmittag			
16		M	W	Ges.	Öffn.	M	W	Ges.	Öffn.
17	Kinder			0		47	2	49	
18	Teenager			0		204	45	249	
19	Jugendliche			0		307	64	371	

Abbildung 2.2: Ausschnitt aus der Datei **Statistik.ods**

Die für **\includespread** möglichen Parameter sind:

file Der externe Dateiname, der nur einmal mit **\includespread** festgelegt werden muss.

sheet Der Name der Tabelle, falls die Datei mehrere enthält. Ist sie beim ersten Aufruf von **\includespread** nicht definiert, wird automatisch die erste genommen.

range Angabe des Bereichs, der ausgegeben werden soll, beispielsweise die Spalten **a4:i12** (siehe Abbildung 2.2). Die Angaben beziehen sich immer auf ein Rechteck, wobei bei fehlenden Zahlenangaben immer die kompletten Spalten berücksichtigt werden.

columns Definition der Spaltenüberschriften. Mögliche Werte sind **head**, **top** oder eine komma-separierte Liste von Angaben.

- **top** Nimmt die erste Zeile aus der Tabelle als Überschrift. Sollte nicht benutzt werden, wenn die Tabelle komplett eingefügt wird; die erste Zeile wird dann ohnehin berücksichtigt.
- **head** Nimmt die erste Zeile der Auswahl (**range**) als jeweilige Spaltenüberschrift.
- **Liste** Falls in der Tabelle der **.ods**-Datei keine Überschriften definiert sind, können sie über die komma-separierte Liste angegeben werden.

columnbreak Befehl, der bei einem Zeilenumbruch in Zellen anzuwenden ist (Vorgabe: **\linebreak**).

rowseparator Befehl(e), der/die am Ende einer Tabellenzeile zur Anwendung kommen. Mögliche Werte sind:

- **tableline** Fügt den Doppelbackslash \\ ein (Vorgabe).
- **hline** Fügt \\ **\hline** am Ende ein.
- **newline** Fügt eine leere Zeile ein.
- **Zeichenkette** Einfügen einer beliebigen Befehlsfolge.

template Templates können zur Vereinfachung der Ausgabe definiert und anschließend benutzt werden, beispielsweise die Anwendung des Pakets **booktabs** (Beispiel 02-16-2)

coltypes Bei Anwendung eines Templates müssen die Spalten definiert werden, was im Prinzip der Spaltendeklaration bei einer normalen Tabelle entspricht.

rowtemplate Prinzipiell nur dann von Interesse, wenn die Daten der **.ods**-Datei *nicht* in tabellarischer Form ausgegeben werden sollen.

multicoltemplate Unterstützung des Befehls **\multicolumn**, der standardmäßig mit der linksbündigen Ausrichtund erfolgt.

```
\usepackage{odsfile,booktabs}
\tabletemplate{booktabs}{%
  \begin{tabular}{-{coltypes}}\toprule-{colheading}\midrule-{content}\bottomrule
  \end{tabular}}

\begin{table} \centering
\caption{Besucherzahlen und Öffnungen im Café Netzwerk}
\includespread[file=data/Statistik.ods, sheet=Jahresdaten, columns=head,
   coltypes=l *8c, range=a4:i12, template=booktabs]
\end{table}
```

Table 1: Besucherzahlen und Öffnungen im Café Netzwerk

Januar	Vormittag				Nachmittag			
	M	W	Ges.	Öffn.	M	W	Ges.	Öffn.
Kinder			0		11	1	12	
Teenager			0		70	10	80	
Jugendliche	32		32		251	41	292	
Jung. Erw.			0		50	18	68	
Erwachsene			0		9	5	14	
Summe	32	0	32	3	391	75	466	13
/Öffnung	10,67	0	10,67		30,08	5,77	35,85	

Weitere Beispiele zu den einzelnen Parametern findet man in der Dokumentation des Pakets. (Hoftich 2016)

2.17 tabls

Das Paket **tabls** von Donald Arseneau hat das einzige Ziel, den vertikalen Zeilenabstand zu optimieren, der bei den Standardtabellen von LaTeX sehr oft zu wünschen übrig lässt. **tabls** definiert drei zusätzliche Längen und modifiziert das **\hline**-Makro:

\tablinesep	**\arraylinesep**	**\extrarulesep**
\hline [*Länge*]		

\tablinesep Minimaler Abstand zwischen zwei benachbarten Zeilen in einer **tabular**-Umgebung, wobei negative Werte ebenso wie 0 pt das Standardverhalten nicht verändern. Die Vorgabe ist 1 pt und Text innerhalb von **@{…}** wird bei der Abstandsbestimmung nicht berücksichtigt.

\arraylinesep dito für die **array**-Umgebung.

\extrarulesep Vertikaler Abstand, der vor und nach den Linienbefehlen **\hline** und **\cline** eingefügt wird. Zwischen einer Linie und Text ist dann mindestens der Abstand **\extrarulesep** + 0.5**\tablinesep**. Negative Werte sind möglich, jedoch nur solange wie eine Linie den Text nicht berührt. Die Vorgabe für **\extrarulesep** ist 3 pt.

Das Standardverhalten von LaTeX ergibt sich mit

```
\setlength\tablinesep{0pt}
\setlength\arraylinesep{0pt}
\setlength\extrarulesep{0pt}
```

$f(x)=\frac{\sqrt{x^2-1}}{x^2+1}$
$f(x)=\frac{\sqrt{x^2-1}}{x^2+\frac{1}{x^2}}$

$f(x)=\frac{\sqrt{x^2-1}}{x^2+1}$
$f(x)=\frac{\sqrt{x^2-1}}{x^2+\frac{1}{x^2}}$

```
\usepackage{tabls}

\begin{tabular}{c}\hline
$ f(x)=\frac{\sqrt{x^2-1}}{x^2+1}$\\\hline
$ f(x)=\frac{\sqrt{x^2-1}}{x^2+\frac{1}{x^2}}$\\\hline
\end{tabular}\\[10pt]
%
\setlength\tablinesep{0pt}%   Standard-LaTeX
\setlength\arraylinesep{0pt}% Standard-LaTeX
\setlength\extrarulesep{0pt}% Standard-LaTeX
\begin{tabular}{c}\hline
$ f(x)=\frac{\sqrt{x^2-1}}{x^2+1}$ \\\hline
$ f(x)=\frac{\sqrt{x^2-1}}{x^2+\frac{1}{x^2}}$\\\hline
\end{tabular}
```

Im nächsten Beispiel wird durch den zusätzlichen Abstand eine erheblich bessere Lesbarkeit der Tabelle erreicht.

```
\usepackage{tabls}
\newcommand{\T}{\textsf{T}}\newcommand{\Z}{\mathcal{Z}}\newcommand{\C}{\textsf{c}}

\begin{tabular}{@{}c|c|ccccc@{}}\hline
 BV \rule[-0.3cm]{0cm}{0.8cm}& R & $d$ & $u_\Z$  & $u_{\Z^\C}$ & $v_\Z$ & $v_{\Z^\C}$\\\hline
 $u_\Z$ \rule[-0.3cm]{0cm}{0.8cm}& $y_\Z$&$A_\Z$ & $I$ & $0$ & $-I$ & $0$ \\
 $u_{\Z^\C}$ \rule[-0.3cm]{0cm}{0.8cm}& $y_{\Z^\C}$
   & $A_{\Z^\C}$&$0$ & $I$ & $0$ & $-I$\\\hline
 ZF/GK & $e_m^\T \left(\begin{array}{c} y_\Z \\ y_{\Z^\C}\end{array}\right)$
   & $e_m^\T\left(\begin{array}{c}A_\Z \\A_{\Z^\C}\end{array}\right) $
   & $0$ & $0$ & $-2e_n^\T$ & $-2e_{m-n}^\T$  \\\hline
\end{tabular}
```

BV	R	d	u_Z	u_{Z^c}	v_Z	v_{Z^c}
u_Z	y_Z	A_Z	I	0	$-I$	0
u_{Z^c}	y_{Z^c}	A_{Z^c}	0	I	0	$-I$
ZF/GK	$e_m^\mathsf{T}\begin{pmatrix} y_Z \\ y_{Z^c} \end{pmatrix}$	$e_m^\mathsf{T}\begin{pmatrix} A_Z \\ A_{Z^c} \end{pmatrix}$	0	0	$-2e_n^\mathsf{T}$	$-2e_{m-n}^\mathsf{T}$

2.18 tabularht

Das Paket **tabularht** von Heiko Oberdiek ermöglicht eine Festlegung der Tabellenhöhe und daraus folgend eine variable Spaltenbreite, um die entsprechende Höhe einhalten zu können. Das Paket kann mit der Option **vlines** geladen werden, welche eine – allerdings experimentelle – Unterstützung für korrekte vertikale Linien bietet, wenn zusätzlicher vertikaler Abstand eingefügt wird. Diese Option benötigt ε-TeX, wobei dieses bei den aktuellen TeX-Distributionen ohnehin Standard ist. Weitere mögliche Optionen betreffen den Ausgabetreiber, wie **dvips**, **pdftex**, ..., der aber nur geladen werden muss, wenn es Probleme mit der automatischen Erkennung gibt (beispielsweise für **dvips**). Das Paket unterstützt die folgenden Umgebungen:

```
\begin{tabularht}{Optionen}[Pos]{Spaltendefinition}
...
\end{tabularht}
\begin{tabularht*}{Optionen}[Pos]{Breite}{Spaltendefinition}
...
\end{tabularht*}
\begin{arrayht}{Optionen}[Pos]{Spaltendefinition}
...
\end{arrayht}
\begin{tabularhtx}{Optionen}{Breite}{Spaltendefinition}
...
\end{tabularhtx}
```

Die Umgebung **tabularhtx** ist nur definiert, wenn zusätzlich dass Paket **tabularx** geladen wird. Wird das Paket **calc** geladen, werden entsprechende **calc**-Längendefinitionen auch von **tabularht** beachtet. Als Optionen sind **\to** und **\spread** möglich, wobei beiden eine Länge zugewiesen werden muss und **\to** die Höhe der Tabelle festlegt (Standard) und **\spread** die Tabelle um die angegebene Länge vergrößert.

\begin{tabularht}{*1cm*} ⇒ Höhe ist 1cm
\begin{tabularht}{*to=1cm*} ⇒ Höhe ist 1cm
\begin{tabularht}{*spread=0cm*} ⇒ normale Höhe, entspricht **\begin {tabular}**
\begin{tabularht}{*spread=1cm*} ⇒ normale Höhe, vergrößert um 1cm

Innerhalb der Tabelle kann man die folgenden drei Makros anwenden, um zusätzlichen festen oder dynamischen vertikalen Leerraum oder zwischen **\interrowstart** und **\interrowstop** beliebige Befehlssequenzen einzufügen. Die kommaseparierte Liste der Linien gibt an, für welche der eingefügte Leerraum zu einer Verlängerung führt. Alle anderen Linien sind dann unterbrochen. Das Argument 0 führt zu einer Unterbrechung aller Linien.

\interrowspace [*Linie1,Linie2,...*] {*Länge*}
\interrowfill [*Linie1,Linie2,...*]

\interrowstart [*Linie1,Linie2,...*] ...**\interrowstop**

Der Befehl **\interrowspace** ist identisch zu einem **\noalign{\vspace{***Länge***}}** und **\interrowfill** zu einem **\interrowspace{\fill}** und das dann wieder zu einem **\noalign{\vfill}**.

```
\usepackage{booktabs, tabularht}

\fbox{%
\begin{tabularht*}{1in}{4in}{@{} l @{\extracolsep{\fill}} r @{}}
  Oben Links & Oben Rechts\\\interrowfill
  \multicolumn{2}{@{}c@{}}{bounding box}\\\interrowfill
  Unten Links & Oben Rechts
\end{tabularht*}}
```

Oben Links		Oben Rechts
	bounding box	
Unten Links		Oben Rechts

Die Zählung der Linien beginnt bei 1, sodass im folgenden Beispiel nur die zweite und dritte Linie durchgezogen werden, die anderen bleiben unterbrochen. Das letzte Beispiel zeigt dies für eine Anwendung von **\interrowspace**.

Spalte 1	Spalte 2	Spalte 3	Spalte 4
Spalte 1	Spalte 2	Spalte 3	Spalte 4

```
\usepackage[vlines]{tabularht}

\begin{tabularht}{1.75cm}{*{4}{|c}|}\hline
Spalte 1 & Spalte 2 & Spalte 3 & Spalte 4\\\hline
\interrowfill[2,3]\hline
Spalte 1 & Spalte 2 & Spalte 3 & Spalte 4\\\hline
\end{tabularht}
```

Erste	Linie
Zweite	Linie
Dritte	Linie
Vierte	Linie

```
\usepackage{booktabs} \usepackage[vlines]{tabularht}

\begin{tabularht}{spread=0pt}{|l|l|}\hline
  Erste & Linie\\\hline
\interrowstart \addlinespace[10mm]\interrowstop\hline
  Zweite & Linie\\
\interrowstart \hline\hline \interrowstop
  Dritte & Linie\\\hline
\interrowspace[1,3]{12mm}\hline
  Vierte & Linie\\\hline
\end{tabularht}
```

2.19 tabularkv

Das Paket **tabularkv** von Heiko Oberdiek ist faktisch identisch zum automatisch geladenen Paket **tabularht**, verwendet jedoch das »Key-Value«-Interface und lädt dazu das Paket **keyval**.

Tabelle 2.4: Zusammenstellung der möglichen Optionen für die Umgebung **tabularkv**.

Name	*Typ*	*Bedeutung*
width	Länge	Breite der Tabelle, was automatisch zur Anwendung von **tabularht*** führt.
x		**tabularhtx** benutzen (das Paket **tabularx** muss geladen werden).
height	Länge	Höhe einer Tabelle (siehe Abschnitt 2.18 auf Seite 84)
valign	Typ	Vertikale Positionierung (**top**/**bottom**/**center**)

Die Anwendung der entsprechenden Tabellenumgebung wird vom Paket selbst vorgenommen, sodass hier nur die Umgebung **tabularkv** zu verwenden ist. Die Möglichkeit eines zweiten optionalen Arguments für die vertikale Positionierung *Pos* (**t**, **b**, **c**) macht hier keinen Sinn, denn dies kann über **valign** innerhalb der Optionen erfolgen. Die möglichen optionalen Parameter sind in Tabelle 2.4 zusammengestellt.

\begin{tabularkv} [*Optionen*] [*Pos*] {*Spaltendefinition*} ... **\end{tabularkv}**

Oben Links	Oben Rechts
bounding box	
Unten Links	Oben Rechts

```
\usepackage{booktabs}\usepackage{tabularkv}

\fbox{\begin{tabularkv}[width=2.3in,height=0.7in,
 valign=center]{@{}l@{\extracolsep{\fill}}r@{}}
 Oben Links & Oben Rechts \\\interrowfill
 \multicolumn{2}{@{}c@{}}{bounding box}\\\interrowfill
 Unten Links & Oben Rechts
\end{tabularkv}}
```

2.20 tabularx

Das Paket **tabularx** von David Carlisle wird sehr häufig angewendet, da es auf einfache Weise das Anpassen der Tabellenbreite an die aktuelle Zeilenbreite erlaubt. Dazu definiert das Paket den Spaltentyp **X**, der für eine variable Breite einer **p**-Spalte in Abhängigkeit einer vom Anwender vorzugebenden Tabellenbreite steht. Die Syntax ist identisch zu einer normalen Tabelle, wobei hier nur noch die Tabellenbreite vorgegebenen werden muss.

\begin{tabularx} [*Position*] {*Tabellenbreite*} {*Spaltendefinition*}
...&...&...\\\\
...
\end{tabularx}

Der Spaltentyp **X** kann beliebig mit anderen Standardtypen oder benutzerdefinierten Spaltentypen kombiniert werden. Der wesentliche Unterschied zur **tabular***-Umgebung liegt darin, dass bei **tabularx** die Spaltenbreite und bei **tabular*** der Spaltenzwischenraum angepasst wird.

Text vor der Tabelle, der über die ganze Zeile geht.

Auf einfache Weise kann jetzt ein Balken neben dem Text erzeugt werden. Dieser kann auch über Absätze hinweg gehen. Lediglich ein Seitenumbruch ist mit `tabularx` nicht möglich (→`ltxtable`)!

Text nach der Tabelle, der über die ganze Zeile geht.

```
\usepackage{tabularx}

Text vor der Tabelle, der über die ganze Zeile geht.\par
\begin{tabularx}{\linewidth}%
        {!{\vrule width 2pt}X@{}}
Auf einfache Weise kann jetzt ein Balken neben
dem Text erzeugt werden.\par\medskip Dieser
kann auch über Absätze hinweg gehen. Lediglich
ein Seitenumbruch ist mit \texttt{tabularx}
nicht möglich ($\rightarrow$\texttt{ltxtable})!
\end{tabularx}\par
Text nach der Tabelle, der über die ganze Zeile geht.
```

Die sogenannten **X**-Spalten haben innerhalb einer Tabelle immer dieselbe Breite, unabhängig davon, ob sie nebeneinander erscheinen.

Text vor der Tabelle, der über die ganze Zeile geht.

Die Breite der Spalte wird automatisch bestimmt.	Diese Spalte ist 1 cm breit.	Die Breite der Spalte wird automatisch bestimmt.

Text nach der Tabelle, der über die ganze Zeile geht.

```
\usepackage{tabularx,ragged2e}
\newcolumntype{Y}{>{\RaggedRight}X}

Text vor der Tabelle, der über die ganze Zeile geht.\par
\begin{tabularx}{\linewidth}{@{}Y | p{1cm} | Y@{}}
Die Breite der Spalte wird automatisch bestimmt.
& Diese Spalte ist 1\,cm breit.
& Die Breite der Spalte wird automatisch bestimmt.
\end{tabularx}\par
Text nach der Tabelle, der über die ganze Zeile geht.
```

Das individuelle Einstellen der **X**-Spalten kann über **`\hsize`** erfolgen, indem ein jeweiliger dezimaler Anteil an der gesamten Breite der X-Spalten vorgegeben wird. Im folgenden Beispiel wird die erste X-Spalte nur das 0,7- und die andere das 1,3-fache der regulären Breite betragen.

Text vor der Tabelle, der über die ganze Zeile geht, um zu zeigen, dass die Tabelle auch so breit ist.

Die Breite der Spalte wird automatisch bestimmt.	Diese Spalte ist 1 cm breit.	Die Breite der Spalte wird automatisch bestimmt.

Text nach der Tabelle, der über die ganze Zeile geht, um zu zeigen, dass die Tabelle auch so breit ist.

```
\usepackage{tabularx}

Text vor der Tabelle, der über die ganze Zeile geht,
um zu zeigen, dass die Tabelle auch so breit ist.\par
\begin{tabularx}{\linewidth}{@{}
  >{\setlength\hsize{0.8\hsize}}X |
  p{1cm} |
  >{\setlength\hsize{1.2\hsize}}X@{}}
Die Breite der Spalte wird automatisch bestimmt.
& Diese Spalte ist 1\,cm breit.
& Die Breite der Spalte wird automatisch bestimmt.
\end{tabularx}\par
Text nach der Tabelle, der über die ganze Zeile geht,
um zu zeigen, dass die Tabelle auch so breit ist.
```

\hsize Bei drei **X**-Spalten hätte die Summe der **\hsize**-Längen drei ergeben müssen. In allen Beispielen zu **tabularx** existiert das Problem mit dem Blocksatz in schmalen Spalten. Es empfiehlt sich daher, hier grundsätzlich mit **\raggedright** oder **\RaggedRight** aus dem **ragged2e**-Paket von Martin Schröder zu arbeiten. Letzteres erspart den expliziten Aufruf von **\arraybackslash**.

Text vor der Tabelle, der über die ganze Zeile geht, um zu zeigen, dass die Tabelle auch so breit ist.

Die Breite der Spalte wird automatisch bestimmt.	Diese Spalte ist 1 cm breit.	Die Breite der Spalte wird automatisch bestimmt.

Text nach der Tabelle, der über die ganze Zeile geht, um zu zeigen, dass die Tabelle auch so breit ist.

```
\usepackage{tabularx,ragged2e}

Text vor der Tabelle, der über die ganze Zeile geht,
um zu zeigen, dass die Tabelle auch so breit ist.\par
\begin{tabularx}{\linewidth}{@{}
 >{\setlength\hsize{0.8\hsize}\RaggedRight}X |
 >{\RaggedRight}p{1cm} |
 >{\setlength\hsize{1.2\hsize}\RaggedRight}X@{}}
Die Breite der Spalte wird automatisch bestimmt.
  & Diese Spalte ist 1\,cm breit.
  & Die Breite der Spalte wird automatisch bestimmt.
\end{tabularx}\par
Text nach der Tabelle, der über die ganze Zeile geht,
um zu zeigen, dass die Tabelle auch so breit ist.
```

Alle **X**-Spalten entsprechen dem **p**-Spaltentyp und können durch eine Neudefinition der Zuweisung in einen anderen Typ umgewandelt werden. Das folgende Beispiel zeigt die Änderung von der **p**- zu einer **m**-Spalte und zusätzlich kleineren Schrift. Das Ergebnis sollte nur auf den ersten Blick irritierend sein; beide **X**-Spalten sind zueinander vertikal zentriert und ebenfalls zentriert auf den Anfang der mittleren **p**-Spalte.

Text nach der Tabelle, der über die ganze Zeile geht.

Die Breite der Spalte wird automatisch bestimmt.	Diese Spalte ist 1 cm breit.	Die Breite der Spalte wird automatisch bestimmt.

Text nach der Tabelle, der über die ganze Zeile geht, um zu zeigen, dass die Tabelle auch so breit ist.

```
\usepackage{tabularx,ragged2e}
\renewcommand\tabularxcolumn[1]{>{\small}m{#1}}

Text nach der Tabelle, der über die ganze Zeile
geht.\par
\begin{tabularx}{\linewidth}{@{}
  >{\setlength\hsize{0.7\hsize}\RaggedRight}X |
  >{\RaggedRight}p{1cm} |
  >{\setlength\hsize{1.3\hsize}\RaggedRight}X@{}}
Die Breite der Spalte wird automatisch bestimmt.
  & Diese Spalte ist 1\,cm breit.
  & Die Breite der Spalte wird automatisch
    bestimmt.
\end{tabularx}\par
Text nach der Tabelle, der über die ganze
Zeile geht, um zu zeigen, dass die Tabelle
auch so breit ist.
```

Bei der Anwendung von **tabularx** gibt es einiges zu beachten:

- **tabularx** setzt die Tabelle intern mehrmals, um die optimale Breite der **X**-Spalten berechnen zu können. Dadurch kann sich bei vielen entsprechenden Tabellen ein LaTeX-Durchlauf deutlich verlangsamen.

- `\verb` und `\verb*` können innerhalb der Tabelle benutzt werden, jedoch kann es zu falschen horizontalen Abständen kommen.
- **tabularx**-Tabellen können beliebig geschachtelt werden, jedoch müssen die jeweils inneren Tabellen gruppiert werden, also in {...}, `\bgroup`...`\egroup` oder `\begingroup`...`\endgroup` gesetzt werden.

2.21 tabulary

Das Paket **tabulary** von David Carlisle ist sozusagen das Gegenstück zum **tabularx**-Paket vom gleichen Autor. Die einzig feste Angabe ist die der Tabellenbreite; die Spalten werden daraufhin in Abhängigkeit dieser Vorgabe derart berechnet, dass sie alle die gleiche Höhe haben. Dies setzt voraus, dass die Spalten entweder vom Typ `L`, `R`, `C` oder `J` sind. Die ersten drei entsprechen den bekannten Typen von Standard-LaTeX und `J` *normal Justification*, dem allgemeinen Blocksatz. Letzteres ist im Beispiel 02-21-2 zu sehen, das drei `J`-Spalten zeigt, die den standardmäßigen `p`-Spalten entsprechen. Für die anderen Typen gilt, dass sie mit folgendem Befehl gesetzt werden:

`L` ⇒ `\raggedright`	`R` ⇒ `\raggedleft`	`C` ⇒ `\centering`

Das Paket benutzt intern die beiden Längen `\tymin` und `\tymax` um Spaltenbreiten nicht zu klein und nicht zu groß werden zu lassen. Die vorgegebenen Werte sind 10 pt und 2`\textwidth` und sollten vom Anwender sinnvoll angepasst werden. Bei zu schmalen Spalten ist es ohnehin besser mit den standardmäßigen Spaltentypen `l`, `r` oder `c` zu arbeiten, die mit den **tabulary**-spezifischen Typen beliebig kombiniert werden können.

Text vor der Tabelle, der über die ganze Zeile geht.

Die Höhe der Spalte wird automatisch bestimmt.	Diese Spalte ist ? breit.	Die Höhe der Spalte wird automatisch bestimmt.

Text nach der Tabelle, der über die ganze Zeile geht.

```
\usepackage{tabulary}

Text vor der Tabelle, der über die ganze Zeile
geht.\par
\begin{tabulary}{\linewidth}{@{}L | C | R@{}}
Die Höhe der Spalte wird automatisch bestimmt.
& Diese Spalte ist ? breit.
& Die Höhe der Spalte wird automatisch bestimmt.
\end{tabulary}\par
Text nach der Tabelle, der über die ganze Zeile
geht.
```

```
\usepackage{tabulary}

Text vor der Tabelle, der über die ganze Breite der Zeile gehen wird.\par
\begin{tabulary}{\linewidth}{@{}J | J | J@{}}
Die Höhe der Spalte wird automatisch bestimmt.
  & Diese Spalte ist ?\,cm breit, wie genau, weiß man nicht.
  & Die Höhe der Spalte wird automatisch bestimmt, sodass alle Spalten gleich hoch
    sind, allerdings bei vorgegebener Breite.
\end{tabulary}\par
Text vor der Tabelle, der über die ganze Breite der Zeile gehen wird.
```

Text vor der Tabelle, der über die ganze Breite der Zeile gehen wird.

Die Höhe der Spalte wird automatisch bestimmt.	Diese Spalte ist ?cm breit, wie genau, weiß man nicht.	Die Höhe der Spalte wird automatisch bestimmt, sodass alle Spalten gleich hoch sind, allerdings bei vorgegebener Breite.

Text vor der Tabelle, der über die ganze Breite der Zeile gehen wird.

2.22 threeparttable

Das Paket **threeparttable** von Donald Arseneau erlaubt, Tabellen mit Über- oder Unterschriften und Anmerkungen zu versehen. Dazu wird eine standardmäßige **tabular**-Umgebung in eine **threeparttable**-Umgebung gesetzt, die theoretisch wie eine **table**-Umgebung wirkt, aber die Tabelle nicht gleiten lässt. Will man dies erreichen, so muss man *zusätzlich* die **table**-Umgebung verwenden. Das Paket erlaubt die in Tabelle 2.5 zusammengefassten globalen Optionen, die jeweils lokal in der **tablenotes**-Umgebung überschrieben werden können.

Tabelle 2.5: Zusammenstellung der Paketoptionen für threeparttable.

Name	*Bedeutung*
para	Alle Fußnoten hintereinander in einem einzigen Absatz.
flushleft	Kein linker Einzug.
online	Das Argument von **\item** wird in Normalschrift ausgegeben, statt hochgestellt.
normal	Standardvorgaben des Paketes übernehmen.

```
\begin{threeparttable} [Position]
\caption{...}
\begin{tabular}tabular ...(oder \begin{tabular*}tabular* ...)
...\tnote{Nummer} &...&...\\
...
\end{tabular} (oder \end{tabular*})
\begin{tablenotes} [Optionen]
\item[Nummer] Text
...
\end{tablenotes}
\end{threeparttable}
```

Der optionale Parameter *Position* bezieht sich auf die vertikale Ausrichtung und kann einen der üblichen Werte **t** (Standard), **b** oder **c** annehmen. Für die Umgebung **tablenotes** sind alle bereits oben beschriebenen Paketoptionen möglich, sodass diese auch lokal durch einzelne Umgebungen überschrieben werden können. Das Paket verfügt über keinen Automatismus bei der fortlaufenden Nummerierung der Fußnoten, sodass dies vollständig vom Anwender übernommen werden muss.

Tabelle 2.6: Zusammenstellung der wichtigsten Längen und Makros für `threeparttable`.

Name	*Bedeutung*
\TPTminimum	Minimale **\caption**-Breite (Vorgabe 4 em)
\TPTrlap{*Argument*}	Ermöglicht die Berücksichtigung des Tabellenrandes für die Fußnoten bei rechtsbündigen Spalten.
\TPTtagStyle{*Argument*}	Formatierung des Labels von **\tnote** (Vorgabe ist {})
\TPTnoteLabel{*Argument*}	Formatierung des Labels von **\item** (Vorgabe **\tnote**)
\TPTnoteSettings	Setzt alle Vorgaben für **tablenotes** (**list**-Umgebung)

Das folgende Beispiel verwendet die zweite Fußnote (**\item**) als Überschrift für die folgenden. Damit diese Überschrift zum einen in normaler Schriftgröße und zum anderen fett erscheint, wird lokal das Makro **\tnote** mithilfe von **\renewcommand** umdefiniert. Weitere Makros, die im Zusammenhang mit **threeparttable** von Interesse sind, zeigt Tabelle 2.6.

```
\usepackage{threeparttable,array,booktabs,calc}

\begin{threeparttable}
\caption{Zusammenstellung der Vorzeichen für die wichtigsten trigonometrischen Funktionen.\tnote{1}}
\begin{tabular}{@{}rc*{6}{>{$}c<{$}}}\toprule
\emph{Quadrant} & Größe des Winkels & \sin\tnote{a} & \cos\tnote{a} & \tan\tnote{b}
 & \mathrm{cot}\tnote{b} & \mathrm{sec}\tnote{c} & \mathrm{csec}\tnote{c} \\\midrule
   I & $0^\circ$ bis $90^\circ$    & + & + & + & + & + & + \\
  II & $90^\circ$ bis $180^\circ$  & + & - & - & - & - & + \\
 III & $180^\circ$ bis $270^\circ$ & - & - & + & + & - & - \\
  IV & $270^\circ$ bis $360^\circ$ & - & + & - & - & + & - \\\bottomrule
\end{tabular}
\begin{tablenotes}
  \item[1] Übertragung auf das Bogenmaß ist einfach möglich.
  \begingroup\renewcommand\tnote[1]{\normalsize\bfseries#1}% lokal halten
  \item[Wertebereiche:] ~ \endgroup
  \item[a] \makebox[1.8em][r]{$-1$}      bis $+1$
  \item[b] \makebox[1.8em][r]{$-\infty$} bis $+\infty$
  \item[c] \makebox[1.8em][r]{$-\infty$} bis $-1$ und $+1$ bis $+\infty$
\end{tablenotes}
\end{threeparttable}
```

Tabelle 1: Zusammenstellung der Vorzeichen für die wichtigsten trigonometrischen Funktionen.[1]

Quadrant	Größe des Winkels	$\sin^a$	$\cos^a$	$\tan^b$	cot^b	sec^c	csec^c
I	0° bis 90°	+	+	+	+	+	+
II	90° bis 180°	+	−	−	−	−	+
III	180° bis 270°	−	−	+	+	−	−
IV	270° bis 360°	−	+	−	−	+	−

[1] Übertragung auf das Bogenmaß ist einfach möglich.

Wertebereiche:

[a] -1 bis $+1$

[b] $-\infty$ bis $+\infty$

[c] $-\infty$ bis -1 und $+1$ bis $+\infty$

Tabelle 1: Gegenüberstellung der verschiedenen Analysen in Gas.

	P1	P2[A]	P3
Druckabfall	0,149	0,494	0,199
Windung	0,146	0,480	0,240
Heißextraktion	0,164[a]	0,508	0,209

[A] Unsichere Messung
[a] Störung während der Messung

```
\usepackage[para]{threeparttable}

\begin{threeparttable}
\caption{Gegenüberstellung der verschiedenen
      Analysen in Gas.}
\begin{tabular}[t]{r|c|c|c}\hline
\rule[-0.5ex]{0pt}{3ex} &P1 &P2\tnote{A} &P3\\\hline
Druckabfall & 0,149 & 0,494 & 0,199\\
Windung     & 0,146 & 0,480 & 0,240\\
Heißextraktion &0,164\tnote{a} &0,508 &0,209\\\hline
\end{tabular}
\begin{tablenotes}[flushleft]
\item[A] Unsichere Messung
\item[a] Störung während der Messung
\end{tablenotes}
\end{threeparttable}
```

2.23 threeparttablex

Das Paket **threeparttablex** von Lars Madsen ist eine Erweiterung von **threeparttable** und lädt dieses standardmäßig. Ziel des Paketes ist es, die Möglichkeiten auf Tabellen mit einem Seitenumbruch zu erweitern. **threeparttablex** erlaubt die Anwendung von **tablenotes** zusammen mit der Umgebung **longtable**. Zusätzlich zu de in Abschnitt 2.23 angegebenen Möglichkeiten, gibt es die folgenden Erweiterungen:

- Die Umgebung **ThreePartTable** ist ein Container für die neue Umgebung **TableNotes** und **longtable**.
- Die Umgebung **TableNotes** hat die gleichen Möglichkeiten wie die Umgebung **tablenotes** aus **threeparttable**, muss jedoch *vor* der Umgebung **longtable** erscheinen.
- Das Makro **\insertTableNotes** ermöglicht gegenüber der Umgebung **TableNotes** auch eine Anwendung innerhalb von **longtable**. Benutzt wird dazu das Makro **\multicolumn**.

```
\usepackage{longtable,threeparttablex}    \usepackage[ngerman]{babel}

\begin{ThreePartTable}
\begin{TableNotes}
\item[a] Eine Anmerkung zu der Tabelle
\item[b] Diese Tabelle ist nur eine Demonstration
\end{TableNotes}
\begin{longtable}{@{}l c r p{1.5cm}@{}}
L & Z & R & Box\\\hline
\endfirsthead
\multicolumn{4}{@{}l}{\small\ldots\emph{Fortsetzung}}\\\hline
L & Z & R & Box\\\hline
\endhead
\hline
\multicolumn{4}{r@{}}{\small\emph{Fortsetzung nächste Seite} \ldots}\\
\endfoot
\hline
\insertTableNotes
\endlastfoot
l & c & r & 1. Zeile\\ l & c & r & 2. Zeile\\ l & c & r & 3. Zeile\\
l & c\tnote{a} & r & 4. Zeile\\ l & c & r\tnote{b} & 5. Zeile\\
l & c & r & 6. Zeile\\ l & c & r & 7. Zeile\\ l & c & r & 8. Zeile\\
l & c & r & 9. Zeile\\ l & c & r &10. Zeile\\ l & c & r &11. Zeile\\
l & c & r &12. Zeile
\end{longtable}
\end{ThreePartTable}
```

threeparttablex-Demo

L	Z	R	Box
l	c	r	1. Zeile
l	c	r	2. Zeile
l	c	r	3. Zeile
l	c[a]	r	4. Zeile
l	c	r[b]	5. Zeile
l	c	r	6. Zeile
l	c	r	7. Zeile
l	c	r	8. Zeile
l	c	r	9. Zeile
l	c	r	10. Zeile

Fortsetzung nächste Seite …

Seite 1

threeparttablex-Demo

… Fortsetzung

L	Z	R	Box
l	c	r	11. Zeile
l	c	r	12. Zeile

[a] Eine Anmerkung zu der Tabelle

[b] Diese Tabelle ist nur eine Demonstration

Seite 2

Die Anmerkungen innerhalb der Umgebung **TableNotes** können mit einem Label versehen und dann mit dem Makro **\tnotex** referenziert werden. Voraussetzung ist, dass das Paket mit der Option **referable** geladen wird. Die Sternversion **\tnotex*** verhindert einen Link, falls das Paket **hyperref** benutzt wird.

```
\usepackage{longtable}
\usepackage[referable]{threeparttablex}
\usepackage{hyperref}

\begin{ThreePartTable}
\begin{TableNotes}
\item[a]\label{tn:a} Eine Anmerkung zu der Tabelle
\item[b]\label{tn:b} Diese Tabelle ist nur eine Demonstration
\end{TableNotes}
\begin{longtable}{@{}l c r p{1.5cm}@{}}
L & Z & R & Box\\\hline
\endfirsthead
\multicolumn{4}{@{}l}{\small\ldots\emph{Fortsetzung}}\\\hline
L & Z & R & Box\\\hline
\endhead
\hline
\multicolumn{4}{r@{}}{\small\emph{Fortsetzung nächste Seite} \ldots}\\
\endfoot
\hline
\insertTableNotes
\endlastfoot
l & c & r & 1. Zeile\\ l & c & r & 2. Zeile\\ l & c & r & 3. Zeile\\
l & c\tnotex{tn:a} & r & 4. Zeile\\ l & c & r\tnotex{tn:b} & 5. Zeile\\
l & c & r & 6. Zeile\\ l & c & r & 7. Zeile\\ l & c & r & 8. Zeile\\
l & c & r & 9. Zeile\\ l & c & r &10. Zeile\\ l & c & r &11. Zeile\\
l & c & r &12. Zeile
\end{longtable}
\end{ThreePartTable}

In den Anmerkungen~\ref{tn:a} und~\ref{tn:b} der Tabelle \ldots
```

threeparttablex-Demo

L	Z	R	Box
l	c	r	1. Zeile
l	c	r	2. Zeile
l	c	r	3. Zeile
l	c[a]	r	4. Zeile
l	c	r[b]	5. Zeile
l	c	r	6. Zeile
l	c	r	7. Zeile
l	c	r	8. Zeile
l	c	r	9. Zeile
l	c	r	10. Zeile

Fortsetzung nächste Seite …

Seite 1

threeparttablex-Demo

… Fortsetzung

L	Z	R	Box
l	c	r	11. Zeile
l	c	r	12. Zeile

[a] Eine Anmerkung zu der Tabelle

[b] Diese Tabelle ist nur eine Demonstration

In den Anmerkungen a und b der Tabelle …

Seite 2

2.24 warpcol

Mathematischer Modus

Das Paket **warpcol** von Wayne A. Rochester kann alternativ zum **dcolumn**-Paket (siehe Abschnitt 2.26 auf Seite 96) zur Formatierung von Zahlenspalten benutzt werden. Genau wie **dcolumn** setzt **warpcol** die Spalten standardmäßig im mathematischen Modus, was insbesondere bei Überschriften vom Anwender beachtet werden muss. Eine Anwendung von **\multicolumn** ermöglicht auf einfache Weise die Anwendung des Textmodus.

warpcol definiert den Spaltentyp **P**, der als Parameter die Formatierungsangaben für Dezimalzahlen erwartet und zwar in der Form *VZx.y*, wobei *VZ* für ein negatives Vorzeichen steht und *x* für die Anzahl der Ziffern des ganzzahligen und *y* für die Anzahl der Ziffern des dezimalen Teils. Im Beispiel 02-24-1 wird die erste Spalte mit **P{3.1}**, d. h. drei Vorkomma- und eine Nachkommastelle formatiert. Die zweite Spalte berücksichtigt die Breite des Vorzeichens, zwei Vorkomma- und eine Nachkommastelle.

Spalte 1	*Spalte 2*
123.4	−12.3
12.3	12.3
1.2	1.2

```
\usepackage{warpcol}

\begin{tabular}{P{3.1} P{-2.1}}\hline
\multicolumn{1}{c}{\emph{Spalte 1}}
  & \multicolumn{1}{c}{\emph{Spalte 2}}\\\hline
 123.4 & -12.3\\12.3 & 12.3\\1.2 & 1.2\\\hline
 \end{tabular}
```

Spaltenüberschriften sollten in jedem Fall unabhängig von ihrer Länge korrekt formatiert werden, auch wenn danach nur noch eine Zahlenkolonne folgt. In der Regel wird man immer auf eine Definition mit **\multicolumn** zurückgreifen und einen der drei Standard-Spaltentypen **l**, **c** oder **r** verwenden. **warpcol** gibt eine weitere Unterstützung für die Formatierung durch die folgenden beiden Makros:

```
\pcolbegin{Typ}{Argument}
\pcolend
```

Das erste Argument von **\pcolbegin** erwartet einen der Standard-Spaltentypen und das zweite Argument die Angabe über die Formatierung der Zahlenkolonne. Dies ist nur für die Fälle einer links- oder rechtsbündigen Spalte von Interesse, die könnten sonst mit dem Spaltentyp **P** nicht korrekt ausgerichtet werden.

```
\usepackage{warpcol}
\newcolumntype{L}[1]{>{\pcolbegin{r}{#1}}l<{\pcolend}}
\newcolumntype{R}[1]{>{\pcolbegin{r}{#1}}r<{\pcolend}}

\begin{tabular}{@{} L{3.1}L{3.1}P{3.1}P{3.1}R{3.1}R{3.1} @{}} \hline
 \multicolumn{1}{l}{KT} & \multicolumn{1}{l}{Langer Titel}
   & \multicolumn{1}{c}{KT} & \multicolumn{1}{c}{Langer Titel}
   & \multicolumn{1}{r}{KT} & \multicolumn{1}{r}{Langer Titel}\\ \hline
 123.4 & 123.4 & 123.4 & 123.4 & 123.4 & 123.4 \\
  12.3 &  12.3 &  12.3 &  12.3 &  12.3 &  12.3 \\
   1.2 &   1.2 &   1.2 &   1.2 &   1.2 &   1.2 \\\hline
\end{tabular}
```

KT	Langer Titel	KT	Langer Titel	KT	Langer Titel
123.4	123.4	123.4	123.4	123.4	123.4
12.3	12.3	12.3	12.3	12.3	12.3
1.2	1.2	1.2	1.2	1.2	1.2

Mit **\pcolbegin**...**\pcolend** können die Zahlenkolonnen beliebig links oder rechtsbündig ausgerichtet werden.

Linksbündig	Rechtsbündig	Zentriert
123.4	123.4	123.4
12.3	12.3	12.3
1.2	1.2	1.2

```
\usepackage{warpcol}

\begin{tabular}{@{}
  >{\pcolbegin{l}{3.1}}c<{\pcolend}P{3.1}
  >{\pcolbegin{c}{3.1}}c<{\pcolend} @{}}\hline
\multicolumn{1}{@{}c}{Linksbündig}
   & \multicolumn{1}{c}{Rechtsbündig}
   & \multicolumn{1}{c@{}}{Zentriert}\\ \hline
 123.4&123.4&123.4\\12.3&12.3&12.3\\
 1.2&1.2&1.2\\\hline
 \end{tabular}
```

Bei der Formatierung der Spalten kann als Argument faktisch alles übergeben werden, was innerhalb einer Zahlenkolonne Sinn macht. Im folgenden Beispiel ist dies für die erste Spalte der Ausdruck **L{< 1.3}**, der ein Vergleichszeichen, Leerzeichen, Vorkomma- und Nachkommastellen vorgibt. Bei der zweiten Spalte ist es **P{3\,3.2}** drei Vorkommastellen, ein Spatium **\,** als Abstand, noch mal drei Vorkomma- und zwei Nachkommastellen.

p	*Kosten (€)*
> 0.1	123 456.78
< 0.1	23 456.78
< 0.01	4 523.45
< 0.001	345.67

```
\usepackage{warpcol,eurosym}
\newcolumntype{L}[1]{>{\pcolbegin{l}{#1}}l<{\pcolend}}

\begin{tabular}{@{} L{< 1.3} P{3\,3.2} @{}}\hline
\multicolumn{1}{@{}c}{\emph{p}}
 & \multicolumn{1}{c@{}}{\emph{Kosten (\euro)}}\\\hline
 > 0.1  & 123\,456.78 \\ < 0.1   & 23\,456.78 \\
 < 0.01 &   4\,523.45 \\ < 0.001 &      345.67 \\\hline
\end{tabular}
```

2.25 widetable

Das Paket **widetable** von Claudio Beccari ist eine Kombination aus der Umgebung **tabular*** und **tabularx**, indem es versucht *jede* Spalte entsprechend zu dehnen oder zu stauchen, um auf die festgelegte Breite zu kommen.

```
\begin{widetable}{Tabellenbreite}{Spaltendefinition}
...&...&...\\
...
\end{widetable}
```

Die folgenden drei Beispiele zeigen den wesentlichen Unterschied zwischen der Umgebungen **tabularx**, **longtable*** und der Umgebung **widetable**, die den nötigen Freiraum gleichmäßig auf alle Tabellenspalten verteilt.

```
\usepackage{tabularx,widetable}
```

```
\begin{tabular*}{\linewidth}{|l|c@{\kern\tabcolsep\vrule\extracolsep{\fill}}c|}\hline
Spalte A & Breitere Spalte B & longtable*\\\hline
\end{tabular*}\par\bigskip
\begin{tabularx}{\linewidth}{|l|X|X|}\hline
Spalte A & Breitere Spalte B & tabularx\\\hline
\end{tabularx}\par\bigskip
\begin{widetable}{\linewidth}{|l|c|c|}\hline
Spalte A & Breitere Spalte B & widetable\\\hline
\end{widetable}
```

Spalte A	Breitere Spalte B	longtable*

Spalte A	Breitere Spalte B	tabularx

Spalte A	Breitere Spalte B	widetable

2.26 dcolumn

Das Paket **dcolumn** von David Carlisle bietet Formatierungshilfen für Zahlenkolonnen, die alternativ am Dezimalpunkt oder -komma ausgerichtet werden können. **dcolumn** hat dazu den Spaltentyp **D** definiert:

```
D{TeX-Trenner}{Ausgabe}{No-Dezimalstellen}
D{TeX-Trenner}{Ausgabe}{No-Links.No-Rechts}
```

TeX-Trenner Entspricht dem Trenner innerhalb der TeX-Quelle und darf nur aus einem Zeichen bestehen. Entspricht im Allgemeinen dem Punkt (3.1412) oder Komma (3,1234), könnte aber auch ein Bindestrich sein (3-1234).

Ausgabe Entspricht dem Zeichen, dass als Dezimaltrenner in der Ausgabe erscheinen soll. Dies kann jede beliebige mathematische Zeichenfolge sein, beispielsweise **\cdot**, wird aber in der Regel wieder dem Punkt oder dem Komma entsprechen.

No-Dezimalstellen Definiert die maximale Zahl an Dezimalstellen. Ist der Wert negativ, so erfolgt die Ausgabe zentriert zum Trennzeichen, ansonsten rechtsbündig zur Maximalzahl an Dezimalstellen.

No-Links.No-Rechts Definiert die maximale Zahl an Dezimalstellen Links und Rechts vom Dezimaltrenner. Anstelle des Punktes können beide Angaben auch durch ein Komma getrennt werden.

dcolumn arbeitet grundsätzlich im Mathematikmodus, was bei der Eingabe der Trennzeichen und Festlegung der Schriftart zu beachten ist. Dies bedeutet auch, dass man den mathematischen Operator **$** in den Tabellenspalten nicht benutzen darf, da sonst der Dezimaltrenner nicht korrekt ermittelt werden kann.

Mathematikmodus

```
\usepackage{dcolumn}

\begin{tabular}{| c | D{.}{,}{5} | D{,}{.}{-1} | }
Name & Wert & Normdarstellung\\\hline
 e   & 2.71828 & 0,271828\cdot10^{1}\\  $\pi$  & 3.1416  & 0,31416\cdot10^{1}\\
 v   & 0.21    & 0,21                  \\     Q   & 0       & 0
\end{tabular}
```

Name	*Wert*	*Normdarstellung*
e	2,71828	$0.271828 \cdot 10^1$
π	3,1416	$0.31416 \cdot 10^1$
v	0,21	0.21
Q	0	0

Das obige Beispiel setzt absichtlich die vertikalen Linien, um die Bedeutung des dritten Parameters zu verdeutlichen. Die mittlere Spalte hat als internes Trennzeichen den Punkt, als Ausgabezeichen das Komma und als maximale Zahl an Dezimalstellen 5 definiert. Die dritte Spalte hat das Komma als internen Trenner, den Punkt als Ausgabe und eine zentrierte Darstellung in der Tabelle. Es ist offensichtlich, dass dies für die dritte Spalte sehr ungünstig ist, denn die Zentrierung und die sogenannte Normdarstellung sind völlig ungeeignet, da das Komma den Mittelpunkt der Spalte darstellt. Weiterhin wird der »Text« der Tabellenüberschrift für die beiden D-Spalten Kursiv gesetzt, denn auch hier gilt der Mathematikmodus. Dies hat für die dritte Spalte fatale Folgen, denn das Wort wird als Zahl interpretiert und da kein Komma als Trenner folgt, wird zudem von führenden Ziffern ausgegangen; das Wort endet genau vor dem virtuellen Trennzeichen. Gleiches gilt für die mittlere Spalte, nur fällt der Effekt dort nicht sonderlich auf. Die gleiche Tabelle, jetzt mit modifizierten Zellen, ergibt schon ein besseres Aussehen.

```
\usepackage{dcolumn} \newcommand\mc[1]{\multicolumn{1}{c|}{\emph{#1}}}

\begin{tabular}{| c | D{.}{,}{5} | D{,}{.}{-1} | }
\emph{Name} & \mc{Wert} & \mc{Normdarstellung}\\\hline
 e   & 2.71828 & 0,271828\cdot10^{1}\\ $\pi$  & 3.1416  & 0,31416\cdot10^{1}\\
 v   & 0.21    & 0,21                  \\    Q   & 0       & 0
\end{tabular}
```

Name	*Wert*	*Normdarstellung*
e	2,71828	$0.271828 \cdot 10^1$
π	3,1416	$0.31416 \cdot 10^1$
v	0,21	0.21
Q	0	0

Insbesondere die mittlere Spalte ist zufriedenstellend formatiert. Für die rechte Spalte ist die Vorgabe der Zentrierung am Dezimalzeichen einfach ungünstig, da durch die Normdarstellung immer nur eine führende Ziffer erscheint. In diesen Fällen sollte man ganz auf eine **D**-Spalte verzichten und eine normale linksbündige Ausgabe wählen. Eine Ausnahme wäre die Anwendung eines Fonts, der keine gleichbreiten Ziffern hat. Eine automatische Modifikation des Trennzeichens ist dann natürlich nicht möglich.

Name	*Wert*	*Normdarstellung*
e	2,71828	$0,271828 \cdot 10^1$
π	3,1416	$0,31416 \cdot 10^1$
v	0,21	$0,21$
Q	0	0

```
\usepackage{dcolumn}
\newcommand\mc[1]{\multicolumn{1}{c|}{\emph{#1}}}

\begin{tabular}{| c | D{.}{,}{5} | >{$}l<{$} |}
\emph{Name} & \mc{Wert}
   & \mc{Normdarstellung}\\\hline
e    & 2.71828 & 0,271828\cdot10^{1}\\
$\pi$  & 3.1416  & 0,31416\cdot10^{1}\\
 v   & 0.21    & 0,21               \\
 Q   & 0       & 0
\end{tabular}
```

Die *Links.Rechts*-Notation für die Anzahl der Dezimalstellen ist immer dann zu empfehlen, wenn es zum Einen nahezu maximal gleich viele Ziffern vor und nach dem Dezimaltrenner gibt und zum Anderen Probleme mit der Formatierung auftreten. Grundsätzlich wird man sich in der Regel einen eigenen Spaltentyp definieren, der dann auf den **D**-Typ Bezug nimmt. Das folgende Beispiel zeigt verschiedene Varianten und ihre Auswirkungen auf das Layout, wobei die senkrechten Linien wieder nur zur Verdeutlichung des Effekts dienen.

```
\usepackage{dcolumn}
\newcolumntype{d}[1]{D{.}{.}{#1}}
\newcommand{\mc}[1]{\multicolumn{1}{c|}{#1}}
\newcommand{\Mc}[1]{\multicolumn{1}{|c|}{#1}}

\begin{tabular}{| d{-1}| d{1}| d{2}| d{3.2}| d{5.2}|}
\Mc{d\{-1\}}&\mc{d\{1\}}&\mc{d\{2\}}&\mc{d\{3.2\}}&\mc{d\{5.2\}}\\\hline
-13.02 & -13.02 & -13.02 & -13.02 & -13.02 \\
-13.02 & -13.02 & -13.02 & -13.02 & -13.02
\end{tabular}
```

d{-1}	d{1}	d{2}	d{3.2}	d{5.2}
−13.02	−13.02	−13.02	−13.02	−13.02
−13.02	−13.02	−13.02	−13.02	−13.02

2.27 fcolumn

Das Paket **fcolumn** von Edgar Olthof erlaubt die Formatierung von Dezimalzahlen. Zusätzlich kann es Zahlenkolonnen addieren, um für Geldbeträge eine entsprechende Summe ausgeben zu können. **fcolumn** hat dazu die Spaltentypen **F** und **f** definiert:

F{*Gruppentrenner*}{*Dezimalzeichen*}{*x,y*}
f
\sumline
\resetsumline

Gruppentrenner	Entspricht im Allgemeinen dem Tausendertrenner: Punkt (3.1412,00) oder Komma (3,1234.00).
Dezimalzeichen	Entspricht dem Zeichen, dass als Dezimaltrenner in der Ausgabe erscheinen soll. Dies wird in der Regel der Punkt oder das Komma sein.
x	Definiert die maximale Zahl an Ziffern für den ganzzahligen Teil, der hervorgehoben wird. Dies ist im Allgemeinen die Tausender-Schrittweite.
y	Definiert die maximale Zahl an Ziffern für den Dezimalteil.

Der Spaltentyp `f` ist ein Spezialfall von `F`, indem es auf europäische Verhältnisse zugeschnitten ist:

```
\newcolumntype{f}{F{.}{,}{3,2}}
```

Eine Eingabe von 123456 für den Spaltentyp `f` wird dann in der Form 1.234,56 ausgegeben. Zu beachten ist allerdings, dass bei der Eingabe alle Ziffern ohne ein Dezimalzeichen einzugeben sind und somit eventuell Zahlen mit **`00`** zu ergänzen sind, wenn sie keine Nachkommastellen aufweisen. Mit dem Makro **`\sumline`** können die Summen der `f`-Spalten ausgegeben werden, wobei eine ganze Tabellenzeile erstellt wird, sodass zusätzliche Kommentare nur mit »Tricks« möglich sind.

```
\usepackage{fcolumn,booktabs}
\newcommand\MC[1]{\multicolumn{1}{c}{\emph{#1}}}

\begin{tabular}{@{} l f f f @{}}\toprule
\MC{Jahr} & \MC{Verkauf} & \MC{Einkauf} & \MC{Saldo}\\\midrule
2007 & 273700 & -240010 &  33690\\  2008 & 365500 & -273615 &  91885\\
2009 & 742635 & -323103 & 419532\\  2010 & 494430 & -259344 & 235086\\
2011 & 427389 & -148393 & 278996\\  2012 & 689370 & -306814 & 382556\\
2013 & 478755 & -178902 & 299853\\  2014 & 286410 & -141638 & 144772\\
2015 & 266679 &  -78436 & 188243\\  2016 & 394339 & -187475 & 206864\\
\sumline \bottomrule
\end{tabular}
```

Jahr	*Verkauf*	*Einkauf*	*Saldo*
2007	273.700,00	*240.010,00	33.690,00
2008	365.500,00	*273.615,00	91.885,00
2009	742.635,00	*323.103,00	419.532,00
2010	494.430,00	*259.344,00	235.086,00
2011	427.389,00	*148.393,00	278.996,00
2012	689.370,00	*306.814,00	382.556,00
2013	478.755,00	*178.902,00	299.853,00
2014	286.410,00	*141.638,00	144.772,00
2015	266.679,00	*78.436,00	188.243,00
2016	394.339,00	*187.475,00	206.864,00
	4.419.207,00	*2.137.730,00	2.281.477,00

Das Makro **`\resetsumline`** kann innerhalb der Tabelle angewendet werden, wenn die Summenbildung neu starten soll.

```
\usepackage{fcolumn,booktabs}
\newcommand\MC[1]{\multicolumn{1}{c}{\emph{#1}}}
```

```
\begin{tabular}{@{} l f f f @{}}\toprule
\MC{Jahr} & \MC{Verkauf} & \MC{Einkauf} & \MC{Saldo}\\\midrule
2007 & 273700 & -240010 &  33690\\  2008 & 365500 & -273615 &  91885\\
2009 & 742635 & -323103 & 419532\\  2010 & 494430 & -259344 & 235086\\
2011 & 427389 & -148393 & 278996\\
\sumline
\resetsumline\midrule
2012 & 689370 & -306814 & 382556\\
2013 & 478755 & -178902 & 299853\\  2014 & 286410 & -141638 & 144772\\
2015 & 266679 &  -78436 & 188243\\  2016 & 394339 & -187475 & 206864\\
\sumline \bottomrule
\end{tabular}
```

Jahr	*Verkauf*	*Einkauf*	*Saldo*
2007	273.700,00	*240.010,00	33.690,00
2008	365.500,00	*273.615,00	91.885,00
2009	742.635,00	*323.103,00	419.532,00
2010	494.430,00	*259.344,00	235.086,00
2011	427.389,00	*148.393,00	278.996,00
	2.303.654,00	*1.244.465,00	1.059.189,00
2012	689.370,00	*306.814,00	382.556,00
2013	478.755,00	*178.902,00	299.853,00
2014	286.410,00	*141.638,00	144.772,00
2015	266.679,00	*78.436,00	188.243,00
2016	394.339,00	*187.475,00	206.864,00
	2.115.553,00	*893.265,00	1.222.288,00

2.28 rccol

Das Paket **rccol** von Eckhart Guthöhrlein ist eine Alternative zu **dcolumn**, wenn es um das Formatieren von Zahlenkolonnen geht. **rccol** unterstützt die folgenden Paketoptionen:

rounding Setzt den Schalter zum Runden der Zahlenwerte entsprechend der durch die Spaltendefinition vorgegebenen Zahl an Nachkommastellen (Standard).

norounding Deaktiviert den Schalter zum Runden der Zahlenwerte.

comma Globale Festlegung des Kommas als Dezimaltrenner (Standard). Die gleiche Wirkung hat die Option **german**.

point Globale Festlegung des Punktes als Dezimaltrenner. Die gleiche Wirkung haben die Optionen **english** und **USenglish**.

Das Paket definiert den Spaltentyp **R**, welcher zwei verpflichtende Parameter erwartet, einen für die Stellen des ganzzahligen Teils und einen weiteren für den Dezimalteil einer Zahl.

R{*Ganzzahlstellen*}{*Dezimalstellen*}
R - [*TEX-Trenner*] [*Ausgabe*] {*Ganzzahlstellen*}{*Dezimalstellen*}

Standardmäßig erwartet das Paket das Komma als Dezimaltrenner, anderenfalls wird bei der Formatierung davon ausgegangen, dass nur ein ganzzahliger Teil vorhanden ist; der Punkt wird in diesem Fall nicht weiter beachtet. Dieser Fall ist in der letzten Spalte des folgenden Beispiels zu sehen; der »ganzzahlige« Teil wird entsprechend der Vorgabe **{3}{2}** formatiert und anschließend der Punkt einfach dahintergesetzt. Auch der Platzbedarf stimmt dadurch nicht, sodass die Zahl in der Spalte auch zu weit links erscheint.

```
\usepackage{rccol}
\newcommand\mc[2]{\multicolumn{1}{#1}{\ttfamily#2}}

\begin{tabular}{| R{1}{5} | R{1}{6} @{$\cdot10^1$\hspace{\tabcolsep}} | c | R{3}{2} |}
\mc{|c|}{R\{1\}\{5\}} & \mc{c|}{R\{1\}\{6\}} & c & \mc{c|}{R\{3\}\{2\}}\\\hline
2,71828 & 0,271828 & $\pi$ & 314.16\\  0,21 & 0,21 & Q & 0.3\\
\end{tabular}
```

R{1}{5}	R{1}{6}	c	R{3}{2}
2,71828	$0{,}271828{\cdot}10^1$	π	31416,00.
0,21000	$0{,}210000{\cdot}10^1$	Q	03,00.

Durch den »Spaltentrenner« **@{$\cdot10^1$\hspace{\tabcolsep}}** ist es möglich, sowohl eine Exponentialdarstellung zu erreichen (**$\cdot10^1$**) als auch den üblichen Spaltenabstand einzuhalten (**\hspace{\tabcolsep}**); der **@**-Operator ist prädestiniert für derartige Konstruktionen. Der Spaltentyp **R** kann zwei optionale Argumente haben, die zur Steuerung des Dezimaltrenners benutzt werden können. Wird nur ein optionaler Parameter angegeben, so wird dieser sowohl für den Eingabe- als auch Ausgabetrenner benutzt. Wird das Minuszeichen angegeben (ohne Klammern!), so wird »—« bei der Zentrierung der Zahl berücksichtigt.

```
\usepackage{rccol} \newcommand\mc[2]{\multicolumn{1}{#1}{\ttfamily#2}}

\begin{tabular}{| R-{1}{4} | R{1}{6} @{$\cdot10^1$\hspace{\tabcolsep}}
    | c | R[.][,]{3}{2} |}
\mc{|c|}{R-\{1\}\{4\}} & \mc{c|}{R\{1\}\{6\}} & c & \mc{c|}{R[.][,]\{3\}\{2\}}\\\hline
-2,71828 & 0,271828 & $\pi$ & 314.16\\  -0,21 & 0,21 & Q & 0.3\\
\end{tabular}
```

R-{1}{4}	R{1}{6}	c	R[.][,]{3}{2}
−2,7183	$0{,}271828{\cdot}10^1$	π	314,16
−0,2100	$0{,}210000{\cdot}10^1$	Q	0,30

Zu beachten ist noch, dass die Spalten nicht automatisch im Mathematikmodus gesetzt werden, was allerdings nicht für ein Minuszeichen gilt, denn die Eingabe wird daraufhin untersucht. Der Anwender muss selbst auf die korrekte Eingabe der Zahlenwerte achten, denn **rccol** akzeptiert faktisch jede auch noch so unsinnige alphanumerische Kombination. Die letzte Zeile muss mit einem \\ abgeschlossen werden. **rccol** lädt automatisch die Pakete **array** und **fltpoint**. Beide sollten jedoch in jeder aktuellen TEX-Distribution zu finden sein. *Mathemodus*

2.29 siunitx

Das Paket von Joseph Wright ist primär für die Darstellung von SI-Einheiten gedacht, bietet aber auch eine Unterstützung für das tabellarische Formatieren von Dezimalzahlen. Dafür steht der Spaltentyp **S** zur Verfügung. Jeder Eintrag einer Zelle wird von **siunitx** als Zahl aufgefasst, weshalb Überschriften oder Kommentare nur als Teil eines Makros auftreten oder in geschweifte Klammern gesetzt werden sollten. Die Tabelle 2.7 auf der nächsten Seite zeigt eine Zusammenstellung derjenigen Parameter, die im Zusammenhang mit einer tabellarischen Ausgabe von Interesse sind. Alle weiteren kann man der Dokumentation zum Paket entnehmen. (Wright 2022)

```
\sisetup{Parameterliste}
```

Die Parameter können als optionale Argumente beim Laden des Paketes, durch Anwendung des Makros **\sisetup** oder durch Übergabe an die betreffenden Makros gesetzt werden.

Tabelle 2.7: Zusammenfassung der möglichen Parameter für das Paket **siunitx**, wobei *Literal* für eine beliebige Zeichenfolge steht.

Name	*Typ*	*Beschreibung*
add-decimal-zero	List	Fülle Zahlen mit Nullen auf
explizit-sign	Literal	Vorzeichensymbol für Zahlen
exponent-base	Literal	Basis für die Exponentialschreibweise
exponent-product	Literal	Multiplikationssymbol für die Exponentialschreibweise
group-separator	Code	Abstand der Ziffern in großen Zahlen
input-decimal-markers	Literal	Dezimalsymbol bei Zahlen
input-digits	Literal	Anzahl Ziffern bei Zahlen
input-exponent-markers	Literal	Exponentzeichen bei Zahlen
input-ignore	Literal	Anzahl der zu ignorierenden Zeichen
input-product	Literal	Multiplikationszeichen für Zahlen
input-quotient	Literal	Divisionszeichen für Zahlen
input-signs	Literal	Vorzeichensymbol für Zahlen
inter-unit-product	Literal	Trenner für Einheiten
math-rm	Makro	Mathematische Serifenschrift
math-rm	Makro	Serifenschrift für Einheiten
math-tt	Makro	Mathematische Schreibmaschinenschrift
mode	Typ	Textmodus oder mathematischer Modus für die Ausgabe. Mögliche Werte sind **maths** und **text**.
number-unit-product	Literal	Abstand zwischen Maßzahl und Maßeinheit
output-decimal-marker	Symbol	Dezimalsymbol
retain-zero-exponent	Boolean	Erlaube 10^0
round mode	Zahl	Anzahl der auszugebenden Ziffern
table-align-exponent	Boolean	Ausrichtung des Exponenten in einer Tabellenspalte
table-alignment	Typ	Ausrichtung der Tabellenspalte, mögliche Werte sind **center**, **left** und **right**
table-auto-round	Boolean	Schalter zum automatischen Runden von Zahlen, um die durch **table-format** festgelegte Stellenzahl zu erreichen.
table-format	Number	Symbolische Platzangabe für Dezimalzahlen in Tabellenspalten
table-number-alignment	List	Ausrichtung von S-Spalten, mögliche Werte sind **centerdecimal**, **center**, **left** und **right**.

Fortsetzung...

... Fortsetzung

Name	*Typ*	*Beschreibung*
table-parse-only	Boolean	S-Spalten nicht am Dezimaltrenner ausrichten
table-text-alignment	Typ	Ausrichtung von Text in S-Spalten, mögliche Werte sind **centre**, **left** und **right**.
table-unit-alignment	Typ	Ausrichtung von Einheiten s-Spalten, mögliche Werte sind **center**, **left** und **right**.
text-rm	Makro	Roman-Font für Text
text-sf	Makro	Sans-Serif-Font für Text
text-tt	Makro	Monotype-Font für Text
tight-spacing	Boolean	Reduziere den Abstand um $\pm$
unit-math-tt	Makro	Monotype-Mathfont für Einheiten
use-xspace	Boolean	Benutze das Makro **\xspace** aus dem gleichnamigen Paket nach einer Einheit.

2.29.1 Zahlenkolonnen

Zahlenkolonnen werden im Standardfall am Dezimalpunkt ausgerichtet und dann mit diesem Punkt als Maßstab horizontal so angeordnet, dass alle Punkte einer Spalte untereinander erscheinen. Dieser Fall entspricht der Option **table-number-alignment=center-decimal-marker**. Die zweite Spalte im folgenden Beispiel wird mit **table-number-alignment=center** gesetzt, womit die Zahlenkolonne als ganzes zentriert angeordnet wird. Die dritte und vierte Spalte zeigen rechts- und linksbündig angeordnete Spalten. In allen Fällen wird die Spalte zuerst am Dezimalpunkt ausgerichtet, der über die Option **output-decimal-marker=comma** als Komma ausgegeben werden kann.

```
\usepackage{siunitx,booktabs}

\begin{tabular}{S
                S[table-number-alignment=center,table-format=2.4]
                S[table-number-alignment=right, table-format=2.4]
                S[table-number-alignment=left,table-format=2.4, output-decimal-marker=,]
               }\toprule
\emph{Standard}&\emph{Zentriert}&\emph{Rechtsbündig}&\emph{Linksbündig}\\\midrule
 2.3456 &  2.3456 &  2.3456 &  2.3456 \\
34.25   & 34.25   & 34.25   & 34.25   \\
 6.7835 &  6.7835 &  6.7835 &  6.7835 \\
90.473  & 90.473  & 90.473  & 90.473  \\\bottomrule
\end{tabular}
```

Standard	*Zentriert*	*Rechtsbündig*	*Linksbündig*
2.3456	2.3456	2.3456	23456
34.25	34.25	34.25	3425
6.7835	6.7835	6.7835	67835
90.473	90.473	90.473	90473

Die Formatierung der Zahlenkolonnen erfolgt über die Option **table-format**, mit der durch einen Punkt getrennt, die Anzahl der Stellen vor und nach dem Dezimaltrenner festgelegt werden kann.

```
\usepackage[exponent-product=\cdot]{siunitx}  \usepackage{booktabs}

\begin{tabular}{S[table-number-alignment=center,table-format=2.2e2]
                S[table-number-alignment=center,table-format=+2.2e2]
                S[table-number-alignment=center,table-format=2.2e1]
                S}\toprule
\emph{Sehr große Werte} & \emph{Sehr große Werte} &
\emph{Sehr große Werte} & \emph{Werte}\\\midrule
  2.3e1    &   2.34e1  & +-2.34e1  &  +2.31 \\
-34.23e45 & -34.23e45 & -34.23e45 &  34.23 \\
-56.78    & -56.78    & -56.78    & -56.78 \\
  1.0e34  &   1.0e34  &  +1.0e34  & +-1.0  \\\bottomrule
\end{tabular}
```

Sehr große Werte	*Sehr große Werte*	*Sehr große Werte*	*Werte*
$2.3\ \cdot 10^{1}$	$2.34 \cdot 10^{1}$	$\pm 2.34 \cdot 10^{1}$	2.31
$-34.23 \cdot 10^{45}$	$-34.23 \cdot 10^{45}$	$-34.23 \cdot 10^{45}$	34.23
-56.78	-56.78	-56.78	-56.78
$1.0\ \cdot 10^{34}$	$1.0\ \cdot 10^{34}$	$1.0\ \cdot 10^{34}$	± 1.0

Das Format für die Option **table-format** ist ‹*Zahl*›‹*Dezimalzeichen*›‹*Zahl*›, beispielsweise **2.4**; für die Formatierung werden dann zwei Vorkomma- und vier Nachkommastellen berücksichtigt. Gleiches gilt für den Platz des Exponenten, sodass **2.2e1.1** insgesamt vier Stellen für die Mantisse (2.2) und insgesamt zwei Stellen für den Exponenten berücksichtigt (1.1). Der Exponent wird in der logarithmischen Schreibweise jedoch keine Nachkommastelle aufweisen.

Ein Vorzeichen vor der Formatierungsangabe weist das Paket an, ein eventuelles Vorzeichen in der Eingabe bei der Ausrichtung der Zahlenkolonne zu berücksichtigen. In der Exponentialschreibweise kann man über die Option **table-align-exponent** die Formatierung vorgeben. Mit **true** wird die Zahlenkolonne so angeordnet, dass die Zahlen sowohl an dem Dezimaltrenner als auch an der Zehnerpotenz ausgerichtet werden. Mit **false** folgt die Zehnerpotenz direkt der Mantisse.

Spalte	*Spalte*
$1.2\ \ \ \cdot 10^{3}$	$1.2 \cdot 10^{3}$
$1.234 \cdot 10^{56}$	$1.234 \cdot 10^{56}$

```
\usepackage[exponent-product=\cdot]{siunitx}
\usepackage{booktabs}
\sisetup{table-format=1.3e2,table-number-alignment=center}

\begin{tabular}{SS[table-align-exponent=false]}\toprule
\emph{Spalte} & \emph{Spalte} \\\midrule
1.2e3       & 1.2e3\\
1.234e56    & 1.234e56\\\bottomrule
\end{tabular}
```

Eine automatische Formatierung durch Rundung oder Auffüllen mit nachfolgenden Stellen kann mit der Option **table-auto-round** erreicht werden. Diese Option wird jedoch ignoriert, wenn der Spalteninhalt durch eine explizite Angabe von **table-number-alignment=center-decimal-marker** am Dezimalpunkt zentriert werden soll.

Spalte	*Spalte*	*Spalte*
1.2	1.200	1.2
1.234	1.235	1.234

```
\usepackage[exponent-product=\cdot]{siunitx}
\usepackage{booktabs}
\sisetup{table-format=1.3,table-number-alignment=center}

\begin{tabular}{%
  S
  S[table-auto-round]
  S[table-auto-round,table-number-alignment=center-decimal-marker]}\
   ↪toprule
\emph{Spalte} & \emph{Spalte}
  & \emph{Spalte} \\\midrule
1.2   & 1.2    & 1.2  \\
1.234 & 1.2345 & 1.234\\
\bottomrule
\end{tabular}
```

Das Ausrichten an dem Dezimaltrenner und/oder dem Exponenten kann durch **table-parse-only=true** unterdrückt werden; die Spalten werden dann ausschließlich durch die Vorgabe von **table-number-alignment** ausgerichtet.

Zentriert	*Linksbündig*	*Rechtsbündig*
14.2	14.2	14.2
1.234 56	1.234 56	1.234 56
$1.2 \cdot 10^3$	$1.2 \cdot 10^3$	$1.2 \cdot 10^3$

```
\usepackage[exponent-product=\cdot]{siunitx}
\sisetup{table-parse-only}
\usepackage{booktabs}

\begin{tabular}{ S S[table-number-alignment=left]
  S[table-number-alignment=right]}\toprule
\emph{Zentriert} & \emph{Linksbündig}
  & \emph{Rechtsbündig} \\\midrule
14.2    & 14.2    & 14.2 \\
1.23456 & 1.23456 & 1.23456\\
1.2e3   & 1.2e3   & 1.2e3\\\bottomrule
\end{tabular}
```

In Anlehnung an das Paket **dcolumn** wird auch eine Ausrichtung der Tabelleneinträge ermöglicht, wenn sie nicht direkt einer Zahleingabe entsprechen, beispielsweise **2.3456 + 0.02** für eine Zahl mit zusätzlicher Fehlerangabe, die als Plus/Minuswert zu verstehen ist. Durch eine entsprechende Definition der Optionen **group-separator** für den Ziffernabstand, **output-decimal-marker** für den auszugebenden Dezimaltrenner, **input-digits** für die Ziffern und Symbole der Eingabe und **input-decimal-markers** für den Eingabetrenner. Ab einer bestimmten Komplexität sollte man mit **\newcolumntype** einen eigenen Spaltentyp definieren, der auf dem Typ **S** aufbaut.

Zahlenwerte
2.3456 ± 0.02
34.2345 ± 0.001
56.7835 ± 0.067
90.473 ± 0.021

```
\usepackage{siunitx} \usepackage{booktabs}

\begin{tabular}{
  S[group-separator={},output-decimal-marker={\,\pm\,},
  input-digits={0123456789.},input-decimal-markers=+]}\toprule
\emph{Zahlenwerte}\\\midrule
 2.3456 + 0.02  \\
34.2345 + 0.001 \\
56.7835 + 0.067 \\
90.473  + 0.021 \\\bottomrule
\end{tabular}
```

2.29.2 Zahlenkolonnen mit Einheiten

Neben dem Spaltentyp **S** gibt es den Typ **s**, der der Formatierung von Einheiten vorbehalten ist und auch als normale Spalte mit dem zugehörigen Abstand **\tabcolsep** zur vorhergehenden ausgegeben wird.

Wert	*Einheit*
2.16×10^{-5}	$\mathrm{m^2\,s^{-1}}$
2.83×10^{-6}	$\mathrm{m^2\,s^{-1}}$
7.39×10^{3}	$\mathrm{Pa\,m^3\,mol^{-1}}$
1.0×10^{5}	Pa

```
\usepackage{collcell,siunitx}
\newcolumntype{s}{>{\collectcell\unit}l<{\endcollectcell}}
\usepackage{booktabs}

\begin{tabular}{
  S[table-format=1.2e-1,table-number-alignment=center]
  s}\toprule
{\emph{Wert}} & \emph{Einheit}\\\midrule
2.16e-5 & \metre\squared\per\second  \\
2.83e-6 & \metre\squared\per\second  \\
7.39e3  & \pascal\cubic\metre\per\mole\\
1.0e5   & \pascal                    \\\bottomrule
\end{tabular}
```

Setzt man den Spaltenabstand auf **\thinspace** (\,), so kann die Maßeinheit dichter an die Maßzahl gerückt werden.

Wert	*Einheit*
2.16×10^{-5}	$\mathrm{m^2\,s^{-1}}$
2.83×10^{-6}	$\mathrm{m^2\,s^{-1}}$
7.39×10^{3}	$\mathrm{Pa\,m^3\,mol^{-1}}$
1.0×10^{5}	Pa

```
\usepackage{collcell,siunitx}
\newcolumntype{s}{>{\collectcell\unit}l<{\endcollectcell}}
\usepackage{booktabs}

\begin{tabular}{S[table-format=1.2e-1,
                 table-number-alignment=center]@{\,}
               s}\toprule
{\emph{Wert}} & \emph{Einheit}\\\midrule
2.16e-5 & \metre\squared\per\second  \\
2.83e-6 & \metre\squared\per\second  \\
7.39e3  & \pascal\cubic\metre\per\mole\\
1.0e5   & \pascal                    \\\bottomrule
\end{tabular}
```

Bei immer derselben Einheit kann diese bereits in der Spaltendefinition der Tabelle festgelegt werden, wobei hier die Doppelklammerung ‹{{...}} zu beachten ist!

No	*Masse*	Masse/10^3 kg
1	$4.56 \cdot 10^{3}$ kg	4.56
2	$2.40 \cdot 10^{3}$ kg	2.40
3	$1.345 \cdot 10^{4}$ kg	13.45
4	$4.5 \cdot 10^{2}$ kg	0.45

```
\usepackage[exponent-product=\cdot]{siunitx}
\usepackage{booktabs}
\sisetup{table-number-alignment=center}

\begin{tabular}{c
  S[table-format=1.3e1]<{{\,\si{\kilogram}}}
  S[table-format=2.2]}\toprule
\emph{No} & \multicolumn{1}{c}{\emph{Masse}}
  & {Masse/\SI{e3}{\kilogram}}\\\midrule
1 & 4.56e3  & 4.56  \\
2 & 2.40e3  & 2.40  \\
3 & 1.345e4 & 13.45 \\
4 & 4.5e2   & 0.45  \\\bottomrule
\end{tabular}
```

2.30 pgfplotstable

Das Paket **pgfplotstable** von Christian Feuersänger unterstützt das Einlesen von externen Datensätzen, um sie in tabellarischer Form auszugeben. Eine Vielzahl von Parametern ermöglicht dabei Anpassungen an die Ausgabe.

\pgfplotstabletypeset [*Optionen*] {*Dateiname*}
\pgfplotstabletypeset [*Optionen*] {**\Macro**}
\pgfplotstabletypeset [*Optionen*] {*Daten*}
\pgfplotstabletypesetfile [*Optionen*] {*Dateiname*}
\pgfplotstableread{*Dateiname*}{**\Macro**}
\pgfplotstableread{*Daten*}{**\Macro**}
\pgfplotstableset Key-value-Daten

Datenzeilen, die mit % oder # beginnen, werden im Allgemeinen als Kommentarzeilen ignoriert und brauchen daher auch nicht entfernt zu werden. Die erste Datenzeile wird als Spaltenbeschreibung interpretiert und ohne Veränderung übernommen.

```
\usepackage{pgfplotstable}
\begin{filecontents*}{daten.dat}
# Convergence results
# fictional source, generated 2008
level  dof error1         error2        info grad(log(dof),log(error2)) quot(error1)
 1       4 2.50000000e-01 7.57858283e-01 48  0              0
 2      16 6.25000000e-02 5.00000000e-01 25 -3.00000000e-01 4
 3      64 1.56250000e-02 2.87174589e-01 41 -3.99999999e-01 4
 4     256 3.90625000e-03 1.43587294e-01  8 -5.00000003e-01 4
 5    1024 9.76562500e-04 4.41941738e-02 22 -8.49999999e-01 4
 6    4096 2.44140625e-04 1.69802322e-02 46 -6.90000001e-01 4
 7   16384 6.10351562e-05 8.20091159e-03 40 -5.24999999e-01 4
 8   65536 1.52587891e-05 3.90625000e-03 48 -5.35000000e-01 3.99999999e+00
 9  262144 3.81469727e-06 1.95312500e-03 33 -5.00000000e-01 4.00000001e+00
10 1048576 9.53674316e-07 9.76562500e-04  2 -5.00000000e-01 4.00000001e+00
\end{filecontents*}

Die Ausgabe des Datensatzes \texttt{daten.dat} als Tabelle:

\pgfplotstabletypeset{daten.dat}
```

Die Ausgabe des Datensatzes `daten.dat` als Tabelle:

level	dof	error1	error2	info	grad(log(dof),log(error2))	quot(error1)
1	4	0.25	0.76	48	0	0
2	16	$6.25 \cdot 10^{-2}$	0.5	25	−0.3	4
3	64	$1.56 \cdot 10^{-2}$	0.29	41	−0.4	4
4	256	$3.91 \cdot 10^{-3}$	0.14	8	−0.5	4
5	1,024	$9.77 \cdot 10^{-4}$	$4.42 \cdot 10^{-2}$	22	−0.85	4
6	4,096	$2.44 \cdot 10^{-4}$	$1.7 \cdot 10^{-2}$	46	−0.69	4
7	16,384	$6.1 \cdot 10^{-5}$	$8.2 \cdot 10^{-3}$	40	−0.52	4
8	65,536	$1.53 \cdot 10^{-5}$	$3.91 \cdot 10^{-3}$	48	−0.54	4
9	$2.62 \cdot 10^{5}$	$3.81 \cdot 10^{-6}$	$1.95 \cdot 10^{-3}$	33	−0.5	4
10	$1.05 \cdot 10^{6}$	$9.54 \cdot 10^{-7}$	$9.77 \cdot 10^{-4}$	2	−0.5	4

Sämtliche Spalten können mit **\pgfplotstableset** gesondert formatiert werden, wobei die Syntax immer der Notation **columns/<Name>/.style=.../** folgt. Mit **<Name>** ist der in der Datendatei vorhandene Spaltentitel gemeint.

```
\usepackage{pgfplotstable,booktabs}
\pgfplotstableset{
  columns/dof/.style={int detect,column type=r,column name=\textsc{Dof}},
  columns/error1/.style={sci,sci zerofill,sci sep align,precision=1,sci superscript,column name=$e_1$,},
  columns/error2/.style={sci,sci zerofill,sci sep align,precision=2,sci 10e,column name=$e_2$,},
  columns/{grad(log(dof),log(error2))}/.style={string replace={0}{},column name={$\nabla e_2$},dec sep align},
  columns/{quot(error1)}/.style={string replace={0}{}, % erase '0'
        column name={$\frac{e_1^{(n)}}{e_1^{(n-1)}}$}},
  empty cells with={--}, % replace empty cells with '--'
  every head row/.style={before row=\toprule,after row=\midrule},
    every last row/.style={after row=\bottomrule}}

\pgfplotstabletypeset[1000 sep={\,}, columns/info/.style={
    fixed,fixed zerofill,precision=1,showpos,column type=r}]{daten.dat}
```

level	DOF	e_1	e_2	info	∇e_2	$\frac{e_1^{(n)}}{e_1^{(n-1)}}$
1	4	2.5^{-1}	$7.58{\cdot}10^{-1}$	+48.0	–	–
2	16	6.3^{-2}	$5.00{\cdot}10^{-1}$	+25.0	−0.3	4
3	64	1.6^{-2}	$2.87{\cdot}10^{-1}$	+41.0	−0.4	4
4	256	3.9^{-3}	$1.44{\cdot}10^{-1}$	+8.0	−0.5	4
5	1 024	9.8^{-4}	$4.42{\cdot}10^{-2}$	+22.0	−0.85	4
6	4 096	2.4^{-4}	$1.70{\cdot}10^{-2}$	+46.0	−0.69	4
7	16 384	6.1^{-5}	$8.20{\cdot}10^{-3}$	+40.0	−0.52	4
8	65 536	1.5^{-5}	$3.91{\cdot}10^{-3}$	+48.0	−0.54	4
9	262 144	3.8^{-6}	$1.95{\cdot}10^{-3}$	+33.0	−0.5	4
10	1 048 576	9.5^{-7}	$9.77{\cdot}10^{-4}$	+2.0	−0.5	4

Statt der gesamten Tabelle, könenn auch nur bestimmte Spalten ausgegeben werden. Der Zugriff erfolgt wieder über den Spaltennamen.

```
\usepackage{pgfplotstable,booktabs}

\pgfplotstableread{daten.dat}\Data
\pgfplotstabletypeset[columns={level,dof,info},1000 sep={\,},
  columns/info/.style={fixed,fixed zerofill,precision=1,showpos,column type=r}]\Data
\qquad
\pgfplotstabletypeset[columns={error1,error2}]\Data
```

level	dof	info
1	4	+48.0
2	16	+25.0
3	64	+41.0
4	256	+8.0
5	1 024	+22.0
6	4 096	+46.0
7	16 384	+40.0
8	65 536	+48.0
9	$2.62 \cdot 10^5$	+33.0
10	$1.05 \cdot 10^6$	+2.0

error1	error2
0.25	0.76
$6.25 \cdot 10^{-2}$	0.5
$1.56 \cdot 10^{-2}$	0.29
$3.91 \cdot 10^{-3}$	0.14
$9.77 \cdot 10^{-4}$	$4.42 \cdot 10^{-2}$
$2.44 \cdot 10^{-4}$	$1.7 \cdot 10^{-2}$
$6.1 \cdot 10^{-5}$	$8.2 \cdot 10^{-3}$
$1.53 \cdot 10^{-5}$	$3.91 \cdot 10^{-3}$
$3.81 \cdot 10^{-6}$	$1.95 \cdot 10^{-3}$
$9.54 \cdot 10^{-7}$	$9.77 \cdot 10^{-4}$

Die Dokumentation zum Paket enthält noch sehr viele Möglichkeiten für die Ausgabe der Tabellen. (Feuersänger 2021)

dof	info
4	**48 €**
16	**25 €**
64	**41 €**
256	**8 €**
1,024	**22 €**
4,096	**46 €**
16,384	**40 €**
65,536	**48 €**
$2.62 \cdot 10^5$	**33 €**
$1.05 \cdot 10^6$	**2 €**

```
\usepackage{pgfplotstable,eurosym}

\pgfplotstabletypeset[
 column type=r,
 columns={dof,info},
 columns/dof/.style={
  postproc cell content/.append style={
   /pgfplots/table/@cell content/.add={$\mathsf\bgroup}{\egroup$}
  }},
 columns/info/.style={
  postproc cell content/.append style={
   /pgfplots/table/@cell content/.add={\boldmath$}{$},
  },
  postproc cell content/.append style={
   /pgfplots/table/@cell content/.add={}{\,\EUR{}},
 }}]{daten.dat}
```

level	dof	error1
1	4	0.25
2	16	$6.25 \cdot 10^{-2}$
5	1,024	$9.77 \cdot 10^{-4}$
6	4,096	$2.44 \cdot 10^{-4}$
7	16,384	$6.1 \cdot 10^{-5}$
10	$1.05 \cdot 10^6$	$9.54 \cdot 10^{-7}$

```
\usepackage{pgfplotstable,booktabs}

\pgfplotstabletypeset[
  columns={level,dof,error1},
  every head row/.style={
    before row=\toprule,after row=\midrule},
  every last row/.style={
    after row=\bottomrule},
  skip rows between index={2}{4},
  skip rows between index={7}{9},
  outfile=daten.tex
]{daten.dat}
```

Die von **\pgfplotstabletypeset** ausgegebene TEX-Datei **daten.tex** aus dem obigen Beispiel sieht wie folgt aus:

```
\begin {tabular}{ccc}%
\toprule level&dof&error1\\\midrule %
\pgfutilensuremath {1}&\pgfutilensuremath {4}&\pgfutilensuremath {0.25}\\%
\pgfutilensuremath {2}&\pgfutilensuremath {16}&\pgfutilensuremath {6.25\cdot 10^{-2}}\\%
\pgfutilensuremath {5}&\pgfutilensuremath {1{,}024}&\pgfutilensuremath {9.77\cdot 10^{-4}}\\%
\pgfutilensuremath {6}&\pgfutilensuremath {4{,}096}&\pgfutilensuremath {2.44\cdot 10^{-4}}\\%
\pgfutilensuremath {7}&\pgfutilensuremath {16{,}384}&\pgfutilensuremath {6.1\cdot 10^{-5}}\\%
\pgfutilensuremath {10}&\pgfutilensuremath {1.05\cdot 10^{6}}&
                                 \pgfutilensuremath {9.54\cdot 10^{-7}}\\\bottomrule %
\end {tabular}%
```

2.31 polytable

Das Paket **polytable** von Andres Löh ist eine sehr spezielle Anwendung, die vor allen Dingen beim Formatieren von Quellcode hilfreich sein kann, wenn man auf **listings**, das Standardpaket für die Quellcodedarstellung, nicht zurückgreifen kann. Mit **polytable** ist es möglich, einzelnen Spalten symbolische Namen zu geben, um dann im weiteren Verlauf darauf Bezug zu nehmen.

```
\begin{pboxed}     ...  \end{pboxed}
\begin{ptboxed}    ...  \end{ptboxed}
\begin{pmboxed}    ...  \end{pmboxed}
```

\defaultcolumn{*Spaltentyp*}
\nodefaultcolumn
\column{*Name*}{*Typ*}
\fromto{*von*}{*bis*}{*Text*}
\={*von*} [*Formatierung*]
\> [*von*] [*Formatierung*]
\< [*von*]

Der Begriff »boxed« steht hier nicht für einen Rahmen, sondern soll darauf hinweisen, dass die Zeilen in horizontale Boxen der natürlichen Breite gepackt werden. Für **pboxed** erfolgt dies im sogenannten Paragraphmode, diese Umgebung kann daher einen Seitenumbruch aufweisen. Dagegen werden die Zeilen bei **ptboxed** zusätzlich in eine **tabular**-Umgebung und bei **pmboxed** zusätzlich in eine **array**-Umgebung gesetzt. Dadurch ist dann kein Seitenumbruch mit diesen Umgebungen möglich. Die von der **tabbing**-Umgebung bekannten Befehle für das Setzen der Tabulatoren werden vom Paket **polytable** neu definiert, um analog zum **\fromto**-Befehl zu arbeiten.

\={*von*} [*Formatierung*]
\> [*von*] [*Formatierung*]
\< [*von*]

Zulässige Definitionen für Spalten wären beispielsweise **\column**{*foo*}{*r*} oder **\column**{*bar*
Die Spalte mit Namen *foo* ist dann vom Typ **r** (rechtsbündig) und *bar* vom Typ **l** (linksbündig). Mit dem Befehl **\fromto** ist es möglich, *Text* beginnend mit der *von*-Spalte (Tabulator) bis zur *bis*-Spalte (Tabulator) zu setzen.

Das Prinzip von **polytable** ist gewöhnungsbedürftig, bietet jedoch einige Vorteile gegenüber der normalen **tabbing**-Umgebung, wenn man es denn einmal verstanden hat. Im folgenden Beispiel werden die vier Spalten A–D definiert, wobei sich die Breite der Spalte jeweils durch den Folge-Tabulator ergibt. Dies ist auch der Grund, warum die Spalten C und D erst in der zweiten Zeile festgelegt werden; in der ersten Zeile wäre der Eintrag für die B-Spalte zu breit.

```
function   fact(n: integer): integer;
           begin
                 if n > 1 then
                   fact:= n * fact(n-1)
                 else
                   fact:= 1;
end;
```

```
\usepackage{polytable}

\begin{pboxed}
\column{A}{l}\column{B}{l}
\column{C}{l}\column{D}{l}
\={A} function
  \>[B] \textbf{fact(n: integer)}: integer;\\
\>[B] begin \>[C]\qquad \>[D]\qquad\\
    \={C} if $n>1$ then \\
        \={D} fact:= n * fact(n-1) \\
    \>[C] else \\
        \>[D] fact:= 1; \\
\>[A] end;
\end{pboxed}
```

Ein umfangreiches Beispiel findet man in der Dokumentation des Paketes. Das folgende Beispiel ist der Dokumentation des Paketes entnommen Löh (2020) und zeigt eine größere

Anwendung, wobei sehr viele Abkürzungen in der hier unsichtbaren Präambel definiert wurden.

```
\usepackage{polytable}  \setlength{\arraycolsep}{.5ex}
% fuer alle Abkuerzungen siehe Beispielcode

\[ \begin{pmboxed}
\column{left}{l}\column{body}{l}\column{end}{l}\column{rel}{c}\column{rhs}{l}
\>[left] \CLASS\ (\Eq\TA)\Rightarrow\Ord\TA\WHERE \\
\>[left] \qquad\ \>[body] \HsVar{compare} \>[rel] :: \>[rhs] \TA\rightarrow\TA\rightarrow\HsCon{Ordering} \\
\>[left] \qquad\ \>[body] (<),(\leq),(\geq),(>)\>[rel] :: \>[rhs]  \TA\rightarrow\TA\rightarrow\HsCon{Bool}\\
\>[left] \qquad\ \>[body] \HsVar{max},\HsVar{min} \>[rel] ::
    \>[rhs]  \TA\rightarrow\TA\rightarrow\HsCon{Bool}\\[12pt]
\>[body] \mbox{--- Minimal complete definition: $(\leq)$ or $\HsVar{compare}$} \\
\>[body] \mbox{--- using $\HsVar{compare}$ can be more efficient for complex types}\\
\column{cgrd}{l}
\>[body] \HsVar{compare}\TX\TY \>[cgrd] \vert\ \TX\equiv\TY \>[rel] = \>[rhs] \HsCon{EQ}\\
\>[cgrd] \vert\ \TX\leq\TY        \>[rel] = \>[rhs] \HsCon{LT}\\
\>[cgrd] \vert\ \HsVar{otherwise} \>[rel] = \>[rhs] \HsCon{GT}\\
\>[body] \TX\leq\TY \>[rel] = \>[rhs] \HsVar{compare}\TX\TY\not\equiv\HsCon{GT}\\
\>[body] \TX < \TY  \>[rel] = \>[rhs] \HsVar{compare}\TX\TY\equiv\HsCon{LT}\\
\>[body] \TX\geq\TY \>[rel] = \>[rhs] \HsVar{compare}\TX\TY\not\equiv\HsCon{LT}\\
\>[body] \TX > \TY  \>[rel] = \>[rhs] \HsVar{compare}\TX\TY\equiv\HsCon{GT}\\
\>[body] \HsVar{max}\TX\TY \>[cgrd] \vert\ \TX\leq\TY \>[rel] = \>[rhs] \TY\\
\>[cgrd] \vert\ \HsVar{otherwise} \>[rel] = \>[rhs] \TX\\
\>[body] \HsVar{min}\TX\TY \>[cgrd] \vert\ \TX\leq\TY \>[rel] = \>[rhs] \TX\\
\>[cgrd] \vert\ \HsVar{otherwise} \>[rel] = \>[rhs] \TY
\end{pmboxed} \]
```

$$
\begin{array}{llcl}
\multicolumn{4}{l}{\textbf{class}\ (\mathsf{Eq}\ a) \Rightarrow \mathsf{Ord}\ a\ \textbf{where}} \\
\quad \mathit{compare} & & :: & a \rightarrow a \rightarrow \mathsf{Ordering} \\
\quad (<),(\leq),(\geq),(>) & & :: & a \rightarrow a \rightarrow \mathsf{Bool} \\
\quad \mathit{max},\mathit{min} & & :: & a \rightarrow a \rightarrow \mathsf{Bool} \\[12pt]
\multicolumn{4}{l}{\quad \text{— Minimal complete definition: } (\leq) \text{ or } \mathit{compare}} \\
\multicolumn{4}{l}{\quad \text{— using } \mathit{compare} \text{ can be more efficient for complex types}} \\
\quad \mathit{compare}\,x\,y & \mid x \equiv y & = & \mathsf{EQ} \\
 & \mid x \leq y & = & \mathsf{LT} \\
 & \mid \mathit{otherwise} & = & \mathsf{GT} \\
\quad x \leq y & & = & \mathit{compare}\,x\,y \not\equiv \mathsf{GT} \\
\quad x < y & & = & \mathit{compare}\,x\,y \equiv \mathsf{LT} \\
\quad x \geq y & & = & \mathit{compare}\,x\,y \not\equiv \mathsf{LT} \\
\quad x > y & & = & \mathit{compare}\,x\,y \equiv \mathsf{GT} \\
\quad \mathit{max}\,x\,y & \mid x \leq y & = & y \\
 & \mid \mathit{otherwise} & = & x \\
\quad \mathit{min}\,x\,y & \mid x \leq y & = & x \\
 & \mid \mathit{otherwise} & = & y
\end{array}
$$

2.32 keyvaltable

Das **keyvaltable**-Paket von Richard Gay erlaubt die Definition von Tabellenzeilen über das sogenannte »key-value«-System. Sämtliche Spalten bekommen dazu einen Schlüssel zugewiesen, über den dann die Wertezuweisungen erfolgen. Dieser Schlüssel kann gleichzeitg die Überschrift sein, wenn nichts anderes vereinbart wird. Intern benutzt

keyvaltable die Pakete **tabu**, beziehungsweise **longtabu**. Dabei ist zu beachten, dass diese beiden Pakete nicht mehr gepflegt werden und eventuelle Fehler daher momentan bestehen bleiben.

```
\NewKeyValTable[Optionen]{Name}{<Spaltenkey>: align=<Ausrichtung>;...}
\begin{KeyValTable}[Optionen]{Name}
\Row{Key=Value, Key=Value,...}\\
\Row{Key=Value, Key=Value,...}\\
...\\
\end{KeyValTable}
```

Über die Optionen können die standardmäßigen Definitionen der Tabellen überschrieben werden. Die möglichen Schlüsselnamen für **\NewKeyValTable** sind:

align Angabe der Spaltenausrichtung, wobei die Werte **l**, **c**, **r**, **p** und **X** möglich sind.

default Festlegung des Standardwertes einer Zelle, falls kein Inhalt angegeben wurde. Wird in der Regel eine leere Zeichenkette sein.

format Gesonderte Formatierung für den Zelleninhalt. Standardmäßig wird ein **\strut** vor und nach dem Zelleninhalt eingefügt.

head Ist der symbolische Zellenname nicht gleichzeitg die Zellenüberschrift, so kann diese mit **head** angegeben werden.

hidden Durch Zuweisung von **false** können Spalten »unsichtbar« gemacht werden. Sie sind dann praktisch nicht vorhanden.

Menge	Zutat	Schritt
150g	Eiscreme	in die Schale füllen
50g	Kitschen	Aufwärmen und in die Schale füllen
1 Teelöffel	Grappa	dazugeben
		15 Min. kaltstellen

```
\usepackage{keyvaltable,ragged2e}

\NewKeyValTable{Rezept}{
  Menge:   align=r;    Zutat: align=l;
  Schritt: align=X,format=\RaggedRight;
}
\begin{KeyValTable}{Rezept}
\Row{Menge=150g, Zutat=Eiscreme,
     Schritt=in die Schale füllen}
\Row{Menge=50g, Zutat=Kitschen,
     Schritt=Aufwärmen und in die
             Schale füllen}
\Row{Menge=1 Teelöffel, Zutat=Grappa,
     Schritt=dazugeben}
\Row{Schritt=15 Min. kaltstellen}
\end{KeyValTable}
```

Der Umgebung **KeyValTable** können Optionen für die Hntergrundfarbe und einen möglichen Seitenumbruch mitgegeben werden:

rowbg Legt die alternierenden Hintergrundfarben der Datenzeilen fest. Die Angabe muss in der Form **FarbeA..FarbeB** erfolgen (ungerade und gerade Zeilen).

headbg Legt die Hintergrundfarbe der Überschriftenzeile fest. Es kann nur eine einzige Farbe zugewiesen werden. Die Vorgabe ist **black!14**.

shape Durch Zuweisung von **multipage** kann eine Tabelle mit möglichem Seitenumbruch erreicht werden. Der Standardwert ist **onepage**.

Horizontale Linien können wie üblich mit **\hline** erzeugt werden. Der Befehl mus dann *nach* dem Makro **\Row** erscheinen.

Menge	Zutat	Schritt
150g	Eiscreme	in die Schale füllen
50g	Kitschen	Aufwärmen und in die Schale füllen
1 Teelöffel	Grappa	dazugeben
		15 Min. kaltstellen

```
\usepackage{keyvaltable,ragged2e}

\NewKeyValTable{Rezept}{
  Menge:   align=r;    Zutat: align=l;
  Schritt: align=X,format=\RaggedRight;
}
\begin{KeyValTable}[headbg=black!15,
   rowbg=white..white]{Rezept}
\Row{Menge=150g, Zutat=Eiscreme,
     Schritt=in die Schale füllen}
\Row{Menge=50g, Zutat=Kitschen,
     Schritt=Aufwärmen und in die
             Schale füllen} \hline
\Row{Menge=1 Teelöffel, Zutat=Grappa,
     Schritt=dazugeben}
\Row{Schritt=15 Min. kaltstellen}
\end{KeyValTable}
```

Es besteht auch die Möglichkeit, die Tabelle mit Inhalt zu erstellen, ohne sie gleich auszugegeben. Die »gesammelten« Daten können dann später mit dem Makro **\ShowKeyValTable** an beliebiger Stelle ausgegeben werden.

```
\AddKeyValRow{Name}{Inhalt}
\begin{KeyValTableContent}{Name}
\Row{Key=Value, Key=Value,...}\\
\Row{Key=Value, Key=Value,...}\\
...\\
\end{KeyValTableContent}
\ShowKeyValTable[Optionen]{Name}
```

Die Daten der Tabelle wurden gesammelt und werden jetzt ausgegeben:

amount	ingredient	step
3	balls of snow	staple all 3 balls
1	carrot	stick into top ball
2	coffee beans	put diagonally above carrot

```
\usepackage{keyvaltable}

\NewKeyValTable{Recipe}{amount:align=r;
     ingredient:align=l;step:align=X}
\AddKeyValRow{Recipe}{amount=3,
     ingredient=balls of snow,
     step=staple all 3 balls}
\begin{KeyValTableContent}{Recipe}
\Row{amount=1, ingredient=carrot,
     step=stick into top ball}
\Row{amount=2, ingredient=coffee beans,
     step=put diagonally above carrot}
\end{KeyValTableContent}
Die Daten der Tabelle wurden gesammelt
und werden jetzt ausgegeben: \par
\ShowKeyValTable{Recipe}
```

2.33 tabto

Das Paket von Donald Arseneau gibt es in zwei Versionen, für Plain TeX und LaTeX, wobei in der Regel die LaTeX-Version mit der TeX-Distribution ausgeliefert wird, sodass man auch hier nur den Paketnamen **tabto** findet, während es auf CTAN unter **tabto-ltx** zu finden ist. Das Paket definiert vier neue Befehle:

```
\tab
\tabto*{Länge}
\TabPositions{Pos1, Pos2,...Posn}
\NumTabs{Anzahl}
```

Der erste Befehl erlaubt den Sprung auf einen ganz bestimmten Abstand, ohne dass dort explizit ein Tabulator definiert wurde. Ist der Sprung auf die angegebene Stelle nicht mehr möglich, wobei Absatzeinzüge entsprechend berücksichtigt werden, so wird automatisch ein Zeilenumbruch eingefügt, um dann den Sprung auf den angegebenen Abstand zu ermöglichen.

Ein Sprung auf 3 cm.
⇒
Ein langer Text am Anfang
Sprung auf 3 cm.
⇒

```
\usepackage{tabto}

Ein\tabto{3cm}Sprung auf 3\,cm.\\
\makebox[3cm][r]{$\Rightarrow$}\\
Ein langer Text am Anfang
\tabto{3cm}Sprung auf 3\,cm.\\
\makebox[3cm][r]{$\Rightarrow$}
```

Die Sternvariante **\tabto*** setzt dagegen den Tabstop unabhängig von der aktuellen Textposition, sodass es im folgenden Beispiel zu einem zweimaligen Überschreiben des Textes in der zweiten Zeile kommt. In beiden Fällen erfolgt ein Rücksprung zu der angegebenen Position, zuerst auf 3 cm, danach auf 1 cm.

Ein Sprung auf 3 cm.
⇒
Ein lan1gcmer Text am SAnfangprung auf 3 cm.
⇒ ⇒

```
\usepackage{tabto}

Ein\tabto*{3cm}Sprung auf 3\,cm.\\
\makebox[3cm][r]{$\Rightarrow$}\\
Ein langer Text am Anfang
\tabto*{3cm}Sprung auf 3\,cm.%
\tabto*{1cm}1\,cm\\
\makebox[1cm][r]{$\Rightarrow$}%
\makebox[2cm][r]{$\Rightarrow$}
```

Das Setzen von Tabulatoren kann mit den beiden Befehlen **\TabPositions** und **\NumTabs** erfolgen. Im ersten Fall wird eine kommaseparierte Liste von Abständen erwartet und im zweiten Fall die Anzahl an Tabstops, die dann symmetrisch über die ganze Zeile verteilt werden. Der Sprung an die jeweils nächste Position erfolgt dann mit dem Befehl **\tab**. Die Abstände sind immer relativ zum standardmäßigen linken Textrand zu nehmen.

Ein Sprung auf 3 cm.
⇒
Ein langer Text am Anfang
Zeilenumbruch!
0 1 cm 3 cm

```
\usepackage{tabto}

\TabPositions{1cm,3cm}
Ein\tab\tab Sprung auf 3\,cm.\\
\makebox[3cm][r]{$\Rightarrow$}\\
Ein langer Text am Anfang%
   \tab Zeilenumbruch!\\
0\tab 1\,cm\tab 3\,cm
```

Ist aufgrund der aktuellen Textposition mit einem **\tab**-Befehl kein definierter Tabstop innerhalb der Zeile möglich, so wird der Tabstop automatisch durch einen Zeilenumbruch ersetzt. Ein folgender Text beginnt dann am Zeilenanfang der nächsten Zeile. Der Befehl **\NumTabs** ist etwas missverständlich, da die anzugebende Zahl der Tabstops zwar formal die Zahl der Stops definiert, wobei jedoch der erste Tabstop am Anfang der Zeile bei 0 pt gesetzt wird, der aber per **\tab** gar nicht erreichbar ist. **\NumTabs{***4***}** definiert somit Stops bei 0 pt, 0.25**\linewidth**, 0.5**\linewidth** und 0.75**\linewidth**. Dadurch erzeugt das folgende Beispiel mit der vorletzten Zeile einen Zeilenumbruch, da ein dritter Tabstop innerhalb einer Zeile nicht erreichbar ist. Weitere Beispiele zum Paket **tabto** findet auf Seite 237.

1 2 3 Ende
1 2
3 Ende

```
\usepackage{tabto}

\NumTabs{4}
\tab1\tab2\tab3 \hfill Ende\par
\NumTabs{3}
\tab1\tab2\tab3 \hfill Ende
```

2.34 Tabbing

Das Paket von Jean-Pierre F. Drucbert erlaubt die Verwendung von Akzenten innerhalb der **Tabbing**-Umgebung, sodass keine Umschreibung mithilfe von **\a** wie bei der standardmäßigen **tabbing**-Umgebung notwendig ist (siehe dazu Beispiel 01-02-3 auf Seite 14). Im Gegensatz dazu müssen allerdings sämtliche Tabulatorbefehle als Argument dem Makro **\TAB** übergeben werden. Es bleibt dem Anwender überlassen, welche der beiden Methoden er für vorteilhafter hält.

Eine normale Textzeile vor der Umgebung.

Die Musterzeile kann auch „gekillt" werden
erstes Café
zweites Café
Mâitre
Crème brûlée

Eine normale Textzeile nach der Umgebung.

```
\usepackage{Tabbing}

Eine normale Textzeile vor der Umgebung.
\begin{Tabbing}
Die \TAB{=}Musterzeile \TAB{=}kann auch
  \TAB{=},,gekillt`` \TAB{=}werden\\
\TAB{>}erstes Caf\'e\\
\TAB{>}\TAB{>}zweites Caf\'e\\
\TAB{>}\TAB{>}\TAB{>}M\^aitre\\
\TAB{>}Cr\`eme
    \TAB{>}\TAB{>}\TAB{>}br\^ul\'ee
\end{Tabbing}
Eine normale Textzeile nach der Umgebung.
```

Wird die Musterzeile durch **\kill** gelöscht, so sollte am Ende der Zeile auch kein \\ stehen, um einen zusätzlichen Zeilenvorschub zu vermeiden.

Eine normale Textzeile vor der Umgebung.

erstes Café
zweites Café
Mâitre
Crème brûlée

Eine normale Textzeile nach der Umgebung.

```
\usepackage{Tabbing}

Eine normale Textzeile vor der Umgebung.
\begin{Tabbing}
Die \TAB{=}Musterzeile \TAB{=}wird jetzt
  \TAB{=},,gekillt`` \TAB{=}werden\kill
\TAB{>}erstes Caf\'e\\
\TAB{>}\TAB{>}zweites Caf\'e\\
\TAB{>}\TAB{>}\TAB{>}M\^aitre\\
\TAB{>}Cr\`eme
    \TAB{>}\TAB{>}\TAB{>}br\^ul\'ee
\end{Tabbing}
Eine normale Textzeile nach der Umgebung.
```

META

Kapitel 3

Mehrseitige Tabellen

3.1 longtable 117
3.2 ltablex 130
3.3 ltxtable 132
3.4 stabular 135
3.5 supertabular 138
3.6 xtab 145
3.7 tabularray 153

Mehrseitige Tabellen können grundsätzlich nicht Teil einer Gleitumgebung sein, denn diese erlauben keinen Seitenumbruch. Andererseits erhalten mehrseitige Tabellen ebenfalls Überschriften, die in anderer Art und Weise gesetzt werden, als von der Umgebung **table** gewohnt. Grundsätzlich gibt es nicht *das* Paket für längere Tabellen. Dennoch kann man davon ausgehen, dass **longtable** wegen seiner relativ einfachen Anwendung am häufigsten eingesetzt wird.

3.1 longtable

Mit dem **longtable**-Paket stehen vielfältige Möglichkeiten für eine mehrseitige Tabelle zur Verfügung. Die Syntax entspricht im einfachsten Fall prinzipiell der einer normalen **tabular**-Umgebung:

```
\begin{longtable} [HPos] {Spaltendefinition}
...&...&...\\
...&...&...\end{longtable}
```

Die Angabe eines optionalen Arguments bezüglich der vertikalen Anordnung in einer Zeile macht bei der **longtable** keinen Sinn, denn sie wird *immer* als eigener Absatz gesetzt.

Im Gegensatz zur **tabular**-Umgebung macht hier aber die horizontale Ausrichtung Sinn, weshalb für *HPos* auch die Werte **l**, **c** und **r** (**c** als Standardwert) möglich sind.

Links Zentriert Rechts

Links	Zentriert	Rechts	Box
l	c	r	p{1.7cm}

Links	Zentriert	Rechts	Box
l	c	r	p{1.7cm}

Links	Zentriert	Rechts	Box
l	c	r	p{1.7cm}

```
\usepackage{longtable}

Links \hfill Zentriert \hfill Rechts

\begin{longtable}{|l|c|r|p{1.7cm}|}\hl
Links & Zentriert & Rechts & Box\\\hli
l & c & r & p\{1.7cm\}\\\hline
\end{longtable}
% Rechtsbündig
\begin{longtable}[r]{|l|c|r|p{1.7cm}|}
Links & Zentriert & Rechts & Box\\\hli
l & c & r & p\{1.7cm\}\\\hline
\end{longtable}
% Linksbündig
\begin{longtable}[l]{|l|c|r|p{1.7cm}|}
Links & Zentriert & Rechts & Box\\\hli
l & c & r & p\{1.7cm\}\\\hline
\end{longtable}
```

3.1.1 Seitenumbruch

Automatischer Seitenumbruch

Per Definition ist ein Seitenumbruch für **longtable** automatisch nur *nach* einer Tabellenzeile möglich (siehe Beispiel 03-01-2), nicht jedoch innerhalb dieser. Dieser Seitenumbruch erfolgt automatisch oder wird vom Anwender durch **\newpage** (siehe Beispiel 03-01-5 auf Seite 120) erzwungen. Mögliche Umbruchstellen kann man am Ende einer Tabellenzeile durch ***** oder **\nopagebreak** verhindern.

Besonders bei unausgeglichenen Spalten kann dies zu einem unbefriedigenden Layout führen, wie im Beispiel 03-01-2 eindrücklich zu sehen ist. Dort besteht die Tabelle lediglich aus drei Zeilen, wovon die dritte im Verhältnis zu den anderen beiden eine extrem große Höhe hat. Der Seitenumbruch muss daher bereits nach der zweiten Tabellenzeile erfolgen, da die Tabelle sonst mit der dritten (letzten) Tabellenzeile nicht auf die erste Seite passen würde.

In solch extremen Fällen hilft dann nur ein manueller Eingriff in den normalen Tabellenaufbau. Dem obigen Beispiel kann man entnehmen, dass ein Seitenumbruch nach der viertletzten *Text*zeile der dritten *Tabellen*zeile (»dritte Zeile zu«) oder der drittletzten (»hoch ist, um auf«) sinnvoll wäre. Grundsätzlich könnte man an dieser Stelle einfach die Tabellenzeile normal beenden und eine neue beginnen, sodass hier dann ein Umbruch erfolgen kann. Dann wäre allerdings die letzte Zeile nicht im Blocksatz gesetzt, sodass sich ein Unterschied zum erwarteten Layout ergibt:

```
\usepackage{longtable}

\begin{longtable}{@{}l c r p{2.5cm}@{}}
l & c & r & 1. Zeile\\\hline
l & c & r & 2. Zeile\\\hline
l & c & r & Eine Zeile mit besonders viel Text, der dazu führt, dass bereits nach der zweiten kurzen
            Tabellenzeile umbrochen werden muss, da die dritte Zeile zu hoch ist, um auf die erste
            Seite zu passen.
\end{longtable}
```

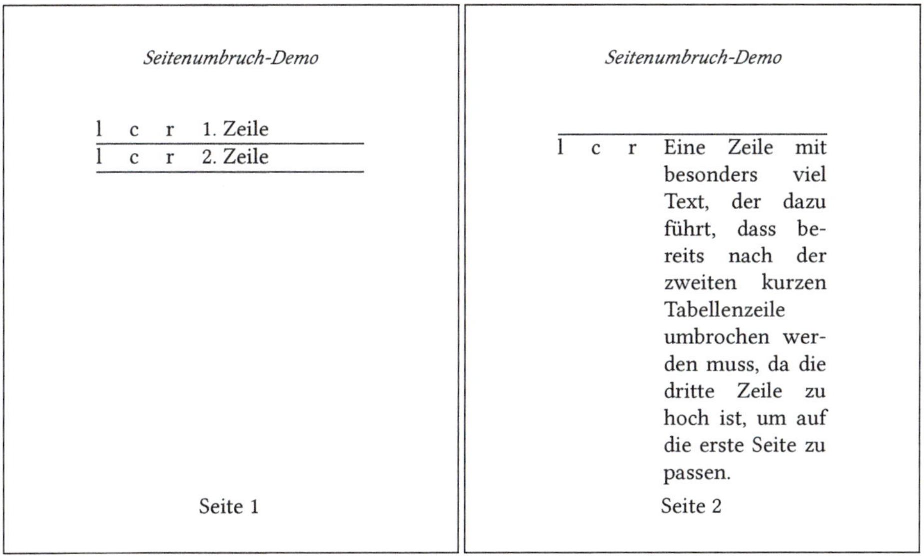
Seitenumbruch-Demo

l	c	r	1. Zeile
l	c	r	2. Zeile

Seite 1

Seitenumbruch-Demo

l	c	r	Eine Zeile mit besonders viel Text, der dazu führt, dass bereits nach der zweiten kurzen Tabellenzeile umbrochen werden muss, da die dritte Zeile zu hoch ist, um auf die erste Seite zu passen.

Seite 2

Das folgende Bespiel fügt einen manuellen Zeilenumbruch ein, was in diesem Fall zu einem veränderten Umbruch der verkürzten Tabellenzelle führt.

```
\usepackage{longtable}

\begin{longtable}{@{}l c r p{2.5cm}@{}}
l & c & r & 1. Zeile\\\hline
l & c & r & 2. Zeile\\\hline
l & c & r & Eine Zeile mit besonders viel Text, der dazu führt, dass bereits nach der zweiten kurzen
          Tabellenzeile umbrochen werden muss, da die dritte Zeile zu\\% eingefügt!
  &   &   & hoch ist, um auf die erste Seite zu passen.
\end{longtable}
```

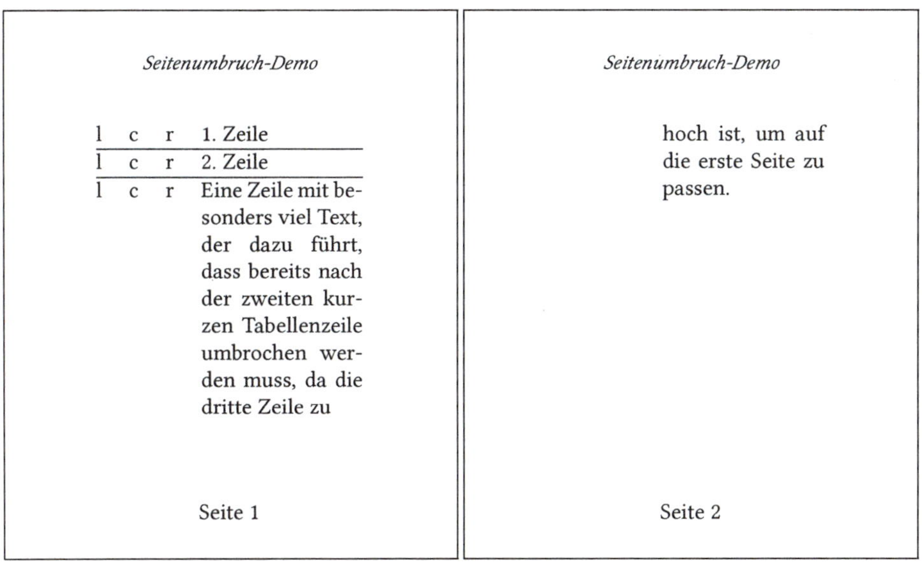
Seitenumbruch-Demo

l	c	r	1. Zeile
l	c	r	2. Zeile
l	c	r	Eine Zeile mit besonders viel Text, der dazu führt, dass bereits nach der zweiten kurzen Tabellenzeile umbrochen werden muss, da die dritte Zeile zu

Seite 1

Seitenumbruch-Demo

hoch ist, um auf die erste Seite zu passen.

Seite 2

Je nach Textanordnung hätte die letzte Zeile vor dem Seitenumbruch scheinbar korrekt aufgefüllt erscheinen können, was offensichtlich hier nicht für die manuell eingefügte Umbruchmöglichkeit der Fall ist. Mit einem kleinen Trick kann für das Strecken der letzten Zeile gesorgt werden, sodass diese manuellen Umbruchmöglichkeiten in der Ausgabe unsichtbar bleiben.

```
\newcommand\NewLine{\setlength\parfillskip{0pt}\tabularnewline}}
```

Innerhalb einer Tabellenzelle braucht man keine große Rücksicht auf andere Definitionen zu nehmen, die eventuell überschrieben werden können; sämtliche Tabellenzellen werden in eine Gruppe gesetzt, sodass die Änderungen des Absatzlayouts lokal bleiben. Der Befehl **\NewLine** setzt vor dem Ende der Tabellenzeile die Länge **\parfillskip** auf den Wert von 0 pt, sodass dieser Absatz am Ende nicht mit Leerraum aufgefüllt wird und daher im Blocksatz erscheint. In der Ausgabe ist jetzt kein Unterschied mehr zur Tabelle ohne diesen manuellen Seitenumbruch zu erkennen.

```
\usepackage{longtable}
\newcommand\NewLine{\setlength\parfillskip{0pt}\tabularnewline}
\begin{longtable}{@{}l c r p{2.5cm}@{}}
l & c & r & 1. Zeile\\\hline
l & c & r & 2. Zeile\\\hline
l & c & r & Eine Zeile mit besonders viel Text, der dazu führt, dass bereits nach der zweiten kurzen
          Tabellenzeile umbrochen werden muss, da die dritte Zeile zu\NewLine% eingefügt!
  &   &   &  hoch ist, um auf die erste Seite zu passen.
\end{longtable}
```

Seitenumbruch-Demo

l	c	r	1. Zeile
l	c	r	2. Zeile
l	c	r	Eine Zeile mit besonders viel Text, der dazu führt, dass bereits nach der zweiten kurzen Tabellenzeile umbrochen werden muss, da die dritte Zeile zu

Seite 1

Seitenumbruch-Demo

hoch ist, um auf die erste Seite zu passen.

Seite 2

\newpage *Nach* einer Tabellenzeile kann mit dem bekannten **\newpage**-Befehl jederzeit ein Seitenumbruch erzwungen werden, was im folgenden Beispiel bereits nach der sechsten Zeile erfolgt.

```
\usepackage{longtable}
\begin{longtable}{@{}l c r p{1.5cm}@{}}\hline
L & Z & R & Box\\\hline
l & c & r & 1. Zeile\\ l & c & r & 2. Zeile\\ l & c & r & 3. Zeile\\
l & c & r & 4. Zeile\\ l & c & r & 5. Zeile\\ l & c & r & 6. Zeile\\\newpage
l & c & r & 7. Zeile\\ l & c & r & 8. Zeile\\ l & c & r & 9. Zeile\\
l & c & r &10. Zeile\\ l & c & r &11. Zeile\\ l & c & r &12. Zeile\\\hline
\end{longtable}
```

newpage-Demo

L	Z	R	Box
l	c	r	1. Zeile
l	c	r	2. Zeile
l	c	r	3. Zeile
l	c	r	4. Zeile
l	c	r	5. Zeile
l	c	r	6. Zeile

Seite 1

newpage-Demo

l	c	r	7. Zeile
l	c	r	8. Zeile
l	c	r	9. Zeile
l	c	r	10. Zeile
l	c	r	11. Zeile
l	c	r	12. Zeile

Seite 2

3.1.2 Horizontale und vertikale Abstände

Tabelle 3.1 zeigt eine Zusammenstellung der Längenparameter, mit denen der horizontale und vertikale Abstand einer **longtable** verändert werden kann. Die jeweiligen Vorgaben orientieren sich nicht nur an dem Paket, sondern auch an der verwendeten Textklasse, die eigene Werte definieren kann. Die in der Tabelle angegebenen Werte sind die allgemein gültigen, wobei **\bigskipamount** hier gleich dem Wert **12.0pt plus 4.0pt minus 4.0pt** und **\fill** gleich dem Wert **0.0pt plus 1.0fill** ist. Wichtig ist, dass man mindestens einem der horizontalen oder vertikalen Abstände eine dynamische Länge zuweist, damit die Tabelle korrekt innerhalb des Textes gesetzt werden kann.

Tabelle 3.1: Horizontale und vertikale Längen einer **longtable**.

Name	*Bedeutung*	*Vorgabe*
\LTleft	Abstand der Tabelle zum linken Textrand	**\fill**
\LTright	Abstand der Tabelle zum rechten Textrand	**\fill**
\LTpre	Abstand der Tabelle zum oberen Textrand	**\bigskipamount**
\LTpost	Abstand der Tabelle zum unteren Textrand	**\bigskipamount**

Das Setzen der horizontalen Abstände empfiehlt sich nur, wenn keine der Optionen sinnvoll erscheint, denn diese sind äquivalent zu den in Tabelle 3.2 auf der nächsten Seite *\LTleft* dargestellten Werten. Die hier demonstrierte horizontale Anordnung funktioniert jedoch *\LTright* nur solange, wie die Breite der Tabelle nicht größer als die des aktuellen Textbereiches ist. Für größere Tabellen muss diese vorher mit ihrer voraussichtlich breitesten Zeile als normale Tabelle in eine Box geschrieben werden, um auf diese Weise die allgemein unbekannte Breite der zukünftigen Tabelle bestimmen zu können. Mit dieser Größe kann dann die von **longtable** intern definierte Länge **\LTleft** entsprechend gesetzt werden, sodass neben der sonst für diesen Fall standardmäßigen Linksbündigkeit auch andere Varianten möglich sind (siehe Beispiel 03-01-6 auf der nächsten Seite).

Tabelle 3.2: Zusammenhang zwischen dem optionalen Argument von **longtable** und den horizontalen Längen.

Optionswert	Länge **\LTleft**	Länge **\LTright**
l	0 pt	**\fill**
c	**\fill**	**\fill**
r	**\fill**	0 pt

Links Zentriert Rechts

Links	Zentriert	Rechts	Box
l	c	r	p{1.5cm}

Rechtsbündig

Links	Zentriert	Rechts	Box
l	c	r	p{1.5cm}

Zentriert

Links	Zentriert	Rechts	Box
l	c	r	p{1.5cm}

```
\usepackage{longtable,calc}
\newsavebox\TBox

\sbox\TBox{\begin{tabular}{|l|c|r|p{1.5cm}|}
Links & Zentriert & Rechts & Box
\end{tabular}}
Links \hfill Zentriert \hfill Rechts
\setlength\LTleft{0pt}%
\begin{longtable}{|l|c|r|p{1.5cm}|}\hline
Links & Zentriert & Rechts & Box\\\hline
l & c & r & p\{1.5cm\}\\\hline
\end{longtable}
\setlength\LTleft{\textwidth-\wd\TBox}%
\raggedleft Rechtsbündig
\begin{longtable}{|l|c|r|p{1.5cm}|}\hline
Links & Zentriert & Rechts & Box\\\hline
l & c & r & p\{1.5cm\}\\\hline
\end{longtable}
\setlength\LTleft{0.5\textwidth-0.5\wd\TBox}%
\centering Zentriert
\begin{longtable}{|l|c|r|p{1.5cm}|}\hline
Links & Zentriert & Rechts & Box\\\hline
l & c & r & p\{1.5cm\}\\\hline
\end{longtable}
```

Normalerweise wird man den Abstand vor und nach einer **longtable** nicht verändern
\LTpre wollen, da dieser mit **\bigskipamount** bereits ausreichend sein sollte. Weiterhin ist zu
\LTpost beachten, dass die Abstände nicht symmetrisch zum Tabellenanfang und -ende sind, was sich aus der Definition von **\endlongtable** ergibt (siehe folgendes Beispiel). Je nachdem ob man den Text mit einem Absatzeinzug (**\parindent**) oder einem Absatzabstand (**\parskip**), beziehungsweise mit oder ohne Tabellenüber- oder Tabellenunterschrift setzt, wird man andere Werte wählen. Das folgende Beispiel zeigt exemplarisch für einen Absatzabstand zum Einen die Standardwerte und zum Anderen modifizierte Werte für **\LTpre** und **\LTpost**.

Eine Textzeile vor der Tabelle

Links	Zentriert	Rechts	Box
l	c	r	p{1.5cm}

Eine Textzeile nach der Tabelle

Eine Textzeile vor der Tabelle

Links	Zentriert	Rechts	Box
l	c	r	p{1.5cm}

Eine Textzeile nach der Tabelle

```
\usepackage{longtable}

Eine Textzeile vor der Tabelle
\begin{longtable}{|l|c|r|p{1.5cm}|}\hline
Links & Zentriert & Rechts & Box\\\hline
l & c & r & p\{1.5cm\}\\\hline
\end{longtable}
Eine Textzeile nach der Tabelle\par
Eine Textzeile vor der Tabelle
\setlength\LTpre{0pt}%
\setlength\LTpost{0pt}%
\begin{longtable}{|l|c|r|p{1.5cm}|}\hline
Links & Zentriert & Rechts & Box\\\hline
l & c & r & p\{1.5cm\}\\\hline
\end{longtable}
Eine Textzeile nach der Tabelle
```

3.1.3 Kopf- und Fußzeilen

Die allgemeine Syntax einer **longtable**-Umgebung ist etwas aufwändiger als die einer normalen Tabelle, wobei die Angabe der **\caption** alternativ zu verstehen ist, entweder oberhalb oder unterhalb der eigentlichen Tabelle. Weiteres findet man im Abschnitt 3.1.4 auf der nächsten Seite. Hier ist nur wichtig, dass je nach Anordnung diese Bildüber- oder Bildunterschrift auch zur Kopf- oder Fußzeile gehören kann und somit auf jeder neuen Seite wiederholt auftreten würde.

```
\begin{longtable} [HPos] {Spaltendefinition}
\caption* [LOT] {Text}\\
⟨Definitionen erster Tabellenkopf⟩ ...
\endfirsthead
⟨Definitionen andere Tabellenköpfe⟩ ...
\endhead
⟨Definitionen andere Tabellenfüße⟩ ...
\endfoot
⟨Definitionen letzter Tabellenfuß⟩ ...
\endlastfoot
...&...&...\\
...&...&...
\caption* [LOT] {Text}\\
\end{longtable}
```

Alle vier Angaben zu **\endfirsthead**, **\endhead**, **\endlastfoot** und **\endfoot** sind zum Einen fakultativ und zum Anderen in ihrer Reihenfolge unabhängig. Sie müssen lediglich vor der eigentlichen Tabelle erscheinen. Fehlt die Angabe einer **\endfirsthead** beziehungsweise **\endlastfoot**, so wird dies automatisch durch die Angaben zu **\endhead** beziehungsweise **\endfoot** ergänzt. Man kann ganz auf die erweiterten Möglichkeiten verzichten, wenn die Tabelle nur eine erste Kopfzeile und eine letzte Fußzeile aufweist; dies kann über normale Tabellenzeilen erfolgen.

```
\usepackage{booktabs,longtable}
\begin{longtable}{@{}l c r p{1.5cm}@{}}\toprule
L & Z & R & Box\\\midrule
\endfirsthead
\multicolumn{4}{@{}l}{\small\ldots\emph{Fortsetzung}}\\\midrule
L & Z & R & Box\\\midrule
\endhead
\midrule \multicolumn{4}{r@{}}{\small\emph{Fortsetzung nächste Seite} \ldots}\\
\endfoot
\bottomrule
\endlastfoot
l & c & r & 1. Zeile\\l & c & r & 2. Zeile\\l & c & r & 3. Zeile\\l & c & r & 4. Zeile\\
l & c & r & 5. Zeile\\l & c & r & 6. Zeile\\l & c & r & 7. Zeile\\l & c & r & 8. Zeile\\
l & c & r & 9. Zeile\\l & c & r &10. Zeile\\l & c & r &11. Zeile\\l & c & r &12. Zeile
\end{longtable}
```

Kopf- und Fußzeilendemo

L	Z	R	Box
l	c	r	1. Zeile
l	c	r	2. Zeile
l	c	r	3. Zeile
l	c	r	4. Zeile
l	c	r	5. Zeile
l	c	r	6. Zeile
l	c	r	7. Zeile
l	c	r	8. Zeile
l	c	r	9. Zeile
l	c	r	10. Zeile

Fortsetzung nächste Seite …

Seite 1

Kopf- und Fußzeilendemo

… *Fortsetzung*

L	Z	R	Box
l	c	r	11. Zeile
l	c	r	12. Zeile

Seite 2

3.1.4 Tabellenüber- und Tabellenunterschriften

Die Syntax wurde bereits in der Definition auf Seite 123 angegeben.

- Die Sternversion unterdrückt die Nummerierung und darausfolgend einen Eintrag in der »list of tables (lot)«.
- Bei leerem optionalen Argument (**\caption[]{ …}**) erfolgt kein Eintrag in der »list of tables (lot)«.
- Mit einem optionalen Argument erfolgt das normale Verhalten; das optionale Argument wird in die »(lot)« übernommen.

Grundsätzlich ist **\caption** im Zusammenhang mit **longtable** ein Synonym für **\multicolumn**, denn die Tabellenüberschrift oder -unterschrift ist Teil der Umgebung und kein eigenständiger Absatz wie der »normale« **\caption**-Befehl. Daraus folgt, dass die Zeile am Ende mit \\ oder **\tabularnewline** abzuschließen ist.

```
\usepackage{booktabs,longtable}
\begin{longtable}{@{}l c r p{1.5cm}@{}}
\caption{Tabellenüberschrift}\label{tab:l1}\\\toprule
L & Z & R & Box\\\midrule
\endfirsthead
\multicolumn{4}{@{}l}{\small\ldots\emph{Fortsetzung}}\\\midrule
L & Z & R & Box\\\midrule
\endhead
\midrule \multicolumn{4}{r@{}}{\small\emph{Fortsetzung nächste Seite} \ldots}\\
\endfoot
\bottomrule
\endlastfoot
l & c & r & 1. Zeile\\l & c & r & 2. Zeile\\l & c & r & 3. Zeile\\l & c & r & 4. Zeile\\
l & c & r & 5. Zeile\\l & c & r & 6. Zeile\\l & c & r & 7. Zeile\\l & c & r & 8. Zeile\\
l & c & r & 9. Zeile\\l & c & r &10. Zeile\\l & c & r &11. Zeile\\l & c & r &12. Zeile
\end{longtable}
Wie Tabelle~\ref{tab:l1} zeigt, \ldots
```

\caption-Demo

Tabelle 1: Tabellenüberschrift

L	Z	R	Box
l	c	r	1. Zeile
l	c	r	2. Zeile
l	c	r	3. Zeile
l	c	r	4. Zeile
l	c	r	5. Zeile
l	c	r	6. Zeile
l	c	r	7. Zeile
l	c	r	8. Zeile
l	c	r	9. Zeile

Fortsetzung nächste Seite ...

Seite 1

\caption-Demo

...Fortsetzung

L	Z	R	Box
l	c	r	10. Zeile
l	c	r	11. Zeile
l	c	r	12. Zeile

Wie Tabelle 1 zeigt, ...

Seite 2

```
\usepackage{booktabs,longtable}
Belangloser Text vor der nun einzufügenden \texttt{longtable}.\par
\begin{longtable}{@{}l c r p{1.5cm}@{}}\toprule
L & Z & R & Box\\\midrule
\endfirsthead
\multicolumn{4}{@{}l}{\small\ldots\emph{Fortsetzung}}\\\midrule
L & Z & R & Box\\\midrule
\endhead
\midrule \multicolumn{4}{r@{}}{\small\emph{Fortsetzung nächste Seite} \ldots}\\
\caption{Tabellenunterschrift}\\
\endfoot
\bottomrule  \\[-2ex]   \caption{Tabellenunterschrift}\\
\endlastfoot
l & c & r & 1. Zeile\\ l & c & r & 2. Zeile\\ l & c & r & 3. Zeile\\ l & c & r & 4. Zeile\\
l & c & r & 5. Zeile\\ l & c & r & 6. Zeile\\ l & c & r & 7. Zeile\\ l & c & r & 8. Zeile\\
l & c & r & 9. Zeile\\ l & c & r &10. Zeile\\ l & c & r &11. Zeile\\ l & c & r &12. Zeile\\
\end{longtable}
```

\caption-Demo

Belangloser Text vor der nun einzufügenden `longtable`.

L	Z	R	Box
l	c	r	1. Zeile
l	c	r	2. Zeile
l	c	r	3. Zeile
l	c	r	4. Zeile
l	c	r	5. Zeile
l	c	r	6. Zeile

Fortsetzung nächste Seite ...

Tabelle 1: Tabellenunterschrift

Seite 1

\caption-Demo

...Fortsetzung

L	Z	R	Box
l	c	r	7. Zeile
l	c	r	8. Zeile
l	c	r	9. Zeile
l	c	r	10. Zeile
l	c	r	11. Zeile
l	c	r	12. Zeile

Tabelle 1: Tabellenunterschrift

Seite 2

Da der **\caption**-Befehl prinzipiell Teil der Tabelle ist, kann man ihn auch in die Kopf- oder Fußzeile einfügen, sodass sie wiederholt auftreten kann, ohne dass der interne Tabellenzähler inkrementiert wird (Beispiel 03-01-10 auf der vorherigen Seite). Wichtig ist in diesem Zusammenhang, dass ein **\label**-Befehl nur einmal erscheinen sollte, entweder im ersten Kopf- oder im letzten Fußteil oder alternativ irgendwo in der eigentlichen Tabelle. Anderenfalls kann es zur Fehlermeldung »multiply defined labels« kommen.

\label

Bei Tabellenunterschriften gibt es jedoch unterschiedliche Abstände oberhalb der Unterschrift, wenn einmal Linien verwendet werden und einmal nicht. Im Beispiel 03-01-10 wurde daher für die letzte Bildunterschrift eine neue Zeile eingefügt und gleichzeitig dieser dadurch entstehende Abstand durch **\\[-2ex]** wieder verkürzt. Die Breite der Tabellenüberschrift oder -unterschrift kann mit der Länge **\LTcapwidth** beeinflusst werden. Standardmäßig ist sie auf 4 inch festgelegt, beziehungsweise die Breite der umgebenen **\parbox**, die Teil der **\multicolumn** ist:

\LTcapwidth

```
\multicolumn{⟨n⟩}{c}{\parbox{\LTcapwidth}{⟨Text⟩}}
```

⟨*n*⟩ steht für die automatisch ermittelte Spaltenanzahl der **longtable** und ⟨*Text*⟩ für die normale Unter-/Überschrift.

```
\usepackage{longtable}
Belangloser Text vor der nun einzufügenden \texttt{longtable}.
\begin{longtable}{@{}l c r p{1.5cm}@{}}\hline
L & Z & R & Box\\\hline
\endfirsthead
\multicolumn{4}{@{}l}{\small\ldots\emph{Fortsetzung}}\\\hline L & Z & R & Box\\\hline
\endhead
\hline \multicolumn{4}{r@{}}{\small\emph{Fortsetzung nächste Seite} \ldots}
\endfoot
% leerer letzter Fuß, keine Linie nach caption
\endlastfoot
l & c & r & 1. Zeile\\ l & c & r & 2. Zeile\\ l & c & r & 3. Zeile\\ l & c & r & 4. Zeile\\
l & c & r & 5. Zeile\\ l & c & r & 6. Zeile\\ l & c & r & 7. Zeile\\ l & c & r & 8. Zeile\\
l & c & r & 9. Zeile\\ l & c & r &10. Zeile\\ l & c & r &11. Zeile\\ l & c & r &12. Zeile\\\hline
\caption{Tabellenunterschrift mit 1\,Inch Breite}
\end{longtable}
```

\caption-Demo

Belangloser Text vor der nun einzufügenden `longtable`.

L	Z	R	Box
l	c	r	1. Zeile
l	c	r	2. Zeile
l	c	r	3. Zeile
l	c	r	4. Zeile
l	c	r	5. Zeile
l	c	r	6. Zeile
l	c	r	7. Zeile
l	c	r	8. Zeile
l	c	r	9. Zeile

Fortsetzung nächste Seite …

Seite 1

\caption-Demo

… Fortsetzung

L	Z	R	Box
l	c	r	10. Zeile
l	c	r	11. Zeile
l	c	r	12. Zeile

Tabelle 1: Tabellenunterschrift mit 1 Inch Breite

Seite 2

```
\usepackage{longtable}
\setlength\LTcapwidth{2.75cm}% <--- Länge ändern
\begin{longtable}{@{}l c r p{1.5cm}@{}}
\caption{Eine Tabellenüberschrift mit 2,75\,cm Breite\label{tab:l4}}\\[5pt]\hline
L & Z & R & Box\\\hline
l & c & r & 1. Zeile\\ l & c & r & 2. Zeile\\ l & c & r & 3. Zeile\\
l & c & r & 4. Zeile\\ l & c & r & 5. Zeile\\ l & c & r & 6. Zeile\\
l & c & r & 7. Zeile\\ l & c & r & 8. Zeile\\ l & c & r & 9. Zeile\\
l & c & r &10. Zeile\\ l & c & r &11. Zeile\\ l & c & r &12. Zeile\\\hline
\end{longtable}
```

\caption-Demo

Tabelle 1: Eine Tabellenüberschrift mit 2,75 cm Breite

L	Z	R	Box
l	c	r	1. Zeile
l	c	r	2. Zeile
l	c	r	3. Zeile
l	c	r	4. Zeile
l	c	r	5. Zeile
l	c	r	6. Zeile
l	c	r	7. Zeile
l	c	r	8. Zeile
l	c	r	9. Zeile
l	c	r	10. Zeile

Seite 1

\caption-Demo

l	c	r	11. Zeile
l	c	r	12. Zeile

Seite 2

3.1.5 Fußnoten

In einer Umgebung **longtable** kann der normale Befehl **\footnote** verwendet werden, der auch die normale Fußnotenzählung fortsetzt. Eine davon abweichende Zählung muss vom Anwender selbst vorgenommen werden, beispielsweise mit dem Befehl **\setcounter**{*footnote*}{*0*} vor dem Beginn der Tabelle. Nach der Tabelle ist dann der Zähler wieder entsprechend zu korrigieren, wenn im Text wieder die alte Zählung erscheinen soll.

Da die Fußnoten zusammen mit den anderen, normalen Fußnoten erscheinen, ist eine Änderung der Zählung nicht wirklich sinnvoll.

```
\usepackage{longtable}
\newcommand\NewLine{\setlength\parfillskip{0pt}\tabularnewline}
Eine Demo\footnote{Textzeile} für Fußnoten.
\begin{longtable}{@{}l c r p{1.5cm}@{}}\hline
L\footnote{Überschrift} & Z & R & Box\\\hline
l & c\footnote{Erste Zeile, zweite Spalte} & r & 1. Zeile
\\ l & c & r\footnote{Zweite Zeile, dritte Spalte} & 2. Zeile\\
l & c & r & 3. Zeile\\ l & c & r & 4. Zeile\\ l & c & r & 5. Zeile
\\ l & c & r & 6. Zeile\\ l & c & r & 7. Zeile\\
l & c & r & 8. Zeile\footnote{Achte Zeile, letzte Spalte}\\ l & c & r & 9. Zeile\\
l & c & r &10. Zeile\\ l\footnote{Elfte Zeile, erste Spalte} & c & r &11. Zeile\\\hline
\end{longtable}
Eine Demo\footnote{Textzeile} für Fußnoten.
```

\footnote-*Demo*

Eine Demo[1] für Fußnoten.

L[2]	Z	R	Box
l	c[3]	r	1. Zeile
l	c	r[4]	2. Zeile
l	c	r	3. Zeile
l	c	r	4. Zeile
l	c	r	5. Zeile
l	c	r	6. Zeile
l	c	r	7. Zeile

[1]Textzeile
[2]Überschrift
[3]Erste Zeile, zweite Spalte
[4]Zweite Zeile, dritte Spalte

Seite 1

\footnote-*Demo*

l	c	r	8. Zeile[5]
l	c	r	9. Zeile
l	c	r	10. Zeile
l[6]	c	r	11. Zeile

Eine Demo[7] für Fußnoten.

[5]Achte Zeile, letzte Spalte
[6]Elfte Zeile, erste Spalte
[7]Textzeile

Seite 2

3.1.6 TEXnisches …

\LTchunksize Zur Ermittlung der Tabellenbreite schreibt das Paket die benötigten Informationen über die einzelnen Spalten in die **.aux**-Datei und benötigt daher mindestens zwei LATEX-Durchläufe. Eine Ausnahme ist eine »kurze« **longtable**, die keinen Seitenumbruch aufweist.

Die Zahl der Tabellenzeilen, die TEX gleichzeitig einliest und zur Bestimmung der Spaltenbreite auswertet, ist durch **\LTchunksize** bestimmt und mit 200 vorbesetzt. Ist dieser Wert größer als die Zahl der Tabellenzeilen, so benötigt TEX entsprechend weniger Durchläufe. Durch den relativ kleinen Wert der Vorgabe ist Vorsicht geboten, wenn die Zahl der einzelnen Kopf- oder Fußzeilen größer ist; in diesen Fällen kann TEX dann die Tabelle nicht vernünftig berechnen. Bei der heutigen Speicherausstattung der Rechner kann die Zahl ohne weiteres verzehnfacht werden. Das folgende Beispiel zeigt zwei Seiten einer Tabelle, die nach nur einem LATEX-Lauf entstanden ist. Das Logfile enthält bereits einen entsprechenden Hinweis:

```
Package longtable Warning: Column widths have changed
(longtable)                in table 1 on input line 39.
Package longtable Warning: Table widths have changed. Rerun LaTeX.
[7] (./3-1-13.aux)
LaTeX Warning: Label(s) may have changed. Rerun to get cross-references right.
```

Die **.aux**-Datei enthält jeweils die größte Breite der einzelnen Spalten und für welchen »Chunk« sie gefunden wurde:

```
\gdef \LT@i {\LT@entry
    {2}{17.11958pt}\LT@entry
    {2}{29.75977pt}\LT@entry
    {2}{25.31984pt}\LT@entry
    {1}{48.67912pt}}
```

Die ersten drei Spalten hatten ihre größte Breite im zweiten »Chunk«, die vierte Spalte hatte ohnehin eine feste Breite mit **p{1.5cm}**, sodass ihre Breite schon zu Anfang (»Chunk 1«) festliegt. In einem weiteren Durchlauf liest TEX diese Werte ein und setzt damit die Tabelle, die dann auf allen Seiten die korrekten Spaltenbreiten hat. Aus Platzgründen ist im Folgenden nur das Ergebnis nach dem ersten Durchlauf gezeigt. **\LTchunksize** wurde hier absichtlich auf den Wert 7 gesetzt, um den Effekt zu zeigen. Der erste »Chunk« besteht aus der Tabellenüberschrift und den folgenden sechs Zeilen. Im zweiten »Chunk« sind die ersten drei Spalten breiter, was TEX aber erst nach dem Seitenumbruch feststellt. Bei einem weiteren LATEX-Lauf würde die Tabelle dann korrekt gesetzt.

```
\usepackage{longtable}
\setcounter{LTchunksize}{7}
\setlength\LTcapwidth{2.75cm}
```

```
\begin{longtable}{@{}l c r p{1.5cm}@{}}
\caption{Eine Tabellenüberschrift mit 2,75\,cm Breite\label{tab:l4}}\\[5pt]
L & Z & R & Box\\\hline
l & c & r & 1.\\ ll & c & r & 2.\\ l & c & r & 3.\\
l & c & r & 4.\\ lll & c & rr & 5.\\ l & cc & r & 6.\\
l & c & r & 7.\\ llll & c & rrr & 8. Zeile\\ l & ccc & r & 9. Zeile\\
l & c & r &10. Zeile\\ llll & c & rrrr &11. Zeile\\ l & cccc & r &12. Zeile\\\hline
\end{longtable}
```

\caption-Demo

Tabelle 1: Eine Tabellenüberschrift mit 2,75 cm Breite

L	Z	R	Box
l	c	r	1.
ll	c	r	2.
l	c	r	3.
l	c	r	4.
lll	c	rr	5.
l	cc	r	6.

Seite 1

\caption-Demo

l	c	r	7.
llll	c	rrr	8. Zeile
l	ccc	r	9. Zeile
l	c	r	10. Zeile
llll	c	rrrr	11. Zeile
l	cccc	r	12. Zeile

Seite 2

Der Schalter **\nofiles** darf nicht im Zusammenhang mit **longtable** verwendet werden, denn dieser verhindert die Ausgabe der Hilfsdateien und somit auch die Ausgabe der Hilfsinformationen, die für die korrekte Berechnung der Tabellenbreite benötigt werden. *.aux-Datei*

Bei Anwendung des Makros **\multicolumn** können mehrere LATEX-Läufe notwendig sein, bis TEX die korrekte Breite festgestellt hat. Weitere Informationen dazu enthält die Paketdokumentation. (Carlisle, Kastrup u. a. 2021) *\multicolumn*

Mit dem Makro **\kill** kann eine sogenannte Musterzeile, die zur Bestimmung der Tabellenspalten herangezogen wird, gelöscht werden. Dies kann manchmal hilfreich sein, wenn man zentrierte oder rechtsbündige Spalten einer bestimmten Breite haben möchte.

```
\usepackage{longtable}
\begin{longtable}{@{}l c r p{1.5cm}@{}}
L & XXXX & Rechts & p \kill
L & Z & R & Box\\\hline
l & c & r & 1.\\ ll & c & r & 2.\\ l & c & r & 3.\\
l & c & r & 4.\\ lll & c & rr & 5.\\ l & cc & r & 6.\\
l & c & r & 7.\\ llll & c & rrr & 8. Zeile\\ l & ccc & r & 9. Zeile\\
l & c & r &10. Zeile\\ llll & c & rrrr &11. Zeile\\ l & cccc & r &12. Zeile\\\hline
\end{longtable}
```

\kill-Demo

L	Z	R	Box
l	c	r	1.
ll	c	r	2.
l	c	r	3.
l	c	r	4.
lll	c	rr	5.
l	cc	r	6.
l	c	r	7.
llll	c	rrr	8. Zeile
l	ccc	r	9. Zeile

\kill-Demo

l	c	r	10. Zeile
llll	c	rrrr	11. Zeile
l	cccc	r	12. Zeile

Umgebung **table**

Eine Ungebung **longtable** sollte *nicht* innerhalb einer Gleitumgebung **table** verwendet werden; denn die Möglichkeit des Seitenumbruchs wird durch die Umgebung **table** aufgehoben (siehe auch 8.3 auf Seite 253).

Die Anzahl der Spalten in einer **longtable** wird in der internen Zählervariablen **LT@cols** gespeichert.

3.2 ltablex

Das **ltablex**-Paket von Anil K. Goel erweitert die **tabularx**-Umgebung durch die Eigenschaft möglicher Seitenumbrüche. Im Gegensatz zum ähnlichen Paket **ltxtable**, braucht man hier keine externe Dateien, sondern kann die Tabelle in der gewohnten Weise verwenden, wobei jetzt eine Tabellenüber- oder Tabellenunterschrift möglich ist:

```
\begin{tabularx}{Tabellenbreite}{Spaltendefinition}
\caption*{Text}\\
...&...&...\\
...&...&...\\
...\\
\end{tabularx}
```

Das Paket arbeitet ähnlich zum bekannten **longtable**-Paket und benötigt daher auch mindestens zwei LaTeX-Durchläufe für das korrekte Ermitteln der Spaltenbreiten.

```
\usepackage{ltablex,ragged2e}
\begin{tabularx}{\linewidth}{@{}>{\ttfamily}l>{\RaggedRight}X@{}}
\caption{Dateiendungen}\\
aux &  (auxiliary) Hilfsdatei, enthält Querverweise usw. \\
bbl &  (bibliography) Hilfsdatei, enthält die Einträge für die Literatur\\
bib &  (bibtex) enthält die Literaturdaten\\
blg &  (bibliography log) enthält die Ausgaben eines Bib\TeX"=Laufs\\
cfg &  (config) Konfigurationsdatei\\
clo &  (class options) Definitionen für die Dokumentenklasse
    und die entsprechenden Klassen"=Optionen\\
cls &  (class) Dokument-Klassendatei\\
\end{tabularx}
```

\ltablex-Demo

Tabelle 1: Dateiendungen

`aux`	(auxiliary) Hilfsdatei, enthält Querverweise usw.
`bbl`	(bibliography) Hilfsdatei, enthält die Einträge für die Literatur
`bib`	(bibtex) enthält die Literaturdaten

Seite 1

\ltablex-Demo

`blg`	(bibliography log) enthält die Ausgaben eines BibTEX-Laufs
`cfg`	(config) Konfigurationsdatei
`clo`	(class options) Definitionen für die Dokumentenklasse und die entsprechenden Klassen-Optionen
`cls`	(class) Dokument-Klassendatei

Seite 2

Die Festlegung der Kopf- und Fußzeilen geschieht völlig analog zum **longtable**-Paket, sodass hier auf die in Abschnitt 3.1.3 auf Seite 123 angegebene Syntax verwiesen wird. Außerdem beachte man wieder den Hinweis in Abschnitt 8.3 auf Seite 253.

```
\usepackage{ltablex,ragged2e}
\begin{tabularx}{\linewidth}{@{}>{\ttfamily}l>{\RaggedRight}X@{}}
\caption*{Dateiendungen}\\
.ext & Beschreibung\\\hline
\endfirsthead
\multicolumn{2}{@{}l}{\ldots\ \small Fortsetzung}\\\hline
.ext & Beschreibung\\\hline
\endhead
\hline
\multicolumn{2}{r@{}}{\small Fortsetzung\ldots}\\
\endfoot
\hline
\endlastfoot
aux &  (auxiliary) Hilfsdatei, enthält Querverweise usw. \\
bbl &  (bibliography) Hilfsdatei, enthält die Einträge für die Literatur\\
bib &  (bibtex) enthält die Literaturdaten\\
blg &  (bibliography log) enthält die Ausgaben eines Bib\TeX-Laufs\\
cfg &  (config) Konfigurationsdatei\\
clo &  (class options) Definitionen für die Dokumentenklasse
    und die entsprechenden Klassen-Optionen\\
\end{tabularx}
```

\ltablex-Demo

Dateiendungen

.ext	Beschreibung
aux	(auxiliary) Hilfsdatei, enthält Querverweise usw.
bbl	(bibliography) Hilfsdatei, enthält die Einträge für die Literatur

Fortsetzung…

Seite 1

\ltablex-Demo

… Fortsetzung

.ext	Beschreibung
bib	(bibtex) enthält die Literaturdaten
blg	(bibliography log) enthält die Ausgaben eines BibTEX-Laufs
cfg	(config) Konfigurationsdatei

Fortsetzung…

Seite 2

\ltablex-Demo

… Fortsetzung

.ext	Beschreibung
clo	(class options) Definitionen für die Dokumentenklasse und die entsprechenden Klassen-Optionen

Seite 3

3.3 ltxtable

Mit dem **ltxtable**-Paket von David Carlisle stehen zusätzlich zu den Möglichkeiten von **tabularx** die des Paketes **longtable** zur Verfügung, woraus sich auch der Name des Paketes ableitet. Im Gegensatz dazu muss die Tabelle allerdings als externe Datei abgespeichert werden, was im einfachsten Fall mit der Umgebung **filecontents** möglich ist.

foo bar baz

```
%% LaTeX2e file 'DateiDemo.tex'
%% generated by the 'filecontents' environment
%% from source '03-03-1' on 2022/12/03.
%%
bar
```

```
\begin{filecontents}[force]{DateiDemo.tex}
bar
\end{filecontents}
\usepackage{verbatim}
% Ende Praeambel

foo \input{DateiDemo.tex} baz

\small
\verbatiminput{DateiDemo.tex}
```

\begin{filecontents} [*Optionen*] {*Dateiname*} … **\end{filecontents}**

Mögliche Optionen für **filecontents** sind: **force**, **overwrite**, **noheader** und **nosearch** (nur aktuelles Verzeichnis benutzen).

Für das Beispiel 03-03-2 auf der nächsten Seite wird in der nicht-sichtbaren Präambel der folgende Dateiinhalt generiert:

```
\begin{filecontents}{LTXtab0.tex}
\begin{longtable}{@{}>{\ttfamily}l>{\RaggedRight}X@{}}
\caption{Dateiendungen und ihre Bedeutung}\\
aux &  (auxiliary) Hilfsdatei, enthält Querverweise usw. \\
bbl &  (Bibliografie) Hilfsdatei, enthält die Einträge für die Literatur\\
bib &  (Bibliografie) enthält die Literaturdaten\\
blg &  (Bibliografie) Logdatei, enthält die Ausgaben eines BibTeX-Laufs\\
cfg &  (configure) \TeX-Datei mit Konfigurationsinformation\\
clo &  (class options) \TeX-Datei mit Definitionen für die Dokumentenklasse
       und die entsprechenden Klassen-Optionen\\
cls &  (class) Dokument-Klassendatei
\end{longtable}
\end{filecontents}
```

Diese wird während des TeX-Laufs geschrieben und kann unmittelbar danach wieder eingelesen werden. Die Option **noheader** unterdrückt dabei die Ausgabe der vier Kommentarzeilen (siehe dazu Beispiel 03-03-1 auf der vorherigen Seite). Die Umgebung **filecontents** darf sowohl in der Präambel als auch im Textkörper benutzt werden und überschreibt grundsätzlich keine existierenden Dateien, wenn nicht die Option **force** oder **owerwrite** benutzt wird.

Umgebung ***filecontents***

Bei mehreren Tabellen sollte man grundsätzlich mit eigenen Dateien arbeiten und diese entweder mit **\input**{*Datei*} in der Präambel einlesen oder komplett als eigenständige Datei ohne Anwendung der Umgebung **filecontents** arbeiten.

Die Syntax einer »**tabularx-longtable**« ist ebenfalls eine Kombination aus beiden. Die äußere Form entspricht **tabularx** und die innere **longtable**. Eingelesen wird die Datei mit dem Makro **\LTXtable**. Im Beispiel 03-03-2 wird die Datei als Teil der Präambel gespeichert und dann während des LaTeX-Laufs auf die Festplatte geschrieben. Die Verwendung der TeX-Syntax für die Umlaute hat hier für das Verständnis keine weitere Bedeutung, sondern erfolgte nur zur Vermeidung von Problemen mit der Kodierung beim Schreiben, Ausführen und anschließendem Lesen des Beispiels.

\LTXtable{*Tabellenbreite*}{*Dateiname*}

```
\usepackage{ltxtable,ragged2e}
\LTXtable{\textwidth}{LTXtab0}

\rule{1cm}{0.5pt}\hfill Textbreite\hfill\rule{1cm}{0.5pt}
```

\LTXtable-Demo

Tabelle 1: Dateiendungen und ihre Bedeutung

aux	(auxiliary) Hilfsdatei, enthält Querverweise usw.
bbl	(Bibliografie) Hilfsdatei, enthält die Einträge für die Literatur
bib	(Bibliografie) enthält die Literaturdaten
blg	(Bibliografie) Logdatei, enthält die Ausgaben eines BibTeX-Laufs

Seite 1

\LTXtable-Demo

cfg	(configure) TeX-Datei mit Konfigurationsinformation
clo	(class options) TeX-Datei mit Definitionen für die Dokumentenklasse und die entsprechenden Klassen-Optionen
cls	(class) Dokument-Klassendatei

——— Textbreite ———

Seite 2

Die externe Datei ist bis auf die Tatsache, dass der Spaltentyp **X** verwendet werden kann, identisch zu einer **longtable**. Sehr unterschiedlich verhalten sich dagegen die Fußnoten, die zwar formal möglich sind, jedoch etwas Aufmerksamkeit erfordern:

Fußnote

- Innerhalb der normalen **longtable**-Umgebung müssen die Fußnotensymbole mit **\footnotemark** gesetzt werden (siehe Beispiel 03-03-3 auf der nächsten Seite), wobei die Zählung innerhalb der Tabelle normal fortgesetzt wird. Soll die Fußnote in der Tabelle bei 1 beginnen, ist gegebenenfalls der Fußnotenzähler vor der Tabelle zurückzusetzen.

- Außerhalb der Tabelle, also *nach* dem Einfügen in den Text durch den Befehl **\LTXtable**, muss zuerst der Fußnotenzähler zurückgesetzt werden und zwar um die Zahl der eingefügten Befehle **\footnotemark**, im folgenden Beispiel 03-03-3 um −4: **\addtocounter{*footnote*}{*-4*}**.
- Die Fußnoten werden mit **\stepcounter{*footnote*}\footnotetext{** ...**}** ausgegeben, wobei jeweils der Zähler durch **\stepcounter** vorher manuell hochgesetzt werden muss. Die Fußnotennummer könnte auch durch das optionale Argument von **\footnotetext** [*Nummer*] {*Text*} erfolgen, jedoch muss dann jedesmal manuell eingegriffen werden, wenn vor der Tabelle eine weitere Fußnote eingefügt wird, womit sich eine fortlaufende Zählung ändert.
- Die Fußnoten erscheinen grundsätzlich *nach* der Tabelle, also gegebenenfalls sogar mehrere Seiten später als die zugehörige Nummer.

```
\usepackage{ltxtable}
\begin{filecontents}[force]{LTXtabl.tex}
\begin{longtable}{@{}>{\ttfamily}l>{\raggedright\arraybackslash}X@{}}
aux\footnotemark & Hilfsdatei, enthält Querverweise usw. \\
bbl\footnotemark & Hilfsdatei, enthält die Einträge für die Literatur\\
cfg              & \TeX-Datei mit Konfigurationsinformation\\
clo\footnotemark & \TeX-Datei mit Definitionen für die Dokumentenklasse
                   und die entsprechenden Klassen"=Optionen\\
cls\footnotemark & Dokument-Klassendatei
\end{longtable}
\end{filecontents}
```

```
\rule{1cm}{0.5pt}\hfill Textbreite\footnote{Anhang}\hfill\rule{1cm}{0.5pt}\par
\LTXtable{\linewidth}{LTXtabl}
\addtocounter{footnote}{-4}
\stepcounter{footnote}\footnotetext{auxiliary}    \stepcounter{footnote}\footnotetext{bibliography}
\stepcounter{footnote}\footnotetext{class options}\stepcounter{footnote}\footnotetext{class}
\vfill
\rule{1cm}{0.5pt}\hfill Textbreite\footnote{foo}\hfill\rule{1cm}{0.5pt}
```

\footnote-Demo

Textbreite[1]

aux[2]	Hilfsdatei, enthält Querverweise usw.
bbl[3]	Hilfsdatei, enthält die Einträge für die Literatur
cfg	TEX-Datei mit Konfigurationsinformation

[1] Anhang

Seite 1

\footnote-Demo

clo[4]	TEX-Datei mit Definitionen für die Dokumentenklasse und die entsprechenden Klassen-Optionen
cls[5]	Dokument-Klassendatei

Textbreite[6]

[2] auxiliary
[3] bibliography
[4] class options
[5] class
[6] foo

Seite 2

3.4 stabular

Das Paket **stabular** von Sigitas Tolušis ist Teil der **sttools** und erweitert die internen LaTeX-Umgebungen für die Umgebungen **tabular** und **array**, sodass diese einen Seitenumbruch aufweisen können. Dazu werden zwei ähnliche Umgebungen und zusätzlich zwei neue Makros definiert. Die beiden Umgebungen sind in der Syntax identisch zu denen aus Standard-LaTeX, sie weisen nur das Präfix »s« auf.

`\begin{stabular}`	`\begin{stabular*}{`*Breite*`}`
…	…
`\end{stabular}`	`\end{stabular*}`

```
\usepackage[array]{stabular}
Eine normale \texttt{stabular}-Umgebung, die einen Seitenumbruch aufweisen wird,
aber nicht zentriert werden kann.

% die folgende \texttt{center}-Umgebung dient nur zur Demonstration,
% dass sie keine Wirkung hat für \texttt{stabular} hat.
\begin{center}
\begin{stabular}{@{}p{0.5\linewidth} r@{}} \hline
\emph{Land} & \emph{Eintritt}\\\hline
Ägypten     & 30.06.1995\\ Albanien & 08.09.2000 \\
Angola      & 23.11.1996\\ Antigua-et-Barbuda& 01.01.1995 \\
Antillen    & 21.01.1996\\ Arabische Emirate & 10.04.1996 \\
Argentinien & 01.01.1995\\ Armenien & 05.02.2003\\Australien & 01.01.1995\\
Bahrein     & 01.01.1995\\ Bangladesch & 01.01.1995\\Barbados& 01.01.1995\\
Belgien     & 01.01.1995\\ Belize & 01.01.1995 \\\hline
\end{stabular}
\end{center}
```

stabular-Demo

Eine normale stabular-Umgebung, die einen Seitenumbruch aufweisen wird, aber nicht zentriert werden kann.

Land	*Eintritt*
Ägypten	30.06.1995
Albanien	08.09.2000
Angola	23.11.1996
Antigua-et-Barbuda	01.01.1995
Antillen	21.01.1996
Arabische Emirate	10.04.1996
Argentinien	01.01.1995
Armenien	05.02.2003

Seite 1

stabular-Demo

Australien	01.01.1995
Bahrein	01.01.1995
Bangladesch	01.01.1995
Barbados	01.01.1995
Belgien	01.01.1995
Belize	01.01.1995

Seite 2

Das Beispiel zeigt deutlich Vor- und Nachteile der **stabular**-Umgebung. Vorteilhaft ist die einfache Anwendung; ein Voranstellen von »s« an den Umgebungsnamen ist die einzige Veränderung gegenüber der Standard-LaTeX-Umgebung. Nachteilig ist jedoch zum Einen die fehlende Möglichkeit der Zentrierung und zum Anderen die der Definition von Zwischen-Kopf- und Fußzeilen. Der Grund liegt in der internen Definition der Umgebung; denn diese schreibt ihren Inhalt nicht vorher in eine Box, um die Breite der Tabelle bestimmen zu können. Durch Anwendung einer **minipage** lässt sich dieser Umstand nicht beseitigen; denn diese darf keinen Seitenumbruch aufweisen. Durch etwas Probieren und einer leeren p-Spalte kann man jedoch einen entsprechenden linken Einzug vorsehen, wie es im folgenden Beispiel zu sehen ist; die erste (leere) Spalte ist durch **p{1.5em}** definiert.

```
\usepackage[array]{stabular}
```

```
Eine normale \texttt{stabular}-Umgebung, die einen Seitenumbruch aufweisen wird,
aber nicht zentriert werden kann.

\begin{stabular}{@{}p{1.5em}@{} p{0.5\linewidth} r@{}}\cline{2-3}
& \emph{Land} & \emph{Eintritt}\\\cline{2-3}
& Ägypten     & 30.06.1995 \\ & Albanien & 08.09.2000 \\
& Angola      & 23.11.1996 \\ & Antigua-et-Barbuda& 01.01.1995 \\
& Antillen    & 21.01.1996 \\ & Arabische Emirate & 10.04.1996 \\
& Argentinien & 01.01.1995 \\ & Armenien          & 05.02.2003 \\
& Australien  & 01.01.1995 \\ & Bahrein           & 01.01.1995 \\
& Bangladesch & 01.01.1995 \\ & Barbados          & 01.01.1995 \\
& Belgien     & 01.01.1995 \\ & Belize            & 01.01.1995 \\\cline{2-3}
\end{stabular}
```

stabular-*Demo*

Eine normale stabular-Umgebung, die einen Seitenumbruch aufweisen wird, aber nicht zentriert werden kann.

Land	*Eintritt*
Ägypten	30.06.1995
Albanien	08.09.2000
Angola	23.11.1996
Antigua-et-Barbuda	01.01.1995
Antillen	21.01.1996
Arabische Emirate	10.04.1996
Argentinien	01.01.1995
Armenien	05.02.2003
Australien	01.01.1995

Seite 1

stabular-*Demo*

Bahrein	01.01.1995
Bangladesch	01.01.1995
Barbados	01.01.1995
Belgien	01.01.1995
Belize	01.01.1995

Seite 2

Eine Tabelle über die gesamte Zeilenbreite ist dagegen kein Problem; mit **stabular*** kann man analog zu **tabular*** vorgehen. Wobei auch hier die Anmerkung gilt, dass in solchen Fällen die Anwendung der **tabularx**-Umgebung, beziehungsweise des **\LTXtable**-Makros, sinnvoller ist. Dort wird die Spaltenbreite entsprechend gestreckt, während es hier bei der Sternversion der Spaltenabstand ist (vergleiche dazu Abschnitt 1.1 auf S. 5).

```
\usepackage[array]{stabular}
```

```
Eine normale Umgebung \texttt{stabular*}, die über die gesamte Zeilenbreite
geht und einen Seitenumbruch aufweist.\par
\medskip
\begin{stabular*}{\linewidth}{@{}p{0.5\linewidth} @{\extracolsep{\fill}} r@{}}\hline
\emph{Land} & \emph{Eintritt}\\\hline
Ägypten     & 30.06.1995 \\ Albanien & 08.09.2000 \\
Angola      & 23.11.1996 \\ Antigua-et-Barbuda& 01.01.1995 \\
```

```
Antillen    & 21.01.1996 \\ Arabische Emirate & 10.04.1996 \\
Argentinien & 01.01.1995 \\ Armenien          & 05.02.2003 \\
Australien  & 01.01.1995 \\ Bahrein           & 01.01.1995 \\
Bangladesch & 01.01.1995 \\ Barbados          & 01.01.1995 \\
Belgien     & 01.01.1995 \\ Belize            & 01.01.1995 \\\hline
\end{stabular*}
```

stabular*-*Demo*

Eine normale Umgebung stabular*, die über die gesamte Zeilenbreite geht und einen Seitenumbruch aufweist.

Land	*Eintritt*
Ägypten	30.06.1995
Albanien	08.09.2000
Angola	23.11.1996
Antigua-et-Barbuda	01.01.1995
Antillen	21.01.1996
Arabische Emirate	10.04.1996
Argentinien	01.01.1995
Armenien	05.02.2003

Seite 1

stabular*-*Demo*

Australien	01.01.1995
Bahrein	01.01.1995
Bangladesch	01.01.1995
Barbados	01.01.1995
Belgien	01.01.1995
Belize	01.01.1995

Seite 2

Wenn man aus bestimmten Gründen eines der anderen Pakete für Tabellen mit einer Seitenumbruchmöglichkeit nicht verwenden kann oder will, aber dennoch Kopf- und Fußzeilen auf jeder Seite benötigt, so lässt sich nach einem Setzen der Tabelle dies ohne weiteres nachträglich einfügen. In obigem Beispiel war »Antillen« die letzte Zeile auf der ersten Seite, sodass diese durch eine Fußzeile ersetzt werden kann. Solche »Basteleien« sollte man allerdings erst mit einer der letzten Versionen des Dokumentes vornehmen, damit zwischenzeitliche Änderungen am Text beachtet werden.

```
\usepackage[array]{stabular}
Eine normale Umgebung \texttt{stabular*}, die über die gesamte Zeilenbreite
geht und einen Seitenumbruch aufweist.\par
\medskip
\begin{stabular*}{\linewidth}{@{}p{0.5\linewidth} @{\extracolsep{\fill}} r@{}}\hline
\emph{Land} & \emph{Eintritt}\\\hline
Ägypten     & 30.06.1995 \\ Albanien          & 08.09.2000 \\
Angola      & 23.11.1996 \\ Antigua-et-Barbuda& 01.01.1995 \\
Antillen    & 21.01.1996 \\ Arabische Emirate & 10.04.1996 \\\hline
\multicolumn{2}{r@{}}{\small\emph{Fortsetzung}\ldots}\\
% Seitenumbruch
\multicolumn{2}{@{}l}{\ldots\small\emph{Fortsetzung}}\\\hline
\emph{Land} & \emph{Eintritt}\\\hline
Argentinien & 01.01.1995 \\ Armenien          & 05.02.2003 \\
Australien  & 01.01.1995 \\ Bahrein           & 01.01.1995 \\
Bangladesch & 01.01.1995 \\ Barbados          & 01.01.1995 \\
Belgien     & 01.01.1995 \\ Belize            & 01.01.1995 \\\hline
\end{stabular*}
```

stabular-Demo*

Eine normale Umgebung `stabular*`, die über die gesamte Zeilenbreite geht und einen Seitenumbruch aufweist.

Land	*Eintritt*
Ägypten	30.06.1995
Albanien	08.09.2000
Angola	23.11.1996
Antigua-et-Barbuda	01.01.1995
Antillen	21.01.1996
Arabische Emirate	10.04.1996

Fortsetzung...

Seite 1

stabular-Demo*

...Fortsetzung

Land	*Eintritt*
Argentinien	01.01.1995
Armenien	05.02.2003
Australien	01.01.1995
Bahrein	01.01.1995
Bangladesch	01.01.1995
Barbados	01.01.1995
Belgien	01.01.1995
Belize	01.01.1995

Seite 2

3.5 supertabular

Das Paket **supertabular** von Johannes Braams und Theo Jurriens kann mit den in Tabelle 3.3 angegebenen Optionen geladen werden. Der wesentliche Unterschied zum **longtable**-Paket besteht in der Syntax; bei einer **supertabular** sind alle Vereinbarungen zur Tabellenüber- oder Tabellenunterschrift, Kopf- und Fußzeilen *außerhalb* der eigentlichen Tabelle vorzunehmen.

Tabelle 3.3: Zusammenstellung möglicher Paketoptionen von **supertabular**

Name	*Bedeutung*
errorshow	Schreibt keine besonderen Informationen in die Logdatei (Standard).
pageshow	Gibt Informationen zum berechneten Seitenumbruch aus.
debugshow	Jede ausgegebene Zeile wird zusätzlich protokolliert.

Die neuen Umgebungen **supertabular** und **supertabular*** haben ansonsten die gleiche Syntax wie die allgemeine **tabular**- beziehungsweise **tabular***-Umgebung. Die Umgebungen **mpsupertabular**, beziehungsweise **mpsupertabular***, verhalten sich wiederum ähnlich zu den Umgebungen ohne das Präfix **mp**, welches hier für **minipage** steht. Dies hat den Vorteil, dass Fußnoten dann definitiv seitenweise gezählt und ausgegeben werden können. Siehe dazu auch Abschnitt 3.5.4 auf Seite 143.

```
\begin{supertabular}{Spaltendefinition}
...
\end{supertabular}
\begin{supertabular*}{Tabellenbreite}{Spaltendefinition}
...
\end{supertabular*}
```

```
\begin{mpsupertabular}{Spaltendefinition}
...
\end{mpsupertabular}
\begin{mpsupertabular*}{Tabellenbreite}{Spaltendefinition}
...
\end{mpsupertabular*}
```

```
\usepackage[pageshow]{supertabular}
\begin{supertabular}{@{}l r@{}}\hline
\emph{Land} & \emph{Eintritt}\\\hline
Ägypten & 30.06.1995\\ Albanien  & 08.09.2000 \\Angola & 23.11.1996\\ Antigua-et-Barbuda & 01.01.1995\\
Antillen & 21.01.1996\\ Arabische Emirate & 10.04.1996\\Argentinien & 01.01.1995 \\
Armenien & 05.02.2003\\ Australien & 01.01.1995\\ Bahrein & 01.01.1995\\ Bangladesch & 01.01.1995 \\
Barbados & 01.01.1995\\ Belgien & 01.01.1995\\ Belize & 01.01.1995\\ Benin & 22.02.1996 \\
\end{supertabular}
```

supertabular-Demo

Land	*Eintritt*
Ägypten	30.06.1995
Albanien	08.09.2000
Angola	23.11.1996
Antigua-et-Barbuda	01.01.1995
Antillen	21.01.1996
Arabische Emirate	10.04.1996
Argentinien	01.01.1995
Armenien	05.02.2003
Australien	01.01.1995
Bahrein	01.01.1995
Bangladesch	01.01.1995

Seite 1

supertabular-Demo

Barbados	01.01.1995
Belgien	01.01.1995
Belize	01.01.1995
Benin	22.02.1996

Seite 2

letzte Zeile; Tabellenbreite

Die letzte Tabellenzeile *muss* mit einem Zeilenendebefehl abgeschlossen werden, entweder \\ oder **\tabularnewline**. Anderenfalls gibt es eine Fehlermeldung. Obiges Beispiel zeigt bereits einen Nachteil der **supertabular**-Umgebung, die Teiltabellen können unterschiedliche Breiten auf den Seiten haben. Im Gegensatz zur **longtable**-Umgebung werden keinerlei Informationen in die **.aux**-Datei geschrieben, die für folgende Seiten ausgewertet werden könnten. Möchte man diesen Effekt ausschließen, muss man zwingend mit einer Kopf- und/oder Fußzeile arbeiten oder die Sternversion verwenden. Diese hat lediglich den Vorteil, dass man nicht auf das **ltxtable**-Paket (siehe auch Abschnitt 3.3 auf Seite 132) zurückgreifen muss, aber den Nachteil, dass man selbst für das Auffüllen der betreffenden Spalte sorgen muss (siehe auch Abschnitt 1.1 auf Seite 3). Dazu muss das Paket **array** geladen werden, da sonst der Spaltenoperator ! unbekannt ist, beziehungsweise der Befehl **\extracolsep** nicht angewendet werden kann.

```
\usepackage{array,supertabular}
\begin{supertabular*}{\linewidth}{@{}l!{\extracolsep{\fill}} r@{}}\hline
\emph{Land}        & \emph{Eintritt}\\\hline
Ägypten            & 30.06.1995\\ Albanien    & 08.09.2000\\ Angola  & 23.11.1996\\
Antigua-et-Barbuda & 01.01.1995\\ Antillen    & 21.01.1996\\
Arabische Emirate  & 10.04.1996\\ Argentinien & 01.01.1995\\
Armenien           & 05.02.2003\\ Australien  & 01.01.1995\\ Bahrein & 01.01.1995\\
Bangladesch        & 01.01.1995\\ Barbados    & 01.01.1995\\ Belgien & 01.01.1995\\
Belize             & 01.01.1995\\ Benin       & 22.02.1996\\
\end{supertabular*}
```

supertabular-Demo

Land	*Eintritt*
Ägypten	30.06.1995
Albanien	08.09.2000
Angola	23.11.1996
Antigua-et-Barbuda	01.01.1995
Antillen	21.01.1996
Arabische Emirate	10.04.1996
Argentinien	01.01.1995
Armenien	05.02.2003
Australien	01.01.1995
Bahrein	01.01.1995
Bangladesch	01.01.1995

Seite 1

supertabular-Demo

Barbados	01.01.1995
Belgien	01.01.1995
Belize	01.01.1995
Benin	22.02.1996

Seite 2

3.5.1 Seitenumbruch

supertabular berechnet nach jeder Zeile, wie viel Platz noch auf der Seite ist, um einen eventuellen Seitenumbruch einzufügen. In bestimmten Fällen ist dieser jedoch nicht optimal, wie beispielsweise in den bisherigen Beispielen. Durch den Befehl **\shrinkheight** kann der Vergleichswert für die Seite erhöht oder erniedrigt werden.

\shrinkheight{*Länge*}

Das Makro *muss* am Anfang einer Zeile stehen und kann jeden beliebigen Längenwert mit entsprechender Einheit aufweisen. Im folgenden Beispiel wird bereits zu Beginn der Tabelle (1. Zeile) die Seite zwei Zeilen »länger« gemacht, sodass ein besserer Seitenumbruch die Folge ist. Wird dieser Wert allerdings weiter verkleinert, so tritt der Fall einer leeren Seite auf, denn TeX schiebt den jetzt zu großen Block auf die nächste Seite. Ein positiver Wert verkleinert entsprechend die Seite, sodass der Umbruch früher erfolgt.

```
\usepackage{array,supertabular}
\begin{supertabular*}{\linewidth}{@{}l!{\extracolsep{\fill}} r@{}}\hline
\emph{Land} & \emph{Eintritt}\\\hline
\shrinkheight{-2\normalbaselineskip}
Ägypten     & 30.06.1995\\ Albanien    & 08.09.2000\\ Angola & 23.11.1996\\
```

```
Antigua-et-Barbuda & 01.01.1995\\ Antillen    & 21.01.1996\\
Arabische Emirate  & 10.04.1996\\ Argentinien & 01.01.1995\\
Armenien     & 05.02.2003\\ Australien & 01.01.1995\\ Bahrein & 01.01.1995\\
Bangladesch & 01.01.1995\\ Barbados    & 01.01.1995\\ Belgien & 01.01.1995\\
Belize       & 01.01.1995\\ Benin       & 22.02.1996\\
\end{supertabular*}
```

supertabular-Demo

Land	*Eintritt*
Ägypten	30.06.1995
Albanien	08.09.2000
Angola	23.11.1996
Antigua-et-Barbuda	01.01.1995
Antillen	21.01.1996
Arabische Emirate	10.04.1996
Argentinien	01.01.1995
Armenien	05.02.2003
Australien	01.01.1995
Bahrein	01.01.1995
Bangladesch	01.01.1995
Barbados	01.01.1995
Belgien	01.01.1995

Seite 1

supertabular-Demo

Belize	01.01.1995
Benin	22.02.1996

Seite 2

3.5.2 Kopf- und Fußzeilen

Alle Vereinbarungen sind *vor* der eigentlichen Tabelle vorzunehmen. Es existieren dazu folgende Makros:

\tablefirsthead{*Definition*} **\tablehead**{*Definition*}
\tabletail{*Definition*} **\tablelasttail**{*Definition*}

Alle *Definitionen* müssen mindestens einer Tabellenzeile entsprechen und können im einfachsten Fall ein **\hline** enthalten. Sind **\tablefirsthead** oder **\tablelasttail** nicht definiert, werden sie automatisch durch **\tablehead** beziehungsweise **\tabletail** ersetzt.

```
\usepackage{supertabular}
\tablefirsthead{\hline \emph{Land} & \emph{Eintritt}\\\hline}
\tablehead{\emph{Land} & \emph{Eintritt}\\\hline}
\tabletail{\hline \multicolumn{2}{r@{}}{Fortsetzung \ldots}\\}
\tablelasttail{\hline}
\begin{center}
\begin{supertabular}{@{}p{0.5\linewidth} r@{}}\hline
Ägypten          & 30.06.1995\\ Albanien   & 08.09.2000\\ Angola      & 23.11.1996\\
Antigua-et-Barbuda& 01.01.1995\\ Antillen   & 21.01.1996\\
Arabische Emirate & 10.04.1996\\ Argentinien& 01.01.1995\\ Armenien    & 05.02.2003\\
Australien        & 01.01.1995\\ Bahrein    & 01.01.1995\\ Bangladesch& 01.01.1995\\
Barbados          & 01.01.1995\\ Belgien    & 01.01.1995\\ Belize      & 01.01.1995\\
\end{supertabular}
\end{center}
```

`supertabular`-Demo

Land	*Eintritt*
Ägypten	30.06.1995
Albanien	08.09.2000
Angola	23.11.1996
Antigua-et-Barbuda	01.01.1995
Antillen	21.01.1996
Arabische Emirate	10.04.1996
Argentinien	01.01.1995
Armenien	05.02.2003
Australien	01.01.1995
Bahrein	01.01.1995

Fortsetzung …

Seite 1

`supertabular`-Demo

Land	*Eintritt*
Bangladesch	01.01.1995
Barbados	01.01.1995
Belgien	01.01.1995
Belize	01.01.1995

Seite 2

3.5.3 Tabellenüber- und Tabellenunterschriften

Es existieren gleich drei verschiedene Makros für das Setzen der sogenannten »caption«:

`\tablecaption` [*LOT-Eintrag*] {*Text*} **`\topcaption`** [*LOT-Eintrag*] {*Text*}
`\bottomcaption` [*LOT-Eintrag*] {*Text*}

Das optionale Argument *LOT-Eintrag* ersetzt bei Verwendung wieder den standardmäßigen Eintrag von *Text* in das Inhaltsverzeichnis (Table Of Contents, **`.toc`**). Bei Anwendung von **`\tablecaption`** bestimmt die Dokumentenklasse die Position für die Beschriftung. Entscheidend ist, ob die Klasse **`\@topcaptionfalse`** oder **`\@topcaptiontrue`** vorgibt. Diese Vorgabe lässt sich natürlich jederzeit überschreiben. Mit den anderen beiden Makros kann man gezielt diese Vorgabe ignorieren und beispielsweise mit **`\bottomcaption`** eine Unterschrift erzwingen. Das bekannte Paket **`caption`** unterstützt mit all seinen Funktionen auch das **`supertabular`**-Paket.

```
\usepackage{supertabular} \usepackage[labelfont=bf]{caption}
```

```
\tablecaption{Demonstration einer Tabellenüberschrift.}
\tablefirsthead{\hline \emph{Land} & \emph{Eintritt}\\\hline}
\tablehead{\emph{Land} & \emph{Eintritt}\\\hline}
\tabletail{\hline \multicolumn{2}{r@{}}{Fortsetzung \ldots}\\}  \tablelasttail{\hline}
\begin{center}\begin{supertabular}{@{}p{0.5\linewidth} r@{}}
Ägypten           & 30.06.1995\\ Albanien   & 08.09.2000\\ Angola     & 23.11.1996\\
Antigua-et-Barbuda& 01.01.1995\\ Antillen   & 21.01.1996\\
Arabische Emirate & 10.04.1996\\ Argentinien& 01.01.1995\\ Armenien   & 05.02.2003\\
Australien        & 01.01.1995\\ Bahrein    & 01.01.1995\\ Bangladesch& 01.01.1995\\
Barbados          & 01.01.1995\\ Belgien    & 01.01.1995\\ Belize     & 01.01.1995\\
\end{supertabular}\end{center}
```

supertabular-Demo

Tabelle 1: Demonstration einer Tabellenüberschrift.

Land	*Eintritt*
Ägypten	30.06.1995
Albanien	08.09.2000
Angola	23.11.1996
Antigua-et-Barbuda	01.01.1995
Antillen	21.01.1996
Arabische Emirate	10.04.1996
Argentinien	01.01.1995
	Fortsetzung …

Seite 1

supertabular-Demo

Land	*Eintritt*
Armenien	05.02.2003
Australien	01.01.1995
Bahrein	01.01.1995
Bangladesch	01.01.1995
Barbados	01.01.1995
Belgien	01.01.1995
Belize	01.01.1995

Seite 2

3.5.4 Fußnoten

Werden Fußnoten innerhalb der normalen **supertabular**-Umgebung angewendet, so erscheinen diese zwar als Symbol innerhalb der Tabelle, jedoch fehlt der Fußnotentext. Es muss daher wieder auf die Unterscheidung **\footnotemark** und **\footnotetext** zurückgegriffen werden, wie es schon im Beispiel 03-03-3 auf Seite 134 gezeigt wurde.

Dies hat aber den Nachteil, dass die Fußnoten alle geschlossen am Ende der Tabelle erscheinen, was bei längeren Tabellen ungünstig sein kann, wenn zwischen Fußnotenzeichen und zugehörigem Text mehrere Seiten liegen. Die Anwendung der **mpsupertabular**-Umgebung ist daher zu empfehlen, wenn außer den Tabellenfußnoten keine weiteren Fußnoten auf der ersten oder letzten Tabellenseite erscheinen. Denn innerhalb der **minipage** werden die Fußnoten mit einem eigenen Fußnotenstrich direkt hinter die Tabelle gesetzt und zusätzlich mit Buchstaben gezählt.

```
\usepackage{supertabular}
```

```
\tablefirsthead{\hline \emph{Land} & \emph{Eintritt}\\\hline}
\tablehead{\emph{Land} & \emph{Eintritt}\\\hline}
\tabletail{\hline \multicolumn{2}{r@{}}{Fortsetzung \ldots}\\}
\tablelasttail{\hline}
Text\footnote{Vor dem Text} und Fußnote.
\begin{center}
\begin{supertabular}{@{}p{0.5\linewidth} r@{}}
\shrinkheight{10pt}Ägypten\footnotemark& 30.06.1995\\ Albanien & 08.09.2000\\Angola & 23.11.1996\\
Antigua-et-Barbuda  & 01.01.1995\\ Antillen\footnotemark& 21.01.1996\\
Arabische Emirate & 10.04.1996\\Argentinien & 01.01.1995 \\
Armenien & 05.02.2003\\ Australien & 01.01.1995\\ Bahrein & 01.01.1995\\
Bangladesch & 01.01.1995\\ Barbados & 01.01.1995\\Belgien & 01.01.1995\\
Belize\footnotemark & 01.01.1995\\
\end{supertabular}
\addtocounter{footnote}{-3}
\stepcounter{footnote}\footnotetext{Erste Fußnote}
\stepcounter{footnote}\footnotetext{Zweite Fußnote}
\stepcounter{footnote}\footnotetext{Dritte Fußnote}
\end{center}
Text\footnote{Nach dem Text} und Fußnote.
```

supertabular-Demo

Text[1] und Fußnote.

Land	*Eintritt*
Ägypten[2]	30.06.1995
Albanien	08.09.2000
Angola	23.11.1996
Antigua-et-Barbuda	01.01.1995
Antillen[3]	21.01.1996
Arabische Emirate	10.04.1996
Argentinien	01.01.1995
Armenien	05.02.2003
	Fortsetzung …

[1]Vor dem Text

Seite 1

supertabular-Demo

Land	*Eintritt*
Australien	01.01.1995
Bahrein	01.01.1995
Bangladesch	01.01.1995
Barbados	01.01.1995
Belgien	01.01.1995
Belize[4]	01.01.1995

Text[5] und Fußnote.

[2]Erste Fußnote
[3]Zweite Fußnote
[4]Dritte Fußnote
[5]Nach dem Text

Seite 2

Wie das folgende Beispiel zeigt, ist dadurch zwar eine klare Unterscheidung gegeben, aber von der äußeren Form her unzureichend. Hier sollte man auf die Fußnoten direkt vor und/oder nach der Tabelle verzichten.

```
\usepackage{supertabular}
\tablefirsthead{\hline \emph{Land} & \emph{Eintritt}\\\hline}
\tablehead{\emph{Land} & \emph{Eintritt}\\\hline}
\tabletail{\hline \multicolumn{2}{r@{}}{Fortsetzung \ldots}\\}
\tablelasttail{\hline}
Text\footnote{Vor dem Text} und Fußnote.\par\bigskip
\begin{mpsupertabular}{@{}p{0.5\linewidth} r@{}}
Ägypten\footnote{Erste Fußnote}& 30.06.1995 \\ Albanien & 08.09.2000 \\
Angola            & 23.11.1996 \\ Antigua-et-Barbuda  & 01.01.1995 \\
Antillen\footnote{Zweite Fußnote}& 21.01.1996 \\ Arabische Emirate & 10.04.1996 \\
Argentinien       & 01.01.1995 \\ Armenien            & 05.02.2003 \\
Australien        & 01.01.1995 \\ Bahrein             & 01.01.1995 \\
Bangladesch       & 01.01.1995 \\ Barbados            & 01.01.1995 \\
Belgien           & 01.01.1995 \\ Belize\footnote{Dritte Fußnote} & 01.01.1995 \\
\end{mpsupertabular}\par\bigskip
Text\footnote{Nach dem Text} und Fußnote.
```

supertabular-Demo

Text[1] und Fußnote.

[1]Vor dem Text

Seite 1

supertabular-Demo

Land	*Eintritt*
Ägypten[a]	30.06.1995
Albanien	08.09.2000
Angola	23.11.1996
Antigua-et-Barbuda	01.01.1995
Antillen[b]	21.01.1996
Arabische Emirate	10.04.1996
Argentinien	01.01.1995
	Fortsetzung …

[a]Erste Fußnote
[b]Zweite Fußnote

Seite 2

supertabular-Demo

Land	*Eintritt*
Armenien	05.02.2003
Australien	01.01.1995
Bahrein	01.01.1995
Bangladesch	01.01.1995
Barbados	01.01.1995
Belgien	01.01.1995
Belize[a]	01.01.1995

[a]Dritte Fußnote

Text[2] und Fußnote.

[2]Nach dem Text

Seite 3

```
\usepackage{supertabular}
\tablefirsthead{\hline \emph{Land} & \emph{Eintritt}\\\hline}
\tablehead{\emph{Land} & \emph{Eintritt}\\\hline}
\tabletail{\hline \multicolumn{2}{r@{}}{Fortsetzung \ldots}\\}
\tablelasttail{\hline}
Text ohne Fußnote.

\medskip
\begin{mpsupertabular*}{\linewidth}{@{}p{0.5\linewidth} @{\extracolsep{\fill}} r@{}}
Ägypten\footnote{Erste Fußnote}& 30.06.1995 \\ Albanien & 08.09.2000 \\
Angola               & 23.11.1996 \\ Antigua-et-Barbuda  & 01.01.1995 \\
Antillen\footnote{Zweite Fußnote}& 21.01.1996 \\ Arabische Emirate & 10.04.1996 \\
Argentinien          & 01.01.1995 \\ Armenien            & 05.02.2003 \\
Australien           & 01.01.1995 \\ Bahrein             & 01.01.1995 \\
Bangladesch          & 01.01.1995 \\ Barbados            & 01.01.1995 \\
Belgien              & 01.01.1995 \\ Belize\footnote{Dritte Fußnote} & 01.01.1995 \\
\end{mpsupertabular*}

\medskip
Text ohne Fußnote.
```

supertabular-Demo

Text ohne Fußnote.

Land	*Eintritt*
Ägypten[a]	30.06.1995
Albanien	08.09.2000
Angola	23.11.1996
Antigua-et-Barbuda	01.01.1995
Antillen[b]	21.01.1996
Arabische Emirate	10.04.1996
Argentinien	01.01.1995
	Fortsetzung …

[a]Erste Fußnote
[b]Zweite Fußnote

Seite 1

supertabular-Demo

Land	*Eintritt*
Armenien	05.02.2003
Australien	01.01.1995
Bahrein	01.01.1995
Bangladesch	01.01.1995
Barbados	01.01.1995
Belgien	01.01.1995
Belize[a]	01.01.1995

[a]Dritte Fußnote

Text ohne Fußnote.

Seite 2

3.6 xtab

Das Paket **xtab** von Peter Wilson ist eine Erweiterung des **supertabular**-Pakets (siehe Abschnitt 3.5 auf Seite 138), wobei es dem eigenen Anspruch nach bessere Eigenschaften haben soll, insbesondere was den Seitenumbruch betrifft. Die Syntax unterscheidet sich prinzipiell nicht von den Umgebungen aus **supertabular**:

```
\begin{xtabular}{Spaltendefinition}
...
\end{xtabular}
```

```
\begin{xtabular*}{Tabellenbreite}{Spaltendefinition}
...
\end{xtabular*}
\begin{mpxtabular}{Spaltendefinition}
...
\end{mpxtabular}
\begin{mpxtabular*}{Tabellenbreite}{Spaltendefinition}
...
\end{mpxtabular*}
```

Die Umgebung **xtabular**, beziehungsweise **xtabular***, ist ansonsten völlig analog zur bekannten **tabular**- beziehungsweise **tabular***-Umgebung anzuwenden. Die Umgebung **mpxtabular**, beziehungsweise **mpxtabular***, verhalten sich wiederum ähnlich zu den Umgebungen ohne das Präfix **mp**, welches hier für **minipage** steht. Dies hat den Vorteil, dass Fußnoten dann definitiv seitenweise gezählt und ausgegeben werden können. Siehe dazu auch Abschnitt 3.5.4 auf Seite 143.

```
\usepackage{xtab}
\begin{center}\begin{xtabular}{@{}l r@{}}
\emph{Land} & \emph{Eintritt}\\\hline
Ägypten            & 30.06.1995\\ Albanien   & 08.09.2000\\ Angola     & 23.11.1996\\
Antigua-et-Barbuda& 01.01.1995\\ Antillen   & 21.01.1996\\
Arabische Emirate & 10.04.1996\\ Argentinien& 01.01.1995\\ Armenien   & 05.02.2003\\
Australien         & 01.01.1995\\ Bahrein    & 01.01.1995\\ Bangladesch& 01.01.1995\\
Barbados           & 01.01.1995\\ Belgien    & 01.01.1995\\ Belize     & 01.01.1995\\
\end{xtabular}\end{center}
```

xtab-Demo

Land	*Eintritt*
Ägypten	30.06.1995
Albanien	08.09.2000
Angola	23.11.1996
Antigua-et-Barbuda	01.01.1995
Antillen	21.01.1996
Arabische Emirate	10.04.1996
Argentinien	01.01.1995
Armenien	05.02.2003

Seite 1

xtab-Demo

Australien	01.01.1995
Bahrein	01.01.1995
Bangladesch	01.01.1995
Barbados	01.01.1995
Belgien	01.01.1995
Belize	01.01.1995

Seite 2

letzte Zeile; Tabellenbreite

Die letzte Tabellenzeile *muss* mit einem Zeilenendebefehl abgeschlossen werden, entweder \\ oder **\tabularnewline**. Anderenfalls gibt es eine Fehlermeldung. Obiges Beispiel zeigt bereits einen Nachteil des **xtab**-Paketes, die Teiltabellen können unterschiedliche Breiten auf den Seiten haben. Im Gegensatz zur Umgebung **longtable** werden keinerlei Informationen in die **.aux**-Datei geschrieben, die für folgende Seiten ausgewertet werden müssten. Möchte man diesen Effekt ausschließen, muss man zwingend mit einer Kopf- und/oder Fußzeile arbeiten oder die Sternversion verwenden. Diese hat lediglich den Vorteil, dass man nicht auf das **ltxtable**-Paket (siehe auch Abschnitt 3.3 auf Seite 132) zurückgreifen muss, aber den Nachteil, dass man selbst für das Auffüllen der betreffenden Spalte sorgen muss (siehe auch Abschnitt 1.1 auf Seite 3). Dazu muss das Paket **array** geladen werden, da sonst der Spaltenoperator ! unbekannt ist, beziehungsweise der Befehl **\extracolsep** nicht angewendet werden kann.

```
\usepackage{array,xtab}
```

```
\begin{xtabular*}{\linewidth}{@{}l!{\extracolsep{\fill}} r@{}}
\emph{Land} & \emph{Eintritt}\\\hline
Ägypten            & 30.06.1995\\ Albanien   & 08.09.2000\\ Angola     & 23.11.1996\\
Antigua-et-Barbuda& 01.01.1995\\ Antillen   & 21.01.1996\\
Arabische Emirate & 10.04.1996\\ Argentinien& 01.01.1995\\ Armenien   & 05.02.2003\\
Australien         & 01.01.1995\\ Bahrein    & 01.01.1995\\ Bangladesch& 01.01.1995\\
Barbados           & 01.01.1995\\ Belgien    & 01.01.1995\\ Belize     & 01.01.1995\\
\end{xtabular*}
```

xtabular-Demo

Land	*Eintritt*
Ägypten	30.06.1995
Albanien	08.09.2000
Angola	23.11.1996
Antigua-et-Barbuda	01.01.1995
Antillen	21.01.1996
Arabische Emirate	10.04.1996
Argentinien	01.01.1995
Armenien	05.02.2003

Seite 1

xtabular-Demo

Australien	01.01.1995
Bahrein	01.01.1995
Bangladesch	01.01.1995
Barbados	01.01.1995
Belgien	01.01.1995
Belize	01.01.1995

Seite 2

3.6.1 Seitenumbruch

xtabular berechnet nach jeder Zeile, wie viel Platz noch auf der Seite ist, um einen eventuellen Seitenumbruch einzufügen. In bestimmten Fällen ist dieser jedoch nicht optimal, wie beispielsweise in den bisherigen Beispielen. Durch den Befehl **\shrinkheight** kann der Vergleichswert für die Seite erhöht oder erniedrigt werden.

\shrinkheight{*Länge*}

Das Makro *muss* am Anfang einer Zeile stehen und kann jeden beliebigen Längenwert mit entsprechender Einheit aufweisen. Im folgenden Beispiel wird bereits zu Beginn der Tabelle (1. Zeile) die Seite drei Zeilen »länger« gemacht, sodass ein besser Seitenumbruch die Folge ist. Wird dieser Wert allerdings weiter verkleinert, so tritt der Fall einer leeren Seite auf, denn TeX schiebt den jetzt zu großen Block auf die nächste Seite. Ein positiver

Wert verkleinert entsprechend die Seite, sodass der Umbruch früher erfolgt.

```
\usepackage{array,xtab}
\begin{xtabular*}{\linewidth}{@{}l!{\extracolsep{\fill}} r@{}}
\emph{Land} & \emph{Eintritt}\\\hline
\shrinkheight{-3.1\normalbaselineskip}
Ägypten           & 30.06.1995\\ Albanien   & 08.09.2000\\ Angola     & 23.11.1996\\
Antigua-et-Barbuda& 01.01.1995\\ Antillen   & 21.01.1996\\
Arabische Emirate & 10.04.1996\\ Argentinien& 01.01.1995\\ Armenien   & 05.02.2003\\
Australien        & 01.01.1995\\ Bahrein    & 01.01.1995\\ Bangladesch& 01.01.1995\\
Barbados          & 01.01.1995\\ Belgien    & 01.01.1995\\ Belize     & 01.01.1995\\
\end{xtabular*}
```

xtabular-Demo

Land	*Eintritt*
Ägypten	30.06.1995
Albanien	08.09.2000
Angola	23.11.1996
Antigua-et-Barbuda	01.01.1995
Antillen	21.01.1996
Arabische Emirate	10.04.1996
Argentinien	01.01.1995
Armenien	05.02.2003
Australien	01.01.1995
Bahrein	01.01.1995
Bangladesch	01.01.1995

Seite 1

xtabular-Demo

Barbados	01.01.1995
Belgien	01.01.1995
Belize	01.01.1995

Seite 2

3.6.2 Kopf- und Fußzeilen

Alle Vereinbarungen sind *vor* der eigentlichen Tabelle vorzunehmen. Es existieren dazu folgende Makros:

\tablefirsthead{*Definition*} **\tabletail**{*Definition*}
\tablehead{*Definition*} **\tablelasttail**{*Definition*}

```
\usepackage[table]{xcolor}
\usepackage{xtab}
\tablefirsthead{\hline \emph{Land} & \emph{Eintritt}\\\hline}
\tablehead{\emph{Land} & \emph{Eintritt}\\\hline}
\tabletail{\hline \multicolumn{2}{r@{}}{Fortsetzung \ldots}\\}
\tablelasttail{\hline}
\begin{center}
\begin{xtabular}{@{}p{0.5\linewidth} r@{}}
Ägypten & 30.06.1995\\ Albanien & 08.09.2000\\ Angola & 23.11.1996\\ Antigua-et-Barbuda& 01.01.1995\\
Antillen & 21.01.1996\\ Arabische Emirate & 10.04.1996\\ Argentinien& 01.01.1995\\ Armenien & 05.02.2003\\
Australien & 01.01.1995\\ Bahrein & 01.01.1995\\ Bangladesch& 01.01.1995\\ Barbados & 01.01.1995\\
Belgien & 01.01.1995\\ Belize     & 01.01.1995\\
\end{xtabular}
\end{center}
```

xtabular-Demo

Land	*Eintritt*
Ägypten	30.06.1995
Albanien	08.09.2000
Angola	23.11.1996
Antigua-et-Barbuda	01.01.1995
Antillen	21.01.1996
	Fortsetzung ...

Seite 1

xtabular-Demo

Land	*Eintritt*
Arabische Emirate	10.04.1996
Argentinien	01.01.1995
Armenien	05.02.2003
Australien	01.01.1995
Bahrein	01.01.1995
Bangladesch	01.01.1995
Barbados	01.01.1995
Belgien	01.01.1995
	Fortsetzung ...

Seite 2

xtabular-Demo

Land	*Eintritt*
Belize	01.01.1995

Seite 3

Alle *Definitionen* müssen mindestens einer Tabellenzeile entsprechen und können im einfachsten Fall ein **\hline** enthalten. Sind **\tablefirsthead** oder **\tablelasttail** nicht definiert, werden sie automatisch durch **\tablehead** beziehungsweise **\tabletail** ersetzt.

3.6.3 Tabellenüber- und Tabellenunterschriften

Das Paket **xtab** weist ebenfalls drei verschiedene Makros für das Setzen der sogenannten »caption« auf:

\tablecaption [*LOT-Eintrag*] {*Text*}
\topcaption [*LOT-Eintrag*] {*Text*}
\bottomcaption [*LOT-Eintrag*] {*Text*}

Das optionale Argument *LOT-Eintrag* ersetzt bei Verwendung wieder den standardmäßigen Eintrags von *Text* in das Tabellenverzeichnis (List of Tables). Durch Anwendung von **\tablecaption** wird sie an die durch die verwendete Dokumentenklasse festgelegte Position gesetzt. Entscheidend dafür ist, ob die Klasse **\@topcaptionfalse** oder **\@topcaptiontrue** vorgibt. Diese Vorgabe lässt sich natürlich jederzeit überschreiben. Mit den anderen beiden Makros kann man gezielt diese Vorgabe ignorieren und beispielsweise mit **\bottomcaption** eine Unterschrift erzwingen. Das bekannte Paket **caption** unterstützt mit all seinen Funktionen auch das **xtab** Paket.

```
\usepackage{xtab}
\usepackage[labelfont=bf,font=sf]{caption}

\tablecaption{Demonstration einer Tabellenüberschrift.}
\tablefirsthead{\hline \emph{Land} & \emph{Eintritt}\\\hline}
\tablehead{\emph{Land} & \emph{Eintritt}\\\hline}
\tabletail{\hline \multicolumn{2}{r@{}}{Fortsetzung \ldots}\\}
\tablelasttail{\hline}
\begin{xtabular}{@{}p{0.5\linewidth} r@{}}
Ägypten            & 30.06.1995\\ Albanien    & 08.09.2000\\ Angola            & 23.11.1996\\
Antigua-et-Barbuda & 01.01.1995\\ Antillen    & 21.01.1996\\ Arabische Emirate & 10.04.1996\\
Argentinien        & 01.01.1995\\ Armenien    & 05.02.2003\\ Australien        & 01.01.1995\\
Bahrein            & 01.01.1995\\ Bangladesch & 01.01.1995\\ Barbados          & 01.01.1995\\
Belgien            & 01.01.1995\\ Belize      & 01.01.1995\\
\end{xtabular}
```

xtabular-Demo

Tabelle 1: Demonstration einer Tabellenüberschrift.

Land	*Eintritt*
Ägypten	30.06.1995
Albanien	08.09.2000
Angola	23.11.1996
Antigua-et-Barbuda	01.01.1995
	Fortsetzung …

Seite 1

xtabular-Demo

Land	*Eintritt*
Antillen	21.01.1996
Arabische Emirate	10.04.1996
Argentinien	01.01.1995
Armenien	05.02.2003
Australien	01.01.1995
Bahrein	01.01.1995
Bangladesch	01.01.1995
Barbados	01.01.1995
	Fortsetzung …

Seite 2

xtabular-Demo

Land	*Eintritt*
Belgien	01.01.1995
Belize	01.01.1995

Seite 3

3.6.4 Fußnoten

Prinzipiell gilt hier das bereits in Abschnitt 3.5.4 auf Seite 143 zum Thema Fußnoten Gesagte. Es muss auch hier wieder auf die Unterscheidung **\footnotemark** und **\footnotetext** zurückgegriffen werden, wie es schon im Beispiel 03-03-3 auf Seite 134 gezeigt wurde.

```
\usepackage{xtab}
\tablefirsthead{\hline \emph{Land} & \emph{Eintritt}\\\hline}
\tablehead{\emph{Land} & \emph{Eintritt}\\\hline}
\tabletail{\hline \multicolumn{2}{r@{}}{Fortsetzung \ldots}\\}
\tablelasttail{\hline}
Text\footnote{Vor dem Text} und Fußnote.
\begin{center}
\begin{xtabular}{@{}p{0.5\linewidth} r@{}}
Ägypten\footnotemark& 30.06.1995 \\ Albanien          & 08.09.2000 \\
Angola              & 23.11.1996 \\ Antigua-et-Barbuda & 01.01.1995 \\
Antillen\footnotemark& 21.01.1996\\ Arabische Emirate  & 10.04.1996 \\
Argentinien& 01.01.1995\\ Armenien   & 05.02.2003\\ Australien & 01.01.1995\\
Bahrein    & 01.01.1995\\ Bangladesch& 01.01.1995\\ Barbados   & 01.01.1995\\
Belgien    & 01.01.1995\\ Belize\footnotemark & 01.01.1995 \\
\end{xtabular}
\addtocounter{footnote}{-3}
\stepcounter{footnote}\footnotetext{Erste Fußnote}
\stepcounter{footnote}\footnotetext{Zweite Fußnote}
\stepcounter{footnote}\footnotetext{Dritte Fußnote}
\end{center}
Text\footnote{Nach dem Text} und Fußnote.
```

xtabular-Demo

Text[1] und Fußnote.

Land	*Eintritt*
Ägypten[2]	30.06.1995
Albanien	08.09.2000
Angola	23.11.1996
Antigua-et-Barbuda	01.01.1995
	Fortsetzung …

[1]Vor dem Text

Seite 1

xtabular-Demo

Land	*Eintritt*
Antillen[3]	21.01.1996
Arabische Emirate	10.04.1996
Argentinien	01.01.1995
Armenien	05.02.2003
Australien	01.01.1995
Bahrein	01.01.1995
Bangladesch	01.01.1995
Barbados	01.01.1995
	Fortsetzung …

Seite 2

xtabular-Demo

Land	*Eintritt*
Belgien	01.01.1995
Belize[4]	01.01.1995

Text[5] und Fußnote.

[2]Erste Fußnote
[3]Zweite Fußnote
[4]Dritte Fußnote
[5]Nach dem Text

Seite 3

Dies hat aber den Nachteil, dass die Fußnoten alle geschlossen am Ende der Tabelle erscheinen, was bei längeren Tabellen ungünstig sein kann, wenn zwischen Fußnotenzeichen und zugehörigem Text mehrere Seiten liegen. Die Anwendung der **mpxtabular**-Umgebung ist daher zu empfehlen, wenn außer den Tabellenfußnoten keine weiteren Fußnoten auf der ersten oder letzten Tabellenseite erscheinen. Denn innerhalb der **minipage** werden die Fußnoten mit einem eigenen Fußnotenstrich direkt hinter die Tabelle gesetzt und zusätzlich mit Buchstaben gezählt. Wie das folgende Beispiel zeigt, ist dadurch zwar eine klare Unterscheidung gegeben, aber von der äußeren Form unzureichend. Hier sollte man auf die Fußnoten direkt vor und/oder nach der Tabelle verzichten.

```
\usepackage{xtab}
\tablefirsthead{\hline \emph{Land} & \emph{Eintritt}\\\hline}
\tablehead{\emph{Land} & \emph{Eintritt}\\\hline}
\tabletail{\hline \multicolumn{2}{r@{}}{Fortsetzung \ldots}\\}
\tablelasttail{\hline}
Text\footnote{Vor dem Text} und Fußnote.
\begin{center}
\begin{mpxtabular}{@{}p{0.5\linewidth} r@{}}
Ägypten\footnote{Erste Fußnote}& 30.06.1995 \\ Albanien & 08.09.2000 \\
Angola              & 23.11.1996 \\ Antigua-et-Barbuda  & 01.01.1995 \\
Antillen\footnote{Zweite Fußnote}& 21.01.1996\\ Arabische Emirate & 10.04.1996 \\
Argentinien & 01.01.1995\\ Armenien    & 05.02.2003\\ Australien & 01.01.1995\\
Bahrein     & 01.01.1995\\ Bangladesch & 01.01.1995\\ Barbados & 01.01.1995\\
Belgien     & 01.01.1995\\ Belize\footnote{Dritte Fußnote} & 01.01.1995 \\
\end{mpxtabular}
\end{center}
Text\footnote{Nach dem Text} und Fußnote.
```

xtabular-Demo

Text[1] und Fußnote.

Land	*Eintritt*
Ägypten[a]	30.06.1995
Albanien	08.09.2000
Angola	23.11.1996
Antigua-et-Barbuda	01.01.1995
	Fortsetzung …

[a]Erste Fußnote

[1]Vor dem Text

Seite 1

xtabular-Demo

Land	*Eintritt*
Antillen[a]	21.01.1996
Arabische Emirate	10.04.1996
Argentinien	01.01.1995
Armenien	05.02.2003
Australien	01.01.1995
Bahrein	01.01.1995
Bangladesch	01.01.1995
	Fortsetzung …

[a]Zweite Fußnote

Seite 2

xtabular-Demo

Land	*Eintritt*
Barbados	01.01.1995
Belgien	01.01.1995
Belize[a]	01.01.1995

[a]Dritte Fußnote

Text[2] und Fußnote.

[2]Nach dem Text

Seite 3

```
\usepackage{xtab}
\tablefirsthead{\hline \emph{Land} & \emph{Eintritt}\\\hline}
\tablehead{\emph{Land} & \emph{Eintritt}\\\hline}
\tabletail{\hline \multicolumn{2}{r@{}}{Fortsetzung \ldots}\\}
\tablelasttail{\hline}
Text ohne Fußnote. \par\medskip
\begin{mpxtabular*}{\linewidth}{@{}p{0.5\linewidth} @{\extracolsep{\fill}} r@{}}
Ägypten\footnote{Erste Fußnote}& 30.06.1995 \\ Albanien & 08.09.2000 \\
Angola              & 23.11.1996 \\ Antigua-et-Barbuda  & 01.01.1995 \\
Antillen\footnote{Zweite Fußnote}& 21.01.1996\\ Arabische Emirate & 10.04.1996 \\
Argentinien & 01.01.1995\\ Armenien    & 05.02.2003\\ Australien & 01.01.1995\\
Bahrein     & 01.01.1995\\ Bangladesch & 01.01.1995\\ Barbados & 01.01.1995\\
Belgien     & 01.01.1995\\ Belize\footnote{Dritte Fußnote} & 01.01.1995 \\
\end{mpxtabular*}
\par\medskip
Text ohne Fußnote.
```

xtabular-Demo

Text ohne Fußnote.

Land	*Eintritt*
Ägypten[a]	30.06.1995
Albanien	08.09.2000
Angola	23.11.1996
Antigua-et-Barbuda	01.01.1995
	Fortsetzung …

[a]Erste Fußnote

Seite 1

xtabular-Demo

Land	*Eintritt*
Antillen[a]	21.01.1996
Arabische Emirate	10.04.1996
Argentinien	01.01.1995
Armenien	05.02.2003
Australien	01.01.1995
Bahrein	01.01.1995
Bangladesch	01.01.1995
	Fortsetzung …

[a]Zweite Fußnote

Seite 2

xtabular-Demo

Land	*Eintritt*
Barbados	01.01.1995
Belgien	01.01.1995
Belize[a]	01.01.1995

[a]Dritte Fußnote

Text ohne Fußnote.

Seite 3

3.6.5 TEXnisches

Der Seitenumbruch kann durch das Makro **`\shrinkheight`** beeinflusst werden, um eine bessere Aufteilung der Seiten zu erreichen. Das Makro *muss* nach der ersten Tabellenzeile mit einer Länge als Parameter aufgerufen werden.

`\shrinkheight{`*Länge***`}`**

Eine positive Längenangabe verringert den zur Verfügung stehenden Platz und eine negative erhöht diesen. In der Regel wird man auf Vielfache von **`\normalbaselineskip`** bezug nehmen, da innerhalb der Tabelle **`\baselineskip`** intern auf den Wert 0 pt gesetzt wird. Das folgende Beispiel ist bis auf die Anwendung des **`\shrinkheight`** Makros identisch zum Beispiel 03-06-4 auf Seite 148.

```
\usepackage{xtab}
\usepackage[labelfont=bf,font=sf]{caption}
\usepackage[ngerman]{babel}

\tablecaption{Demonstration einer Tabellenüberschrift.}
\tablefirsthead{\hline \emph{Land} & \emph{Eintritt}\\\hline}
\tablehead{\emph{Land} & \emph{Eintritt}\\\hline}
\tabletail{\hline \multicolumn{2}{r@{}}{Fortsetzung \ldots}\\}
\tablelasttail{\hline}
\begin{center}
\begin{xtabular}{@{}p{0.5\linewidth} r@{}}
Ägypten           & 30.06.1995\\ \shrinkheight{-4\normalbaselineskip}
Albanien   & 08.09.2000\\ Angola     & 23.11.1996\\
Antigua-et-Barbuda& 01.01.1995\\ Antillen   & 21.01.1996\\
Arabische Emirate & 10.04.1996\\ Argentinien& 01.01.1995\\ Armenien   & 05.02.2003\\
Australien        & 01.01.1995\\ Bahrein    & 01.01.1995\\ Bangladesch& 01.01.1995\\
Barbados          & 01.01.1995\\ Belgien    & 01.01.1995\\ Belize     & 01.01.1995\\
\end{xtabular}
\end{center}
```

xtabular-Demo

Tabelle 1: Demonstration einer Tabellenüberschrift.

Land	*Eintritt*
Ägypten	30.06.1995
Albanien	08.09.2000
Angola	23.11.1996
Antigua-et-Barbuda	01.01.1995
Antillen	21.01.1996
Arabische Emirate	10.04.1996

Fortsetzung …

Seite 1

xtabular-Demo

Land	*Eintritt*
Argentinien	01.01.1995
Armenien	05.02.2003
Australien	01.01.1995
Bahrein	01.01.1995
Bangladesch	01.01.1995
Barbados	01.01.1995
Belgien	01.01.1995
Belize	01.01.1995

Seite 2

3.7 tabularray

Das Paket **tabularray** von Jianrui Lyu versucht alle Tabelleneigenschaften, die von den anderen Paketen unterstützt werden, zusammenzufassen und gleichermaßen zu ermöglichen. Der Paketname deutet außerdem darauf hin, dass auch die im mathematischen Modus benutzte Umgebung **array** mit unterstützt wird.

Bereits die einfache Anwendung ohne weitere Parametersetzung berücksichtigt die Eigenschaften von **booktabs**: Größere vertikale Abstände zu horizontalen Linien. Was den Umgang mit dem Paket etwas erschwert, ist zum einen die Vielzahl der Parameter und zum anderen die Möglichkeit, mit unterschiedlicher Syntax dieselbe Ausgabe zu erhalten.

```
\usepackage{amsmath,tabularray}

\begin{center} Standard:
\begin{tabular}{lccr}\hline   %% STANDARD
Alpha & Beta  & Gamma  & Delta \\\hline  Epsilon & Zeta  & Eta & Theta \\\hline
Iota  & Kappa & Lambda & Mu    \\\hline
\end{tabular}\par\medskip
\texttt{tabularray}:
\begin{tblr}{lccr}\hline      %% TABULARRAY
Alpha & Beta  & Gamma  & Delta \\\hline Epsilon & Zeta  & Eta & Theta \\\hline
Iota  & Kappa & Lambda & Mu    \\\hline
\end{tblr}

\bigskip%                     array im mathematischen Modus
$\begin{array}{rrr}\hline     %% STANDARD
\dfrac{2}{3} & \dfrac{2}{3} & \dfrac{1}{3} \\ \dfrac{2}{3} & -\dfrac{1}{3} & -\dfrac{2}{3}\\
\dfrac{1}{3} &-\dfrac{2}{3} & \dfrac{2}{3} \\\hline
\end{array}$
\qquad
$\begin{tblr}{rrr}\hline      %% TABULARRAY
\dfrac{2}{3} & \dfrac{2}{3} & \dfrac{1}{3} \\  \dfrac{2}{3} & -\dfrac{1}{3} & -\dfrac{2}{3}\\
\dfrac{1}{3} &-\dfrac{2}{3} & \dfrac{2}{3} \\\hline
\end{tblr}$
\qquad                        %% TABULARRAY
```

```
$\begin{tblr}{column{1} = {mode=text}, column{3} = {mode=dmath},}\hline
  Alpha   & \frac12 & \frac12 \\ Epsilon & \frac34 & \frac34 \\
  Iota    & \frac56 & \frac56 \\\hline
\end{tblr}$
\end{center}
```

Standard:

Alpha	Beta	Gamma	Delta
Epsilon	Zeta	Eta	Theta
Iota	Kappa	Lambda	Mu

tabulararray:

Alpha	Beta	Gamma	Delta
Epsilon	Zeta	Eta	Theta
Iota	Kappa	Lambda	Mu

$\frac{2}{3}$	$\frac{2}{3}$	$\frac{1}{3}$
$\frac{2}{3}$	$-\frac{1}{3}$	$-\frac{2}{3}$
$\frac{1}{3}$	$-\frac{2}{3}$	$\frac{2}{3}$

$\frac{2}{3}$	$\frac{2}{3}$	$\frac{1}{3}$
$\frac{2}{3}$	$-\frac{1}{3}$	$-\frac{2}{3}$
$\frac{1}{3}$	$-\frac{2}{3}$	$\frac{2}{3}$

Alpha	$\frac{1}{2}$	$\frac{1}{2}$
Epsilon	$\frac{3}{4}$	$\frac{3}{4}$
Iota	$\frac{5}{6}$	$\frac{5}{6}$

Die allgemeine Syntax der Umgebung **tblr** lautet:

\begin{tblr} [*pos*] {*Spaltendefinition*} ...**\end{tablr}**
\NewTblrEnviron{*Name*}
\SetTblrOuter [*Name*] {*Code*}
\SetTblrInner [*Name*] {*Key/Value Angaben*}
\NewColumnType{*Name*} [*Anzahl Parameter*] {*Definition*}
\SetCell [*Key-Value*] {*h*}

Sowohl für die Spalten als auch die Zeilen lassen sich individuelle Einstellungen bezüglich Schriftart, Breite, Höhe, ... über die so genannten »key-value«-Angaben vornehmen. Im folgenden Beispiel werden zwei Spalten definiert: Eine **p**-Spalte mit **t{0.1\textwidth}**, was einer Ausrichtung an der ersten Zeile (top) mit einer Breite von 10 % der Zeilenbreite entspricht. Die zweite Spalte ist eine *normale* **X**-Spalte, die sich automatisch auf die Zeilenbreite bezieht.

1.	stuff
2.	stuff
Reports and some other stuff	
AB CD EF	stuff

```
\usepackage{tabularray}

\begin{tblr}{
  colspec    = {|t{0.1\textwidth}|X|},          % t)op, X
  column{1}  = {font=\bfseries},                % Nur Spalte 1
  row{3}     = {5em,font=\itshape\bfseries},    % Höhe der Zeile
  cell{3}{1} = {c=2}{m,font=\large\bfseries}, % multicolumn
  hlines,
}
  1.        & stuff \\
  2.        & stuff \\
  Reports and some other stuff\\
  AB CD EF & stuff \\
\end{tblr}
```

3.7.1 Zellenausrichtung

```
\usepackage{tabularray} \usepackage{xcolor}
\NewTblrEnviron{spectblr}   \SetTblrOuter[spectblr]{long}% Seitenumbruch möglich!
\SetTblrInner[spectblr]{ hlines={white}, column{1}={font=\small\ttfamily}, column{2}={co=1}, colsep=5pt,
  row{odd}={brown!20}, row{even}={black!10}, row{1}={fg=white, bg=blue!20, font=\itshape\sffamily}, rowhead=1}

\begin{spectblr}[caption={Optionen für Spalten}, label={key:column}, remark{Anmerkung}={Bei den kursiv
  dargestellten Optionen kann auch nur der Wert ohne zugehöriges Schlüsselwort angegeben werden.}]{verb}
  Name      & Beschreibung und Werte & Vorgabe \\
  \emph{\texttt{halign}} & horizontal alignment: (l)eft, (c)enter, (r)ight oder (j)ustify & \texttt{j} \\
  \emph{valign} & vertical alignment: (t)op, (m)iddle, (b)ottom, (h)ead oder (f)oot & \texttt{t} \\
  \emph{wd} & width dimension &--\\ \emph{co} & coefficient for the extendable column (\texttt{X} column) & --\\
  \emph{bg} & background color name &--\\  fg & foreground color name &--\\ font & font commands &--\\
  mode      & set mode for column cells: \texttt{math}, \texttt{imath}, \texttt{dmath} or \texttt{text} &--\\
  \$        & same as \texttt{mode=math} &--\\  \$\$ & same as \texttt{mode=dmath} &--\\
  cmd       & execute command for every cell text &--\\ leftsep & set horizontal space to the left of the column
              & \texttt{6pt} \\
  leftsep+  & increase horizontal space to the left of the column &--\\
  rightsep  & set horizontal space to the right of the column & \texttt{6pt} \\
  rightsep+ & increase horizontal space to the right of the column &--\\
  colsep    & set horizontal space to both sides of the column & \texttt{6pt} \\
  colsep+   & increase horizontal space to both sides of the column &--\\
  preto     & prepend text to every cell (like \texttt{>} specifier in \texttt{colspec}) &--\\
  appto     & append text to every cell (like \texttt{<} specifier in \texttt{colspec}) &--\\
\end{spectblr}
```

Tabelle 3.7.1: Optionen für Spalten

Name	*Beschreibung und Werte*	*Vorgabe*
halign	horizontal alignment: (l)eft, (c)enter, (r)ight oder (j)ustify	j
valign	vertical alignment: (t)op, (m)iddle, (b)ottom, (h)ead oder (f)oot	t
wd	width dimension	–
co	coefficient for the extendable column (X column)	–
bg	background color name	–
fg	foreground color name	–
font	font commands	–
mode	set mode for column cells: math, imath, dmath or text	–
$	same as mode=math	–
$$	same as mode=dmath	–
cmd	execute command for every cell text	–
leftsep	set horizontal space to the left of the column	6pt
leftsep+	increase horizontal space to the left of the column	–
rightsep	set horizontal space to the right of the column	6pt
rightsep+	increase horizontal space to the right of the column	–
colsep	set horizontal space to both sides of the column	6pt
colsep+	increase horizontal space to both sides of the column	–
preto	prepend text to every cell (like > specifier in colspec)	–
appto	append text to every cell (like < specifier in colspec)	–

Anmerkung: Bei den kursiv dargestellten Optionen kann auch nur der Wert ohne zugehöriges Schlüsselwort angegeben werden.

Die **Q**-Spalte erlaubt die Ausrichtung der Spalte, sowie die Anordnung innerhalb der Zelle: **Q[c,m]** bedeutet beispielsweise eine **c**-Spalte mit vertikaler Zentrierung der jeweiligen Zellen (middle). Die Option **t** entspricht einer **p**-Spalte, erscheint jedoch verständlicher

```
\usepackage{tabularray} \usepackage{xcolor}
\NewTblrEnviron{spectblr} \SetTblrOuter[spectblr]{long}% Seitenumbruch möglich!
\SetTblrInner[spectblr]{hlines={white}, column{1}={font=\small\ttfamily}, column{2}={co=1},
  column{3}={font=\ttfamily}, colsep=5pt, row{odd}={brown!20}, row{even}={black!10}, row{1}={fg=white,
  bg=blue!20, font=\itshape\sffamily}, rowhead=1}

\begin{spectblr}[caption={Optionen für Zeilen}, label={key:row}, remark{Anmerkung}={Bei den kursiv
  dargestellten Optionen kann auch nur der Wert ohne zugehöriges Schlüsselwort angegeben werden.}]{verb}
  Name      & Beschreibung und Werte & Vorgabe \\
  \emph{halign} & horizontal alignment: (l)eft, (c)enter, (r)ight oder (j)ustify & j \\
  \emph{valign} & vertical alignment: (t)op, (m)iddle, (b)ottom, (h)ead oder (f)oot & t \\
  \emph{ht} & height dimension & --\\ \emph{bg} & background color name & --\\
  fg        & foreground color name & -- \\ font & font commands & -- \\
  mode      & set mode for row cells: \texttt{math}, \texttt{imath}, \texttt{dmath} oder \texttt{text} & -- \\
  \$        & same as \texttt{mode=math} & -- \\  \$\$ & same as \texttt{mode=dmath} & -- \\
  cmd       & execute command for every cell text & --\\ abovesep & set vertical space above the row & 2pt\\
  abovesep+ & increase vertical space above the row & --\\ belowsep & set vertical space below the row & 2pt \\
  belowsep+ & increase vertical space below the row & --\\ rowsep & set vertical space above and below the row
  rowsep+   & increase vertical space above and below the row & -- \\
  preto     & prepend text to every cell (like \texttt{>} specifier in \texttt{rowspec}) & -- \\
  appto     & append text to every cell (like \texttt{<} specifier in \texttt{rowspec}) & -- \\
\end{spectblr}
```

Tabelle 3.7.2: Optionen für Zeilen

Name	*Beschreibung und Werte*	*Vor*
halign	horizontal alignment: (l)eft, (c)enter, (r)ight oder (j)ustify	j
valign	vertical alignment: (t)op, (m)iddle, (b)ottom, (h)ead oder (f)oot	t
ht	height dimension	--
bg	background color name	--
fg	foreground color name	--
font	font commands	--
mode	set mode for row cells: math, imath, dmath oder text	--
$	same as mode=math	--
$$	same as mode=dmath	--
cmd	execute command for every cell text	--
abovesep	set vertical space above the row	2pt
abovesep+	increase vertical space above the row	--
belowsep	set vertical space below the row	2pt
belowsep+	increase vertical space below the row	--
rowsep	set vertical space above and below the row	2pt
rowsep+	increase vertical space above and below the row	--
preto	prepend text to every cell (like > specifier in rowspec)	--
appto	append text to every cell (like < specifier in rowspec)	--

Anmerkung: Bei den kursiv dargestellten Optionen kann auch nur der Wert ohne zugehö Schlüsselwort angegeben werden.

Top Baseline Left Left	Middle Center	Right Right Bottom Baseline

```
\usepackage{tabularray}

\begin{tblr}{|Q[l,t]|Q[c,m]|Q[r,b]|}\hline
 {\rlap{\rule{7.5cm}{0.1pt}}%
     Top Baseline \\ Left Left} &  Middle Center &
 {Right Right \\ Bottom Baseline} \\\hline
\end{tblr}
```

```
\usepackage{tabularray}

\begin{tblr}{Q[h,4em]Q[t,4em]Q[m,4em]Q[b,4em]Q[f,4em]}\hline
 {row\\head} & {top\\line} & {middle} & {line\\bottom} & {row\\foot} \\\hline
 {row\\head} & {top\\line} & {11\\22\\mid\\44\\55} & {line\\bottom} & {row\\foot} \\\hline
\end{tblr}
```

row head	top line	middle	line bottom	row foot
row head	top line	11 22 mid 44 55	line bottom	row foot

3.7.2 Tabellenzellen mit möglichem Umbruch

In Standard-LaTeX ist ein Zeilenumbruch in den einfachen Spaltentypen **l**, **r** und **c** nicht ohne weiteres möglich. Mit **tabularray** können die Zelleninhalte einfach in geschweifte Klammern gesetzt werden, womit sie dann die Anwendung des Zeilenendebefehls **** für einen Umbruch erlauben.

Left	Center Cent C	Right R r
L Left	C Cent Center	R r

```
\usepackage{tabularray}

\begin{tblr}{|l|c|r|}\hline
 Left & {Center\\ Cent\\ C} & {Right\\R\\r} \\\hline
 {L\\ Left} & {C\\ Cent\\ Center} & {R\\r}  \\\hline
\end{tblr}
```

Die einzelnen Zellen werden dann so breit, wie die breiteste Zeile einer mehrzeiligen Zelle. Mit dem Befehl **\multirow** oder **\SetCell** ist eine Festlegung der Zellenbreite möglich. Die Parameter **h** und **f** stehen hier für *head* und *foot*.

Multirow Cell One	Alpha Beta Gamma Delta	Multirow Cell Two	Alpha Beta Gamma Delta

```
\usepackage{tabularray}

\begin{tblr}{|l|l|l|l|}\hline
\SetCell[r=4]{h,1.5cm} Multirow Cell One & Alpha &
\SetCell[r=4]{f,1.5cm} Multirow Cell Two & Alpha \\
  & Beta  & & Beta \\ & Gamma & & Gamma \\
  & Delta & & Delta \\\hline
\end{tblr}
```

3.7.3 Mehrzeilige und mehrspaltige Zellen

Die Kombination von **\multirow** und **\multicolumn** ist mit den Paketen **array** und **multirow** relativ aufwändig. Das Paket **tabularray** versucht dies zu vereinfachen. Die Festlegung **\SetCell[r=4]{h,1.5cm}** bedeutet die Definition einer Zelle, die über vier Zeilen geht, am Kopf (header) ausgerichtet und **1.5 cm** breit ist.

```
\usepackage{tabularray}

\begin{tblr}{|c|c|c|c|c|}\hline
 1-1    & 1-2      & 1-3                                & 1-4 & 1-5 \\\hline
\SetCell[r=2]{c}2 Rows & \SetCell[c=2]{c} 2 Columns
        &          & \SetCell[r=2,c=2]{c} 2 Rows 2 Columns &           \\\hline
        & 2-2      & 2-3                                &     &     \\\hline
 3-1    & 3-2      & 3-3                                & 3-4 & 3-5 \\\hline
\end{tblr}
```

1-1	1-2	1-3	1-4	1-5
2 Rows	2 Columns		2 Rows 2 Columns	
	2-2	2-3		
3-1	3-2	3-3	3-4	3-5

3.7.4 Spaltentypen

Das Paket **tabularray** definiert faktisch nur einen Spaltengrundtyp: Die sogenannte **Q**-Spalte, die schon in Abschnitt 3.7.1 auf Seite 155 erläutert wurde. Ausgehend von dieser Festlegung kann über optionale und verpflichtende Parameter das Verhalten festgelegt werden.

Alpha	$\frac{1}{2}$	$\dfrac{1}{2}$
Epsilon	$\frac{3}{4}$	$\dfrac{3}{4}$
Iota	$\frac{5}{6}$	$\dfrac{5}{6}$

```
\usepackage{tabularray}

\begin{tblr}{Q[l]Q[r,$]Q[r,$$]}\hline
  Alpha   & \frac12 & \frac12 \\
  Epsilon & \frac34 & \frac34 \\
  Iota    & \frac56 & \frac56 \\\hline
\end{tblr}
```

Neue Spaltentypen können mit dem Befehl **\NewColumnType** erstellt werden, wobei folgende Typen bereits definiert sind:

```
\NewColumnType{l}{Q[l]}
\NewColumnType{c}{Q[c]}
\NewColumnType{r}{Q[r]}
\NewColumnType{t}[1]{Q[t,wd=#1]}
\NewColumnType{m}[1]{Q[m,wd=#1]}
\NewColumnType{b}[1]{Q[b,wd=#1]}
\NewColumnType{h}[1]{Q[h,wd=#1]}
\NewColumnType{f}[1]{Q[f,wd=#1]}
\NewColumnType{X}[1][]{Q[co=1,#1]}
```

Alpha	Beta	Gamma Gamma
Epsilon	Zeta	Eta Eta
Iota	Kappa	Lambda Lambda

```
\usepackage{tabularray}

\begin{tblr}{|t{15mm}|m{20mm}|b{25mm}|}
 Alpha   & Beta  & {Gamma\\Gamma}   \\
 Epsilon & Zeta  & {Eta\\Eta}       \\
 Iota    & Kappa & {Lambda\\Lambda}\\
\end{tblr}
```

3.7.5 Zeilentypen

Analog zur Spalte gibt es auch für die Zeile einen Typ, die sogenannte **Q**-Zeile. Ausgehend von dieser sind auch hier bereits einige hiervon abhängige Zeilentypen definiert:

```
\NewRowType{l}{Q[l]}
\NewRowType{c}{Q[c]}
\NewRowType{r}{Q[r]}
\NewRowType{t}[1]{Q[t,ht=#1]}
\NewRowType{m}[1]{Q[m,ht=#1]}
\NewRowType{b}[1]{Q[b,ht=#1]}
\NewRowType{h}[1]{Q[h,ht=#1]}
\NewRowType{f}[1]{Q[f,ht=#1]}
```

Die Angaben beziehen sich jetzt auf die Zeilenhöhen, während die Zeilenbreite dem Inhalt angepasst wird.

Alpha	Beta	Gamma Gamma
Epsilon	Zeta	Eta Eta
Iota	Kappa	Lambda Lambda

```
\usepackage{tabularray}

\begin{tblr}{rowspec={|t{10mm}|m{20mm}|b{15mm}|}}
 Alpha   & Beta  & {Gamma\\Gamma} \\
 Epsilon & Zeta  & {Eta\\Eta} \\
 Iota    & Kappa & {Lambda\\Lambda} \\
\end{tblr}
```

Seitenumbruch

Im Gegensatz zu den anderen Tabellenpaketen, die einen Seitenumbruch ermöglichen, wird bei **tabularray** die Festlegung für eventuelle Kopf- und Fußzeilen im Tabellenkopf über Parameter oder durch Makros *vor* der Tabelle vorgenommen.

```
\begin{longtblr}[pos]{Spaltendefinition}...\end{longtablr}
```

Das folgende Beispiel verwendet **X**-Spalten, ist somit eine Kombination aus den Paketen **tabularx** und **longtable**.

```
\usepackage{xcolor,tabularray}
\NewTblrTheme{fancy}{%
  \SetTblrStyle{firsthead}{font=\bfseries}\SetTblrStyle{firstfoot}{fg=blue2}
  \SetTblrStyle{middlefoot}{\itshape}\SetTblrStyle{caption-tag}{red2}}
\begin{longtblr}[theme=fancy, caption={A Long Long Long Long Long Long Long Table},entry={Short Caption},
  label={tblr:test},note{a}={It is the first footnote.},
  note{$\dag$}={It is the second long long long long long long footnote.},
  remark{Note}={Some general note. Some general note. Some general note.},
  remark{Source}={Made up by myself. Made up by myself. Made up by myself.}]{
  colspec={XXX}, width=0.85\linewidth, rowhead=2, rowfoot=1, row{odd}={gray9}, row{even}={brown9},
  row{1-2} = {purple7}, row{Z} = {blue7}}\hline
 Head    & Head  & Head   \\\hline  Head  & Head & Head \\\hline  Alpha & Beta  & Gamma  \\\hline
 Epsilon & Zeta\TblrNote{a} & Eta \\\hline
 Iota & Kappa\TblrNote{$\dag$} & Lambda \\\hline Nu & Xi & Omicron \\\hline
 Rho     & Sigma & Tau \\\hline Phi  & Chi   & Psi \\\hline   Alpha   & Beta  & Gamma   \\\hline
 Epsilon & Zeta  & Eta \\\hline Iota & Kappa & Lambda \\\hline   Nu & Xi & Omicron \\\hline
 Rho     & Sigma & Tau \\\hline Phi  & Chi   & Psi \\\hline  Alpha   & Beta  & Gamma \\\hline
 Epsilon & Zeta  & Eta \\\hline Iota & Kappa & Lambda \\\hline  Nu & Xi & Omicron \\\hline
 Rho     & Sigma & Tau \\\hline Phi  & Chi   & Psi \\\hline  Alpha   & Beta  & Gamma \\\hline
 Epsilon & Zeta  & Eta \\\hline Iota & Kappa & Lambda \\\hline  Nu & Xi & Omicron \\\hline
 Rho     & Sigma & Tau \\\hline Phi  & Chi   & Psi     \\\hline Alpha & Beta  & Gamma   \\\hline
 Epsilon & Zeta  & Eta \\\hline Iota & Kappa & Lambda  \\\hline Nu    & Xi    & Omicron \\\hline
 Rho     & Sigma & Tau \\\hline Phi  & Chi   & Psi     \\\hline Alpha & Beta  & Gamma   \\\hline
 Epsilon & Zeta  & Eta \\\hline Iota & Kappa & Lambda  \\\hline Nu    & Xi    & Omicron \\\hline
 Rho     & Sigma & Tau \\\hline Phi  & Chi   & Psi     \\\hline Alpha & Beta  & Gamma   \\\hline
\end{longtblr}
```

Table 1: A Long Long Long Long Long Long Long Table

Head	Head	Head
Head	Head	Head
Alpha	Beta	Gamma
Epsilon	Zeta[a]	Eta
Iota	Kappa[†]	Lambda
Nu	Xi	Omicron
Rho	Sigma	Tau
Phi	Chi	Psi
Alpha	Beta	Gamma
Epsilon	Zeta	Eta
Iota	Kappa	Lambda
Nu	Xi	Omicron
Rho	Sigma	Tau
Phi	Chi	Psi
Alpha	Beta	Gamma
Epsilon	Zeta	Eta
Iota	Kappa	Lambda
Alpha	Beta	Gamma

Continued on next page

Table 1: A Long Long Long Long Long Long Long Table (Continued)

Head	Head	Head
Head	Head	Head
Nu	Xi	Omicron
Rho	Sigma	Tau
Phi	Chi	Psi
Alpha	Beta	Gamma
Epsilon	Zeta	Eta
Iota	Kappa	Lambda
Nu	Xi	Omicron
Rho	Sigma	Tau
Phi	Chi	Psi
Alpha	Beta	Gamma
Epsilon	Zeta	Eta
Iota	Kappa	Lambda
Nu	Xi	Omicron
Rho	Sigma	Tau
Phi	Chi	Psi
Alpha	Beta	Gamma

Continued on next page

Table 1: A Long Long Long Long Long Long Long Table (Continued)

Head	Head	Head
Head	Head	Head
Alpha	Beta	Gamma
Epsilon	Zeta	Eta
Iota	Kappa	Lambda
Nu	Xi	Omicron
Rho	Sigma	Tau
Phi	Chi	Psi
Alpha	Beta	Gamma

[a] It is the first footnote.
[†] It is the second long long long long long long footnote.
Note: Some general note. Some general note. Some general note.
Source: Made up by myself. Made up by myself. Made up by myself.

Das Paket ermöglicht die Definition eigener Themen, die dann über das Schlüsselwort **theme** der Umgebung **longtblr** zugewiesen werden. Wegen der Vielzahl an möglichen Parametern wird an dieser Stelle auf die Dokumentation des Paketes verwiesen. Das Paket befindet sich zum aktuellen Zeitpunkt noch in der Entwicklung, sodass man in jedem Fall die aktuelle Dokumentation konsultieren sollte, um alle Änderungen und/ oder Neuigkeiten zu erfahren. (Lyu 2022)

```
\usepackage{xcolor,tabularray}
\DefTblrTemplate{contfoot-text}{default}{Fortsetzung $\rightarrow$}
\DefTblrTemplate{conthead-text}{default}{(Fortsetzung)}
\DefTblrTemplate{caption-text}{short}{\InsertTblrText{entry}}
\DefTblrTemplate{capcont}{short}{%
  \par\centering
  \UseTblrTemplate {caption-tag}{default}\UseTblrTemplate {caption-sep}{default}%
```

```
  \UseTblrTemplate {caption-text}{short}\UseTblrTemplate {conthead-text}{default}
  \par}
\NewTblrTheme{shortcaption}{\SetTblrTemplate{capcont}{short}}
\begin{longtblr}[theme=shortcaption,caption={Eine längere Beschriftung für die Tabelle mit Umbruch.},
  entry={Kurze Beschriftung.}, label={tblr:1},  note{a}={Dies ist die erste Fußnote.},
  note{$\dag$}={Dies ist die zweite Fußnote, die viel länger als die erste ist.},
  remark{Note}={Keine Fußnote, sondern eine Anmerkung, wieder etwas länger.},
  remark{Source}={Und noch eine Anmerkung, etwas kürzer}]{
  colspec={XXX}, width=0.85\linewidth, rowhead=2, rowfoot=1, row{odd}={gray9}, row{even}={brown9},
  row{1-2} = {purple7}, row{Z} = {blue7}}\hline
 Head    & Head  & Head    \\\hline  Head   & Head & Head \\\hline  Alpha & Beta   & Gamma    \\\hline
 Epsilon & Zeta\TblrNote{a} & Eta \\\hline
 Iota & Kappa\TblrNote{$\dag$} & Lambda \\\hline Nu & Xi & Omicron \\\hline
 Rho     & Sigma & Tau \\\hline Phi  & Chi   & Psi \\\hline   Alpha   & Beta  & Gamma    \\\hline
 Epsilon & Zeta  & Eta \\\hline Iota & Kappa & Lambda \\\hline   Nu & Xi & Omicron \\\hline
 Rho     & Sigma & Tau \\\hline Phi  & Chi   & Psi \\\hline  Alpha    & Beta  & Gamma \\\hline
 Epsilon & Zeta  & Eta \\\hline Iota & Kappa & Lambda \\\hline  Nu & Xi & Omicron \\\hline
 Rho     & Sigma & Tau \\\hline Phi  & Chi   & Psi \\\hline  Alpha    & Beta  & Gamma \\\hline
 Epsilon & Zeta  & Eta \\\hline Iota & Kappa & Lambda \\\hline  Nu & Xi & Omicron \\\hline
 Rho     & Sigma & Tau \\\hline Phi  & Chi   & Psi      \\\hline Alpha & Beta  & Gamma    \\\hline
 Epsilon & Zeta  & Eta \\\hline Iota & Kappa & Lambda   \\\hline Nu     & Xi     & Omicron \\\hline
 Rho     & Sigma & Tau \\\hline Phi  & Chi   & Psi      \\\hline Alpha & Beta  & Gamma    \\\hline
 Epsilon & Zeta  & Eta \\\hline Iota & Kappa & Lambda   \\\hline Nu     & Xi     & Omicron \\\hline
 Rho     & Sigma & Tau \\\hline Phi  & Chi   & Psi      \\\hline Alpha & Beta  & Gamma    \\\hline
\end{longtblr}
```

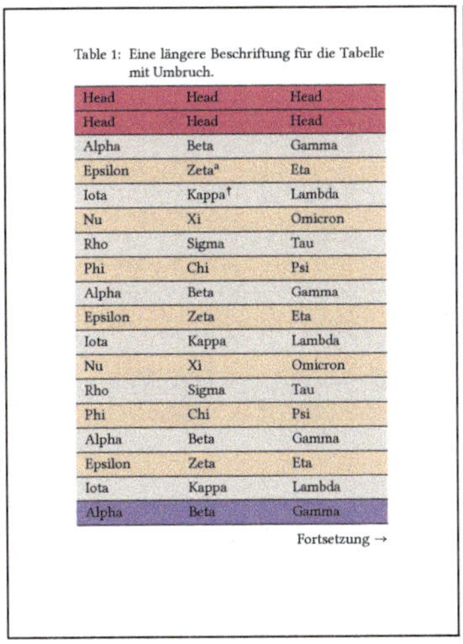

Table 1: Eine längere Beschriftung für die Tabelle mit Umbruch.

Head	Head	Head
Head	Head	Head
Alpha	Beta	Gamma
Epsilon	Zeta[a]	Eta
Iota	Kappa[†]	Lambda
Nu	Xi	Omicron
Rho	Sigma	Tau
Phi	Chi	Psi
Alpha	Beta	Gamma
Epsilon	Zeta	Eta
Iota	Kappa	Lambda
Nu	Xi	Omicron
Rho	Sigma	Tau
Phi	Chi	Psi
Alpha	Beta	Gamma
Epsilon	Zeta	Eta
Iota	Kappa	Lambda
Alpha	Beta	Gamma

Fortsetzung →

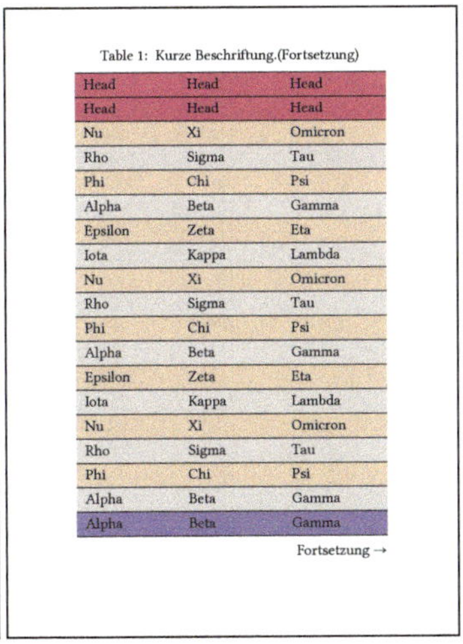

Table 1: Kurze Beschriftung.(Fortsetzung)

Head	Head	Head
Head	Head	Head
Nu	Xi	Omicron
Rho	Sigma	Tau
Phi	Chi	Psi
Alpha	Beta	Gamma
Epsilon	Zeta	Eta
Iota	Kappa	Lambda
Nu	Xi	Omicron
Rho	Sigma	Tau
Phi	Chi	Psi
Alpha	Beta	Gamma
Epsilon	Zeta	Eta
Iota	Kappa	Lambda
Nu	Xi	Omicron
Rho	Sigma	Tau
Phi	Chi	Psi
Alpha	Beta	Gamma
Alpha	Beta	Gamma

Fortsetzung →

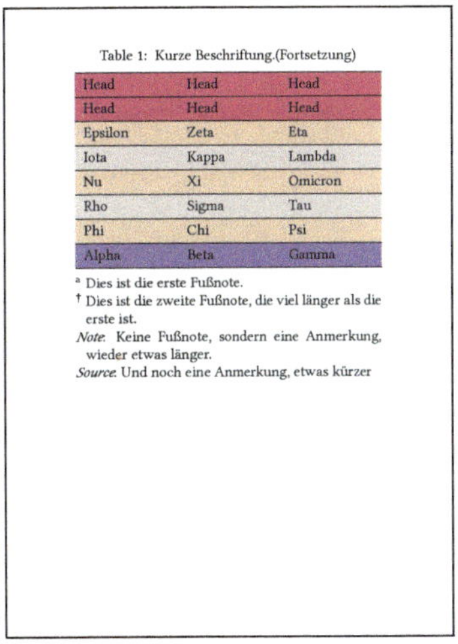

Table 1: Kurze Beschriftung.(Fortsetzung)

Head	Head	Head
Head	Head	Head
Epsilon	Zeta	Eta
Iota	Kappa	Lambda
Nu	Xi	Omicron
Rho	Sigma	Tau
Phi	Chi	Psi
Alpha	Beta	Gamma

[a] Dies ist die erste Fußnote.
[†] Dies ist die zweite Fußnote, die viel länger als die erste ist.
Note. Keine Fußnote, sondern eine Anmerkung, wieder etwas länger.
Source. Und noch eine Anmerkung, etwas kürzer

In der Regel kann man den reinen Tabellenkörper nicht so einfach über **`\input`** einlesen. **`tabularray`** unterstützt das Auslagern von Tabellenteilen durch die Option **`expand`**, der man ein Makro übergeben kann, welches die externen Tabelleninhalte enthält. Im folgenden Beispiel ist der gesamte Tabellenkörper in dem Makro **`\tabcontents`** gespeichert und wird beim Erstellen der Tabelle von **`longtblr`** eingelesen, expandiert und eingefügt. Das Beispiel verwendet die rumänische Sprache und beruht teilweise auf **`https://tex.stackexchange.com/questions/621692/`**.

```
\usepackage{tabularray,xcolor}    \UseTblrLibrary{booktabs}
\def\tabcontents{%
Nr. Crt.&Unitatea de ățînvare&țCompetene specifice&țConinuturi&Nr. ore.&ääSptmîna&țObservaii\\\midrule
1.& Omul romantic & 1.2. Identificarea elementelor specifice din structura unor tipuri textuale studiate;
  &-Prezentarea programei și a manualului\TblrNote{a}\par - Romantismul, curent literar și artistic
  &1& 15.IX. -- 20.IX &   \\\addlinespace
  & & 1.3. Exprimarea ăoral sau în scris a propriilor ţreacii şi opinii privind textele receptate;
      & - Victor Hugo, Cromwell (ţprefaa) & 1 & &   \\\addlinespace
  & & 2.1. Stabilirea unor ţrelaii între o ăoper ăliterar şi contextul cultural în care a fost ăcreat
```

```
      & - George Gordon Byron, \enquote{Visul}, Novalis, \enquote{Imn ăctre noapte}  & 1 & & \\\addlinespace
   & & 2.3 Analiza caracteristicilor țeseniale ale unor epoci culturale
      & - Victor Hugo, \enquote{Legenda secolelor} Lermontov, \enquote{Demonul} & 1 & & \\ \addlinespace
   & & 3.1. Folosirea unor strategii de comunicare ăoral în vederea țînelegerii şi ăinterpretrii textelor
     studiate & - [Studiu de caz:  Evaziunea din cotidian]  & 1 &   &   \\\addlinespace
   & & 3.3. Argumentarea unei țopiuni personale în confruntarea cu puncte de vedere diferite exprimate înăă
     legtur & - [Evaluare ăscris] & 1 &   & \\\midrule
 2.& Omul modern -- individul și societatea & 1.2. Identificarea elementelor specifice din structura unor
   tipuri textuale studiate; & Realismul, curent literar şi artistic & 1 & 26.IX. -- 27.X  & \\\addlinespace
   & & 1.3. Exprimarea ăoral sau în scris a propriilor țreacii și opinii privind textele receptate;
      &   Honore de Balzac, Eugenie Grandet & 1 &   &    \\\addlinespace
   & & 2.1. Stabilirea unor țrelaii între o ăoper ăliterar şi contextul cultural în care a fost ăcreat
      & Charles Dickens, David Copperfield & 1 &   &                \\\addlinespace
   & & 2.3. Analiza caracteristicilor țeseniale ale unor epoci culturale & 1 & &  \\\addlinespace
   & & 3.1. Folosirea unor strategii de comunicare ăoral în vederea țînelegerii şi ăinterpretrii textelor
     studiate & [Studiu de caz: Afirmarea ăsocial]  & 1 &   &               \\\addlinespace
   & & 3.3. Argumentarea unei țopiuni personale în confruntarea cu puncte de vedere diferite exprimate înăă
     legtur & & 1 & &  \\\bottomrule}

\begin{longtblr}[expand=\tabcontents, %  Siehe unten
 caption={Planificare unităților de învățare pe Semestrul I}, label={tblr:plan}, entry={Planificar
 note{a}={It is the first footnote.}]{
   colspec={ X[h,wd=0.5cm] X[h,wd=2.0cm] X[h,wd=5.5cm] X[h,wd=5.5cm] X[h,wd=0.5cm] c l },
     rowhead = 1, row{odd} = {gray9}, row{even} = {brown9}, row{1-2} = {purple7}, row{Z} = {blue7}
\tabcontents% wird vor Einfügung expandiert
\end{longtblr}
```

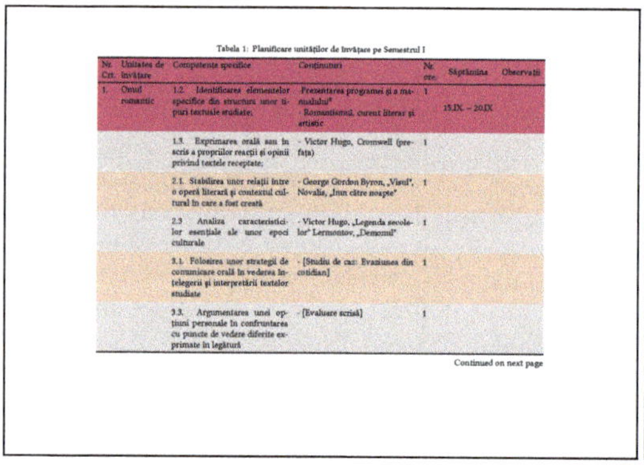

Tabela 1: Planificare unităților de învățare pe Semestrul I

Nr. Crt.	Unitatea de învățare	Competențe specifice	Conținuturi	Nr. ore	Săptămâna	Observații
1.	Omul romantic	1.2. Identificarea elementelor specifice din structura unor tipuri textuale studiate;	Prezentarea programei și a manualului[a] - Romantismul, curent literar și artistic	1	15.IX. – 20.IX	
		1.3. Exprimarea orală sau în scris a propriilor reacții și opinii privind textele receptate;	- Victor Hugo, Cromwell (prefața)	1		
		2.1. Stabilirea unor relații între o operă literară și contextul cultural în care a fost creată	- George Gordon Byron, „Visul", Novalis, „Imn către noapte"	1		
		2.3 Analiza caracteristicilor esențiale ale unor epoci culturale	- Victor Hugo, „Legenda secolelor" Lermontov, „Demonul"	1		
		3.1. Folosirea unor strategii de comunicare orală în vederea înțelegerii și interpretării textelor studiate	- [Studiu de caz: Evaziunea din cotidian]	1		
		3.3. Argumentarea unei opțiuni personale în confruntarea cu puncte de vedere diferite exprimate în legătură	- [Evaluare scrisă]	1		

Continued on next page

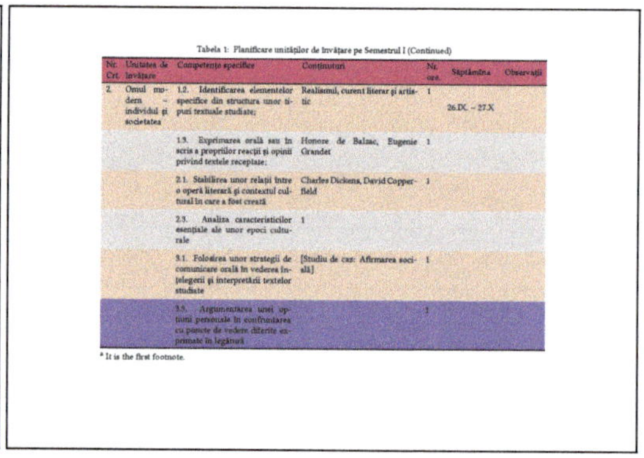

Tabela 1: Planificare unităților de învățare pe Semestrul I (Continued)

Nr. Crt.	Unitatea de învățare	Competențe specifice	Conținuturi	Nr. ore	Săptămâna	Observații
2.	Omul modern – individul și societatea	1.2. Identificarea elementelor specifice din structura unor tipuri textuale studiate;	Realismul, curent literar și artistic	1	26.IX. – 27.X	
		1.3. Exprimarea orală sau în scris a propriilor reacții și opinii privind textele receptate;	Honore de Balzac, Eugenie Grandet	1		
		2.1. Stabilirea unor relații între o operă literară și contextul cultural în care a fost creată	Charles Dickens, David Copperfield	1		
		2.3. Analiza caracteristicilor esențiale ale unor epoci culturale	1			
		3.1. Folosirea unor strategii de comunicare orală în vederea înțelegerii și interpretării textelor studiate	[Studiu de caz: Afirmarea socială]	1		
		3.3. Argumentarea unei opțiuni personale în confruntarea cu puncte de vedere diferite exprimate în legătură		1		

[a] It is the first footnote.

Kapitel **4**

Spezielle Tabellen

4.1 Anordnung von Tabellen mit **hvfloat** 163
4.2 Wahrheitstabellen mit **luatruthtable** 177

4.1 Anordnung von Tabellen mit hvfloat

Das Paket **hvfloat** selbst unterstützt nicht das Setzen von Tabellen an sich, sondern nur die Ausgabe einer bereits fertigen Tabelle, die formal als Box behandelt wird. **hvfloat** definiert ein Makro, das Objekte (Tabellen, Abbildungen,...) und Beschriftungen von Gleitumgebungen an verschiedenen Positionen mit unterschiedlichen Drehwinkeln für Objekt und Beschriftung platziert. Das Objekt kann eine komplette Spalte, Seite oder Doppelseite füllen, mit oder ohne Berücksichtigung von Rändern und eventueller Bindekorrektur. (Voß 2022b)

Die bekannten Gleitumgebungen (floating environments) wie **figure** and **table**, sind einfach zu handhaben, wenn es in der Gleitumgebung nur ein Objekt und eine Beschriftung gibt, die in das aktuelle Seitenlayout passen. Wenn man neben dem Objekt (Bild, Tabelle,...) beispielsweise eine gedrehte Bildunterschrift wünscht, dann benötigt man eingehende LaTeX-Kenntnisse oder ein Paket, welches die Drehung und die Überprüfung der aktuellen Seitenzahl übernimmt, falls die gedrehte Bildunterschrift beispielsweise in einem zweispaltigen Layout immer am äußeren Rand erscheinen soll. (Niepraschk und Gäßlein 2016; Voß 2021a; Voß 2021b)

Für **hvfloat** gibt es die Paketoptionen **hyperref**, **nostfloats** und **fbox**. Letztere wird nur verwendet, um einige Abstandsprobleme im Dokument zu lokalisieren; Objekt und Bildbeschriftungen werden umrahmt und unerwünschter Leerraum ist damit leicht zu erkennen. Mit **nostfloats** kann man das Laden des Pakets **stfloats** verhindern. Allerdings sind dann »Bottom«-Floats in einem zweispaltigen Dokument nicht mehr möglich. Diese Option sollte nur in einigen seltenen Fällen verwendet werden, in denen ein Paketkonflikt zwischen **stfloats** und einem anderen Paket besteht. Mit der Option **hyperref** wird das gleichnamige Paket geladen.

4.1.1 Abhängigkeiten

Folgende Pakete werden von **hvfloat** standardmäßig geladen: **caption**, **subcaption**, **picture**, **trimclip**, **expl3**, **multido**, **graphicx**, **xkeyval**, **stfloats**, **marginnote**, **ifoddpage** und **afterpage**. Möchte man eines dieser Pakete mit bestimmten Optionen laden, so empfiehlt sich zur Vermeidung des sogenannten »option clash« folgende Vorgehensweise, die hier beispielhaft für **caption** gezeigt wird:

```
\PassOptionsToPackage{margin=10pt, font=small, labelfont=bf, labelsep=endash}{caption}
\documentclass[...]{...}
\usepackage{hvfloat}
```

4.1.2 Die Makros und optionale Argumente

Die Syntax der wichtigsten drei Makros **\hvFloat**, **\hvFloatSetDefaults** und **\hvFloatSet** ist teilweise komplex. Optionale Argumente sind grau hinterlegt:

\hvFloatSetDefaults
\hvFloatSet{*key=value list*}
\hvFloat * [*Optionen*] + {*Gleittyp*}{*Objekt*} [*Kurze Cap.*] {*Lange Caption*}{*Label*}

Die Sternvariante von **\hvFloat** wird im Abschnitt auf Seite 168 und das optionale Argument + im Abschnitt auf Seite 174 erklärt. **\hvFloatSet** erlaubt das globale Setzen von Schlüsselwörtern, wohingegen **\hvFloatSetDefaults** alle Schlüsselwörter auf ihre in Tabelle 4.1 auf Seite 166 gezeigten Standardwerte zurücksetzt.

Hat **\hvFloat** einen leeren zweiten Parameter **‹float type›**, dann wechselt **\hvFloat** automatisch zu einem nicht-gleitenden Objekt und setzt zusätzlich den Parameter **onlyText=true** (siehe Tabelle 4.1 auf Seite 166). Der Parameter für die Beschriftung wird dann als reiner Text interpretiert. Ein Kurzeintrag bei der Beschriftung ist immer für eine Liste der Abbildungen (**\listoffigures**) oder Liste der Tabellen (**\listoftables**) gedacht. Alle anderen Parameter sind verpflichtend, selbst wenn sie als leeres Argument angegeben werden.

hvfloat definiert intern weitere Makros, die man auch für eigene Bedürfnisse nutzen kann, wobei **\tabcaption** grundsätzlich die Tabellenbeschriftung oberhalb vorsieht:

\figcaption [*short caption*] {*caption text*} **\tabcaption** [*short caption*] {*caption text*}
\tabcaptionbelow [*short caption*] {*caption text*}

Mit dem Makro **\hvDefFloatStyle** kann man eigene Stile definieren, die intern unter dem Namen **\hv@‹name›** gespeichert werden. Dies erspart wiederholtes Setzen von Schlüsselwörtern, da dann ein einfaches **style=meinStil** reicht.

```
\hvDefFloatStyle{Name}{Setting}
```

Alle möglichen Parameter sind in der ganzseitigen und im Querformat dargestellten Tabelle 4.1 auf der nächsten Seite aufgeführt. Diese Tabelle wurde zuerst in der definierten Box **hvOBox** als eine **tabularx** mit der Texthöhe als Tabellenbreite gespeichert. Die Umgebung **tabularx** kann selbst nicht als Argument von **\hvFloat** auftreten, weshalb hier der Weg über die interne Box **\hvOBox** gegangen werden muss:

```
\begin{lrbox}{\hvOBox}\small
  \begin{tabularx}{\textheight}{@{} l>{\small\ttfamily}c X @{}}\toprule
  [...]
  \end{tabularx}
\end{lrbox}
```

Die Tabelle ist zusammen mit der Beschriftung rotiert worden, was durch Festlegung von **rotAngle** möglich ist:

```
\hvFloat*[floatPos=p,rotAngle=90,capPos=top,capWidth=w,useOBox=true]%
  {table}%  Typ festlegen
  {}%       keine Angabe des Objekts, es wird \hvOBox benutzt
  {Die möglichen optionalen Schlüsselwörter für das Makro \Lcs{hvFloat}.}%
  {tab:options}
```

4.1.3 Anordnung von Objekt und Beschriftung

Das Objekt (hier die Tabelle) kann ebenso wie eine vorhandene Beschriftung beliebig rotiert werden.

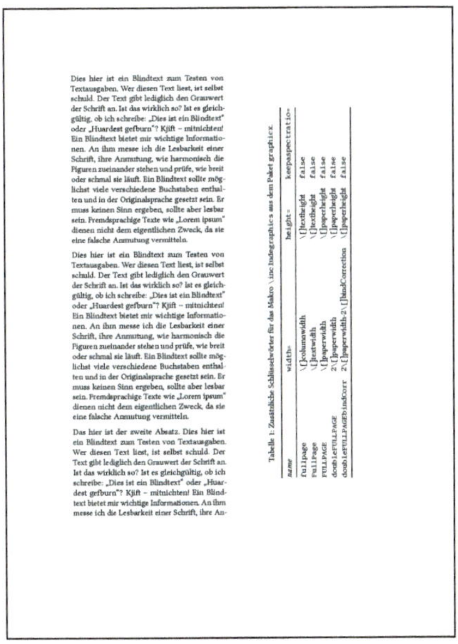

```
\usepackage{hvfloat}
\DeclareCaptionFont{red}{\small\color{red!60}}
\newcommand\Ldim[1]{\texttt{\textbackslash#1}}\let\Lcs\Ldim
\savebox\hvOBox{%
\begin{tabular}{@{}>{\ttfamily}l l l >{\ttfamily}l@{}}\toprule
\rmfamily\emph{name} & \texttt{width=} &
  \texttt{height=} & keepaspectratio= \\\midrule
fullpage & \Ldim[]{columnwidth} & \Ldim[]{textheight} & false\\
FullPage & \Ldim[]{textwidth}   & \Ldim[]{textheight} & false\\
FULLPAGE & \Ldim[]{paperwidth}  & \Ldim[]{paperheight}& false\\
doubleFULLPAGE & 2\Ldim[]{paperwidth} &
\Ldim[]{paperheight} & false\\
doubleFULLPAGEbindCorr &
2\Ldim[]{paperwidth}-2\Ldim[]{bindCorrection} &
\Ldim[]{paperheight} & false\\\bottomrule
\end{tabular}}

\blindtext

\hvFloat[floatPos=!htp,capPos=top,capWidth=w,useOBox,
   rotAngle=90]{table}{}{Zusätzliche Schlüsselwörter
   für das Makro \Lcs{includegraphics} aus dem Paket
   \texttt{graphicx}.}{tab:options2}

\Blindtext
```

Tabelle 4.1: Die möglichen optionalen Schlüsselwörter für das Makro `\hvFloat`.

Keyword	Vorgabe	*Beschreibung*
`floatPos`	`tbp`	Vorgabe ist die gleiche Platzierungseinstellung wie bei Standard-LaTeX, die nicht immer optimal ist.
`rotAngle`	`0`	Der Wert für den Winkel, wenn sowohl das Objekt als auch die Bildunter/-überschrift zusammen gedreht werden sollen.
`capWidth`	`n`	Die Breite der Beschriftung. Kann »n« sein, wie eine natürliche Breite (gegeben durch die aktuelle Zeilenbreite), »w« wie die Breite des Objekts, »h« wie die Höhe des Objekts oder ein Skalierungswert für `\columnwidth`.
`capAngle`	`0`	Der ganzzahlige Wert für den Winkel, wenn die Beschriftung gedreht werden soll. Zählung gegen den Uhrzeigersinn.
`capPos`	`bottom`	Die Position der Beschriftung *relativ zum Objekt*. Mögliche Werte sind: **`before`**: *immer* vor vom Objekt; **`top`**: *immer* über dem Objekt; **`left`**: im `\twocolumn`-Modus *immer* vor vom Objekt *und* auf derselben Seite ; **`after`**: *immer* nach vom Objekt; **`bottom`**: *immer* unterhalb des Objekts; **`right`**: *immer* nach dem Objekt *und* im `\twocolumn`-Modus auf derselben Seite; **`inner`**: Im `\twoside`-Modus immer am inneren Rand; **`outer`**: Im `\twoside`-Modus immer am äußeren Rand; **`evenPage`**: Im `\twoside`-Modus und ganzseitigen Objekten immer auf einer geraden (linken) Seite; **`oddPage`**: Im `\twoside`-Modus und ganzseitigen Objekten immer auf einer ungeraden (rechten) Seite.
`capHPos`	`center`	Die Position relativ zur Zeile. **`capHPos=left|right|center`** macht nur Sinn, wenn die Breite der Beschriftung kleiner als die Breite der Textzeile ist.
`capVPos`	`bottom`	Dies ist nur für **`capPos=left|right`** wichtig. Dann kann die Beschriftung vertikal **`bottom`**, **`center`** oder **`top`** sein.
`objectPos`	`center`	Die horizontale Platzierung des Objekts relativ zum Dokument. Mögliche Werte sind (`l`)eft, (`c`)enter oder(`r`)ight.
`objectAngle`	`0`	Der ganzzahlige Wert für den Winkel, um den das Objekt gedreht werden soll (gegen den Uhrzeigersinn).
`floatCapSep`	`5pt`	Der zusätzliche Abstand zwischen dem Objekt und einer links oder rechts platzierten Beschriftung.
`useOBox`	`false`	Anstatt das Objekt als Parameter zu übergeben, soll der Inhalt der Box **`\hvOBox`** benutzt werden.
`onlyText`	`false`	Die Beschriftung wird als normaler Text gedruckt und es gibt keinen Eintrag in der Liste der …
`nonFloat`	`false`	Das Objekt wird in eine nicht-gleitende Umgebung gesetzt. Der entsprechende Zähler wird wie gewohnt erhöht und kann referenziert werden.
`wide`	`false`	Die Gleitumgebung kann **`\textwidth`**+**`\marginparwidth`** als horizontale Breite verwenden.
`objectFrame`	`false`	Setzen eines Rahmens ohne Abstand um das Objekt.
`style`	—	Verwendung des angegebenen Stils.
`capFormat`	—	Formatierungsoptionen für das Paket **`caption`** (siehe Dokumentation des Paketes).
`subcapFormat`	—	Formatierungsoptionen für das Paket **`subcaption`** (siehe Dokumentation des Paketes).
`fullpage`	`false`	Vollständigen Textbereich der Seite/Spalte für das Objekt nutzen.
`FULLPAGE`	`false`	Vollständiges Papierformat einer Seite für das Objekt nutzen.
`FullPage`	`false`	Vollständigen Textbereich für das Objekt nutzen (Seite oder beide Spalten).
`doublePage`	`false`	Benutze Textbereich einer Doppelseite mit zusätzlichem Text.
`doublePAGE`	`false`	Benutze Textbereich einer Doppelseite ohne zusätzlichen Text.
`doubleFULLPAGE`	`false`	Benutze gesamte Papierbreite und -höhe einer Doppelseite ohne zusätzlichen Text.
`sameHeight`	`false`	Bei doppelseitigen Objekten auf beiden Seiten gleiche Texthöhen.
`twoColumnCaption`	`false`	Im Zweispaltenmodus und doppelseitigen Objekten die Beschriftung über beide Spalten setzen.
`vFill`	`false`	Füge ein **`\vfill`** zwischen Teilobjekten bei **`multiFloat`** oder **`subFloat`**.
`inMargin`	`false`	Objekt und Beschriftung sollen in den Rand der Seite gesetzt werden.

Das folgende Beispiel dreht nur das Objekt, also die Tabelle, und setzt die Beschriftung zum einen rechts daneben und zum anderen oberhalb. Die vertikale Ausrichtung erfolgt für Tabellen üblicherweise an der oberen Kante.

```
\usepackage{hvfloat} \DeclareCaptionFont{red}{\small\color{red!60}}
\newcommand\Ldim[1]{\texttt{\textbackslash#1}} \let\Lcs\Ldim
\savebox\hvOBox{%
\begin{tabular}{@{}>{\ttfamily}l l l >{\ttfamily}l@{}}\toprule
\rmfamily\emph{name} & \texttt{width=} & \texttt{height=} & keepaspectratio= \\\midrule
fullpage &\Ldim{columnwidth} &\Ldim{textheight} & false\\FullPage &\Ldim{textwidth} & \Ldim{textheight} & false\\
FULLPAGE &\Ldim{paperwidth}&\Ldim{paperheight}&false\\doubleFULLPAGE&2\Ldim{paperwidth}&\Ldim{paperheight}&false\\
doubleFULLPAGEbindCorr & 2\Ldim{paperwidth}-2\Ldim{bindCorrection} & \Ldim{paperheight} & false\\\bottomrule
\end{tabular}}
\blindtext

\hvFloat[floatPos=!htp,capWidth=w,useOBox,capFormat={format=plain},objectAngle=90,capPos=right,
   capVPos=top]{table}{}{Zusätzliche Schlüsselwörter für das Makro \Lcs{includegraphics} aus dem Paket
   \texttt{graphicx}.}{tab:options3}

\blindtext

\hvFloat[floatPos=!htp,capPos=top,capWidth=n,useOBox,capFormat={format=plain},objectAngle=90,
   capVPos=top]{table}{}{Zusätzliche Schlüsselwörter für das Makro \Lcs{includegraphics} aus dem Paket
   \texttt{graphicx}.}{tab:options4}

\Blindtext
```

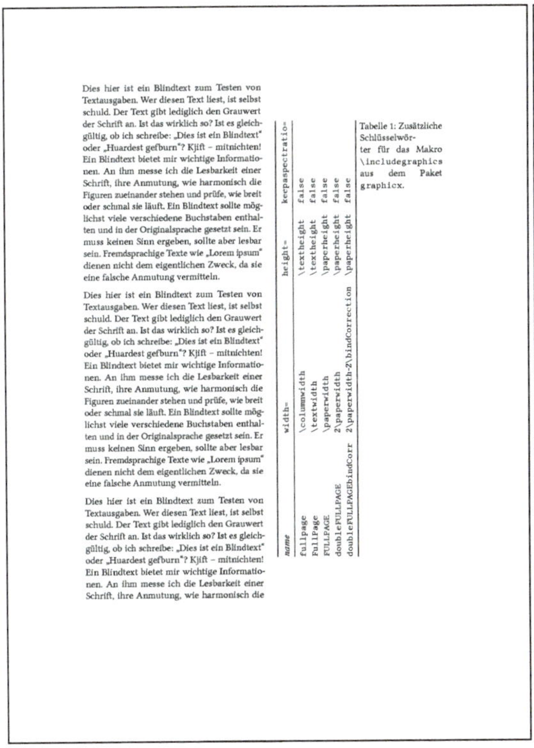

Dies hier ist ein Blindtext zum Testen von Textausgaben. Wer diesen Text liest, ist selbst schuld. Der Text gibt lediglich den Grauwert der Schrift an. Ist das wirklich so? Ist es gleichgültig, ob ich schreibe: „Dies ist ein Blindtext“ oder „Huardest gefburn“? Kjift – mitnichten! Ein Blindtext bietet mir wichtige Informationen. An ihm messe ich die Lesbarkeit einer Schrift, ihre Anmutung, wie harmonisch die Figuren zueinander stehen und prüfe, wie breit oder schmal sie läuft. Ein Blindtext sollte möglichst viele verschiedene Buchstaben enthalten und in der Originalsprache gesetzt sein. Er muss keinen Sinn ergeben, sollte aber lesbar sein. Fremdsprachige Texte wie „Lorem ipsum“ dienen nicht dem eigentlichen Zweck, da sie eine falsche Anmutung vermitteln.

Dies hier ist ein Blindtext zum Testen von Textausgaben. Wer diesen Text liest, ist selbst schuld. Der Text gibt lediglich den Grauwert der Schrift an. Ist das wirklich so? Ist es gleichgültig, ob ich schreibe: „Dies ist ein Blindtext“ oder „Huardest gefburn“? Kjift – mitnichten! Ein Blindtext bietet mir wichtige Informationen. An ihm messe ich die Lesbarkeit einer Schrift, ihre Anmutung, wie harmonisch die Figuren zueinander stehen und prüfe, wie breit oder schmal sie läuft. Ein Blindtext sollte möglichst viele verschiedene Buchstaben enthalten und in der Originalsprache gesetzt sein. Er muss keinen Sinn ergeben, sollte aber lesbar sein. Fremdsprachige Texte wie „Lorem ipsum“ dienen nicht dem eigentlichen Zweck, da sie eine falsche Anmutung vermitteln.

Dies hier ist ein Blindtext zum Testen von Textausgaben. Wer diesen Text liest, ist selbst schuld. Der Text gibt lediglich den Grauwert der Schrift an. Ist das wirklich so? Ist es gleichgültig, ob ich schreibe: „Dies ist ein Blindtext“ oder „Huardest gefburn“? Kjift – mitnichten! Ein Blindtext bietet mir wichtige Informationen. An ihm messe ich die Lesbarkeit einer Schrift, ihre Anmutung, wie harmonisch die

name	width=	height=	keepaspectratio=
fullpage	\columnwidth	\textheight	false
FullPage	\textwidth	\textheight	false
FULLPAGE	\paperwidth	\paperheight	false
doubleFULLPAGE	2\paperwidth	\paperheight	false
doubleFULLPAGEbindCorr	2\paperwidth-2\bindCorrection	\paperheight	false

Tabelle 1: Zusätzliche Schlüsselwörter für das Makro \includegraphics aus dem Paket graphicx.

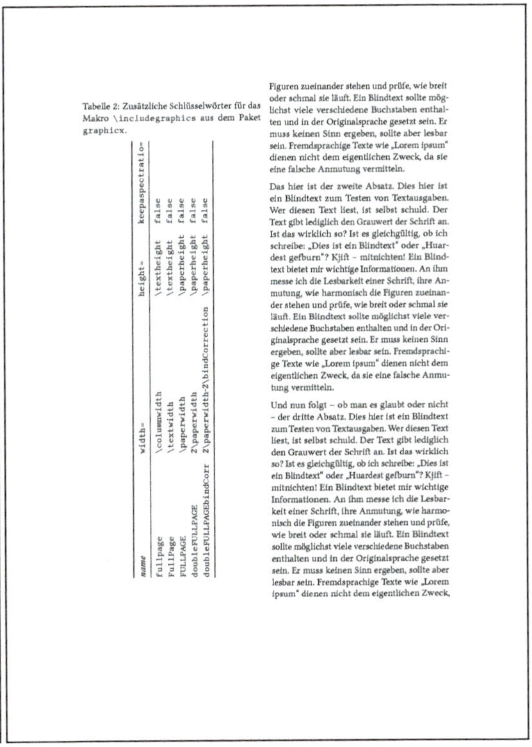

Tabelle 2: Zusätzliche Schlüsselwörter für das Makro \includegraphics aus dem Paket graphicx.

name	width=	height=	keepaspectratio=
fullpage	\columnwidth	\textheight	false
FullPage	\textwidth	\textheight	false
FULLPAGE	\paperwidth	\paperheight	false
doubleFULLPAGE	2\paperwidth	\paperheight	false
doubleFULLPAGEbindCorr	2\paperwidth-2\bindCorrection	\paperheight	false

Figuren zueinander stehen und prüfe, wie breit oder schmal sie läuft. Ein Blindtext sollte möglichst viele verschiedene Buchstaben enthalten und in der Originalsprache gesetzt sein. Er muss keinen Sinn ergeben, sollte aber lesbar sein. Fremdsprachige Texte wie „Lorem ipsum“ dienen nicht dem eigentlichen Zweck, da sie eine falsche Anmutung vermitteln.

Das hier ist der zweite Absatz. Dies hier ist ein Blindtext zum Testen von Textausgaben. Wer diesen Text liest, ist selbst schuld. Der Text gibt lediglich den Grauwert der Schrift an. Ist das wirklich so? Ist es gleichgültig, ob ich schreibe: „Dies ist ein Blindtext“ oder „Huardest gefburn“? Kjift – mitnichten! Ein Blindtext bietet mir wichtige Informationen. An ihm messe ich die Lesbarkeit einer Schrift, ihre Anmutung, wie harmonisch die Figuren zueinander stehen und prüfe, wie breit oder schmal sie läuft. Ein Blindtext sollte möglichst viele verschiedene Buchstaben enthalten und in der Originalsprache gesetzt sein. Er muss keinen Sinn ergeben, sollte aber lesbar sein. Fremdsprachige Texte wie „Lorem ipsum“ dienen nicht dem eigentlichen Zweck, da sie eine falsche Anmutung vermitteln.

Und nun folgt – ob man es glaubt oder nicht – der dritte Absatz. Dies hier ist ein Blindtext zum Testen von Textausgaben. Wer diesen Text liest, ist selbst schuld. Der Text gibt lediglich den Grauwert der Schrift an. Ist das wirklich so? Ist es gleichgültig, ob ich schreibe: „Dies ist ein Blindtext“ oder „Huardest gefburn“? Kjift – mitnichten! Ein Blindtext bietet mir wichtige Informationen. An ihm messe ich die Lesbarkeit einer Schrift, ihre Anmutung, wie harmonisch die Figuren zueinander stehen und prüfe, wie breit oder schmal sie läuft. Ein Blindtext sollte möglichst viele verschiedene Buchstaben enthalten und in der Originalsprache gesetzt sein. Er muss keinen Sinn ergeben, sollte aber lesbar sein. Fremdsprachige Texte wie „Lorem ipsum“ dienen nicht dem eigentlichen Zweck,

4.1.4 Die Sternversion \hvFloat*

Im Zweispaltenmodus (**\twocolumn**) kann mit der Sternversion **\hvFloat*** die Gleitumgebung über beide Spalten gesetzt werden. Dies ist ähnlich zu den Umgebungen **table*** und **figure***. Die Gleitumgebung wird, wenn möglich, nur oben auf der folgenden oder unten auf der aktuellen Seite angezeigt. Letzteres benötigt das Paket **stfloats**, das standardmäßig von **hvfloat** geladen wird. Das Platzieren der Gleitumgebung über beide Spalten *innerhalb* des Textbereiches ist nicht möglich.

```
\usepackage{hvfloat}
\DeclareCaptionFont{red}{\small\color{red!60}}
\Blindtext\par\Blindtext

\hvFloat*[capPos=top,capWidth=w,capFormat={labelfont={red,sf},font={red,sf},format=plain}]
  {table}{\resizebox{\textwidth}{!}{\usebox\hvOBox}}{Entwicklung der Mitgliederzahlen
    von DANTE \eV\ (Stand jeweils DTK Nr.\,1 des angegebenen Jahres)}{tab:dP2}

\blindtext\par

\hvFloat*[floatPos=b,capPos=top,capWidth=w,capFormat={labelfont={red,sf},font={red,sf},
  format=plain}]{table}{\resizebox{\textwidth}{!}{\usebox\hvOBox}}{Entwicklung der Mitgliederzahlen
    von DANTE \eV\ (Stand jeweils DTK Nr.\,1 des angegebenen Jahres)}{tab:dP3}

\Blindtext\par\Blindtext\par\Blindtext
```

Tabelle 1: Entwicklung der Mitgliederzahlen von DANTE e.V. (Stand jeweils DTK Nr. 1 des angegebenen Jahres)

Jahr	Gesamtzahl	Privat	Institut	Firma	Ehren	Schnupper	Schüler	Arbeitsl.	Rentn.	Student	Sonstiges	Unbekannt
2007	20741	16261	1134	25	80	11	8	12	71	200	3	2
2008	21202	16742	1093	26	80	11	6	11	78	197	3	2
2009	21223	16963	1082	29	80	21	4	11	80	165	4	2
2010	20984	16844	1071	26	80	18	9	12	77	157	4	2
2011	20755	16735	1060	26	80	14	9	12	79	148	6	2
2012	20756	16816	1079	27	80	15	10	11	82	134	6	2
2013	20577	16807	998	27	70	11	7	11	89	126	6	2
2014	20258	16808	937	27	70	7	3	8	97	103	8	1
2015	20309	16869	906	27	90	9	4	10	99	96	8	2
2016	19960	16520	885	28	80	8	3	9	103	97	9	2
2017	19661	16381	834	26	80	3	2	8	111	87	9	1
2018	19252	16192	773	26	80	3	3	6	114	69	8	1
2019	18843	15893	762	25	80	6	1	6	111	62	9	1
2020	18584	15644	721	26	80	5	0	7	109	67	9	1

läuft. Ein Blindtext sollte möglichst viele verschiedene Buchstaben enthalten und in der Originalsprache gesetzt sein. Er muss keinen Sinn ergeben, sollte aber lesbar sein. Fremdsprachige Texte wie „Lorem ipsum" dienen nicht dem eigentlichen Zweck, da sie eine falsche Anmutung vermitteln.

Dies hier ist ein Blindtext zum Testen von Textausgaben. Wer diesen Text liest, ist selbst schuld. Der Text gibt lediglich den Grauwert der Schrift an. Ist das wirklich so? Ist es gleichgültig, ob ich schreibe: „Dies ist ein Blindtext" oder „Huardest gefburn"? Kjift – mitnichten! Ein Blindtext bietet mir wichtige Informationen. An ihm messe ich die Lesbarkeit einer Schrift, ihre Anmutung, wie harmonisch die Figuren zueinander stehen und prüfe, wie breit oder schmal sie läuft. Ein Blindtext sollte möglichst viele verschiedene Buchstaben enthalten und in der Originalsprache gesetzt sein. Er muss keinen Sinn ergeben, sollte aber lesbar sein. Fremdsprachige Texte wie „Lorem ipsum" dienen nicht dem eigentlichen Zweck, da sie eine falsche Anmutung vermitteln.

Und nun folgt – ob man es glaubt oder nicht – der dritte Absatz. Dies hier ist ein Blindtext zum Testen von Textausgaben. Wer diesen Text liest, ist selbst schuld. Der Text gibt lediglich den Grauwert der Schrift an. Ist das wirklich so? Ist es gleichgültig, ob ich schreibe: „Dies ist ein Blindtext" oder „Huardest gefburn"? Kjift – mitnichten! Ein Blindtext bietet mir wichtige Informationen. An ihm messe ich die Lesbarkeit einer Schrift, ihre Anmutung, wie harmonisch die Figuren zueinander stehen und prüfe, wie breit oder schmal sie läuft. Ein Blindtext sollte möglichst viele verschiedene Buchstaben enthalten und in der Originalsprache gesetzt sein. Er muss keinen Sinn ergeben, sollte aber lesbar sein. Fremdsprachige Texte wie „Lorem ipsum" dienen nicht dem eigentlichen Zweck, da sie eine falsche Anmutung vermitteln.

Nach diesem vierten Absatz beginnen wir eine neue Zählung. Dies hier ist ein Blindtext zum Testen von Textausgaben. Wer diesen Text liest, ist selbst schuld. Der Text gibt lediglich den Grauwert der Schrift an. Ist das wirklich so? Ist es gleichgültig, ob ich schreibe: „Dies ist ein Blindtext" oder „Huardest gefburn"? Kjift – mitnichten! Ein Blindtext bietet mir wichtige Informationen. An ihm messe ich die Lesbarkeit einer Schrift, ihre Anmutung, wie harmonisch die Figuren zueinander stehen und prüfe, wie breit oder schmal sie läuft. Ein Blindtext sollte möglichst viele verschiedene Buchstaben enthalten und in der Originalsprache gesetzt sein. Er muss keinen Sinn ergeben, sollte aber lesbar sein. Fremdsprachige Texte wie „Lorem ipsum" dienen nicht dem eigentlichen Zweck, da sie eine falsche Anmutung vermitteln.

3

Dies hier ist ein Blindtext zum Testen von Textausgaben. Wer diesen Text liest, ist selbst schuld. Der Text gibt lediglich den Grauwert der Schrift an. Ist das wirklich so? Ist es gleichgültig, ob ich schreibe: „Dies ist ein Blindtext" oder „Huardest gefburn"? Kjift – mitnichten! Ein Blindtext bietet mir wichtige Informationen. An ihm messe ich die Lesbarkeit einer Schrift, ihre Anmutung, wie harmonisch die Figuren zueinander stehen und prüfe, wie breit oder schmal sie läuft. Ein Blindtext sollte möglichst viele verschiedene Buchstaben enthalten und in der Originalsprache gesetzt sein. Er muss keinen Sinn ergeben, sollte aber lesbar sein. Fremdsprachige Texte wie „Lorem ipsum" dienen nicht dem eigentlichen Zweck, da sie eine falsche Anmutung vermitteln.

Das hier ist der zweite Absatz. Dies hier ist ein Blindtext zum Testen von Textausgaben. Wer diesen Text liest, ist selbst schuld. Der Text gibt lediglich den Grauwert der Schrift an. Ist das wirklich so? Ist es gleichgültig, ob ich schreibe: „Dies ist ein Blindtext" oder „Huardest gefburn"? Kjift – mitnichten! Ein Blindtext bietet mir wichtige Informationen. An ihm messe ich die Lesbarkeit einer Schrift, ihre Anmutung, wie harmonisch die Figuren zueinander stehen und prüfe, wie breit oder schmal sie läuft. Ein Blindtext sollte möglichst viele verschiedene Buchstaben enthalten und in der Originalsprache gesetzt sein. Er muss keinen Sinn ergeben, sollte aber lesbar sein. Fremdsprachige Texte wie „Lorem ipsum" dienen nicht dem eigentlichen Zweck, da sie eine falsche Anmutung vermitteln.

Und nun folgt – ob man es glaubt oder nicht – der dritte Absatz. Dies hier ist ein Blindtext zum Testen von Textausgaben. Wer diesen Text liest, ist selbst schuld. Der Text gibt lediglich den Grauwert der Schrift an. Ist das wirklich so? Ist es gleichgültig, ob ich schreibe: „Dies ist ein Blindtext" oder „Huardest gefburn"? Kjift – mitnichten! Ein Blindtext bietet mir wichtige Informationen. An ihm messe ich die Lesbarkeit einer Schrift, ihre Anmutung, wie harmonisch die Figuren zueinander stehen und prüfe, wie breit oder schmal sie läuft. Ein Blindtext sollte möglichst viele verschiedene Buchstaben enthalten und in der Originalsprache gesetzt sein. Er muss keinen Sinn ergeben, sollte aber lesbar sein. Fremdsprachige Texte wie „Lorem ipsum" dienen nicht dem eigentlichen Zweck, da sie eine falsche Anmutung vermitteln.

Nach diesem vierten Absatz beginnen wir eine neue Zählung. Dies hier ist ein Blindtext zum Testen von Textausgaben. Wer diesen Text liest, ist selbst schuld. Der Text gibt lediglich den Grauwert der Schrift an. Ist das wirklich so? Ist es gleichgültig, ob ich schreibe: „Dies ist ein Blindtext" oder „Huardest gefburn"? Kjift – mitnichten! Ein

Tabelle 2: Entwicklung der Mitgliederzahlen von DANTE e.V. (Stand jeweils DTK Nr. 1 des angegebenen Jahres)

Jahr	Gesamtzahl	Privat	Institut	Firma	Ehren	Schnupper	Schüler	Arbeitsl.	Rentn.	Student	Sonstiges	Unbekannt
2007	20741	16261	1134	25	80	11	8	12	71	200	3	2
2008	21202	16742	1093	26	80	11	6	11	78	197	3	2
2009	21223	16963	1082	29	80	21	4	11	80	165	4	2
2010	20984	16844	1071	26	80	18	9	12	77	157	4	2
2011	20755	16735	1060	26	80	14	9	12	79	148	6	2
2012	20756	16816	1079	27	80	15	10	11	82	134	6	2
2013	20577	16807	998	27	70	11	7	11	89	126	6	2
2014	20258	16808	937	27	70	7	3	8	97	103	8	1
2015	20309	16869	906	27	90	9	4	10	99	96	8	2
2016	19960	16520	885	28	80	8	3	9	103	97	9	2
2017	19661	16381	834	26	80	3	2	8	111	87	9	1
2018	19252	16192	773	26	80	3	3	6	114	69	8	1
2019	18843	15893	762	25	80	6	1	6	111	62	9	1
2020	18584	15644	721	26	80	5	0	7	109	67	9	1

4

4.1.5 Tabellen horizontal teilen

Standardmäßig kann eine Tabelle als sogenannte **longtable** (Abschnitt 3.1 auf Seite 117) nur in vertikaler Richtung gesplittet werden. Große Tabellen können zwar auf einer Seite gedreht werden (siehe Tabelle 4.1 auf Seite 166), ein automatisches Teilen in horizontaler Richtung um sie auf zwei Seiten zu verteilen, ist jedoch mit Standard-LaTeX nicht möglich. Das Speichern einer Tabelle *ohne Seitenumbrüche* in einer Box ist kein Problem und eine solche Box kann wie eine Abbildung behandelt werden, welche letztlich auch nur eine Box ist. Der einzige wichtige Punkt ist dabei, dass die Tabelle sinnvollerweise bei horizontaler Teilung *zwischen* zwei Spalten aufgeteilt werden muss, sonst macht es keinen Sinn: Eine geteilte Spalte wird in der Regel unlesbar sein.

Das Paket **hvfloat** stellt die sogenannte »Savebox« **\hvOBox** bereit, in der man zuerst die Tabelle zwischenspeichern kann, beispielsweise:

```
\savebox\hvOBox{%
  \begin{tabular}{@{} *{11}c @{}}
    ... the tabular ...
  \end{tabular}}
```

Um sie dann auf die gleiche Weise wie ein doppelseitiges Bild zu verwenden, kann die Tabelle in zwei Teile geteilt werden. Erfolgt die Aufteilung an einer ungünstigen Stelle in der Tabelle, z. B. in der Mitte einer Spalte, dann fügt man mit **@{\hspace{...}}**, einen horizontalen Abstand zwischen den beiden Spalten ein, beispielsweise wie folgt:

1	2	3	4	5
1	2	3	4	5
1	2	3	4	5
1	2	3	4	5

```
\usepackage{array}

\begin{tabular}{lll @{\hspace{2cm}} ll}
  \hline
1 & 2 & 3 & 4 & 5 \\ 1 & 2 & 3 & 4 & 5 \\
1 & 2 & 3 & 4 & 5 \\ 1 & 2 & 3 & 4 & 5 \\\hline
\end{tabular}
```

Die Vorgehensweise ist eigentlich immer gleich: Die Tabelle wird zuerst ohne weiteren manuellen Eingriff auf zwei Seiten verteilt. Beispielsweise:

```
\usepackage{hvfloat}\DeclareCaptionFont{red}{\small\color{red!60}}
\savebox\hvOBox{\begin{tabular}{@{} *{13}c @{}}\toprule
\emph{Jahr}& \emph{Gesamtzahl}& \emph{Privat}& \emph{Institut}& \emph{Firma}&
\emph{Ehren}& \emph{Schnupper}& \emph{Schüler}& \emph{Arbeitsl.}& \emph{Rentn.}&
\emph{Student} & \emph{Sonstiges} & \emph{Unbekannt}\\\midrule
2007& 20741& 16261& 1134& 25& 80& 11&  8& 12&  71& 200& 3 & 2\\
2008& 21202& 16742& 1093& 26& 80& 11&  6& 11&  78& 197& 3 & 2\\
2009& 21223& 16963& 1082& 29& 80& 21&  4& 11&  80& 165& 4 & 2\\
2010& 20984& 16844& 1071& 26& 80& 18&  9& 12&  77& 157& 4 & 2\\
2011& 20755& 16735& 1060& 26& 80& 14&  9& 12&  79& 148& 6 & 2\\
2012& 20756& 16816& 1079& 27& 80& 15& 10& 11&  82& 134& 6 & 2\\
2013& 20577& 16807&  998& 27& 70& 11&  7& 11&  89& 126& 6 & 2\\
2014& 20258& 16808&  937& 27& 70&  7&  3&  8&  97& 103& 8 & 1\\
2015& 20309& 16869&  906& 27& 90&  9&  4& 10&  99&  96& 8 & 2\\
2016& 19960& 16520&  885& 28& 80&  8&  3&  9& 103&  97& 9 & 2\\
2017& 19661& 16381&  834& 26& 80&  3&  2&  8& 111&  87& 9 & 1\\
2018& 19252& 16192&  773& 26& 80&  3&  3&  6& 114&  69& 8 & 1\\
2019& 18843& 15893&  762& 25& 80&  6&  1&  6& 111&  62& 9 & 1\\
2020& 18584& 15644&  721& 26& 80&  5&  0&  7& 109&  67& 9 & 1\\\bottomrule
\end{tabular}}
```

```
\Blindtext\par\Blindtext

\hvFloat[doublePage,capWidth=n,capPos=right,capVPos=top,
        capFormat={labelfont={red,sf},font={red,sf},format=plain}]{table}{\usebox\hvOBox}%
  [Eine doppelseitige Tabelle]{Entwicklung der Mitgliederzahlen von DANTE \eV\ (Stand jeweils
   DTK Nr.\,1 des angegebenen Jahres)\newline Eine Beschriftung für eine doppelseitige Tabelle,
   die auf der rechten Seite des rechten Teils der Tabelle platziert wird. Die Tabelle beginnt
```

```
  am linken Rand des Textbereichs der linken Seite. Für das LOF wird eine Kurzform der
  Bildunterschrift verwendet. Der Parameter ist \texttt{doublePage} und der zusätzliche Abstand
  zwischen den Spalten \emph{Schüler} und \emph{Arbeitslos} beträgt 3\,em. Die Bindekorrektur
  ist auf 10\,mm eingestellt, was einen zusätzlichen Zwischenraum von 20\,mm ergibt.}{tab:dP}

\Blindtext\par\Blindtext\par\Blindtext
```

Jahr	*Gesamtzahl*	*Privat*	*Institut*	*Firma*	*Ehren*	*Schnupper*	*Schüler*	*Arbeitsl.*	*Rentn.*	*Stu dent*	*Sonstiges*	*Unbekannt*
2007	20741	16261	1134	25	80	11	8	12	71	2 00	3	2
2008	21202	16742	1093	26	80	11	6	11	78	1 97	3	2
2009	21223	16963	1082	29	80	21	4	11	80	1 65	4	2
2010	20984	16844	1071	26	80	18	9	12	77	1 57	4	2
2011	20755	16735	1060	26	80	14	9	12	79	1 48	6	2
2012	20756	16816	1079	27	80	15	10	11	82	1 34	6	2
2013	20577	16807	998	27	70	11	7	11	89	1 26	6	2
2014	20258	16808	937	27	70	7	3	8	97	1 03	8	1
2015	20309	16869	906	27	90	9	4	10	99	96	8	2
2016	19960	16520	885	28	80	8	3	9	103	97	9	2
2017	19661	16381	834	26	80	3	2	8	111	87	9	1
2018	19252	16192	773	26	80	3	3	6	114	69	8	1
2019	18843	15893	762	25	80	6	1	6	111	62	9	1
2020	18584	15644	721	26	80	5	0	7	109	67	9	1

Tabelle 1: Entwicklung der Mitgliederzahlen von DANTE e.V. (Stand jeweils DTK Nr. 1 des angegebenen Jahres)
Eine Beschriftung für eine doppelseitige Tabelle, die auf der rechten Seite des rechten Teils der Tabelle platziert wird. Die Tabelle beginnt am linken Rand des Textbereichs der linken Seite. Für das LOF wird eine Kurzform der Bildunterschrift verwendet. Der Parameter ist `doublePage` und der zusätzliche Abstand zwischen den Spalten *Schüler* und *Arbeitslos* beträgt 3 em. Die Bindekorrektur ist auf 10 mm eingestellt, was einen zusätzlichen Zwischenraum von 20 mm ergibt.

Und nun folgt – ob man es glaubt oder nicht – der dritte Absatz. Dies hier ist ein Blindtext zum Testen von Textausgaben. Wer diesen Text liest, ist selbst schuld. Der Text gibt lediglich den Grauwert der Schrift an. Ist das wirklich so? Ist es gleichgültig, ob ich schreibe: „Dies ist ein Blindtext" oder „Huardest gefburn"? Kjift – mitnichten! Ein Blindtext bietet mir wichtige Informationen. An ihm messe ich die Lesbarkeit einer Schrift, ihre Anmutung, wie harmonisch die Figuren zueinander stehen und prüfe, wie breit oder schmal sie läuft. Ein Blindtext sollte möglichst viele verschiedene Buchstaben enthalten und in der Originalsprache gesetzt sein. Er muss keinen Sinn ergeben, sollte aber lesbar sein. Fremdsprachige Texte wie „Lorem ipsum" dienen nicht dem eigentlichen Zweck, da sie eine falsche Anmutung vermitteln.

Nach diesem vierten Absatz beginnen wir eine neue Zählung. Dies hier ist ein Blindtext zum Testen von Textausgaben. Wer diesen Text liest, ist selbst schuld. Der Text gibt lediglich den Grauwert der Schrift an. Ist das wirklich so? Ist es gleichgültig, ob ich schreibe: „Dies ist ein Blindtext" oder „Huardest gefburn"? Kjift – mitnichten! Ein Blindtext bietet mir wichtige Informationen. An ihm messe ich die Lesbarkeit einer Schrift, ihre Anmutung, wie harmonisch die Figuren zueinander stehen und prüfe, wie breit oder schmal sie läuft. Ein Blindtext sollte möglichst viele verschiedene Buchstaben enthalten und in der Originalsprache gesetzt sein. Er muss keinen Sinn ergeben, sollte aber lesbar sein. Fremdsprachige Texte wie „Lorem ipsum" dienen nicht dem eigentlichen Zweck, da sie eine falsche Anmutung vermitteln.

Dies hier ist ein Blindtext zum Testen von Textausgaben. Wer diesen Text liest, ist selbst schuld. Der Text gibt lediglich den Grauwert der Schrift an. Ist das wirklich so? Ist es gleichgültig, ob ich schreibe: „Dies ist ein Blindtext" oder „Huardest gefburn"? Kjift – mitnichten! Ein Blindtext bietet mir wichtige Informationen. An ihm messe ich die Lesbarkeit einer Schrift, ihre Anmutung, wie harmonisch die Figuren zueinander stehen und prüfe, wie breit oder schmal sie läuft. Ein Blindtext sollte möglichst viele verschiedene Buchstaben enthalten und in der Originalsprache gesetzt sein. Er muss keinen Sinn ergeben, sollte aber lesbar sein. Fremdsprachige Texte wie „Lorem ipsum" dienen nicht dem eigentlichen Zweck, da sie eine falsche Anmutung vermitteln.

4

Das hier ist der zweite Absatz. Dies hier ist ein Blindtext zum Testen von Textausgaben. Wer diesen Text liest, ist selbst schuld. Der Text gibt lediglich den Grauwert der Schrift an. Ist das wirklich so? Ist es gleichgültig, ob ich schreibe: „Dies ist ein Blindtext" oder „Huardest gefburn"? Kjift – mitnichten! Ein Blindtext bietet mir wichtige Informationen. An ihm messe ich die Lesbarkeit einer Schrift, ihre Anmutung, wie harmonisch die Figuren zueinander stehen und prüfe, wie breit oder schmal sie läuft. Ein Blindtext sollte möglichst viele verschiedene Buchstaben enthalten und in der Originalsprache gesetzt sein. Er muss keinen Sinn ergeben, sollte aber lesbar sein. Fremdsprachige Texte wie „Lorem ipsum" dienen nicht dem eigentlichen Zweck, da sie eine falsche Anmutung vermitteln.

Und nun folgt – ob man es glaubt oder nicht – der dritte Absatz. Dies hier ist ein Blindtext zum Testen von Textausgaben. Wer diesen Text liest, ist selbst schuld. Der Text gibt lediglich den Grauwert der Schrift an. Ist das wirklich so? Ist es gleichgültig, ob ich schreibe: „Dies ist ein Blindtext" oder „Huardest gefburn"? Kjift – mitnichten! Ein Blindtext bietet mir wichtige Informationen. An ihm messe ich die Lesbarkeit einer Schrift, ihre Anmutung, wie harmonisch die Figuren zueinander stehen und prüfe, wie breit oder schmal sie läuft. Ein Blindtext sollte möglichst viele verschiedene Buchstaben enthalten und in der Originalsprache gesetzt sein. Er muss keinen Sinn ergeben, sollte aber lesbar sein. Fremdsprachige Texte wie „Lorem ipsum" dienen nicht dem eigentlichen Zweck, da sie eine falsche Anmutung vermitteln.

Nach diesem vierten Absatz beginnen wir eine neue Zählung. Dies hier ist ein Blindtext zum Testen von Textausgaben. Wer diesen Text liest, ist selbst schuld. Der Text gibt lediglich den Grauwert der Schrift an. Ist das wirklich so? Ist es gleichgültig, ob ich schreibe: „Dies ist ein Blindtext" oder „Huardest gefburn"? Kjift – mitnichten! Ein Blindtext bietet mir wichtige Informationen. An ihm messe ich die Lesbarkeit einer Schrift, ihre Anmutung, wie harmonisch die Figuren zueinander stehen und prüfe, wie breit oder schmal sie läuft. Ein Blindtext sollte möglichst viele verschiedene Buchstaben enthalten und in der Originalsprache gesetzt sein. Er muss keinen Sinn ergeben, sollte aber lesbar sein. Fremdsprachige Texte wie „Lorem ipsum" dienen nicht dem

5

Es ist offensichtlich, dass die Aufteilung der Tabelle auf die Doppelseite ungünstig ist; die Seitenaufteilung geht mitten durch eine Spalte. Für das Beispiel 04-01-6 findet man durch Ausprobieren schnell mehr oder weniger sinnvollere Werte:

```
bindCorr=10mm
\begin{tabular}{@{}*9c@{\hspace{6em}}*3c}
```

Dargestellt werden die Seiten 4 und 5 des Dokuments. Aus reinen Platzgründen wurde die Definition der Tabelle in den hier nicht sichtbaren Teil der Präambel gelegt.

```
\usepackage{hvfloat}\DeclareCaptionFont{red}{\small\color{red!60}}
\Blindtext\par\Blindtext

\hvFloat[doublePage,capWidth=n,capPos=right,bindCorr=1cm,capVPos=top,capFormat={labelfont={red,sf},
  font={red,sf},format=plain}]{table}{\usebox\hvOBox}[Eine doppelseitige Tabelle]{Entwicklung der
  Mitgliederzahlen von DANTE \eV\ (Stand jeweils DTK Nr.\,1 des angegebenen Jahres)\newline Eine
  Beschriftung für eine doppelseitige Tabelle, die auf der rechten Seite des rechten Teils der Tabelle
  platziert wird. Die Tabelle beginnt am linken Rand des Textbereichs der linken Seite. Für das LOF wird
  eine Kurzform der Bildunterschrift verwendet. Der Parameter ist \texttt{doublePage} und der zusätzliche
  Abstand zwischen den Spalten \emph{Schüler} und \emph{Arbeitslos} beträgt 6\,em. Die Bindekorrektur
  ist auf 10\,mm eingestellt, was einen zusätzlichen Zwischenraum von 20\,mm ergibt.}{tab:dP}

\Blindtext\par\Blindtext\par\Blindtext
```

Tabelle 4.2: Zulässige Schlüsselwörter für mehrfache Objekte.

Name	*Description*
`multiFloat`	Für mehrere gleich- oder verschiedenartige Objekte mit eigener Hauptbeschriftung.
`subFloat`	Für mehrere gleichartige Objekte mit einer Haupt- und jeweiligen Teilbeschriftungen.

des Makros zeigt prinzipiell keinen Unterschied zwischen diesen Varianten. Mit dem Schlüsselwort **`vFill`** werden die Objekte einer Spalte (zweispaltiger Text) oder einer Seite (einspaltiger Text) über die vorgegebene Höhe **`\textheight`** vertikal gestreckt. Die Standardeinstellung ist kein Dehnen, so dass am unteren Rand der Spalte/Seite möglicherweise ein Leerraum entsteht.

Subfloats

Eine Subfloat-Seite kann nur *einen* Objekttyp haben, welcher eine Hauptbeschriftung und einzelne Teilbeschriftungen hat. Werden keine Teilbeschriftungen definiert, so interessiert auch der Typ des Objekts nicht. Die Syntax ähnelt der für eine Multifloat-Seite, jedoch werden einige Argumente für einen Subfloat ignoriert, man kann sie daher leer lassen. Die erste Zeile definiert nur den Gleittyp und die Hauptbeschriftung, der Objekteintrag wird ignoriert! Alle weiteren Zeilen haben den gleichen Gleittyp, weshalb dieser Eintrag bei folgenden Angaben der Teilobjekte ignoriert wird.

```
\hvFloat [Optionen]
   +{float type}{} [short caption] {long caption}{label}
   +{}{floating object} [short caption] {long caption}{label}
   ⋮ ...
   +{}{floating object} [short caption] {long caption}{label}
```

Das Symbol **+** definiert ein zusätzliches Objekt, das Teil derselben Gleitumgebung ist. Es liegt am Benutzer, sicherzustellen, dass eine Seite oder eine Spalte alle definierten Objekte platzmäßig aufnehmen kann.

Das folgende Beispiel verwendet der Einfachheit halber immer dieselbe Tabelle. Im Normalfall würde man entweder verschiedene Boxnamen wählen oder bei kleineren Tabellen, diese direkt in das Argument »floating object« von **`\hvFloat`** schreiben. Die Hauptbeschriftung wird im sowohl im Zwei- als auch Einspaltenmodus entweder davor oder danach gesetzt. Im Zweispaltenmodus sollte dies auf derselben Seite geschehen und im doppelseitigen Modus auf gegenüberliegenden Seiten.

```
\usepackage{hvfloat} \savebox\hvOBox{%
 \begin{tabular}{lp{4cm}r} links & p-Spalte & rechts\\
   \cline{1-2}\hline
A & jetzt hat diese Spalte eine fixe Breite und ein \newline
  sorgt für eine neue Zeile in dieser Spalte & B \\\cline{2-2}
1 & 2 & 3 \\\cline{2-3} \end{tabular}}
\DeclareCaptionFont{red}{\small\color{red!60}}
```

```
\Blindtext\par\Blindtext\par\Blindtext

\hvFloat[fullpage,capPos=after,subFloat,vFill,capFormat={labelfont={red,sf},font={red,sf},format=plain}]%
  +{table}{}[Kurze Hauptbeschriftung des \texttt{subFloats}]{Eine Haupt-Beschriftung für ein »fullpage«
    Objekt, welches in der linken oder rechten Spalte erscheint. Dies kann eine gerade/ungerade Seite
    sein.}{sub:demo}%
  +{}{\usebox\hvOBox}[Short caption B]{Eine »subcaption« B eines »fullpage« Teilobjekts.}{sub:demo0}%
  +{}{\usebox\hvOBox}{Eine »subcaption« C eines »fullpage« Teilobjekts, welches in der linken oder rechten
    Spalte erscheint.}{sub:demo1}
  +{}{\usebox\hvOBox}{Eine »subcaption« D eines »fullpage« Teilobjekts.}{sub:demo2}
  +{}{\usebox\hvOBox}{Eine »subcaption« E eines »fullpage« Teilobjekts.}{sub:demo3}
  +{}{\usebox\hvOBox}{»subcaption« G eines »fullpage« Teilobjekts. Das Ganze hat die Teilbeschriftungen
    \ref{sub:demo0}\ldots\ref{sub:demo5} und die Hauptbeschriftung in der benachbarten Spalte.}{sub:demo5}

\Blindtext\par\Blindtext\par\Blindtext
```

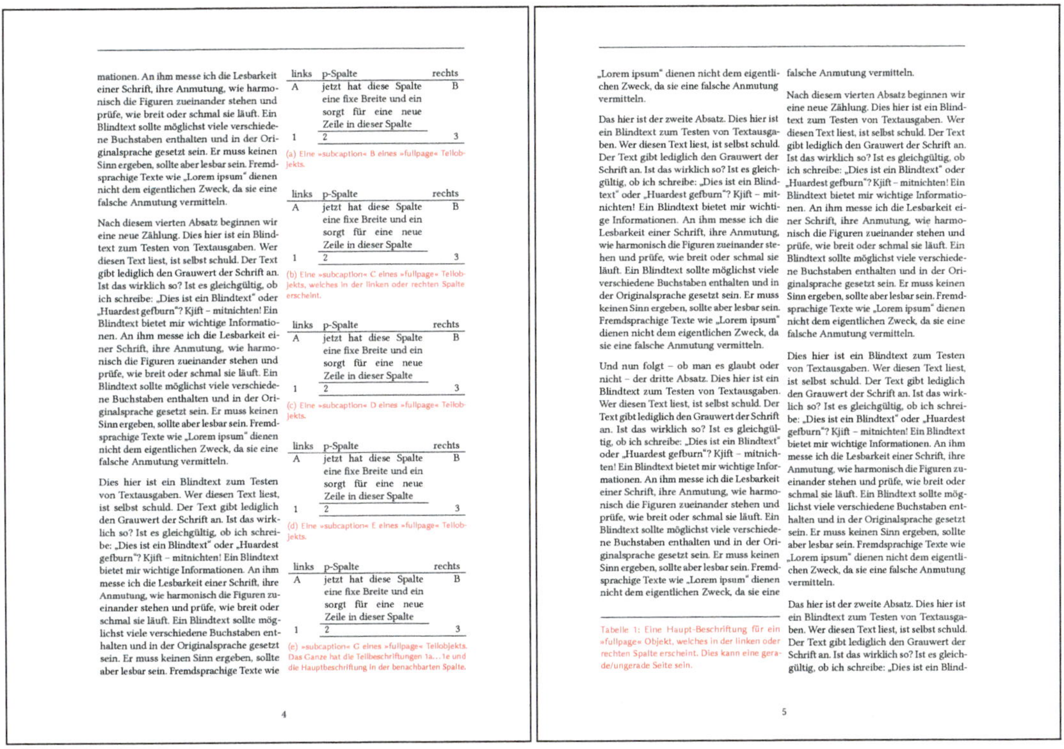

mationen. An ihm messe ich die Lesbarkeit einer Schrift, ihre Anmutung, wie harmonisch die Figuren zueinander stehen und prüfe, wie breit oder schmal sie läuft. Ein Blindtext sollte möglichst viele verschiedene Buchstaben enthalten und in der Originalsprache gesetzt sein. Er muss keinen Sinn ergeben, sollte aber lesbar sein. Fremdsprachige Texte wie „Lorem ipsum“ dienen nicht dem eigentlichen Zweck, da sie eine falsche Anmutung vermitteln.

Nach diesem vierten Absatz beginnen wir eine neue Zählung. Dies hier ist ein Blindtext zum Testen von Textausgaben. Wer diesen Text liest, ist selbst schuld. Der Text gibt lediglich den Grauwert der Schrift an. Ist das wirklich so? Ist es gleichgültig, ob ich schreibe: „Dies ist ein Blindtext“ oder „Huardest gefburn“? Kjift – mitnichten! Ein Blindtext bietet mir wichtige Informationen. An ihm messe ich die Lesbarkeit einer Schrift, ihre Anmutung, wie harmonisch die Figuren zueinander stehen und prüfe, wie breit oder schmal sie läuft. Ein Blindtext sollte möglichst viele verschiedene Buchstaben enthalten und in der Originalsprache gesetzt sein. Er muss keinen Sinn ergeben, sollte aber lesbar sein. Fremdsprachige Texte wie „Lorem ipsum“ dienen nicht dem eigentlichen Zweck, da sie eine falsche Anmutung vermitteln.

Dies hier ist ein Blindtext zum Testen von Textausgaben. Wer diesen Text liest, ist selbst schuld. Der Text gibt lediglich den Grauwert der Schrift an. Ist das wirklich so? Ist es gleichgültig, ob ich schreibe: „Dies ist ein Blindtext“ oder „Huardest gefburn“? Kjift – mitnichten! Ein Blindtext bietet mir wichtige Informationen. An ihm messe ich die Lesbarkeit einer Schrift, ihre Anmutung, wie harmonisch die Figuren zueinander stehen und prüfe, wie breit oder schmal sie läuft. Ein Blindtext sollte möglichst viele verschiedene Buchstaben enthalten und in der Originalsprache gesetzt sein. Er muss keinen Sinn ergeben, sollte aber lesbar sein. Fremdsprachige Texte wie

links	p-Spalte	rechts
A	jetzt hat diese Spalte eine fixe Breite und ein sorgt für eine neue Zeile in dieser Spalte	B
1	2	3

(a) Eine »subcaption« B eines »fullpage« Teilobjekts.

links	p-Spalte	rechts
A	jetzt hat diese Spalte eine fixe Breite und ein sorgt für eine neue Zeile in dieser Spalte	B
1	2	3

(b) Eine »subcaption« C eines »fullpage« Teilobjekts, welches in der linken oder rechten Spalte erscheint.

links	p-Spalte	rechts
A	jetzt hat diese Spalte eine fixe Breite und ein sorgt für eine neue Zeile in dieser Spalte	B
1	2	3

(c) Eine »subcaption« D eines »fullpage« Teilobjekts.

links	p-Spalte	rechts
A	jetzt hat diese Spalte eine fixe Breite und ein sorgt für eine neue Zeile in dieser Spalte	B
1	2	3

(d) Eine »subcaption« E eines »fullpage« Teilobjekts.

links	p-Spalte	rechts
A	jetzt hat diese Spalte eine fixe Breite und ein sorgt für eine neue Zeile in dieser Spalte	B
1	2	3

(e) »subcaption« G eines »fullpage« Teilobjekts. Das Ganze hat die Teilbeschriftungen 1a…1e und die Hauptbeschriftung in der benachbarten Spalte.

4

„Lorem ipsum“ dienen nicht dem eigentlichen Zweck, da sie eine falsche Anmutung vermitteln.

Das hier ist der zweite Absatz. Dies hier ist ein Blindtext zum Testen von Textausgaben. Wer diesen Text liest, ist selbst schuld. Der Text gibt lediglich den Grauwert der Schrift an. Ist das wirklich so? Ist es gleichgültig, ob ich schreibe: „Dies ist ein Blindtext“ oder „Huardest gefburn“? Kjift – mitnichten! Ein Blindtext bietet mir wichtige Informationen. An ihm messe ich die Lesbarkeit einer Schrift, ihre Anmutung, wie harmonisch die Figuren zueinander stehen und prüfe, wie breit oder schmal sie läuft. Ein Blindtext sollte möglichst viele verschiedene Buchstaben enthalten und in der Originalsprache gesetzt sein. Er muss keinen Sinn ergeben, sollte aber lesbar sein. Fremdsprachige Texte wie „Lorem ipsum“ dienen nicht dem eigentlichen Zweck, da sie eine falsche Anmutung vermitteln.

Und nun folgt – ob man es glaubt oder nicht – der dritte Absatz. Dies hier ist ein Blindtext zum Testen von Textausgaben. Wer diesen Text liest, ist selbst schuld. Der Text gibt lediglich den Grauwert der Schrift an. Ist das wirklich so? Ist es gleichgültig, ob ich schreibe: „Dies ist ein Blindtext“ oder „Huardest gefburn“? Kjift – mitnichten! Ein Blindtext bietet mir wichtige Informationen. An ihm messe ich die Lesbarkeit einer Schrift, ihre Anmutung, wie harmonisch die Figuren zueinander stehen und prüfe, wie breit oder schmal sie läuft. Ein Blindtext sollte möglichst viele verschiedene Buchstaben enthalten und in der Originalsprache gesetzt sein. Er muss keinen Sinn ergeben, sollte aber lesbar sein. Fremdsprachige Texte wie „Lorem ipsum“ dienen nicht dem eigentlichen Zweck, da sie eine falsche Anmutung vermitteln.

Nach diesem vierten Absatz beginnen wir eine neue Zählung. Dies hier ist ein Blindtext zum Testen von Textausgaben. Wer diesen Text liest, ist selbst schuld. Der Text gibt lediglich den Grauwert der Schrift an. Ist das wirklich so? Ist es gleichgültig, ob ich schreibe: „Dies ist ein Blindtext“ oder „Huardest gefburn“? Kjift – mitnichten! Ein Blindtext bietet mir wichtige Informationen. An ihm messe ich die Lesbarkeit einer Schrift, ihre Anmutung, wie harmonisch die Figuren zueinander stehen und prüfe, wie breit oder schmal sie läuft. Ein Blindtext sollte möglichst viele verschiedene Buchstaben enthalten und in der Originalsprache gesetzt sein. Er muss keinen Sinn ergeben, sollte aber lesbar sein. Fremdsprachige Texte wie „Lorem ipsum“ dienen nicht dem eigentlichen Zweck, da sie eine falsche Anmutung vermitteln.

Dies hier ist ein Blindtext zum Testen von Textausgaben. Wer diesen Text liest, ist selbst schuld. Der Text gibt lediglich den Grauwert der Schrift an. Ist das wirklich so? Ist es gleichgültig, ob ich schreibe: „Dies ist ein Blindtext“ oder „Huardest gefburn“? Kjift – mitnichten! Ein Blindtext bietet mir wichtige Informationen. An ihm messe ich die Lesbarkeit einer Schrift, ihre Anmutung, wie harmonisch die Figuren zueinander stehen und prüfe, wie breit oder schmal sie läuft. Ein Blindtext sollte möglichst viele verschiedene Buchstaben enthalten und in der Originalsprache gesetzt sein. Er muss keinen Sinn ergeben, sollte aber lesbar sein. Fremdsprachige Texte wie „Lorem ipsum“ dienen nicht dem eigentlichen Zweck, da sie eine falsche Anmutung vermitteln.

Das hier ist der zweite Absatz. Dies hier ist ein Blindtext zum Testen von Textausgaben. Wer diesen Text liest, ist selbst schuld. Der Text gibt lediglich den Grauwert der Schrift an. Ist das wirklich so? Ist es gleichgültig, ob ich schreibe: „Dies ist ein Blind-

Tabelle 1: Eine Haupt-Beschriftung für ein »fullpage« Objekt, welches in der linken oder rechten Spalte erscheint. Dies kann eine gerade/ungerade Seite sein.

5

Das Schlüsselwort **`subFloat`** definiert die Bilder oder Tabellen als Teilobjekte. Die Angabe des Gleittyps **`figure`** in der zweiten Zeile des Codes definiert den Haupttyp der Gleitumgebung; alle Unterobjekte müssen vom gleichen Typ sein. Aus diesem Grund sind alle folgenden Parameter, die dem Zeichen **+** folgen, leer: **`+{}{...}`**

Das Paket **`subcaption`** wird standardmäßig geladen und sollte mit

`\captionsetup``[`*sub*`]` `[`***singlelinecheck***`]`.

aktiviert werden, damit Beschriftungen, die kürzer als eine Zeile sind, automatisch zentriert gesetzt werden.

Das Hauptlabel des Subfloats ist **`sub:demo`**, das mit **`\pageref{sub:demo}`** auf die Objektspalte Seite 4 (links) zeigt. Das interne Label **`sub:demo-cap`** zeigt dagegen auf Seite 5, da Objekt und Hauptunterschrift auf unterschiedlichen Seiten liegen. Beide beziehen sich aber auf dasselbe Objekt, sodass **\ref{sub:demo}** und **\ref{sub:demo-cap}** dieselbe Objektnummer liefern.

Das Beispiel 04-01-7 auf Seite 172 hat für ein einseitiges Dokument *keine* günstige Anordnung; Objekt und Beschriftung liegen auf verschiedenen Seiten. Für diesen Fall sollte man besser **capPos=before** wählen, womit dann beide in verschiedenen Spalten liegen, aber auf derselben Seite.

4.1.7 Multifloats

Die Syntax ist ähnlich zu der von Subfloats, wobei hier für *jede* Teilumgebung der Gleittyp angegeben werden muss. Es können daher verschiedene Gleitumgebungen auftreten, beispielsweise Tabellen zusammen mit Abbildungen. Jedes Objekt bekommt dabei eine eigene Beschriftung.

\hvFloat [*Optionen*]
+{*float type*}{*floating object*} [*short caption*] {*long caption*}{*label*}
+{*float type*}{*floating object*} [*short caption*] {*long caption*}{*label*}
⋮ …
+{*float type*}{*floating object*} [*short caption*] {*long caption*}{*label*}

Alle individuellen Beschriftungen werden vor oder nach der vollen Spalte/Seite am Ende der Spalte/Seite aufgelistet (siehe Beispiel 04-01-8). Das Symbol **+** definiert ein Folgeobjekt, das Teil derselben Gleitumgebung ist. Für ein Multifloat-Objekt sind alle Parameter gültig, da jedes als eigenständiges Objekt innerhalb der Gleitumgebung aufgefasst wird. Es liegt am Benutzer, sicherzustellen, dass eine Seite oder eine Spalte alle definierten Objekte aufnehmen kann.

```
\usepackage{hvfloat}\captionsetup{singlelinecheck=false}
\DeclareCaptionFont{red}{\small\color{red!60}}
```

```
\Blindtext\par\Blindtext\par\Blindtext

\hvFloat[fullpage,capPos=after,multiFloat,vFill,capFormat={labelfont={red,sf},font={red,sf},
       format=plain},twoColumnCaption]%
  +{figure}{\includegraphics[columnWidth]{mv1}}[Kurzversion der Caption 1]{Die Beschriftung
    eines »fullpage« Objekts, welches in der linken oder rechten Spalte erscheint. Dies kann
    eine gerade oder ungerade Seite sein. Und noch etwas sinnloser Text zur Demonstration
    dieses Beispiels.}{img:multidemo}%
  +{table}{\small\tabcolsep=3pt\begin{tabular}{@{}lrcp{3cm}@{}}\hline
    Left & Right & Center & Parbox\\\hline L & R & C & P\\left & right & center & Text with
      possible linebreaks\\L &R &C &P\\\multicolumn{4}{c}{Multicolumn over all columns}\\\hline
      \end{tabular}}[Kurzversion B1]{Eine Beschriftung eines »fullpage« Objekts, welches in der
    linken oder rechten Spalte erscheint. Dies kann eine gerade oder ungerade Seite sein.}%
    {tab:multidemo}%
  +{figure}{\includegraphics[columnWidth]{CTAN1}}{Eine Beschriftung eines »fullpage« Objekts,
    welches in der linken oder rechten Spalte erscheint.}{img:multidemo1}
  +{figure}{\includegraphics[trim=0 8cm 0 7cm, clip, columnWidth]{mv0}}{Eine Beschriftung eines
    »fullpage« Objekts, welches in der linken oder rechten Spalte erscheint.}{img:multidemo2}
  +{figure}{\includegraphics[columnWidth]{CTAN3}}{Eine Beschriftung eines »fullpage« Objekts,
   welches in der linken oder rechten Spalte erscheint.}{img:multidemo3}
  +{table}{\small\tabcolsep=3pt\begin{tabular}[b]{@{}lrcp{3cm}@{}}\hline
     Left & Right & Centered & Parbox\\\hline L &R &C &P\\ left &right &center &Text with
     possible linebreaks\\  \multicolumn{4}{c}{Multicolumn over all columns}\\\hline
     \end{tabular}}[KurzbeschriftungB2]{Eine Beschriftung für ein »fullpage« Objekt, welches
     auf der linken oder rechten Spalte erscheint. Dies kann eine gerade oder ungerade Seite
     sein.}{tab:multidemo2}

\Blindtext\par\Blindtext\par\Blindtext
```

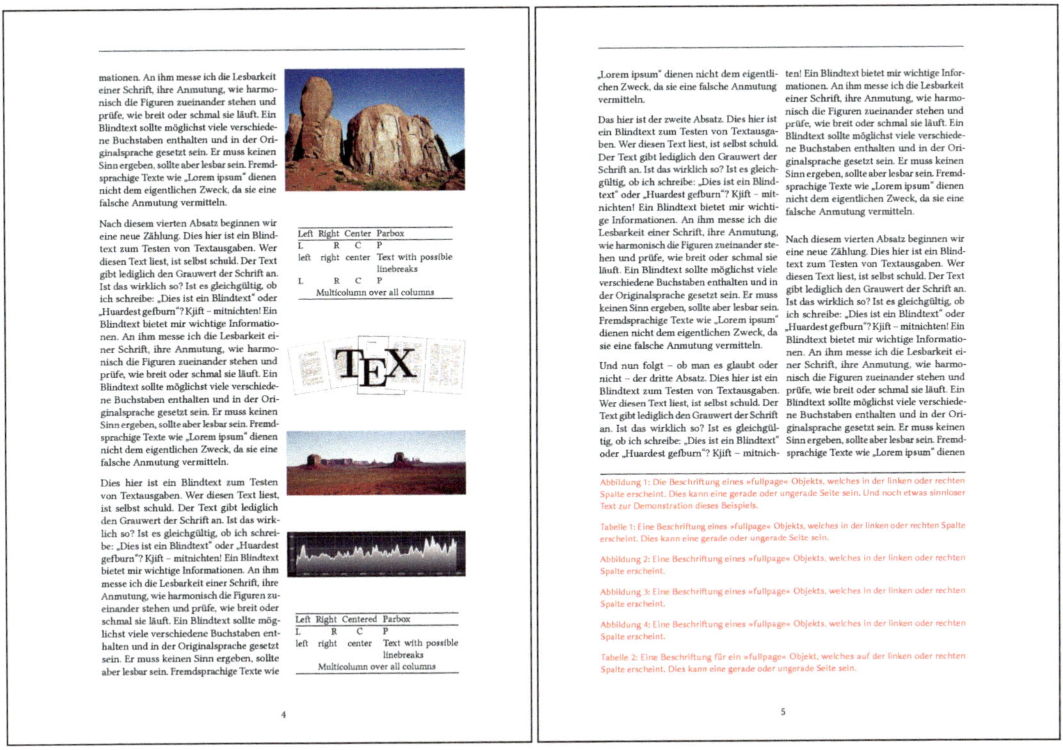

mationen. An ihm messe ich die Lesbarkeit einer Schrift, ihre Anmutung, wie harmonisch die Figuren zueinander stehen und prüfe, wie breit oder schmal sie läuft. Ein Blindtext sollte möglichst viele verschiedene Buchstaben enthalten und in der Originalsprache gesetzt sein. Er muss keinen Sinn ergeben, sollte aber lesbar sein. Fremdsprachige Texte wie „Lorem ipsum" dienen nicht dem eigentlichen Zweck, da sie eine falsche Anmutung vermitteln.

Nach diesem vierten Absatz beginnen wir eine neue Zählung. Dies hier ist ein Blindtext zum Testen von Textausgaben. Wer diesen Text liest, ist selbst schuld. Der Text gibt lediglich den Grauwert der Schrift an. Ist das wirklich so? Ist es gleichgültig, ob ich schreibe: „Dies ist ein Blindtext" oder „Huardest gefburn"? Kjift – mitnichten! Ein Blindtext bietet mir wichtige Informationen. An ihm messe ich die Lesbarkeit einer Schrift, ihre Anmutung, wie harmonisch die Figuren zueinander stehen und prüfe, wie breit oder schmal sie läuft. Ein Blindtext sollte möglichst viele verschiedene Buchstaben enthalten und in der Originalsprache gesetzt sein. Er muss keinen Sinn ergeben, sollte aber lesbar sein. Fremdsprachige Texte wie „Lorem ipsum" dienen nicht dem eigentlichen Zweck, da sie eine falsche Anmutung vermitteln.

Dies hier ist ein Blindtext zum Testen von Textausgaben. Wer diesen Text liest, ist selbst schuld. Der Text gibt lediglich den Grauwert der Schrift an. Ist das wirklich so? Ist es gleichgültig, ob ich schreibe: „Dies ist ein Blindtext" oder „Huardest gefburn"? Kjift – mitnichten! Ein Blindtext bietet mir wichtige Informationen. An ihm messe ich die Lesbarkeit einer Schrift, ihre Anmutung, wie harmonisch die Figuren zueinander stehen und prüfe, wie breit oder schmal sie läuft. Ein Blindtext sollte möglichst viele verschiedene Buchstaben enthalten und in der Originalsprache gesetzt sein. Er muss keinen Sinn ergeben, sollte aber lesbar sein. Fremdsprachige Texte wie

Left	Right	Center	Parbox
L	R	C	P
left	right	center	Text with possible linebreaks
L	R	C	P
Multicolumn over all columns			

TEX

Left	Right	Centered	Parbox
L	R	C	P
left	right	center	Text with possible linebreaks
Multicolumn over all columns			

4

„Lorem ipsum" dienen nicht dem eigentlichen Zweck, da sie eine falsche Anmutung vermitteln.

Das hier ist der zweite Absatz. Dies hier ist ein Blindtext zum Testen von Textausgaben. Wer diesen Text liest, ist selbst schuld. Der Text gibt lediglich den Grauwert der Schrift an. Ist das wirklich so? Ist es gleichgültig, ob ich schreibe: „Dies ist ein Blindtext" oder „Huardest gefburn"? Kjift – mitnichten! Ein Blindtext bietet mir wichtige Informationen. An ihm messe ich die Lesbarkeit einer Schrift, ihre Anmutung, wie harmonisch die Figuren zueinander stehen und prüfe, wie breit oder schmal sie läuft. Ein Blindtext sollte möglichst viele verschiedene Buchstaben enthalten und in der Originalsprache gesetzt sein. Er muss keinen Sinn ergeben, sollte aber lesbar sein. Fremdsprachige Texte wie „Lorem ipsum" dienen nicht dem eigentlichen Zweck, da sie eine falsche Anmutung vermitteln.

Und nun folgt – ob man es glaubt oder nicht – der dritte Absatz. Dies hier ist ein Blindtext zum Testen von Textausgaben. Wer diesen Text liest, ist selbst schuld. Der Text gibt lediglich den Grauwert der Schrift an. Ist das wirklich so? Ist es gleichgültig, ob ich schreibe: „Dies ist ein Blindtext" oder „Huardest gefburn"? Kjift – mitnichten! Ein Blindtext bietet mir wichtige Informationen. An ihm messe ich die Lesbarkeit einer Schrift, ihre Anmutung, wie harmonisch die Figuren zueinander stehen und prüfe, wie breit oder schmal sie läuft. Ein Blindtext sollte möglichst viele verschiedene Buchstaben enthalten und in der Originalsprache gesetzt sein. Er muss keinen Sinn ergeben, sollte aber lesbar sein. Fremdsprachige Texte wie „Lorem ipsum" dienen nicht dem eigentlichen Zweck, da sie eine falsche Anmutung vermitteln.

Nach diesem vierten Absatz beginnen wir eine neue Zählung. Dies hier ist ein Blindtext zum Testen von Textausgaben. Wer diesen Text liest, ist selbst schuld. Der Text gibt lediglich den Grauwert der Schrift an. Ist das wirklich so? Ist es gleichgültig, ob ich schreibe: „Dies ist ein Blindtext" oder „Huardest gefburn"? Kjift – mitnichten! Ein Blindtext bietet mir wichtige Informationen. An ihm messe ich die Lesbarkeit einer Schrift, ihre Anmutung, wie harmonisch die Figuren zueinander stehen und prüfe, wie breit oder schmal sie läuft. Ein Blindtext sollte möglichst viele verschiedene Buchstaben enthalten und in der Originalsprache gesetzt sein. Er muss keinen Sinn ergeben, sollte aber lesbar sein. Fremdsprachige Texte wie „Lorem ipsum" dienen

Abbildung 1: Die Beschriftung eines »fullpage« Objekts, welches in der linken oder rechten Spalte erscheint. Dies kann eine gerade oder ungerade Seite sein. Und noch etwas sinnloser Text zur Demonstration dieses Beispiels.

Tabelle 1: Eine Beschriftung eines »fullpage« Objekts, welches in der linken oder rechten Spalte erscheint. Dies kann eine gerade oder ungerade Seite sein.

Abbildung 2: Eine Beschriftung eines »fullpage« Objekts, welches in der linken oder rechten Spalte erscheint.

Abbildung 3: Eine Beschriftung eines »fullpage« Objekts, welches in der linken oder rechten Spalte erscheint.

Abbildung 4: Eine Beschriftung eines »fullpage« Objekts, welches in der linken oder rechten Spalte erscheint.

Tabelle 2: Eine Beschriftung für ein »fullpage« Objekt, welches auf der linken oder rechten Spalte erscheint. Dies kann eine gerade oder ungerade Seite sein.

5

Durch die Vorgabe **capPos=after** erscheint die Beschriftung *nach* dem Objekt, unabhängig davon, ob das günstig ist oder nicht. Für das Beispiel 04-01-8 auf der vorherigen Seite wäre die Angabe **capPos=left** oder **capPos=right** sinnvoller; dann wären die Beschriftungen und die Objekte besser angeordnet. Aus reinen Demonstrationsgründen ist dies hier aber so gewollt.

4.1.8 Tabellen im Seitenrand

Enthält das vorgegebene Seitenlayout einen relativ breiten Rand, so können schmale Tabellen auch in den Rand gesetzt werden. Entsprechende Beispiele kann man der Dokumentation zur Dokumentenklasse **tufte-book** von Bil Kleb, Bill Wood und Kevin Godby entnehmen. (Godby 2018) Für andere Dokumentenklassen kann dies mit Unterstützung des Pakets **hvfloat** erreicht werden. Es bleibt aber dem Autor überlassen, dafür zu sorgen, dass das entsprechende Tabellenobjekt auch in den Rand passt. **hvfloat** benutzt die Breite **\marginparwidth** ohne Überprüfung des Wertes, ob dieser eventuell zu klein ist. Dies wäre beispielsweise bei einem Wert von 1,5cm der Fall, für den keine Tabelle sinnvoll dargestellt werden kann.

```
\usepackage{hvfloat}
\usepackage[bmargin=1cm,tmargin=1cm,rmargin=5mm, marginparwidth=4cm,includeheadfoot,includemp]{geometry}

\null\newpage\blindtext% Starte mit gerader Seitennummer
\hvFloat[inMargin,capFormat={format=plain}]{table}{%
  \begin{tabular}{@{}ccc@{}}\hline
  Mon& Di& Mi\\ frei & Dienst & frei\\  Dienst & Dienst & Frei\\\hline
  \end{tabular}}{Eine kurze Tabelle im Rand.}{tabMargin1}

\blindtext\par\blindtext

\hvFloat[inMargin,capFormat={format=plain},objectAngle=90]{table}{%
```

```
  \begin{tabular}{@{}ccc@{}}\hline
  Mon& Di& Mi\\ frei & Dienst & frei\\  frei & frei & frei\\ Dienst & frei & frei\\
  Dienst & Dienst & Frei\\frei & frei &---\\\hline
  \end{tabular}}{Eine kurze Tabelle im Rand,  die um 90\textdegree\ gedreht wurde.}{tabMargin2}

\blindtext\par\blindtext[2]

\hvFloat[inMargin,capFormat={format=plain}]{table}{%
  \begin{tabular}{@{}ccc@{}}\hline
  Mon& Di& Mi\\ frei & Dienst & frei\\  Dienst & Dienst & Frei\\\hline
  \end{tabular}}{Eine kurze Tabelle im Rand.}{tabMargin1}

\blindtext\par\blindtext

\hvFloat[inMargin,capFormat={format=plain},objectAngle=90]{table}{%
  \begin{tabular}{@{}ccc@{}}\hline
  Mon& Di& Mi\\ frei & Dienst & frei\\  frei & frei & frei\\ Dienst & frei & frei\\
  Dienst & Dienst & Frei\\frei & frei &---\\\hline
  \end{tabular}}{Eine kurze Tabelle im Rand,  die um 90\textdegree\ gedreht wurde.}{tabMargin2}

\blindtext\par\blindtext\par\blindtext
```

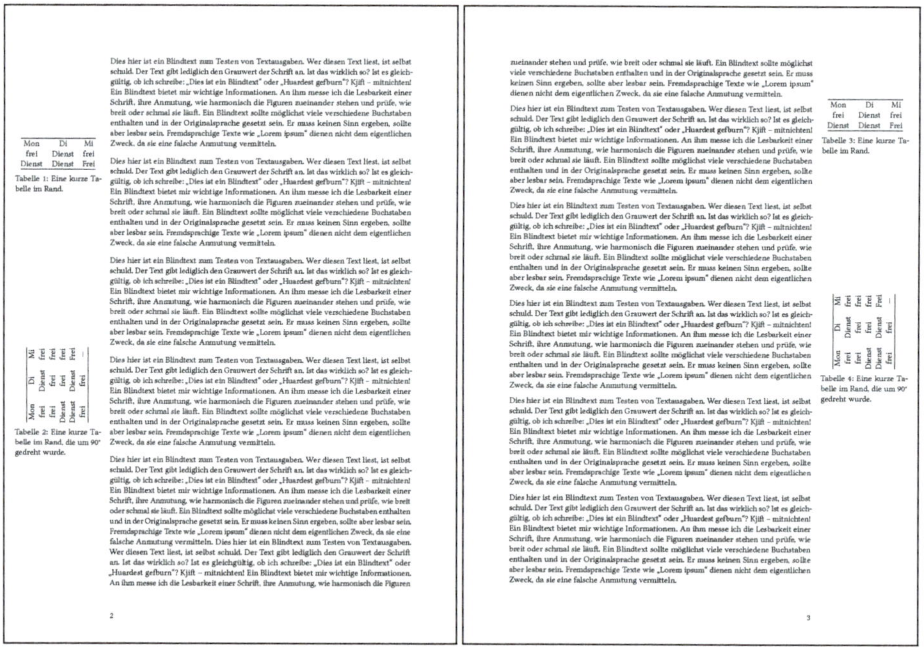

Das Setzen in den Rand erfolgt intern mit dem Befehl **\marginnote** aus dem gleichnamigen Paket, welches von **hvfloat** standardmäßig geladen wird. Alle weiteren Befehle des Pakets stehen daher wie üblich zur Verfügung.

4.1.9 Hinweise

Das Makro **\hvFloat** überprüft nur die Position seines Aufrufs, ob es auf einer ungeraden oder geraden Seite definiert ist. Dies geschieht mithilfe des Makros **\checkoddpage** aus dem Paket **ifoddpage**. (Scharrer 2022b) Da es in TeX nicht möglich ist, zu testen, ob man sich am Anfang einer Seite befindet, verwendet der aktuelle Code immer die nächste gerade-ungerade Seitenkombination.

In manchen Fällen funktioniert das Schlüsselwort **useOBox** für eine vordefinierte Box **\hvOBox** nicht. Man kann stattdessen **\usebox\hvOBox** als Argument für das Objekt verwenden, was den gleichen Effekt hat. Die Anwendung des Schlüsselwortes **useOBox** kann dann entfallen.

Das Paket **hvfloat** verwendet intensiv das Makro **\afterpage**. (Carlisle und The LaTeX Project Team 2021a) Definiert man in der ersten Spalte einer linken (geraden) Seite ein zweiseitiges Gleitobjekt, dann benötigt **\hvFLoat** drei verschachtelte **\afterpage** bis es auf einer leeren linken (geraden) Seite erscheinen kann. Für jede Spalte eine Anweisung, damit ein Objekt oder eine Überschrift auf der nächsten linken Seite beginnen kann. Bis LaTeX diese Seite für das Objekt oder die Beschriftung erreicht, müssen bis zu zwei Seiten mit Text oder anderen Objekten gefüllt werden, die erst *nach* dem Makro **\hvFloat** im Quelltext erscheinen. Insbesondere im Zweispalten-Modus ist mit Problemen zu rechnen, wenn das Dokument zu wenig Text oder andere einfache nicht-gleitende Objekte aufweist, um diese beiden Seiten zu füllen, bis das Objekt auf eine Doppelseite gesetzt werden kann. Solche Probleme können nur gelöst werden, indem Text hinzugefügt oder das Makro **\hvFloat** in eine andere Spalte des Dokuments verschoben wird, was im Allgemeinen kein Problem sein sollte. Dies kann dennoch sehr zeitaufwändig sein, wenn man beispielsweise wie in diesem Buch *sehr* viele Abbildungen hat, einige davon über die ganze Spalte oder auch Doppelseiten gehend und dabei eben relativ wenig Text zwischen den einzelnen Gleitumgebungen existiert.

4.2 Wahrheitstabellen mit luatruthtable

Das Paket **luatruthtable** von Chetan Shirore und Ajit Kumar kann Wahrheitstabellen von logischen Ausdrücken erstellen. Wie der Name des Paketes schon vermuten lässt, muss es mit lualatex benutzt werden. Lua selbst muss nicht extra installiert werden, da das mit der TeX-Installation bereits vorhandene Lua benutzt wird. (Chetan Shirore and Dr. Ajit Kumar 2022)

Der Befehl zur Erstellung der Tabelle hat einen optionalen Parameter und zwei verpflichtende Argumente:

\luaTruthTable [*trtext,fltext*] {*Liste der Booleschen Variablen*}{*Liste der Ausdrücke*}

Hierbei bedeuten:

trtext=_: Die Ausgabe für den Wahrheitswert True (Vorgabe ist **T**). Zulässig sind alle Zeichenketten und Ziffern, wobei 0 nicht benutzt werden sollte.

fltext=_: Die Ausgabe für den Wahrheitswert False (Vorgabe ist **F**). Zulässig sind alle Zeichenketten und Ziffern, wobei 1 nicht benutzt werden sollte.

Liste der Booleschen Variablen: Durch Komma getrennte Liste der Booleschen bzw. logischen Variablen.

Liste der Ausdrücke: Durch Komma getrennte Liste der logischen Ausdrücke.

Das Makro **\luaTruthTable** muss Teil einer Umgebung **\begin{tabular}tabular**...**\end{tabular}** sein, wobei ähnliche Tabellenumgebungen möglich sind. Die hierbei definierte Anordnung der Spalten muss identisch zu der definierten Anordnung der Booleschen bzw.

logischen Variablen sein. Die Ausgabe der logischen Werte durch `\luaTruthTable` erfolgt dabei im mathematischen Modus, also standardmäßig in Kursivschrift.

p	not p
T	F
F	T

```
\usepackage{luatruthtable}

\begin{tabular}{|c|c|}\hline
$p$ & not $p$ \\\hline
\luaTruthTable{p}{lognot*p}\\\hline
\end{tabular}
```

4.2.1 Erlaubte Operationen

lognot* Führt die not-Operation aus (Logisch Nicht).
logand Führt die and-Operation aus (Logisch Und).
logor Führt die oder-Operation aus (Logisch Oder).
imp Führt die imp-Operation aus (Logische Implikation).
iff Führt die iff-Operation aus (Logisch Nicht-Und).
lognor Führt die nor-Operation aus (Logisch Nicht-Oder).
logxor Führt die xor-Operation aus (Logisch Exklusiv-Oder).
logxnor Führt die xnor-Operation aus (Logisch Exklusiv-Nicht-Oder).

p	q	p and q
F	T	F
T	F	F
T	T	T
F	F	F
p	q	p implies q
F	T	T
T	F	F
T	T	T
F	F	T
p	q	p NAND q
0	1	1
1	0	1
1	1	0
0	0	1

```
\usepackage{luatruthtable}

\begin{tabular}{|cc|c|}
\hline
$p$ & $q$ & $p$ and $q$ \\\hline
\luaTruthTable{p,q}{p*logand*q} \\
\hline\hline
$p$ & $q$ & $p$ implies $q$ \\\hline
\luaTruthTable{p,q}{p*imp*q} \\
\hline\hline
$p$ & $q$ & $p$ NAND $q$ \\\hline
\luaTruthTable[trtext=$1$,fltext=$0$]
        {p,q}{p*lognand*q} \\\hline
\end{tabular}
```

4.2.2 Beispiele

```
\usepackage{luatruthtable}

\begin{tabular}{|cc|c|c|c|c|c|c|c|c|c|}
\hline
$p$ & $q$ & $\neg p$ & $p \land q$ & $p\lor q$ & $p \rightarrow q$
& $p \leftrightarrow q$ & $ p$ nand $q$ & $p$ xor $q$ & $ p$ nor $q$ & $p$ xnor $q$\\\hline
\luaTruthTable{p,q}{lognot*p,p*logand*q, p*logor*q, p*imp*q, p*iff*q, p*lognand*q,
                p*logxor*q, p*lognor*q, p*logxnor*q} \\\hline
\end{tabular}
```

p	q	$\neg p$	$p \land q$	$p \lor q$	$p \rightarrow q$	$p \leftrightarrow q$	p nand q	p xor q	p nor q	p xnor q
F	T	T	F	T	T	F	T	T	F	F
T	F	F	F	T	F	F	T	T	F	F
T	T	F	T	T	T	T	F	F	F	T
F	F	T	F	F	T	T	T	F	T	T

```
\usepackage{caption,luatruthtable}


\begin{table}
\caption{Eine längere Wahrheitstabelle}
\begin{tabular}{|cc|c|c|c|c|c|c|c|c|c|}\hline
$p$ & $q$ & $\neg p$ & $p \land q$ & $p\lor q$ & $p \rightarrow q$
& $p \leftrightarrow q$ & $ p$ nand $q$ & $p$ xor $q$ & $ p$ nor $q$ & $p$ xnor $q$ \\\hline
\luaTruthTable[trtext=1,fltext=0]{p,q}{lognot*p,p*logand*q, p*logor*q, p*imp*q,
      p*iff*q,p*lognand*q, p*logxor*q, p*lognor*q, p*logxnor*q } \\\hline
\end{tabular}
\end{table}
```

Tabelle 1: Eine längere Wahrheitstabelle

p	q	$\neg p$	$p \land q$	$p \lor q$	$p \rightarrow q$	$p \leftrightarrow q$	p nand q	p xor q	p nor q	p xnor q
0	1	1	0	1	1	0	1	1	0	0
1	0	0	0	1	0	0	1	1	0	0
1	1	0	1	1	1	1	0	0	0	1
0	0	1	0	0	1	1	1	0	1	1

p	q	r	$(p \land q)\ \rightarrow\ \neg r$
False	False	True	True
False	True	False	True
False	True	True	True
True	False	False	True
True	False	True	True
True	True	False	True
True	True	True	False
False	False	False	True

```
\usepackage{luatruthtable}

\begin{tabular}{|ccc|c|}\hline
$p$ & $q$ & $r$ & $(p \land q)~\rightarrow~\neg r$ \\\hline
\luaTruthTable[trtext=True,fltext=False]
  {p,q,r}{(p*logand*q) *imp* (lognot*r)} \\\hline
\end{tabular}
```

edutex

Kapitel 5

Farbe in Tabellen

5.1 colortbl 181
5.2 xcolor 186
5.3 TEXnisches 191

Durch die weiterhin zunehmende Verbreitung von Farbdruckern kommt der Anwendung von Farbe in Tabellen eine große Bedeutung zu, denn dies ist ein weiteres Stilmittel, um Zelleninhalte besser lesbar zu gestalten. Grundsätzlich sollte man gleich das **xcolor**-Paket laden, da es zum Einen mit der Paketoption **table** das **colortbl**-Paket lädt und zum Anderen eine weitaus bessere Unterstützung bei der Farbauswahl bietet.

5.1 colortbl

Das Paket **colortbl** von David Carlisle steht namentlich für »color table« und ermöglicht das Einbringen von Farbe in Tabellen in Form von gefärbten Spalten, Zeilen, Zellen oder Linien. Das Paket **color** wird dazu benötigt und entsprechend automatisch geladen. Das Paket **xcolor** erweitert die Eigenschaften dieses Paketes um einige zusätzliche Makros. Weiteres findet man im Abschnitt 5.2 auf Seite 186.

5.1.1 Spalten

Die Festlegung von farbigen Spalten kann nur über die Spaltendefinition der Tabelle erfolgen. Das entsprechende Makro hat folgende Syntax:

\columncolor [*Farbmodell*] {*Farbe*} [*Überhang Links*] [*Überhang Rechts*]

Unter *Farbmodell* werden alle durch das Paket **color** oder **xcolor** definierten Modelle verstanden, beispielsweise **rgb** oder **cmyk**. *Farbe* bezeichnet einen vordefinierten Namen, beispielsweise **red**, oder eine durch entsprechende Zahlenwerte definierte Farbe. Mit den beiden optionalen Angaben zu *Überhang links* und *Überhang rechts* kann eine Verbreiterung der Spalte erreicht werden, die sich jedoch nur auf das Setzen der Farbe bezieht und daher keine Auswirkung auf die eigentliche Breite der Spalte hat. Hierbei ist aber unbedingt zu beachten, dass ohne Angabe eines Überhangs *beide* Werte auf **\tabcolsep** gesetzt werden. Wird nur *ein* optionales Argument angegeben, so bezieht es sich automatisch auf *beide*! So ist die Angabe von **[0pt]** identisch zu **[0pt][0pt]** (vergleiche Beispiel 05-01-2).)

Überhang

Eins	Zwei	Drei
A	B	C

```
\usepackage{colortbl}
\definecolor{gray70}{gray}{0.7}
\definecolor{gray90}{gray}{0.9}

\begin{tabular}{>{\columncolor{gray70}}c
                >{\columncolor[rgb]{1,0,0}}c
                >{\columncolor{gray90}}c}
Eins & Zwei & Drei\\ A    & B    & C
\end{tabular}
```

Dem Beispiel kann entnommen werden, dass die gesamte Breite der jeweiligen Spalte gefärbt wird. Möchte man dies nur auf die tatsächliche Textbreite der Spalte beziehen, so kann der intern definierte Überhang ignoriert werden; dieser ist so voreingestellt, dass links und rechts jeweils **\tabcolsep** zur normalen Breite addiert wird. Nur um dies deutlicher werden zu lassen, sind im folgenden Beispiel die senkrechten Linien zusätzlich angegeben.

Eins	Zwei	Drei
A	B	C

```
\usepackage{colortbl}
\definecolor{gray70}{gray}{0.7}
\definecolor{gray90}{gray}{0.9}

\begin{tabular}{|>{\columncolor{gray70}[0pt]}c|
                 >{\columncolor[rgb]{1,0,0}[0pt]}c|
                 >{\columncolor{gray90}[0pt]}c|}
Eins & Zwei & Drei\\ A    & B    & C
\end{tabular}
```

Wird eine Tabelle mit **@{}** links- und rechtsbündig gesetzt, so ist dies entsprechend bei den Spalten zu berücksichtigen; einmal darf links (erste Spalte) und einmal darf rechts (letzte Spalte) kein Überhang entstehen.

Eins	Zwei	Drei
A	B	C

```
\usepackage{colortbl}
\definecolor{gray70}{gray}{0.7}
\definecolor{gray90}{gray}{0.9}

\begin{tabular}{@{}>{\columncolor{gray70}[0pt][\tabcolsep]}c
                   >{\columncolor[rgb]{1,0,0}}c
                   >{\columncolor{gray90}[\tabcolsep][0pt]}c@{}}
Eins & Zwei & Drei\\ A    & B    & C
\end{tabular}
```

5.1.2 Zeilen

Das Färben von Zeilen erfolgt immer nach dem Färben von Spalten, d. h. dass die Farbfestlegung einer Zeile immer die der jeweiligen Spalte überschreibt. Dies ergibt sich bereits aus der Tatsache, dass farbige Spalten schon im Tabellenkopf festgelegt werden. Einzelne Zellen einer Zeile lassen sich wiederum mit dem **\cellcolor**-Befehl farblich gestalten (siehe Abschnitt 5.1.3 auf der nächsten Seite).

\rowcolor [*Farbmodell*] {*Farbe*} [*Überhang Links*] [*Überhang Rechts*]

\rowcolor hat dieselbe Syntax wie **\columncolor**, jedoch mit unterschiedlicher Auswirkung. Die optionalen Argumente beziehen sich nicht auf die linke und rechte Seite der Zeile, sondern auf die der Spalten und sind somit für die Zeile prinzipiell unbrauchbar. **\rowcolor** muss immer am Anfang der ersten Spalte der betreffenden Zeile erscheinen und gilt dann auch nur für diese eine Zeile. Streng genommen ist **\rowcolor** einfach ein Aneinanderreihen von einzelnen **\columncolor**- bzw. **\cellcolor**-Befehlen.

Eins	Zwei	Drei
A	B	C
uno	due	tre

Eins	Zwei	Drei
A	B	C
uno	due	tre

```
\usepackage[table]{xcolor}

\begin{tabular}{ccc}
\rowcolor[gray]{0.6}Eins & Zwei & Drei\\
\rowcolor[gray]{0.7}A    & B    & C   \\
\rowcolor[gray]{0.9}uno  & due  & tre
\end{tabular}\\[6pt]
%
\begin{tabular}{|>{\columncolor{gray!70}[0pt]}c|
                 >{\columncolor[rgb]{1,0,0}[0pt]}c|
                 >{\columncolor{gray!90}[0pt]}c|}
\rowcolor[gray]{0.6}Eins & Zwei & Drei\\
\rowcolor{cyan}     A    & B    & C   \\
                    uno  & due  & tre
\end{tabular}
```

Eins	Zwei	Drei
A	B	C
uno	due	tre

Eins	Zwei	Drei
A	B	C
uno	due	tre

Eins	Zwei	Drei
A	B	C
uno	due	tre

```
\usepackage{colortbl}

\begin{tabular}{||@{}
  >{\columncolor[gray]{.7}[0pt][\tabcolsep]}ccc@{}||}
\rowcolor[gray]{0.6}Eins & Zwei& Drei\\
\rowcolor{cyan} A & B & C\\ uno  & due  & tre
\end{tabular}\\[8pt]
\begin{tabular}{||@{}
  >{\columncolor[gray]{.7}[0pt][\tabcolsep]}ccc@{}||}
\rowcolor[gray]{0.6}[0pt]Eins & Zwei& Drei\\
\rowcolor{cyan}[0pt] A & B & C\\ uno  & due  & tre
\end{tabular}\\[8pt]
\begin{tabular}{||@{}
    >{\columncolor[gray]{.7}[0pt][\tabcolsep]}cc
    >{\columncolor{white}[\tabcolsep][0pt]}c@{}||}
\rowcolor[gray]{0.6}Eins & Zwei& Drei\\
\rowcolor{cyan} A & B & C\\ uno  & due  & tre
\end{tabular}
```

Das Beispiel 05-01-5 zeigt in der ersten Tabelle, dass **\rowcolor** zwar zur einem richtigen linken, jedoch falschen rechten Rand führt. Es berücksichtigt nicht den abschließenden **@**-Operator, sondern nimmt einfach den internen Wert für den rechten Überhang, der standardmäßig auf **\tabcolsep** gesetzt ist. Benutzt man die optionalen Argumente für **\rowcolor** so hat dies wiederum auch Auswirkungen auf die einzelnen Spalten. Erst die dritte Tabelle zeigt das erwartete Ergebnis; mit einer weißen Spaltenfarbe und den optionalen Argumenten **[\tabcolsep][0pt]** kann man für den korrekten Wert in der letzten Spalte sorgen, wobei **\rowcolor** ohne optionales Argument benutzt wird. Gleiches müsste man auch für die erste Spalte vornehmen, wenn dort keine Färbung vorhanden wäre.

5.1.3 Zellen

In der Reihenfolge der Farbsetzung erscheint die Zelle an letzter Stelle, diese Festlegung überschreibt daher Farbfestlegungen für Spalte und Zeile. Prinzipiell ist der Befehl **\cellcolor** nur eine Abkürzung für die **\multicolumn**-Anweisung, die den aktuellen Spaltentyp übernimmt und nur über **\rowcolor** eine Farbe setzt.

\cellcolor [*Farbmodell*] {*Farbe*}

Im Gegensatz zu den anderen Makros für Spalten und Zeilen hat **\cellcolor** keine optionalen Argumente für den Überhang, sondern übernimmt die aktuellen Vorgaben. In der ersten Spalte muss **\cellcolor** grundsätzlich nach einem eventuellen **\rowcolor** auftreten.

Eins	Zwei	Drei
A	B	C
uno	due	tre

```
\usepackage{colortbl}

\begin{tabular}{ccc}
\rowcolor[gray]{0.6}Eins & Zwei & Drei\\
\rowcolor[gray]{0.7}A    & \cellcolor{white}B & C \\
\rowcolor[gray]{0.9}\cellcolor{red}uno & due & \cellcolor{white}tre
\end{tabular}
```

Eins	Zwei	Drei
A	B	C
uno	due	tre

```
\usepackage{colortbl}
\definecolor{gray70}{gray}{0.7} \definecolor{gray90}{gray}{0.9}

\begin{tabular}{|>{\columncolor{gray70}[0pt]}c|
                >{\columncolor[rgb]{1,0,0}[0pt]}c|
                >{\columncolor{gray90}[0pt]}c|}
\rowcolor[gray]{0.6}Eins & Zwei & \cellcolor{white}Drei\\
\rowcolor{cyan}      A    & \cellcolor{white}B    & C    \\
\cellcolor{white}uno      & due                   & tre
\end{tabular}
```

Eins	Zwei	Drei
A	B	C
uno	due	tre

```
\usepackage{colortbl}
\definecolor{gray70}{gray}{0.7} \definecolor{gray90}{gray}{0.9}

\begin{tabular}{@{}>{\columncolor{gray70}[0pt][\tabcolsep]}c
                  >{\columncolor[rgb]{1,0,0}}c
                  >{\columncolor{gray90}[\tabcolsep][0pt]}c@{}}
\cellcolor{white}Eins   & Zwei                & Drei\\
\rowcolor{cyan}      A   & \cellcolor{white}B & C    \\
\rowcolor[gray]{0.9}uno & due & \cellcolor{white}tre
\end{tabular}
```

5.1.4 Linien

Am einfachsten sind farbige vertikale Linien zu erreichen, da der übliche **|**-Operator einfach durch **!{\color{Farbe}\vline}** ersetzt wird, wobei für *Farbe* ein entsprechender Wert einzusetzen ist.

Eins	Zwei	Drei
A	B	C
uno	due	tre

```
\usepackage{colortbl}

\begin{tabular}{!{\color[gray]{0.2}\vline}c
    !{\color[gray]{0.4}\vline}c!{\color[gray]{0.6}\vline}c
    !{\color[gray]{0.7}\vline} !{\color[gray]{0.9}\vline}}
  Eins & Zwei & Drei\\ A & B & C \\ uno & due & tre
\end{tabular}
```

Bei doppelten Linien bleibt allerdings der Zwischenraum weiß, was allerdings keinen Nachteil darstellt, denn man kann auch gleich eine dickere Linie wählen, die eine Breite von 2**\arrayrulewidth**+**\doublerulesep** hat.

Eins	Zwei	Drei
A	B	C
uno	due	tre

```
\usepackage{colortbl}
\newlength\Dicke\setlength\Dicke{2\arrayrulewidth}
\addtolength\Dicke{\doublerulesep}

\begin{tabular}{
    !{\color[gray]{0.2}\vline}!{\color[gray]{0.2}\vline}c
    !{\color[gray]{0.2}\vrule width \Dicke}c
    !{\color{red}\vline}!{\color{red}\vline}c
    !{\color{cyan}\vrule width \Dicke}}
 Eins & Zwei & Drei\\ A & B & C \\ uno & due & tre
\end{tabular}
```

Für alle Linientypen stellt **colortbl** die beiden Makros

\arrayrulecolor [*Farbmodell*] {*Farbe*}
\doublerulesepcolor [*Farbmodell*] {*Farbe*}

zur Verfügung. Diese setzen die Farben global, sodass sie an beliebiger Stelle erscheinen können. Logischerweise können sie nicht rückwirkend wirksam sein; werden sie nach dem Tabellenkopf (Spaltendefinition) gesetzt, können sie nicht mehr die Farben der senkrechten Linien ändern und die der horizontalen nur danach.

Eins	Zwei	Drei
A	B	C
uno	due	tre

```
\usepackage{colortbl} \setlength\arrayrulewidth{2pt}
\arrayrulecolor{red}\doublerulesepcolor{blue}

\begin{tabular}{||c|||c|||c||}\hline\hline
  Eins & Zwei & Drei\\\hline\arrayrulecolor[gray]{0.9}
  A    &  B   & C    \\\hline\hline
   uno & due  & tre \\\hline\hline
\end{tabular}
```

Eins	Zwei	Drei
A	B	C
uno	due	tre

```
\usepackage{colortbl} \setlength\arrayrulewidth{2pt}
\arrayrulecolor{red}\doublerulesepcolor[gray]{0.6}

\begin{tabular}{||c|||c|||c||}\hline\hline
  Eins & Zwei & Drei\\\cline{1-2}
                       \arrayrulecolor[gray]{0.9}
  A    &  B   & C    \\\cline{1-1}\cline{3-3}
                       \arrayrulecolor{black}
   uno & due  & tre \\\cline{2-2}
\end{tabular}
```

Obiges Beispiel zeigt deutlich, dass die Eckverbindungen insbesondere bei Anwendung von **\cline** nicht immer optimal sind. Die Anwendung des Paketes **hhline** ist hier empfehlenswert.

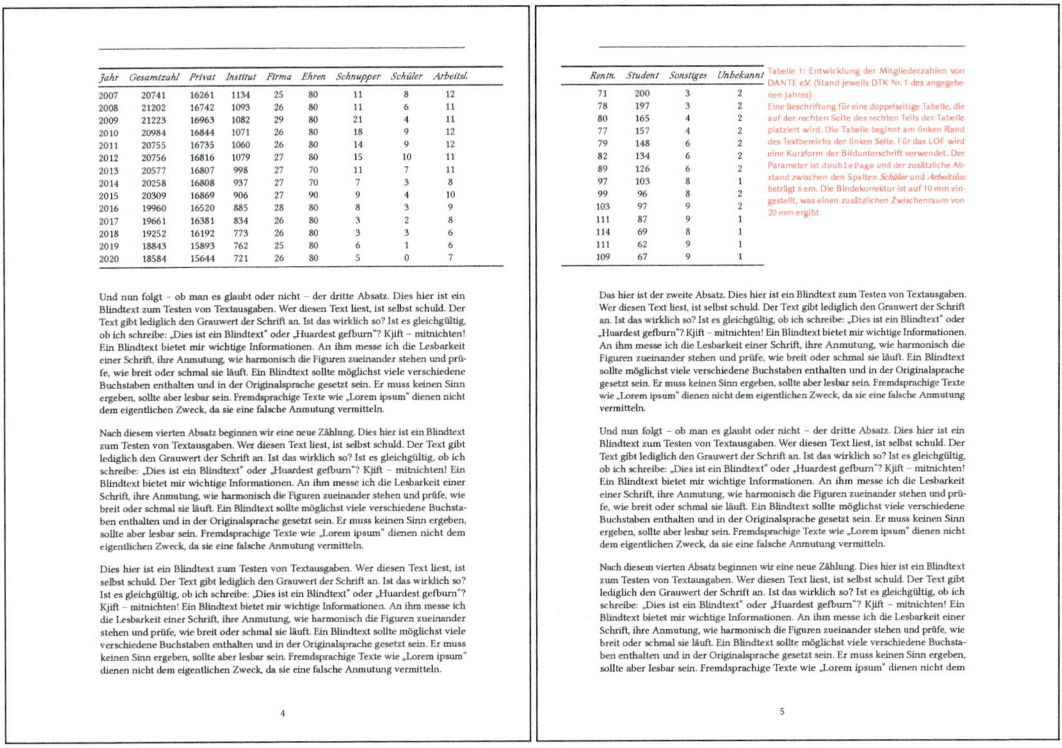

Jahr	*Gesamtzahl*	*Privat*	*Institut*	*Firma*	*Ehren*	*Schnupper*	*Schüler*	*Arbeitsl.*
2007	20741	16261	1134	25	80	11	8	12
2008	21202	16742	1093	26	80	11	6	11
2009	21223	16963	1082	29	80	21	4	11
2010	20984	16844	1071	26	80	18	9	12
2011	20755	16735	1060	26	80	14	9	12
2012	20756	16816	1079	27	80	15	10	11
2013	20577	16807	998	27	70	11	7	11
2014	20258	16808	937	27	70	7	3	8
2015	20309	16869	906	27	90	9	4	10
2016	19960	16520	885	28	80	8	3	9
2017	19661	16381	834	26	80	3	2	8
2018	19252	16192	773	26	80	3	3	6
2019	18843	15893	762	25	80	6	1	6
2020	18584	15644	721	26	80	5	0	7

Und nun folgt – ob man es glaubt oder nicht – der dritte Absatz. Dies hier ist ein Blindtext zum Testen von Textausgaben. Wer diesen Text liest, ist selbst schuld. Der Text gibt lediglich den Grauwert der Schrift an. Ist das wirklich so? Ist es gleichgültig, ob ich schreibe: „Dies ist ein Blindtext" oder „Huardest gefburn"? Kjift – mitnichten! Ein Blindtext bietet mir wichtige Informationen. An ihm messe ich die Lesbarkeit einer Schrift, ihre Anmutung, wie harmonisch die Figuren zueinander stehen und prüfe, wie breit oder schmal sie läuft. Ein Blindtext sollte möglichst viele verschiedene Buchstaben enthalten und in der Originalsprache gesetzt sein. Er muss keinen Sinn ergeben, sollte aber lesbar sein. Fremdsprachige Texte wie „Lorem ipsum" dienen nicht dem eigentlichen Zweck, da sie eine falsche Anmutung vermitteln.

Nach diesem vierten Absatz beginnen wir eine neue Zählung. Dies hier ist ein Blindtext zum Testen von Textausgaben. Wer diesen Text liest, ist selbst schuld. Der Text gibt lediglich den Grauwert der Schrift an. Ist das wirklich so? Ist es gleichgültig, ob ich schreibe: „Dies ist ein Blindtext" oder „Huardest gefburn"? Kjift – mitnichten! Ein Blindtext bietet mir wichtige Informationen. An ihm messe ich die Lesbarkeit einer Schrift, ihre Anmutung, wie harmonisch die Figuren zueinander stehen und prüfe, wie breit oder schmal sie läuft. Ein Blindtext sollte möglichst viele verschiedene Buchstaben enthalten und in der Originalsprache gesetzt sein. Er muss keinen Sinn ergeben, sollte aber lesbar sein. Fremdsprachige Texte wie „Lorem ipsum" dienen nicht dem eigentlichen Zweck, da sie eine falsche Anmutung vermitteln.

Dies hier ist ein Blindtext zum Testen von Textausgaben. Wer diesen Text liest, ist selbst schuld. Der Text gibt lediglich den Grauwert der Schrift an. Ist das wirklich so? Ist es gleichgültig, ob ich schreibe: „Dies ist ein Blindtext" oder „Huardest gefburn"? Kjift – mitnichten! Ein Blindtext bietet mir wichtige Informationen. An ihm messe ich die Lesbarkeit einer Schrift, ihre Anmutung, wie harmonisch die Figuren zueinander stehen und prüfe, wie breit oder schmal sie läuft. Ein Blindtext sollte möglichst viele verschiedene Buchstaben enthalten und in der Originalsprache gesetzt sein. Er muss keinen Sinn ergeben, sollte aber lesbar sein. Fremdsprachige Texte wie „Lorem ipsum" dienen nicht dem eigentlichen Zweck, da sie eine falsche Anmutung vermitteln.

4

Rentn.	*Student*	*Sonstiges*	*Unbekannt*
71	200	3	2
78	197	3	2
80	165	4	2
77	157	4	2
79	148	6	2
82	134	6	2
89	126	6	2
97	103	8	1
99	96	8	2
103	97	9	2
111	87	9	1
114	69	8	1
111	62	9	1
109	67	9	1

Tabelle 1: Entwicklung der Mitgliederzahlen von DANTE e.V. (Stand jeweils DTK Nr. 1 des angegebenen Jahres)
Eine Beschriftung für eine doppelseitige Tabelle, die auf der rechten Seite des rechten Teils der Tabelle platziert wird. Die Tabelle beginnt am linken Rand des Textbereichs der linken Seite. Für das LOF wird eine Kurzform der Bildunterschrift verwendet. Der Parameter ist `doublePage` und der zusätzliche Abstand zwischen den Spalten *Schüler* und *Arbeitslos* beträgt 6 em. Die Bindekorrektur ist auf 10 mm eingestellt, was einen zusätzlichen Zwischenraum von 20 mm ergibt.

Das hier ist der zweite Absatz. Dies hier ist ein Blindtext zum Testen von Textausgaben. Wer diesen Text liest, ist selbst schuld. Der Text gibt lediglich den Grauwert der Schrift an. Ist das wirklich so? Ist es gleichgültig, ob ich schreibe: „Dies ist ein Blindtext" oder „Huardest gefburn"? Kjift – mitnichten! Ein Blindtext bietet mir wichtige Informationen. An ihm messe ich die Lesbarkeit einer Schrift, ihre Anmutung, wie harmonisch die Figuren zueinander stehen und prüfe, wie breit oder schmal sie läuft. Ein Blindtext sollte möglichst viele verschiedene Buchstaben enthalten und in der Originalsprache gesetzt sein. Er muss keinen Sinn ergeben, sollte aber lesbar sein. Fremdsprachige Texte wie „Lorem ipsum" dienen nicht dem eigentlichen Zweck, da sie eine falsche Anmutung vermitteln.

Und nun folgt – ob man es glaubt oder nicht – der dritte Absatz. Dies hier ist ein Blindtext zum Testen von Textausgaben. Wer diesen Text liest, ist selbst schuld. Der Text gibt lediglich den Grauwert der Schrift an. Ist das wirklich so? Ist es gleichgültig, ob ich schreibe: „Dies ist ein Blindtext" oder „Huardest gefburn"? Kjift – mitnichten! Ein Blindtext bietet mir wichtige Informationen. An ihm messe ich die Lesbarkeit einer Schrift, ihre Anmutung, wie harmonisch die Figuren zueinander stehen und prüfe, wie breit oder schmal sie läuft. Ein Blindtext sollte möglichst viele verschiedene Buchstaben enthalten und in der Originalsprache gesetzt sein. Er muss keinen Sinn ergeben, sollte aber lesbar sein. Fremdsprachige Texte wie „Lorem ipsum" dienen nicht dem eigentlichen Zweck, da sie eine falsche Anmutung vermitteln.

Nach diesem vierten Absatz beginnen wir eine neue Zählung. Dies hier ist ein Blindtext zum Testen von Textausgaben. Wer diesen Text liest, ist selbst schuld. Der Text gibt lediglich den Grauwert der Schrift an. Ist das wirklich so? Ist es gleichgültig, ob ich schreibe: „Dies ist ein Blindtext" oder „Huardest gefburn"? Kjift – mitnichten! Ein Blindtext bietet mir wichtige Informationen. An ihm messe ich die Lesbarkeit einer Schrift, ihre Anmutung, wie harmonisch die Figuren zueinander stehen und prüfe, wie breit oder schmal sie läuft. Ein Blindtext sollte möglichst viele verschiedene Buchstaben enthalten und in der Originalsprache gesetzt sein. Er muss keinen Sinn ergeben, sollte aber lesbar sein. Fremdsprachige Texte wie „Lorem ipsum" dienen nicht dem

5

4.1.6 Subfloats und Multifloats

Eine Gleitumgebung kann theoretisch einen beliebigen Inhalt haben, mit Ausnahme einer anderen Gleitumgebung. Der Name der Umgebung ist primär nur für den Befehl `\caption` von Interesse, um die richtige Bezeichnung auszugeben: Abbildung, Tabelle, …

Die einzige Voraussetzung für den Inhalt ist, dass er kleiner als der Textbereich einer Seite sein muss. Der Inhalt selbst kann eine beliebige Kombination aus Text, Gleichungen, Tabellen und/oder Bildern sein. Hat man einen Inhalt mit mehreren gleichartigen Objekten, beispielsweise Abbildungen, die zueinander in irgendeiner inhaltlichen Beziehung stehen, so werden diese häufig zusammengefasst. Bekommt der gesamte Inhalt der Gleitumgebung einen Haupttitel und die einzelnen Objekte jeweils einen Untertitel, so bezeichnen wir diese als »subfloat«.

Wir bezeichnen sie als »multifloat«, wenn der Inhalt aus voneinander unabhängigen Objekten besteht, die keinen eigenen Haupttitel bekommen. Jedoch erhält jedes Teilobjekt seine eigene Bildunterschrift und die Zählung der Objekte erfolgt wie bei einzelnen Gleitumgebungen.

Tabelle 4.2 auf der nächsten Seite listet die beiden Schlüsselwörter auf, die solche speziellen Inhalte definieren. Diese können als standardmäßige Gleitumgebung, vollständige Spalte, vollständige Seite oder vollständige Doppelseite platziert werden.

Die Syntax für das Makro, das solche Sub- oder Multifloats definiert, ist etwas komplex. Lediglich das Schlüsselwort definiert einen Typ **`multiFloat`** oder **`subFloat`**. Die Syntax

5.2 xcolor

Zwischen den Paketen **xcolor** von Uwe Kern und **color** von David Carlisle existiert ein wesentlicher Unterschied bei der Handhabung der Option **dvips**, denn **color** aktiviert grundsätzlich die Option **dvipsnames**, sobald einer der Treiber dvips, oztex oder xdvi ausgewählt wird. Dies kann zu Problemen führen, wenn man das Dokument mit pdftex übersetzt, welches dann undefinierte Farben reklamiert. Dies ist der Grund warum **xcolor** grundsätzlich vom Anwender eine explizite Angabe der Option **dvipsnames** erwartet, wenn die entsprechenden vordefinierten Farben benutzt werden sollen, beispielsweise:

\usepackage[*dvipsnames,prologue*]{*xcolor*}

Im Abschnitt 5.1 auf Seite 181 wurde bereits eingehend das Paket **colortbl** behandelt, welches auch automatisch von **xcolor** bei vorhandener Paketoption **table** (siehe Tabelle 5.1) geladen wird.

Tabelle 5.1: Zusammenstellung der Paketoptionen von **xcolor**

Option	*Bedeutung*
natural	(Standard) Benutze alle Farben innerhalb ihres Modells, mit Ausnahme von RGB (konvertiert nach rgb), HSB (konvertiert nach hsb), und Gray (konvertiert nach gray).
rgb	Konvertiert alle Farben in das rgb-Modell.
cmy	Konvertiert alle Farben in das cmy-Modell.
cmyk	Konvertiert alle Farben in das cmyk-Modell.
hsb	Konvertiert alle Farben in das hsb-Modell.
gray	Konvertiert alle Farben in das gray-Modell.
RGB	Konvertiert alle Farben in das RGB-Modell und danach ins rgb-Modell.
HTML	Konvertiert alle Farben in das HTML-Modell und danach ins rgb-Modell.
HSB	Konvertiert alle Farben in das HSB-Modell und danach ins hsb-Modell.
Gray	Konvertiert alle Farben in das Gray-Modell und danach ins gray-Modell.
dvipsnames	Lädt die vordefinierten dvips-Farben.
svgnames	Lädt die vordefinierten SVG-Farben.
prologue	Schreibt die Liste der Farbnamen (**dvipsnames**) in den PostScript-Header, was für die Dokumentenerstellung via dvips wichtig ist.
table	Lädt das **colortbl** Paket, um farbige Tabellenzeilen zu ermöglichen.
hyperref	Unterstützung von **hyperref**.
showerrors	(Standard) Gibt eine Meldung bei undefinierten Farben aus.
hideerrors	Gibt nur eine Fehlermeldung aus, wenn eine undefinierte Farbe benutzt wird und setzt sie dann auf Schwarz.

xcolor erweitert die Möglichkeiten von **colortbl** insbesondere im Hinblick auf das alternierende Färben von Tabellenzeilen. Der andere Vorteil betrifft vorrangig das Festlegen von Farben, welches aber prinzipiell unabhängig von Tabellen ist und auch für andere Anwendungsfälle gilt. Die Farbmodelle, die von **xcolor** in der aktuellen Version unterstützt werden, sind in Tabelle 5.2 auf der nächsten Seite zusammengefasst.

Tabelle 5.2: Unterstützte Farbmodelle (L, M, N sind natürliche Zahlen)

Name	*Grundfarben*	*Parameterbereich*	*Standard*
rgb	red, green, blue	$[0, 1]$	
cmy	cyan, magenta, yellow	$[0, 1]$	
cmyk	cyan, magenta, yellow, black	$[0, 1]$	
hsb	hue, saturation, brightness	$[0, 1]$	
gray	gray	$[0, 1]$	
RGB	Red, Green, Blue	$\{0, 1, \dots, L\}$	$L = 255$
HTML	RRGGBB	{000000, … , FFFFFF}	
HSB	Hue, Saturation, Brightness	$\{0, 1, \dots, M\}$	$M = 240$
Gray	Gray	$\{0, 1, \dots, N\}$	$N = 15$
wave	lambda (nm)	$[363, 814]$	

Prinzipiell macht es keinen Unterschied, ob man die einzelnen Zellen einer Tabelle oder einer Matrix farbig hinterlegen will.

$$\underline{A} = \left(\begin{array}{ccc} A & B & C \\ A & BBB & C \\ A & B & C \end{array}\right)$$

```
\usepackage[table]{xcolor}

\[ \underline{A} =
  \left(\begin{array}{c>{\columncolor{magenta}}cc}
  A & B & C\\
\rowcolor{cyan} A & \cellcolor{white} BBB & C\\
  A & B & C
  \end{array}\right) \]
```

Mit den Makros **\columncolor**, **\rowcolor** und **\cellcolor** kann jede individuelle Kombination hergestellt werden. Alternativ zu **\cellcolor** kann auch eine Zelle mit **\multicolumn** definiert werden, für die dann wieder **\columncolor** möglich ist. Die Syntax der drei Farbbefehle unterscheidet sich nicht von denen aus **colortbl**, wobei **xcolor** weitere drei Befehle für das alternierende Färben von Zeilen zur Verfügung stellt.

\columncolor [*Farbmodell*] {*Farbe*} [*Überhang Links*] [*Überhang Rechts*]
\rowcolor [*Farbmodell*] {*Farbe*} [*Überhang Links*] [*Überhang Rechts*]
\cellcolor [*Farbmodell*] {*Farbe*}
\rowcolors* [*Befehl*] {*Startzeile*}{*Farbe–ungerade Zeile*}{*Farbe–gerade Zeile*}
\showrowcolors
\hiderowcolors

Das optionale Argument von **\rowcolors*** kann dazu benutzt werden, um die üblichen hier zulässigen Befehle auszuführen, wie **\hline** oder **\noalign{ …}**. Der Vorteil des optionalen Arguments ist, dass man die Anwendung dieser Befehle durch die Verwendung der Sternversion für Zeilen unterdrücken kann, für die **\rowcolors** nicht aktiv ist (siehe auch Beispiel 05-02-6 auf Seite 190). Die Argumente für die Farbe der ungeraden und geraden Zeilen kann auch jeweils leer bleiben.

Tabelle 1		
A	BBB	C
A	B	C

Tabelle 2		
A	BBB	C
A	B	C

```
\usepackage[table]{xcolor}

\rowcolors{1}{}{blue!30}
\begin{tabular}{|ccc|}\hline
  \multicolumn{3}{|c|}{Tabelle 1}\\\hline
  A & BBB & C\\\hline  A & B & C\\\hline
\end{tabular}  \par\bigskip
\rowcolors*[\hline]{1}{}{blue!30}
\begin{tabular}{|ccc|}
  \multicolumn{3}{|c|}{Tabelle 2}\\ \hiderowcolors
  A & BBB & C\\ A & B & C\\
\end{tabular}
```

Das folgende Beispiel zeigt eine Anwendung der einfachen Farbbefehle für Zeilen, Spalten und Zellen, wobei hier wegen des ausschließlichen mathematischen Inhalts der einzelnen Zellen gleich eine **array**-Umgebung verwendet wird.

```
\usepackage[table]{xcolor}
\definecolor{umbra}{rgb}{0.8,0.8,0.5}
\newcommand*\zero{\multicolumn{1}{>{\columncolor{white}}c}{0}}
\newcommand*\colCell[2]{\multicolumn{1}{>{\columncolor{#1}}c}{#2}}

\[ \left[\,
\begin{array}{*{5}{>{\columncolor[gray]{0.95}}c}}
  h_{k,1,0}(n) & h_{k,1,1}(n) & h_{k,1,2}(n) & \zero & \zero \\
  h_{k,2,0}(n) & h_{k,2,1}(n) & h_{k,2,2}(n) & \zero & \zero \\
  h_{k,3,0}(n) & h_{k,3,1}(n) & h_{k,3,2}(n) & \zero & \zero \\
  h_{k,4,0}(n) & \colCell{umbra}{h_{k,4,1}(n)} & h_{k,4,2}(n) & \zero & \zero \\
  \zero & h_{k,1,0}(n-1) & h_{k,1,1}(n-1) & h_{k,1,2}(n-1) & \zero \\
  \zero & h_{k,2,0}(n-1) & h_{k,2,1}(n-1) & h_{k,2,2}(n-1) & \zero \\
  \zero & h_{k,3,0}(n-1) & h_{k,3,1}(n-1) & h_{k,3,2}(n-1) & \zero \\
  \zero & \colCell{umbra}{h_{k,4,0}(n-1)} & h_{k,4,1}(n-1) & h_{k,4,2}(n-1) & \zero \\
  \zero & \zero & h_{k,1,0}(n-2) & h_{k,1,1}(n-2) & h_{k,1,2}(n-2)\\
  \rowcolor[gray]{0.75}\zero&\zero& h_{k,2,0}(n-2) & h_{k,2,1}(n-2) & h_{k,2,2}(n-2)\\
  \zero & \zero & h_{k,3,0}(n-2) & h_{k,3,1}(n-2) & h_{k,3,2}(n-2)\\
  \zero & \zero & h_{k,4,0}(n-2) & h_{k,4,1}(n-2) & h_{k,4,2}(n-2)
\end{array} \,\right]_{12\times 5} \]
```

$$\left[\begin{array}{ccccc}
h_{k,1,0}(n) & h_{k,1,1}(n) & h_{k,1,2}(n) & 0 & 0 \\
h_{k,2,0}(n) & h_{k,2,1}(n) & h_{k,2,2}(n) & 0 & 0 \\
h_{k,3,0}(n) & h_{k,3,1}(n) & h_{k,3,2}(n) & 0 & 0 \\
h_{k,4,0}(n) & h_{k,4,1}(n) & h_{k,4,2}(n) & 0 & 0 \\
0 & h_{k,1,0}(n-1) & h_{k,1,1}(n-1) & h_{k,1,2}(n-1) & 0 \\
0 & h_{k,2,0}(n-1) & h_{k,2,1}(n-1) & h_{k,2,2}(n-1) & 0 \\
0 & h_{k,3,0}(n-1) & h_{k,3,1}(n-1) & h_{k,3,2}(n-1) & 0 \\
0 & h_{k,4,0}(n-1) & h_{k,4,1}(n-1) & h_{k,4,2}(n-1) & 0 \\
0 & 0 & h_{k,1,0}(n-2) & h_{k,1,1}(n-2) & h_{k,1,2}(n-2) \\
0 & 0 & h_{k,2,0}(n-2) & h_{k,2,1}(n-2) & h_{k,2,2}(n-2) \\
0 & 0 & h_{k,3,0}(n-2) & h_{k,3,1}(n-2) & h_{k,3,2}(n-2) \\
0 & 0 & h_{k,4,0}(n-2) & h_{k,4,1}(n-2) & h_{k,4,2}(n-2)
\end{array}\right]_{12\times 5}$$

Für eine alternierende Färbung der Zeilen muss der Befehl **\rowcolors** mit den entsprechenden Argumenten *vor* der Tabelle aufgerufen werden.

```
\usepackage[table]{xcolor}
\definecolor{umbra}{rgb}{0.8,0.8,0.5}
\newcommand*\zero{\multicolumn{1}{>{\columncolor{white}}c}{0}}
```

```
\[ \left[\, \rowcolors{1}{umbra}{blue!10}
\begin{array}{*{5}{c}}
  h_{k,1,0}(n) & h_{k,1,1}(n) & h_{k,1,2}(n) & \zero & \zero\\
  h_{k,2,0}(n) & h_{k,2,1}(n) & h_{k,2,2}(n) & \zero & \zero\\
  h_{k,3,0}(n) & h_{k,3,1}(n) & h_{k,3,2}(n) & \zero & \zero\\
  h_{k,4,0}(n) & h_{k,4,1}(n) & h_{k,4,2}(n) & \zero & \zero\\
  \zero & h_{k,1,0}(n-1) & h_{k,1,1}(n-1) & h_{k,1,2}(n-1) & \zero\\
  \zero & h_{k,2,0}(n-1) & h_{k,2,1}(n-1) & h_{k,2,2}(n-1) & \zero\\
  \zero & h_{k,3,0}(n-1) & h_{k,3,1}(n-1) & h_{k,3,2}(n-1) & \zero\\
  \zero & h_{k,4,0}(n-1) & h_{k,4,1}(n-1) & h_{k,4,2}(n-1) & \zero\\
  \zero & \zero & h_{k,1,0}(n-2) & h_{k,1,1}(n-2) & h_{k,1,2}(n-2)\\
  \zero & \zero & h_{k,2,0}(n-2) & h_{k,2,1}(n-2) & h_{k,2,2}(n-2)\\
  \zero & \zero & h_{k,3,0}(n-2) & h_{k,3,1}(n-2) & h_{k,3,2}(n-2)\\
  \zero & \zero & h_{k,4,0}(n-2) & h_{k,4,1}(n-2) & h_{k,4,2}(n-2)
\end{array} \,\right]_{12\times 5} \]
```

$$\left[\begin{array}{ccccc}
h_{k,1,0}(n) & h_{k,1,1}(n) & h_{k,1,2}(n) & 0 & 0\\
h_{k,2,0}(n) & h_{k,2,1}(n) & h_{k,2,2}(n) & 0 & 0\\
h_{k,3,0}(n) & h_{k,3,1}(n) & h_{k,3,2}(n) & 0 & 0\\
h_{k,4,0}(n) & h_{k,4,1}(n) & h_{k,4,2}(n) & 0 & 0\\
0 & h_{k,1,0}(n-1) & h_{k,1,1}(n-1) & h_{k,1,2}(n-1) & 0\\
0 & h_{k,2,0}(n-1) & h_{k,2,1}(n-1) & h_{k,2,2}(n-1) & 0\\
0 & h_{k,3,0}(n-1) & h_{k,3,1}(n-1) & h_{k,3,2}(n-1) & 0\\
0 & h_{k,4,0}(n-1) & h_{k,4,1}(n-1) & h_{k,4,2}(n-1) & 0\\
0 & 0 & h_{k,1,0}(n-2) & h_{k,1,1}(n-2) & h_{k,1,2}(n-2)\\
0 & 0 & h_{k,2,0}(n-2) & h_{k,2,1}(n-2) & h_{k,2,2}(n-2)\\
0 & 0 & h_{k,3,0}(n-2) & h_{k,3,1}(n-2) & h_{k,3,2}(n-2)\\
0 & 0 & h_{k,4,0}(n-2) & h_{k,4,1}(n-2) & h_{k,4,2}(n-2)
\end{array}\right]_{12\times 5}$$

Die folgenden beiden Beispiele zeigen zum Einen noch einmal die Anwendung des **\rowcolors**-Befehls und zum Anderen die Bedeutung der Sternversion, sowie die Anwendung des Zählers **rownum**, der intern die Nummer der jeweiligen Zeile speichert.

Spalte 1	Zeile 1
Spalte 1	Zeile 2
Spalte 1	Zeile 3
Spalte 1	Zeile 4
Spalte 1	Zeile 5
Spalte 1	Zeile 6
Spalte 1	Zeile 7
Spalte 1	Zeile 8
Spalte 1	Zeile 9
Spalte 1	Zeile 10
Spalte 1	Zeile 11
Spalte 1	Zeile 12
Spalte 1	Zeile 13

```
\usepackage[table]{xcolor}
\newcommand*\Nr{\number\rownum}

\rowcolors[\hline]{3}{green!25}{yellow!50}
\arrayrulecolor{red!75!gray}
\begin{tabular}{ll}
 Spalte 1 & Zeile \number\rownum\\
 Spalte 1 & Zeile \Nr\\ Spalte 1 & Zeile \Nr\\
 Spalte 1 & Zeile \Nr\\\arrayrulecolor{black}
 Spalte 1 & Zeile \Nr\\ Spalte 1 & Zeile \Nr\\
 \rowcolor{blue!25} Spalte 1 & Zeile \Nr\\
\hiderowcolors% Farbe unterdrücken
 Spalte 1 & Zeile \Nr\\ Spalte 1 & Zeile \Nr\\
 Spalte 1 & Zeile \Nr\\\showrowcolors% Farbe aktivieren
 Spalte 1 & Zeile \Nr\\ Spalte 1 & Zeile \Nr\\
\multicolumn{1}{>{\columncolor{red!40}}l}{Spalte 1}
   & Zeile \number\rownum\\
\end{tabular}
```

Die Zeilen 8–10 sind durch Anwendung von **\hiderowcolors** und **\showrowcolors** von der Farbgebung ausgenommen. Durch Anwendung des **\multicolumn**-Befehls kann jede Zelle wieder von der normalen Farbgebung ausgenommen werden. Die Farbe der Linien kann über den von **colortbl** bereitgestellten Befehl **\arrayrulecolor** an jeder beliebigen Stelle der Tabelle vorgenommen werden. Aus reinen Platzgründen wurde in den folgenden Beispielen das Makro **\Nr** definiert, wobei die jeweils erste Tabellenzeile zum Vergleich die Ersetzung **\numberrownum** verwendet.

Die Anwendung der Sternversion von **\rowcolors** führt jetzt dazu, dass das optionale Argument nicht beachtet wird, wenn die jeweilige Zeile vor der Startzeile von **\rowcolors** oder innerhalb von **\hiderowcolors**...**\showrowcolors** liegt. Ohne die Sternversion wird dieses optionale Argument bei *jeder* Zeile beachtet.

Spalte 1	Zeile 1
Spalte 1	Zeile 2
Spalte 1	Zeile 3
Spalte 1	Zeile 4
Spalte 1	Zeile 5
Spalte 1	Zeile 6
Spalte 1	Zeile 7
Spalte 1	Zeile 8
Spalte 1	Zeile 9
Spalte 1	Zeile 10
Spalte 1	Zeile 11
Spalte 1	Zeile 12
Spalte 1	Zeile 13

```
\usepackage[table]{xcolor}
\newcommand*\Nr{\number\rownum}

\rowcolors*[\hline]{3}{green!25}{yellow!50}
\arrayrulecolor{red!75!gray}
\begin{tabular}{ll}
 Spalte 1 & Zeile \number\rownum\\
 Spalte 1 & Zeile \Nr\\ Spalte 1 & Zeile \Nr\\
 Spalte 1 & Zeile \Nr\\\arrayrulecolor{black}
 Spalte 1 & Zeile \Nr\\ Spalte 1 & Zeile \Nr\\
 \rowcolor{blue!25}
 Spalte 1 & Zeile \Nr\\ Spalte 1 & Zeile \Nr\\
 \hiderowcolors
 Spalte 1 & Zeile \Nr\\ Spalte 1 & Zeile \Nr\\
 \showrowcolors
 Spalte 1 & Zeile \Nr\\ Spalte 1 & Zeile \Nr\\
 \multicolumn{1}{>{\columncolor{red!40}}l}{Spalte 1}
    & Zeile \Nr\\
\end{tabular}
```

Zu beachten ist, dass der Zeilenzähler für **\rowcolors** beim Beenden der Tabelle *nicht* zurückgesetzt wird, sodass folgende Tabellen eine andere alternierende Färbung der Zeilen erhalten.

11	12
21	22
31	32
41	42

51	52
11	12
21	22
31	32

```
\usepackage[table]{xcolor}

\rowcolors{1}{black!15}{black!5}
\begin{tabular}{cc}
11 & 12 \\ 21 & 22 \\ 31 & 32 \\ 41 & 42 \\
\end{tabular}
\qquad
\begin{tabular}{cc}
51 & 52 \\ 11 & 12 \\ 21 & 22 \\ 31 & 32 \\
\end{tabular}
```

Setzt man den Zähler **rownum** nach der ersten Tabelle auf Null zurück, erhält man eine gleiche Färbung.

11	12
21	22
´31	32
41	42

51	52
11	12
21	22
31	32

```
\usepackage[table]{xcolor}

\rowcolors{1}{black!15}{black!5}
\begin{tabular}{cc}
11 & 12 \\ 21 & 22 \\´31 & 32 \\ 41 & 42 \\
\end{tabular}
\qquad\rownum=0 % Zurücksetzen
\begin{tabular}{cc}
51 & 52 \\ 11 & 12 \\ 21 & 22 \\ 31 & 32 \\
\end{tabular}
```

Für die Färbung der Zeilen kann auch eine Farbserie verwendet werden, die sich über den Befehl **\definecolorseries** festlegen lässt und dann wieder über den **\rowcolors**-Befehl auf einfache Weise durch das Argument {*CS!!+*} inkrementieren lässt. Weitere Informationen dazu findet man in der Beschreibung zum Paket **xcolor**. (Kern u. a. 2022)

1
2
3
4
5
6
7
8
9
10

```
\usepackage[table]{xcolor}
\usepackage{array}
\newcommand*\Nr{\makebox[1cm]{%
  \textcolor{CL!!+}{\number\rownum}}}

\definecolorseries{CS}{rgb}{last}{yellow}{blue}
\definecolorseries{CL}{rgb}{last}{blue}{yellow}
\resetcolorseries[10]{CS} \resetcolorseries[10]{CL}
\rowcolors[\hline]{1}{CS!!+}{CS!!+}
\begin{tabular}{c}
\Nr\\ \Nr\\ \Nr\\ \Nr\\ \Nr\\
\Nr\\ \Nr\\ \Nr\\ \Nr\\ \Nr
\end{tabular}
```

5.3 TEXnisches

Das Paket **colortbl** unterstützt den Befehl **\arrayrulecolor**{*Farbe*}, der allerdings grundsätzlich global wirkt. Jede Änderung der Linienfarbe wirkt sich daher auf alle folgenden Linienbefehle aus, unabhängig davon, ob **\arrayrulecolor** durch Gruppierung lokal gehalten wird. Im folgenden Beispiel erscheint daher die zweite mit **\hline** gesetzte Linie in der Farbe rot, da die erste **\Chline**-Anweisung die Farbe global ändert.

Ägypten	30.06.1995
Albanien	08.09.2000
Angola	23.11.1996
Argentina	01.01.1995
Antillen	21.01.1996

```
\usepackage[table]{xcolor}
\newcommand\Chline[1]{\arrayrulecolor{#1}\hline}

\begin{tabular}{@{}ll@{}}\\\hline
Ägypten     & 30.06.1995 \\\Chline{red}
Albanien    & 08.09.2000 \\\hline
Angola      & 23.11.1996 \\\Chline{blue}
Argentina   & 01.01.1995 \\\Chline{red!40}
Antillen    & 21.01.1996 \\\hline\hline
\end{tabular}
```

Man kann aber einfach das Makro ergänzen und die Farbe wieder auf den Standardwert zurücksetzen, sodass Änderungen nicht mehr global wirksam sind.

marching band	AN	9.80
presentation	AN	8.66
commity	AN	13.31

```
\usepackage[table]{xcolor}
\newcommand\Chline[1]{\arrayrulecolor{#1}%
  \hline\arrayrulecolor{black}}
\newcommand\Ccline[2]{\arrayrulecolor{#1}%
  \cline{#2}\arrayrulecolor{black}}

\begin{tabular}{l r r}\\\Chline{blue}
marching band & AN & 9.80\\\hline
presentation  & AN & 8.66\\\Ccline{red}{1-2}
commity       & AN & 13.31\\\Ccline{blue}{2-3}
\end{tabular}
```

```
\usepackage[table]{xcolor}\usepackage{ragged2e}% Definitionen in der Praeambel -> CTAN!
```

```
\begin{tabular}{>{\Centering}p{1.75cm}>{\columncolor{cyan}}c>{\columncolor{magenta}}c
    >{\columncolor{yellow}}c>{\columncolor{black}}c >{\Centering}p{2.5cm}
>{\columncolor{red}}c>{\columncolor{green}}c>{\columncolor{blue}}c >{\Centering}p{1.75cm}}
CMYK & C & M & Y & \color{white}K & Bezeichnung & R & G & \color{white}B & RGB\\\hline
\TZeile{RAL1023}{0}{10}{90}{0}{Verkehrsgelb}{100}{90}{10} & \cellcolor[rgb]{1,0.9,0.1}\\
\TZeile{RAL2009}{5}{70}{100}{0}{Verkehrsorange}{95}{30}{0} & \cellcolor[rgb]{0.95,0.3,0}\\
\TZeile{RAL3020}{0}{100}{100}{10}{Verkehrsrot}{90}{0}{0} & \cellcolor[rgb]{0.9,0,0}\\
\TZeile{RAL4006}{50}{100}{0}{10}{Verkehrspurpur}{40}{0}{90} & \cellcolor[rgb]{0.4,0,0.9}\\
\TZeile{RAL5017}{100}{20}{5}{40}{Verkehrsblau}{0}{40}{55} & \cellcolor[rgb]{0,0.4,0.55}\\
\TZeile{RAL6024}{90}{10}{80}{10}{Verkehrsgrün}{0}{80}{10} & \cellcolor[rgb]{0,0.8,0.1}\\
\TZeile{RAL7042}{30}{10}{20}{40}{Verkehrsgrau A}{30}{50}{40} & \cellcolor[rgb]{0.3,0.5,0.4}\\
\TZeile{RAL7043}{30}{10}{20}{80}{Verkehrsgrau B}{0}{10}{0} & \cellcolor[rgb]{0,0.1,0}\\
\TZeile{RAL9016}{3}{0}{0}{0}{Verkehrsweiß}{97}{100}{100} & \cellcolor[rgb]{0.97,1,1}\\
\TZeile{RAL9017}{100}{90}{100}{95}{Verkehrsschwarz}{0}{0}{0} & \cellcolor[rgb]{0,0,0}
\end{tabular}
```

CMYK	C	M	Y	K	Bezeichnung	R	G	B	RGB
	0	10	90	0	RAL1023 Verkehrsgelb	100	90	10	
	5	70	100	0	RAL2009 Verkehrsorange	95	30	0	
	0	100	100	10	RAL3020 Verkehrsrot	90	0	0	
	50	100	0	10	RAL4006 Verkehrspurpur	40	0	90	
	100	20	5	40	RAL5017 Verkehrsblau	0	40	55	
	90	10	80	10	RAL6024 Verkehrsgrün	0	80	10	
	30	10	20	40	RAL7042 Verkehrsgrau A	30	50	40	
	30	10	20	80	RAL7043 Verkehrsgrau B	0	10	0	
	3	0	0	0	RAL9016 Verkehrsweiß	97	100	100	
	100	90	100	95	RAL9017 Verkehrsschwarz	0	0	0	

Das obige Beispiel stellt exemplarisch den Zusammenhang dar zwischen der RGB- und CMYK-Notation der sogenannten deutschen Verkehrsfarben.

```
\usepackage{array,booktabs,ragged2e}
\usepackage[table]{xcolor}     \definecolor{gold}{rgb}{.99,1,.9}
\definecolor{lgrey}{gray}{.95} \definecolor{lblue}{rgb}{.92,.97,1}
\newcolumntype{C}[1]{>{\columncolor{#1}[0pt][\tabcolsep]\Centering$}c<{$}}
\newcolumntype{M}[2]{>{\columncolor{#1}[2\tabcolsep][0pt]\Centering$}m{#2}<{$}}
```

```
\begin{tabular}{@{} C{yellow!40} *{10}{>{$\mathsf}m{12pt}<{$}}
                   M{lgrey}{14pt}M{lgrey}{12pt} @{}}
\toprule
\rowcolor{blue!40}\rule[-2pt]{0pt}{2.7ex}%
  Tabelle&1&2&3&4&5&6&7&8&9&{10}&{Y_{t}}&{Z_{t}^{}}\\\midrule
0 &\circ&\circ&\circ&\circ&\circ  &\circ  &\circ&\ast   &\circ  &\circ&1&\mbox{---} \\
1 &\circ&\circ&\circ&\circ&\circ  &\circ  &\circ&\dagger&\ast   &\circ&1&1\\
2 &\circ&\circ&\circ&\circ&\ast   &\ast   &\circ&\dagger&\dagger&\circ&2&2\\
3 &\circ&\circ&\circ&\circ&\dagger&\ast   &\circ&\dagger&\dagger&\circ&1&0\\
4 &\circ&\circ&\circ&\circ&\dagger&\dagger&\circ&\dagger&\dagger&\circ&0&0\\\bottomrule
\end{tabular}
```

Tabelle	1	2	3	4	5	6	7	8	9	10	Y_t	Z_t
0	∘	∘	∘	∘	∘	∘	∘	*	∘	∘	1	—
1	∘	∘	∘	∘	∘	∘	∘	†	*	∘	1	1
2	∘	∘	∘	∘	*	*	∘	†	†	∘	2	2
3	∘	∘	∘	∘	†	*	∘	†	†	∘	1	0
4	∘	∘	∘	∘	†	†	∘	†	†	∘	0	0

Auch bei Verwendung des **booktabs**-Paket sind farbige Linien einfach zu realisieren.

Item		
Animal	Description	Price ($)
Gnat	per gram	13.65
	each	0.01
Gnu	stuffed	92.50
Emu	stuffed	33.33
Armadillo	frozen	8.99

```
\usepackage[table]{xcolor}\usepackage{booktabs}
\arrayrulecolor{red}

\begin{tabular}{@{}llr@{}}\toprule
\multicolumn{2}{c}{Item}\\
\cmidrule(r){1-2}\morecmidrules\cmidrule(r){1-2}
Animal & Description & Price (\$)\\
\arrayrulecolor{blue}\cmidrule(r){1-1}
 \cmidrule[2pt](l{1em}r{1em}){2-2}\cmidrule(l){3-3}
Gnat & per gram & 13.65 \\
     & each     &  0.01 \\\addlinespace[2ex]
Gnu  & stuffed  & 92.50 \\\midrule
Emu  & stuffed  & 33.33 \\\specialrule{2pt}{1ex}{1ex}
Armadillo & frozen & 8.99\\\arrayrulecolor{green}
\bottomrule
\end{tabular}
```

Bei der Anwendung der **beamer**-Klasse muss dem von **beamer** standardmäßig geladenen Paket **xcolor** die Option **table** entweder über die Klassenoption der Dokumentenklasse oder über das Makro **\PassOptionsToPackage** (vor dem Laden der Dokumentenklasse) mitgeteilt, beziehungsweise übergeben werden.

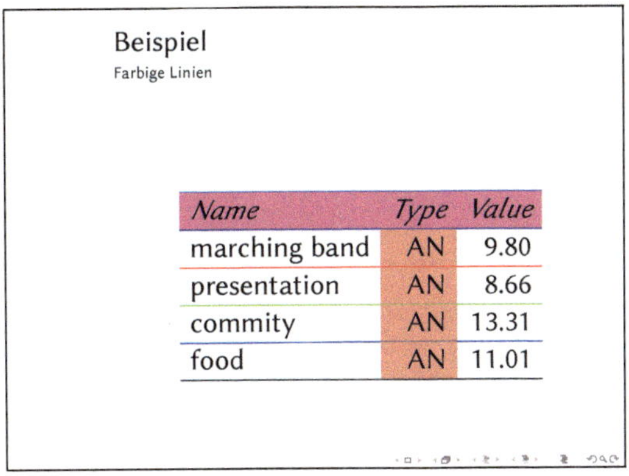


```
\documentclass[xcolor=table,12pt]{beamer}
\usetheme{Malmoe} \useoutertheme{sidebar}
\usecolortheme{dove}
\newcommand\Chline[1]{%
\arrayrulecolor{#1}\hline\arrayrulecolor{black}}

\begin{frame}{Beispiel}{Farbige Linien}
\begin{center}\Large
\begin{tabular}{l >{\columncolor{red!30}}r r}\\
  \Chline{blue}
\rowcolor{magenta!40} \emph{Name}
  & \emph{Type} & \emph{Value}\\\Chline{blue}
marching band & AN & 9.80\\\Chline{red}
presentation & AN & 8.66\\\Chline{green}
commity      & AN &13.31\\\Chline{blue}
food         & AN &11.01\\\hline
\end{tabular}
\end{center}
\end{frame}
```

TEX
DEK
AGENDA

Kapitel 6

Tipps und Tricks

6.1 Tabelle – Allgemein 195
6.2 Umgebung **tabbing** 197
6.3 Zweispaltenmodus 198
6.4 Tabellenüberschriften. 199
6.5 Mathematischer Modus 201
6.6 Excel- und LibreOffice-Dateien 202
6.7 Tabelle neben einer Abbildung. 206

In diesem Kapitel werden verschiedene Tipps und Tricks angegeben, die bislang nicht behandelt wurden oder nicht direkt von einem Paket unterstützt werden. Einige der Tricks wurden den üblichen TeX-Mailinglisten oder Newsgroups entnommen. In diesen Fällen ist dann der jeweilige Autor angegeben.

6.1 Tabelle – Allgemein

Am Anfang einer Tabellenzeile sucht TeX intern nach bestimmten Makros (Primitiven), *Trick* die die folgende Formatierung beeinflussen, wie beispielsweise **\span**, **\omit** oder **\noalign**. Dies kann zu Problemen führen, wenn für die erste Spalte ein Spaltentyp verwendet wird, der eine explizite Umschaltung der Kodierung vornimmt. In diesen Fällen würde es einen Fehler geben, da TeX auf der Suche nach den bestimmten Befehlen das betreffende Makro in der Spalte expandiert, aber danach erst den Spaltentyp beachtet. Im Folgenden von Bernd Raichle angegebenen Beispiel sorgt der **\relax**-Befehl dafür, das TeX den anschließenden Befehl **\textepsilon** aus dem **tipa**-Paket nicht expandiert.

```
\usepackage[T3,T1]{fontenc}
\usepackage{array,dcolumn,tabularx,ragged2e}
\usepackage[noenc]{tipa}
\newcolumntype{C}{>{\Centering}X}
```

```
\begin{tabularx}{0.85\linewidth}{|>{\tipaencoding}c|l|
                              >{\RaggedRight}X|D{.}{.}{-1}|}\hline
 \multicolumn{1}{|c|}{Sound} & \multicolumn{1}{c|}{Examples}
       & \multicolumn{1}{C|}{Place and manner of articulation}
       & \multicolumn{1}{C|}{Occurence frequency (\%)} \\\hline
\relax\textepsilon & lait, jouet, merci & front, half-open & 5.3 \\\hline
\end{tabularx}
```

Sound	Examples	Place and manner of articulation	Occurence frequency (%)
ε	lait, jouet, merci	front, half-open	5.3

Tipp Bei leeren oder nicht vollständig gefüllten Zeilen und senkrechten Linien ist darauf zu achten, dass alle betreffenden Spalten (auch leere) aufgeführt werden; ansonsten fehlt ein senkrechter Strich.

foo	bar	baz
foo		
foo	bar	baz

```
\begin{tabular}{|c|c|c|}\hline
foo & bar & baz\\ foo \\
foo & bar & baz\\\hline
\end{tabular}\par\medskip
```

foo	bar	baz
foo		
foo	bar	baz

```
\begin{tabular}{|c|c|c|}\hline
foo & bar & baz\\
foo & & \\
foo & bar & baz\\\hline
\end{tabular}\par\medskip
```

Trick Bei einer Tabelle kann man am Ende der Zeile durch das optionale Argument von \\ beliebigen vertikalen Abstand einfügen. Fügt man noch zusätzlich eine horizontale Linie ein, dann führt TeX's Bearbeitungsreihenfolge »zuerst Vorschub, dann Linie« zu einem unbefriedigenden Ergebnis. Der TeX-Befehl **\noalign** erlaubt nach einem Zeilenende das Einfügen von vertikalem Material, sodass zuerst die horizontale Linie gezeichnet und danach ein entsprechender vertikaler Vorschub eingefügt wird.

Ägypten	30.06.1995
Albanien	08.09.2000
Angola	23.11.1996
Argentina	01.01.1995
Antillen	21.01.1996

```
\begin{tabular}{@{}ll@{}}\\\hline
Ägypten     & 30.06.1995 \\[10pt]\hline
Albanien    & 08.09.2000 \\
    \hline\noalign{\vspace{10pt}}
Angola      & 23.11.1996 \\
    \hline\noalign{\vspace{15pt}}
Argentina   & 01.01.1995 \\
Antillen    & 21.01.1996
\end{tabular}
```

Trick Eine **longtable** benötigt in der Regel mehrere Durchläufe, da sie selbst Informationen über die aktuelle Breite in die **.aux**-Datei schreibt und beim nächsten Lauf wieder einliest. Möchte man innerhalb seines eigenen Textes auf diese Breite zurückgreifen, um beispielsweise die Tabellenüberschrift oder nachfolgenden Text in der Tabellenbreite zu setzen, so kann man den von Heiko Oberdiek angegebenen Trick verwenden. Den entsprechenden Code für das Setzen der Länge **\LongTableWidth** findet man in der hier unsichtbaren Präambel des Beispiels von Heiko Oberdiek.

Tabelle 1: Caption für eine longtable.

Hallo	Welt und etwas mehr
foo	bar

Hier kommt jetzt Text in der Breite der longtable

```
\usepackage{longtable}
\newlength\LongtableWidth% Siehe Beispielcode

\begin{longtable}{|ll|}
\caption{Caption für eine
    \texttt{longtable}\dotfill}\\
Hallo & Welt und etwas mehr\\ foo & bar
\end{longtable}
\begin{center}
\begin{minipage}{\LongtableWidth}
Hier kommt jetzt Text in der Breite
der \texttt{longtable}
\end{minipage}
\end{center}
```

Möchte man eine Tabelle über den **\input**-Befehl einlesen, so sollte man diese komplett auslagern, denn sonst kann es, wie in folgendem Fall, Probleme geben. Die Sequenz *Tipp*

```
\begin{tabular}{ c c }
\input{Tabellenzeilen}
\end{tabular}
```

führt zu einem Fehler, wenn die erste Zeile der externen Datei *Tabellenzeilen* einen **\multicolumn**-Befehl aufweist:

```
! Misplaced \omit.
\multispan ->\omit
                  \@multispan
l.1 \multicolumn{2}{c}{A}
                         \\
?
```

Dies kann man umgehen, indem auch **\begin{tabular}** und **\end{tabular}** in die Datei geschrieben werden.

A	
a	b
a	b

```
\begin{filecontents}[force,noheader]{Tabelle.tex}
\begin{tabular}{c c}
\multicolumn{2}{c}{A}\\
a & b\\ a & b
\end{tabular}
\end{filecontents}

\input{Tabelle}
```

6.2 Umgebung tabbing

Möchte man innerhalb einer Umgebung **tabbing** den Zwischenraum bis zum nächsten Tabulator mit **\dotfill** oder **\hrulefill** auffüllen, so ergibt sich das Problem, dass diese nicht sichtbar sind, da sie in eine horizontale Box natürlicher Breite gesetzt werden. Beide Füllmakros haben aber eine »natürliche« Breite von 0 pt, bleiben somit unsichtbar. Heiko Oberdiek hat einen Vorschlag für ein entsprechendes **\rtab**-Makro gemacht, welches anstelle von \> verwendet werden kann. Alternativ kann man das interne Makro **\@rtab** mit **\rtab** überschreiben, sodass dann \> sich wie **\rtab** verhält. *Trick*

blabla blabla
bla blabla

blabla . . . blabla
bla______blabla

blabla . . . blabla
bla______blabla

```
\begin{tabbing}
blablabla \= \kill \\
blabla \dotfill \> blabla\\% keine Wirkung!
bla\hrulefill \> blabla    % keine Wirkung!
\end{tabbing}
\begin{tabbing}
blablabla \=\kill\\blabla\dotfill\rtab blabla\\bla\hrulefill\rtab blabla
\end{tabbing}% Siehe Präambel im Beispiel fuer \rtab
\makeatletter\let\@rtab\rtab\makeatother
\begin{tabbing}
blablabla \=\kill\\blabla\dotfill\> blabla\\bla\hrulefill\>blabla
\end{tabbing}
```

6.3 Zweispaltenmodus

Tipp Die einzige Umgebung, die im **\twocolumn**-Modus spaltenübergreifende Tabellen ermöglicht, ist **supertabular** aus dem gleichnamigen Paket (siehe auch Abschnitt 3.5 auf Seite 138). Bei Anwendung des Paketes **multicol** ist der Zweispaltenmodus nicht mehr möglich. Für diesen Fall bleibt dann nur die Anwendung der Umgebung **tabbing**.

twocolumn-Demo

twocolumn-Modus

L	Z	R				
l	c	r		l	c	r
l	c	r		l	c	r
l	c	r		l	c	r
l	c	r		l	c	r
l	c	r		l	c	r
l	c	r		l	c	r

Seite 1

```
\usepackage{supertabular}

\twocolumn[\centering%
  \texttt{twocolumn}-Modus\bigskip]
\begin{supertabular}{l c r }\hline
L & Z & R \\\hline
l & c & r \\ l & c & r \\ l & c & r \\
l & c & r \\ l & c & r \\ l & c & r \\
l & c & r \\ l & c & r \\ l & c & r \\
l & c & r \\ l & c & r \\ l & c & r \\
\end{supertabular}
```

Tipp Die Umgebung **tabbing** hat zwar den Nachteil, dass eine horizontale Ausrichtung nur linksbündig erfolgt, aber den Vorteil, dass sie in sowohl im **\twocolumn**-Modus als auch der Umgebung **multicols** erfolgreich angewendet werden kann.

twocolumn-Demo

twocolumn-Modus

L Z R	l c r
l c r	l c r
l c r	l c r
l c r	l c r
l c r	
l c r	
l c r	
l c r	
l c r	

Seite 1

```
\twocolumn[\centering%
  \texttt{twocolumn}-Modus\bigskip]
\begin{tabbing}
L \=Z  \=R \kill
L \>Z \>R \\
l \>c \>r \\ l \>c \>r \\ l \>c \>r \\
l \>c \>r \\ l \>c \>r \\ l \>c \>r \\
l \>c \>r \\ l \>c \>r \\ l \>c \>r \\
l \>c \>r \\ l \>c \>r \\ l \>c \>r \\
\end{tabbing}
```

twocolumn-Demo

multicols-Modus

L Z R	l c r
l c r	l c r
l c r	l c r
l c r	l c r
l c r	l c r
l c r	l c r
l c r	

Normaler einspaltiger Text.

Seite 1

```
\usepackage{multicol}

\subsection*{\texttt{multicols}-Modus}
\begin{multicols}{2}
\begin{tabbing}
L \=Z  \=R \kill
L \>Z \>R \\
l \>c \>r \\ l \>c \>r \\ l \>c \>r \\
l \>c \>r \\ l \>c \>r \\ l \>c \>r \\
l \>c \>r \\ l \>c \>r \\ l \>c \>r \\
l \>c \>r \\ l \>c \>r \\ l \>c \>r \\
\end{tabbing}
\end{multicols}\par
Normaler einspaltiger Text.
```

6.4 Tabellenüberschriften

Tipp

In manchen Anwendungsfällen (Tabellen mit möglichem Seitenumbruch) kann es vorkommen, dass zwischen Tabellenüberschrift (Caption) und der folgenden Tabelle ein Seitenumbruch eingefügt wird. Hier ist es Aufgabe des Anwenders selbst zu testen, ob der auf der Seite noch vorhandene Platz ausreicht, um die Tabellenüberschrift und mindestens drei oder mehr Tabellenzeilen aufzunehmen, bevor ein Seitenumbruch erfolgt. Donald Arseneau hat dafür das Makro **\need** angegeben, welches auf einfache Weise überprüft, ob noch Platz auf der Seite ist und anderenfalls einen Seitenumbruch einfügt.

\need{*Länge*}

Man kann die Definition der entsprechenden Tabellenumgebung auch erweitern und das Makro **\need** grundsätzlich integrieren. Die folgenden beiden Beispiele zeigen die ersten beiden Seiten eines Dokuments, wobei im ersten Beispiel das Standardverhalten ohne das Makro **\need** und danach mit diesem Makro gezeigt wird. Die Größe der notwendigen Länge ist ein Erfahrungswert, wobei man mit **\need{** *6***\normalbaselineskip}** in der Regel das erwünschte Ergebnis erzielen wird; es gibt dann keinen Seitenumbruch zwischen Tabellenüberschrift und Tabellenkörper.

```
\usepackage{supertabular}
\newcommand\demoText{Theoretisch kann man die Definition der Tabellenumgebung
auch erweitern und das \protect\texttt{\textbackslash need}-Makro  integrieren.
Das Beispiel zeigt die ersten beiden Seiten eines Dokuments, wobei die erste
Seite einen (ohne \protect\texttt{\textbackslash need}) oder keinen  (mit
\protect\texttt{\textbackslash need}) Seitenumbruch aufweist.}
\demoText
\begin{center}
\tablecaption{FALSCH}  \tablehead{\hline Spalte1 & Spalte2 \\}
\begin{supertabular}{|cl|cl|}\hline
  yyy & xxx \\\hline yyy & xxx \\\hline yyy & xxx \\\hline
\end{supertabular}
\end{center}
```

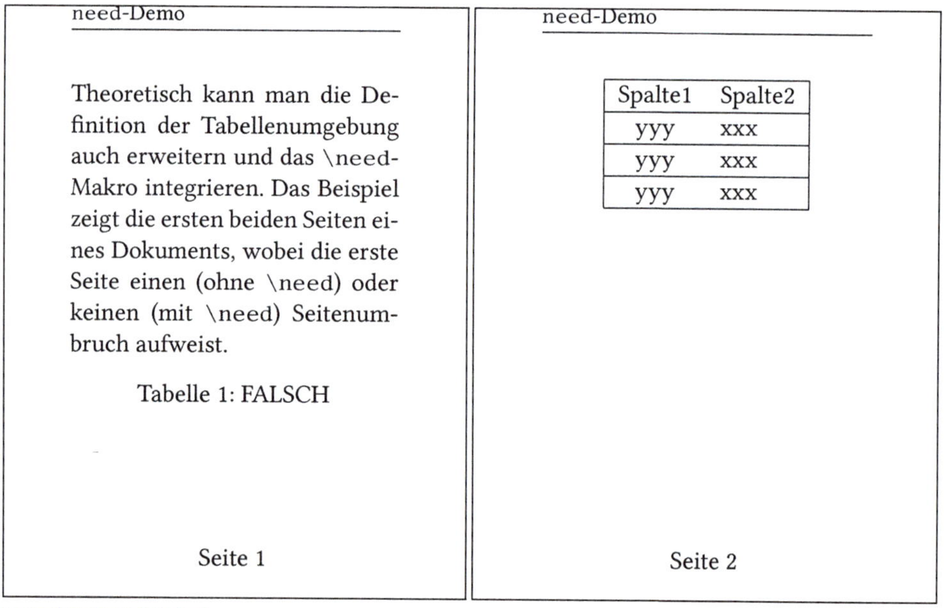


```
\usepackage{supertabular}
\makeatletter
\newcommand\need[1]{\par \penalty-100 \begingroup % preserve \dimen@
  \dimen@\pagegoal \advance\dimen@-\pagetotal % space left
  \ifdim #1>\dimen@ % not enough space left
%    only do \vfil if some space left on page
     \ifdim\dimen@>\z@ \vskip -\pagedepth plus 1fil \fi
     \break
  \fi \endgroup}
\makeatother
```

```
\demoText% siehe anderes Beispiel
\need{6\normalbaselineskip}
\begin{center}
\tablecaption{RICHTIG}
\tablehead{\hline Spalte1 & Spalte2 \\}
\begin{supertabular}{|cl|cl|}\hline
  yyy & xxx \\\hline yyy & xxx \\\hline yyy & xxx \\\hline
\end{supertabular}
\end{center}
```

need-Demo

Theoretisch kann man die Definition der Tabellenumgebung auch erweitern und das \need-Makro integrieren. Das Beispiel zeigt die ersten beiden Seiten eines Dokuments, wobei die erste Seite einen (ohne \need) oder keinen (mit \need) Seitenumbruch aufweist.

Seite 1

need-Demo

Tabelle 1: RICHTIG

Spalte1	Spalte2
yyy	xxx
yyy	xxx
yyy	xxx

Seite 2

6.5 Mathematischer Modus

Das Setzen von Zahlenkolonnen mit Ausrichtung am Dezimalpunkt oder Dezimalkomma erfolgt TeX-intern durch zwei getrennte Spalten, die das Dezimalzeichen als Spaltentrenner definieren. Da einzelne Tabellenzellen immer als eigene Gruppe gesetzt werden (Definitionen bleiben lokal), hat man das Problem, dass Definitionen vor einer D-Spalte nicht mehr bekannt sind, wenn die Dezimalstellen gesetzt werden. Es muss daher mit einem Trick gearbeitet werden, wenn man sämtliche Ziffern in einer anderen Schriftart setzen möchte. Das folgende Beispiel von Heiko Oberdiek zeigt dies für Ziffern in Sans-Serif. *Trick*

Test	Test1.0	Test1.2	Test3.1
Test	1	1,22	333,1
Test	2	3,44	444,1

0123456789

```
\usepackage{dcolumn}
\makeatletter \newcolumntype{s}[1]{%
  >{\DC@{.}{\sf\aftergroup\sf,}{#1}\sf}l<{\DC@end}}
\makeatother

\sffamily
\begin{tabular}{ l s{1.0} s{1.2} s{3.1} }
Test & \multicolumn{1}{l}{Test1.0} &
       \multicolumn{1}{l}{Test1.2} &
       \multicolumn{1}{l}{Test3.1} \\\hline
Test & 1 & 1.22 & 333.1\\ Test & 2 & 3.44 & 444.1
\end{tabular}\par\medskip
$\mathsf{0123456789}$
```

Tipp Wenn in `D`-Spalten durch den Parameterwert `-1` eine Zentrierung am Dezimaltrenner vorgesehen ist, gleichzeitig aber eine Konstante optisch addiert werden soll, so kann man im folgenden Beispiel nicht einfach den Spaltentyp `.` und den `<`-Operator benutzen: **`\newcolumntype{a}{.<{+6240}}`**. Wie dem folgenden Beispiel zu entnehmen ist, wird bei dieser Definition zuerst **`+6240`** angehängt und dann zentriert, womit links ein großer Freiraum entsteht (siehe 2. Spalte).

```
\usepackage{dcolumn}
\makeatletter \newcolumntype{.}{D{.}{.}{-1}} \newcolumntype{a}{.<{+6240}}
\newcolumntype{b}{>{\DC@{.}{.}{-1}}c<{\DC@end+6240}}
\newcolumntype{B}{>{\DC@{.}{.}{-1}}c<{\DC@end+25530}}
\newcommand\interval[1]{\multicolumn{1}{c}{#1}}  \makeatother

\begin{tabular}{@{}la..bB@{}}
 \interval{S1}&\interval{S2}&\interval{S3}&\interval{S4}&\interval{S5}&\interval{S6}\\
 99.0\,\% & 14.40& 438& 5256& 375.60&182.70\\99.9\,\% & 1.59& 44 & 526 & 37.60&18.30\\
 99.99\,\%&  0.15& 4.4& 0.53& 3.76 & 1.83
\end{tabular}
```

S1	S2	S3	S4	S5	S6
99.0 %	14.40 + 6240	438	5256	375.60 +6240	182.70 +25530
99.9 %	1.59 + 6240	44	526	37.60+6240	18.30+25530
99.99 %	0.15 + 6240	4.4	0.53	3.76+6240	1.83+25530

6.6 Excel- und LibreOffice-Dateien

Grundsätzlich kann man von Problemen ausgehen, wenn man komplexe Excel- oder LibreOfficeCalc-Dateien in ein LaTeX-kompatibles Format konvertieren will. Einen Erfolg wird man nur bei Dateien erwarten können, die keine Zellen mit aufwändigen Rechenoperationen aufweisen und daher innerhalb von Excel oder LibreOfficeCalc als Dateien im csv-Format (comma separated values) gespeichert werden können. Derartige Dateien können dann mit dem **`datatool`**-Paket im Allgemeinen problemlos eingelesen und weiterverarbeitet werden (siehe dazu Abschnitt 2.9 auf Seite 58). Tabellen mit Rechenoperationen können jedoch innerhalb von Excel oder LibreOfficeCalc durch »copy and paste« und der Option »Werte einfügen« in eine neue Tabelle ohne Rechenoperationen gewandelt werden. Das Paket **`odsfile`** (Abschnitt 2.16 auf Seite 80) unterstützt das direkte Einlesen von Tabellenfeldern aus LibreOfficeCalc-Dateien im **`.ods`**-Format.

Tipp Auf CTAN (**`https://ctan.org/`**) findet man einen Software-Zusatz von Ivan Kokan, welcher auf Windows-Ebene eine Erweiterung für Excel darstellt, sodass auch Rechenoperationen bei der Ausgabe unterstützt werden. Dieses Software-Tool sollte auch mit neueren Versionen von Excel arbeiten (**`https://ctan.org/pkg/excel2latex`**). Von **`https://github.com/ivankokan/Excel2LaTeX/releases/`** lädt man sich die neueste Version des Konverters herunter. Die Datei **`Excel2LaTeX.xla`** kann entweder permanent als »Add-in« verfügbar gemacht oder für individuelle Dokumente bei der Konvertierung von Excel nach LaTeX geladen werden. In beiden Fällen steht danach in der Menüleiste die Option »Add-Ins« zur Verfügung. Klickt man bei geöffneter Exceldatei auf diesen Menüpunkt so erscheinen zwei neue Symbole unterhalb der Menüleiste (Abb. 6.1 auf der nächsten Seite). Das rechte Symbol ist für die Konvertierung aller gespeicherten Excel-Dateien und das linke Symbol für die Konvertierung der aktuellen Datei.

Abbildung 6.1: Ansicht bei geladener Excel-Beispieldatei von Typ **.xlsx** und geladenem »Add-In« **Excel2LaTeX.xla**

Betätigt man diesen Button, so öffnet sich ein neues Fenster, welches zum einen die Einstellung verschiedener Optionen erlaubt und zum anderen die Ausgabe als Ablage in der Zwischenablage (Clipboard) oder externe LaTeX-Datei ermöglicht.

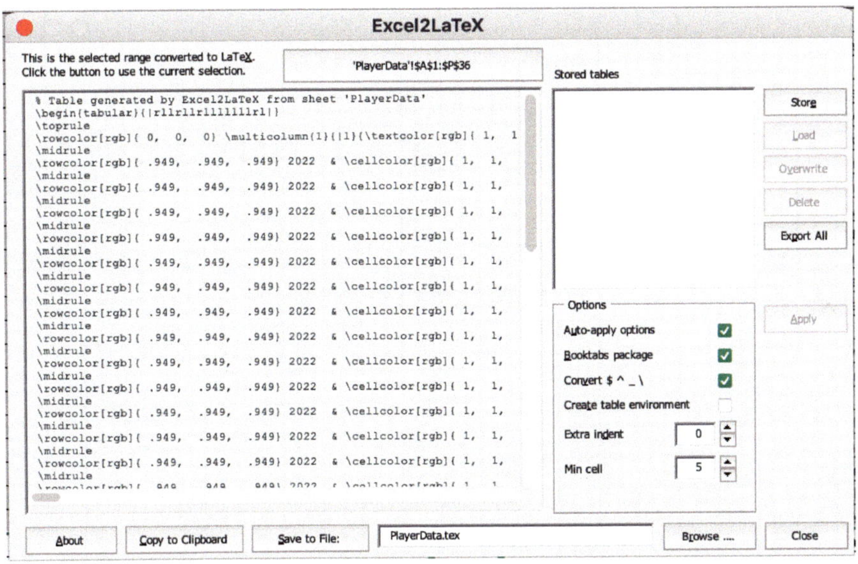

Abbildung 6.2: Popup-Fenster für die Konvertierung der aktuellen Excel-Datei mit Vorschau der Ausgabe.

Bei der Ausgabe in die Zwischenablage und späterem Einfügen in einen LaTeX-Editor kann es zu Problemen mit dem Zeilenvorschub kommen. Der Code der Tabelle wird dann als eine einzige Zeile eingefügt. Formal ist dies im Allgemeinen unerheblich, wenn der Code nicht, wie in Abb. 6.2 zu sehen, mit einem Kommentar beginnt, sodass der gesamte Code durch die fehlenden Zeilenvorschübe ebenfalls als solcher aufgefasst und ignoriert wird. Ein einfaches Einfügen von »Enter« nach dem Kommentar löst das Problem. Alternativ kann auch die LaTeX-Ausgabe in einer Datei gespeichert und dann mit `\input` in das eigentliche Dokument eingefügt werden.

Die Tabelle 6.1 auf der nächsten Seite zeigt exemplarisch und ausschnittsweise die Ausgabe einer *sehr* langen und breiten Excel-Datei, die **https://www.contextures.com/xlsampledata01.html** entnommen wurde. Einige der Tabellenspalten erhalten dabei in der Excel-Datei ihre Werte durch Berechnungen anderer Zelleninhalte.

Tabelle 6.1: Ausgabebeispiel für das Modul »Excel2LaTeX« und einer aktuellen Excel-Datei.

Year	Team	NAME	No.	Pos	Ht	Wt	Age	Exp	College	FirstName	LastName	Ft	In	Inches	NumGrp
2022	New Orleans	Paulson Adebo	29	CB	6-1	192	23	2	Stanford	Paulson	Adebo	6	1	73	20-29
2022	Arizona	Zach Allen	94	DE	6-4	281	24	4	Boston College	Zach	Allen	6	4	76	90-99
2022	New Orleans	Kiko Alonso	47	OLB	6-3	239	N/A	R	Oregon	Kiko	Alonso	6	3	75	40-49
2022	Arizona	Stephen Anderson	89	TE	6-2	230	29	5	California	Stephen	Anderson	6	2	74	80-89
2022	New Orleans	Josh Andrews	68	G	6-2	298	31	7	Oregon State	Josh	Andrews	6	2	74	60-69
2022	Arizona	Marcell Ateman	84	WR	6-4	215	N/A	R	Oklahoma State	Marcell	Ateman	6	4	76	80-89
2022	Arizona	Andre Baccellia	82	WR	5-10	175	25	1	Washington	Andre	Baccellia	5	10	70	80-89
2022	Arizona	Budda Baker	3	S	5-10	195	26	6	Washington	Budda	Baker	5	10	70	0-9
2022	New Orleans	Kawaan Baker	87	WR	6-1	215	23	1	South Alabama	Kawaan	Baker	6	1	73	80-89
2022	Arizona	Darrell Baker Jr.	31	CB	6-1	190	24	R	Georgia Southern	Darrell	Baker Jr.	6	1	73	30-39
2022	New Orleans	Zack Baun	53	LB	6-3	225	25	3	Wisconsin	Zack	Baun	6	3	75	50-59
2022	Arizona	Kelvin Beachum	68	OL	6-3	308	33	11	Southern Methodist	Kelvin	Beachum	6	3	75	60-69
2022	Arizona	Eno Benjamin	26	RB	5-9	207	23	3	Arizona State	Eno	Benjamin	5	9	69	20-29
2022	New Orleans	Josh Black	57	DT	6-3	290	24	R	Syracuse	Josh	Black	6	3	75	50-59
2022	Arizona	Victor Bolden	38	WR	5-8	178	27	3	Oregon State	Victor	Bolden	5	8	68	30-39
2022	New Orleans	Ian Book	16	QB	6-0	206	24	2	Notre Dame	Ian	Book	6	0	72	10-19
2022	Arizona	Breon Borders	21	CB	6-0	189	27	4	Duke	Breon	Borders	6	0	72	20-29
2022	Arizona	Aaron Brewer	46	LS	6-5	232	32	11	San Diego State	Aaron	Brewer	6	5	77	40-49
2022	Arizona	Nate Brooks	37	CB	6-0	192	25	1	North Texas	Nate	Brooks	6	0	72	30-39
2022	New Orleans	Malcolm Brown	36	RB	5-11	224	29	7	Texas	Malcolm	Brown	5	11	71	30-39
2022	Arizona	Marquise Brown	2	WR	5-9	170	25	4	Oklahoma	Marquise	Brown	5	9	69	0-9
2022	New Orleans	Marquez Callaway	1	WR	6-2	204	24	3	Tennessee	Marquez	Callaway	6	2	74	0-9
2022	New Orleans	Taco Charlton	54	DE	6-5	270	27	6	Michigan	Taco	Charlton	6	5	77	50-59
2022	Arizona	Zaven Collins	25	ILB	6-4	260	23	2	Tulsa	Zaven	Collins	6	4	76	20-29
2022	Arizona	James Conner	6	RB	6-1	233	27	6	Pittsburgh	James	Conner	6	1	73	0-9
2022	Arizona	Nolan Cooney	15	P	6-3	202	25	1	Syracuse	Nolan	Cooney	6	3	75	10-19

Eine andere Variante ist das Paket **exceltex** von Hans-Peter Doerr. welches eine Kombination aus einem normalen LaTeX-Paket und einem externen Perlprogramm gleichen Namens darstellt. Hier wird die Tabelle nicht vorab konvertiert, sondern innerhalb eines

LaTeX-Dokuments eingelesen, wobei der Bereich vorgegeben werden kann. Die eigentliche Konvertierung nimmt dann das Perlprogramm vor, welches grundsätzlich zwischen zwei LaTeX-Läufen aufgerufen werden muss.

```
pdflatex beispiel
exceltex beispiel
pdflatex beispiel
```

Das Perlprogramm exceltex benötigt das Perlmodul **Spreadsheet::ParseExcel**, welches von CPAN **https://metacpan.org/release/Spreadsheet-ParseExcel** heruntergeladen werden kann, falls es nicht installiert ist. Für Debian-basierte Systeme geht auch

```
sudo apt install libspreadsheet-parseexcel-perl
```

und für alle anderen Systeme im Terminal, wobei man für Linux in der Regel ein **sudo** voranstellen muss.

```
perl -MCPAN -e 'install Spreadsheet::ParseExcel'
```

exceltex ist von 2006 und hat als Standardkodierung noch **latin1**, was man unbedingt auf **utf8** ändern sollte. Die entsprechende Zeile findet man ziemlich schnell am Anfang des Skriptes, welches sich leicht finden lässt:

```
#my $ENCODING = "latin1";   # alt
my $ENCODING = "utf8";      # neu
```

Das LaTeX-Paket **exceltex** ist sowohl auf TeXLive als auch MiKTeX vorhanden. Das Paket unterstützt das Einlesen einzelner Zellen und mehrerer Zeilen:

\inccell{*xls-Datei!Tabellenblatt!Zelle*}
\inctab{*xls-Datei!Tabellenblatt!Startzelle!Endzelle*}

Einlesen einer Zelle: Nadine Haßemer

```
\usepackage{exceltex}

Einlesen einer Zelle:
\inccell{data/excel/test3.xls!Zeugnisliste!C3}
\inccell{data/excel/test3.xls!Zeugnisliste!D3}
```

```
\usepackage{exceltex,booktabs}

Einlesen einer Tabelle:\par\setlength\tabcolsep{2pt}
\begin{tabular}{@{} *{16}{l} @{}}\toprule
Vorname & Nachname & Geb. & \multicolumn{13}{c@{}}{F\"acher}\\
        &          &      &D &U &T &E &F &L &G &K &M &P &C &B &S\\\midrule
\inctab{data/excel/test3.xls!Zeugnisliste!C2!R5}\\[-\bigskipamount]\bottomrule
\end{tabular}
```

Einlesen einer Tabelle:

Vorname	Nachname	Geb.	Fächer												
			D	U	T	E	F	L	G	K	M	P	C	B	S
Victoria	Hoene	05.07.79				x					x				
Nadine	Haßemer	17.11.77	x				x								
So-Young	Lee	19.06.79									x			x	
Sebastian	Weigmann	11.05.78										x	x		

exceltex erstellt jeweils ein Unterverzeichnis mit den Dateinamen, gefolgt von `-excltx`, indem die einzelnen Einträge jeweils als Datei mit beispielsweise folgendem Inhalt gespeichert werden: `\textcolor[rgb]{0, 0, 0}{Nadine}`. Weitere Informationen kann man der Paketbeschreibung entnehmen, insbesondere auch der weiteren Funktionsweise des Perlprogramms. Allerdings kann die Dokumentation nicht mit texdoc aufgerufen werden, da ihr Name nicht gleich dem Paketnamen entspricht. (Doerr 2016)

```
\usepackage{exceltex,array,booktabs}

\begin{tabular}{@{} *{8}{>{\ttfamily}r} @{}}\toprule
\multicolumn{8}{c}{Kurse}\\\midrule
\inctab{data/excel/test.xls!Tabelle1!G2!N19}\\[-\bigskipamount]\bottomrule
\end{tabular}
```

Kurse							
DE-1	de-1	DE-2	de-2	DE-3	de-3	DE-4	de-4
Mu-1	mu-1	Mu-2	mu-2	Mu-3	mu-3	Mu-4	mu-4
Ku-1	ku-1	Ku-2	ku-2	Ku-3	ku-3	Ku-4	ku-4
E1-1	e1-1	E1-2	e1-2	E1-3	e1-3	E1-4	e1-4
F2-1	f2-1	F2-2	f2-2	F2-3	f2-3	F2-4	f2-4
L3-1	l3-1	L3-2	l3-2	L3-3	l3-3	L3-4	l3-4
	tü-1		tü-2		tü-3		tü-4
	ds-1		ds-2		ds-3		ds-4
	pw-1		pw-2		pw-3		pw-4
GE-1	ge-1	GE-2	ge-2	GE-3	ge-3	GE-4	ge-4
	phil-1		phil-2		phil-3		phil-4
MA-1	ma-1	MA-2	ma-2	MA-3	ma-3	MA-4	ma-4
PH-1	ph-1	PH-2	ph-2	PH-3	ph-3	PH-4	ph-4
CH-1	ch-1	CH-2	ch-2	CH-3	ch-3	CH-4	ch-4
BI-1	bi-1	BI-2	bi-2	BI-3	bi-3	BI-4	bi-4
	in-1		in-2		in-3		in-4
SP-1	sp-1	SP-2	sp-2	SP-3	sp-3	SP-4	sp-4
EK-1		EK-2		EK-3		EK-4	

6.7 Tabelle neben einer Abbildung

Wenn eine Tabelle neben einer Abbildung erscheinen soll, muss die Frage geklärt werden, wie die horizontale Ausrichtung erfolgen soll. Für den Textsatz ist die Abbildung nichts weiter als eine Box, auch wenn sie formal sehr groß sein kann. Eine Tabelle wird beim Textsatz zwar auch wie eine große Box gehandhabt, jedoch unterscheidet sich ihre Ausrichtung erheblich von der einer Grafik. Das folgende Beispiel zeigt den einfachen Fall, dass eine Grafik direkt nach der Tabelle folgt, wobei diese einmal mit und einmal ohne Kopf- und Fußlinie gesetzt wird. Die Kopf- und Fußzeile einer Tabelle sind formal jeweils eine eigene Zeile, wenn auch mit geringer Zeilenhöhe. Dadurch ergeben sich die im nächsten Beispiel dargestellten unterschiedlichen Formatierungen.

```
\usepackage{graphicx}\setlength\fboxsep{0pt}

\begin{tabular}{cc}
\emph{Nr.}&\emph{Tier}\\\hline 1.& Gelse\\2.& Gemse\\3.& Stinktier\\4.& Ameisenbär\\5.& Gürteltier
\end{tabular}
\fbox{\includegraphics[width=2cm]{tiger}}
\begin{tabular}{cc}\hline
\emph{Nr.}&\emph{Tier}\\\hline 1.&Gelse\\2.&Gemse\\3.&Stinktier\\4.&Ameisenbär\\5.&Gürteltier\\\hline
\end{tabular} \_Text
\par\bigskip%%%%%%%%%%%% [b]
\begin{tabular}[b]{cc}
\emph{Nr.}&\emph{Tier}\\\hline 1.& Gelse\\2.& Gemse\\3.& Stinktier\\4.& Ameisenbär\\5.& Gürteltier
\end{tabular}
\fbox{\includegraphics[width=2cm]{tiger}}
\begin{tabular}[b]{cc}\hline
\emph{Nr.}&\emph{Tier}\\\hline 1.&Gelse\\2.&Gemse\\3.&Stinktier\\4.&Ameisenbär\\5.&Gürteltier\\\hline
\end{tabular} \_Text
\par\bigskip%%%%%%%%%%%% [t]
\begin{tabular}[t]{cc}
\emph{Nr.}&\emph{Tier}\\\hline 1.& Gelse\\2.& Gemse\\3.& Stinktier\\4.& Ameisenbär\\5.& Gürteltier
\end{tabular}
\fbox{\includegraphics[width=2cm]{tiger}}
\begin{tabular}[t]{cc}\hline
\emph{Nr.}&\emph{Tier}\\\hline 1.&Gelse\\2.&Gemse\\3.&Stinktier\\4.&Ameisenbär\\5.&Gürteltier\\\hline
\end{tabular} \_Text
```

Nr.	*Tier*
1.	Gelse
2.	Gemse
3.	Stinktier
4.	Ameisenbär
5.	Gürteltier

Nr.	*Tier*
1.	Gelse
2.	Gemse
3.	Stinktier
4.	Ameisenbär
5.	Gürteltier

_Text

Nr.	*Tier*
1.	Gelse
2.	Gemse
3.	Stinktier
4.	Ameisenbär
5.	Gürteltier

Nr.	*Tier*
1.	Gelse
2.	Gemse
3.	Stinktier
4.	Ameisenbär
5.	Gürteltier

_Text

Nr.	*Tier*
1.	Gelse
2.	Gemse
3.	Stinktier
4.	Ameisenbär
5.	Gürteltier

Nr.	*Tier*
1.	Gelse
2.	Gemse
3.	Stinktier
4.	Ameisenbär
5.	Gürteltier

_Text

Im ersten Fall ohne Angabe eines Platzierungsparameters wird die Tabelle vertikal zentriert zur Basislinie angeordnet. Die Abbildung bleibt mit ihrer unteren Kante auf der Basislinie. Im zweiten Fall mit dem Platzierungsparameter **[b]** wird die untere Zeile der Tabelle an der Basislinie ausgerichtet und im letzten Fall mit dem Platzierungsparameter **[t]** wird die Basislinie der ersten Zeile der Tabelle an der Basislinie ausgerichtet.

Es ist offensichtlich, dass die Grafik mit ihrer Oberkante nicht an der der Tabellen ausgerichtet ist. Dies lässt sich nur mit einer künstlichen (nicht sichtbaren) ersten Zeile erreichen, was mit der Anweisung **\vspace{***0pt***}** möglich ist. Dazu muss die Grafik in eine **minipage** gesetzt werden, damit zusammen mit der Abbildung mehrere Zeilen möglich sind.

```
\usepackage{varwidth,graphicx,booktabs}\setlength\fboxsep{0pt}

\begin{varwidth}[t]{\linewidth} \vspace{0pt}% künstliche Zeile
\begin{tabular}{cc}
\emph{Nr.}&\emph{Tier}\\\midrule
  1.& Gelse\\2.& Gemse\\3.& Stinktier\\4.& Ameisenbär\\5.& Gürteltier
\end{tabular}
\end{varwidth}
%
\begin{minipage}[t]{2cm}        \vspace{0pt}% künstliche Zeile
\fbox{\includegraphics[width=2cm]{tiger}}
\end{minipage}
%
\begin{tabular}[t]{cc}\toprule
\emph{Nr.}&\emph{Tier}\\\midrule
  1.&Gelse\\2.&Gemse\\3.&Stinktier\\4.&Ameisenbär\\5.&Gürteltier\\
\bottomrule
\end{tabular}
```

Nr.	*Tier*
1.	Gelse
2.	Gemse
3.	Stinktier
4.	Ameisenbär
5.	Gürteltier

Nr.	*Tier*
1.	Gelse
2.	Gemse
3.	Stinktier
4.	Ameisenbär
5.	Gürteltier

Das Paket **varwidth** wurde hier benutzt, da eine **minipage** die explizite Vorgabe der Tabellenbreite erforderlich gemacht hätte. Bei **varwidth** braucht dagegen nur die maximal mögliche Breite angegeben zu werden. Intern wird dann die kleinstmögliche Breite berechnet und berücksichtigt.

Kapitel 7

Beispiele

In diesem Kapitel werden verschiedene Beispiele behandelt, die im Wesentlichen den allgemein bekannten Newsgroups oder Mailinglisten entnommen wurden. Der entsprechende Autor ist dann jeweils genannt. Unabhängig davon wurden fast alle Tabellen den eigenen Vorstellungen von guter Typografie angepasst, sodass sie in der Regel nur die Zelleneinträge mit dem Original gemeinsam haben. Die meisten Beispiele stammen aus Reichert (2016), der Standardliteratur auf CTAN für das Setzen von Tabellen.

Tabelle 7.1: Zusammenstellung der Autoren der einzelnen Beispiele

Autor	*Beispiel(e)*
Uwe Borchert	05-03-3
Jean-Côme Charpentier	07-00-1, 07-00-8
Ulrike Fischer	07-00-48, 07-00-49
Christiane Geiger	07-00-27
Morten Høgholm	06-05-2
Stefan Junge	07-00-29, 07-00-42
Markus Kohm	07-00-3
Rolf Niepraschk	07-00-25, 07-00-28, 07-00-30, 07-00-31, 07-00-34, 07-00-43, 07-00-44, 07-00-46, 07-00-33
Heiko Oberdiek	06-01-4
Bernd Raichle	06-01-1
Axel Reichert	07-00-9, 07-00-10, 07-00-11, 07-00-12, 07-00-13, 07-00-14, 07-00-15, 07-00-14, 07-00-15, 07-00-16, 07-00-17, 07-00-18, 07-00-19, 07-00-20, 07-00-21, 07-00-22, 05-03-4, 07-00-36, 07-00-37
Christian Tellechea	07-00-40, 07-00-41
Uwe Ziegenhagen	07-00-47

```
\usepackage{array,ragged2e,booktabs,capt-of} \usepackage[frenchb]{babel} \newcolumntype{C}[1]{>{\Centering}b{#1

\begin{tabular}{@{}l C{2cm} C{2.7cm} C{1.8cm}@{}}\toprule
\bfseries Pratiques & \bfseries Nombre de dossiers & \bfseries Cas où le gouvernement a eu gain de cause
  & \bfseries Cessions ordonnées \\\midrule
                              & \itshape\bfseries 1890-1939  \\\midrule
\bfseries Concentrations      & 57 & 46 & 20 \\
\quad Marché national         & 33 & 25 & 12 \\\quad Marché régional ou local & 24 & 21 &  9 \\
\bfseries Pratiques antitrust & \bfseries97 & \bfseries79 & \bfseries8 \\
\quad Marché national         & 54 & 43 &  5 \\\quad Marché régional ou local & 43 & 36 &  3 \\
\emph{Total}                  &154 &125 &\textbf{28} \\\midrule
                              & \itshape\bfseries 1940-1999 \\\midrule
\bfseries Concentrations      & 28 & 25 &  9 \\
\quad Marché national         & 14 & 12 &  4 \\\quad Marché régional ou local & 14 & 13 &  5 \\
\bfseries Pratiques antitrust & \bfseries91 & \bfseries75 & \bfseries7 \\
\quad Marché national         & 52 & 42 &  2 \\\quad Marché régional ou local & 39 & 33 &  5 \\
\emph{Total}                  &119 &100 &\textbf{16} \\\bottomrule
\multicolumn{4}{@{}l}{\scriptsize\emph{Source}: adapté de Posner (2001,p. 106).}
\end{tabular}
```

Pratiques	**Nombre de dossiers**	**Cas où le gouvernement a eu gain de cause**	**Cessions ordon-nées**
	1890-1939		
Concentrations	57	46	20
Marché national	33	25	12
Marché régional ou local	24	21	9
Pratiques antitrust	**97**	**79**	**8**
Marché national	54	43	5
Marché régional ou local	43	36	3
Total	154	125	**28**
	1940-1999		
Concentrations	28	25	9
Marché national	14	12	4
Marché régional ou local	14	13	5
Pratiques antitrust	**91**	**75**	**7**
Marché national	52	42	2
Marché régional ou local	39	33	5
Total	119	100	**16**

Source : adapté de Posner (2001,p. 106).

```
\usepackage{array,booktabs}
\newcounter{Platz}

\begin{tabular}{@{}>{\ifnum\thePlatz>0 \thePlatz.\fi}r
  l rrr c@{ :}c c<{\stepcounter{Platz}} @{}}\\
\multicolumn{8}{c}{%
   \bfseries\rule[-2ex]{0pt}{5ex}1.\,Fußballbundesliga Abschluss 1986/87}\\ \toprule
\multicolumn{1}{@{}c}{}
 & Verein             &  S &  U &  N &\multicolumn{2}{c}{Punkte}& Kommentar\\\midrule
 & Bayern München     & 20 & 13 &  1 & 53 & 15 & Dt. Meister\\
 & Hamburger SV       & 19 &  9 &  6 & 47 & 21 & Pokalsieger\\
 & Bor. M'Gladbach    & 18 &  7 &  9 & 43 & 21 & Teilnehmer\\
```

```
& Bor. Dortmund      & 15 & 10 &  9 & 40 & 28 & am\\
& Werder Bremen      & 17 &  6 & 11 & 40 & 28 & UEFA\\
& Bayer Leverkusen   & 16 &  7 & 11 & 39 & 29 & Pokal\\\midrule
& 1.FC Kaiserslautern& 15 &  7 & 12 & 37 & 31 & \\
& Bayer Uerdingen    & 12 & 11 & 11 & 35 & 33 & \\
& 1.FC Nürnberg      & 12 & 11 & 11 & 35 & 33 & \\
& 1.FC Köln          & 13 &  9 & 12 & 35 & 33 & \\
& VfL Bochum         &  9 & 14 & 11 & 32 & 36 & Mittelfeld\\
& VfB Stuttgart      & 13 &  6 & 15 & 32 & 36 & \\
& Schalke 04         & 12 &  8 & 14 & 32 & 36 & \\
& Waldhof Mannheim   & 10 &  8 & 16 & 28 & 40 & \\
& Eintracht Frankfurt&  8 &  9 & 17 & 25 & 43 & \\\midrule
& FC Homburg         &  6 &  9 & 19 & 21 & 47 & Rel. St.Pauli\\\midrule
& Fortuna Düsseldorf &  7 &  6 & 21 & 20 & 48 & \\
& BW 90 Berlin       &  3 & 12 & 19 & 18 & 50
   & \raisebox{1.5ex}[-1.5ex]{Absteiger}\\\bottomrule
\end{tabular}
```

1. Fußballbundesliga Abschluss 1986/87

	Verein	S	U	N	Punkte	Kommentar
1.	Bayern München	20	13	1	53 : 15	Dt. Meister
2.	Hamburger SV	19	9	6	47 : 21	Pokalsieger
3.	Bor. M'Gladbach	18	7	9	43 : 21	Teilnehmer
4.	Bor. Dortmund	15	10	9	40 : 28	am
5.	Werder Bremen	17	6	11	40 : 28	UEFA
6.	Bayer Leverkusen	16	7	11	39 : 29	Pokal
7.	1.FC Kaiserslautern	15	7	12	37 : 31	
8.	Bayer Uerdingen	12	11	11	35 : 33	
9.	1.FC Nürnberg	12	11	11	35 : 33	
10.	1.FC Köln	13	9	12	35 : 33	
11.	VfL Bochum	9	14	11	32 : 36	Mittelfeld
12.	VfB Stuttgart	13	6	15	32 : 36	
13.	Schalke 04	12	8	14	32 : 36	
14.	Waldhof Mannheim	10	8	16	28 : 40	
15.	Eintracht Frankfurt	8	9	17	25 : 43	
16.	FC Homburg	6	9	19	21 : 47	Rel. St.Pauli
17.	Fortuna Düsseldorf	7	6	21	20 : 48	Absteiger
18.	BW 90 Berlin	3	12	19	18 : 50	

```
\usepackage{tabularx,booktabs,ragged2e}
\newcommand\raggedcolumn{\RaggedRight\hspace{0pt}}
\newcommand\centercolumn{\Centering\hspace{0pt}}

\renewcommand*{\tabularxcolumn}[1]{b{#1}}%
\begin{tabularx}{\textwidth}{@{}*{3}{>{\raggedcolumn}X}*{3}{>{\raggedcolumn}X}@{}}\toprule
Überschrift 1 & Überschrift 2 & Überschrift 3 &
Überschrift 4 & Überschrift 5 & Überschrift 6,
       die etwas länger als gewöhnlich ist\\\midrule
foo & bar & baz & gg & gg & gg\\\midrule
foo & bar & baz & gg & gg & gg\\\midrule
foo & bar & baz & gg & gg & dd\\\bottomrule
\end{tabularx}
```

Über-schrift 1	Über-schrift 2	Über-schrift 3	Über-schrift 4	Über-schrift 5	Über-schrift 6, die etwas länger als gewöhnlich ist
foo	bar	baz	gg	gg	gg
foo	bar	baz	gg	gg	gg
foo	bar	baz	gg	gg	dd

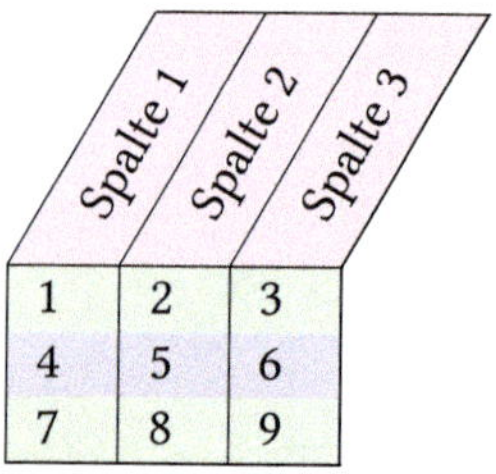


```
\usepackage[table]{pstricks}%  lualatex
\usepackage{pst-3d,pst-node}

\begin{tabular}{l}
\pstilt{60}{\begin{tabular}{|p{1em}|p{1em}|p{1em}|}\hline
  \rowcolor{magenta!10}\psrotateleft{\rnode{col1}{\hspace{2cm}}} &
  \psrotateleft{\rnode{col2}{\hspace{2cm}}} &
  \psrotateleft{\rnode{col3}{\hspace{2cm}}}
 \end{tabular}}% Ende Kopf
\rput[t]{60}(col1){Spalte 1}\rput[t]{60}(col2){Spalte 2}%
\rput[t]{60}(col3){Spalte 3}\\%
 \begin{tabular}{|p{1em}|p{1em}|p{1em}|}\hline
  \rowcolor{green!10} 1 & 2 & 3 \\\rowcolor{blue!10}  4 & 5 & 6 \\
  \rowcolor{green!10} 7 & 8 & 9 \\\hline
 \end{tabular}
\end{tabular}
```

```
\usepackage{pstricks} % lualatex

\setlength\tabcolsep{2mm}\psset{xunit=12mm, yunit=\baselineskip}%
\pspolygon[linecolor=red,linewidth=2pt]
  (0,-3.3)(0,2.7)(2,2.7)(2,1.7)(4,1.7)(4,0.7)(6,0.7)(6,-1.3)(7,-1.3)
  (7,-2.3)(5,-2.3)(5,-3.3)(4,-3.3)(4,-2.3)(3,-2.3)(3,-3.3)
\begin{tabular}{*{8}{p{8mm}}}
H  &    &    &    &    &    &    & He\\  Li & Be & B  & C  & N  & O  & F  & Ne\\
Na & Mg & Al & Si & P  & S  & Cl & Ar\\  K  & Ca & Ga & Ge & As & Se & Br & Kr\\
Rb & Sr & In & Sn & Sb & Te & I  & Xe\\  Cs & Ba & Tl & Pb & Bi & Po & At & Rn\\
Fr & Ra & 112&    & 114&    &    &\\
\end{tabular}
```

H							He
Li	Be	B	C	N	O	F	Ne
Na	Mg	Al	Si	P	S	Cl	Ar
K	Ca	Ga	Ge	As	Se	Br	Kr
Rb	Sr	In	Sn	Sb	Te	I	Xe
Cs	Ba	Tl	Pb	Bi	Po	At	Rn
Fr	Ra	112		114			

```
\usepackage{pstricks} % lualatex

\setlength\tabcolsep{2mm}\psset{xunit=12mm, yunit=\baselineskip}%
\pspolygon[fillcolor=lightgray,fillstyle=solid,linestyle=none](0,-3.3)(0,2.7)(2,2.7)
  (2,1.7)(4,1.7)(4,0.7)(6,0.7)(6,-1.3)(7,-1.3)(7,-2.3)(5,-2.3)(5,-3.3)(4,-3.3)
```

```
  (4,-2.3)(3,-2.3)(3,-3.3)
\begin{tabular}{*{8}{p{8mm}}}
H  &    &    &    &    &    &    & He\\  Li & Be & B  & C  & N  & O  & F  & Ne\\
Na & Mg & Al & Si & P  & S  & Cl & Ar\\  K  & Ca & Ga & Ge & As & Se & Br & Kr\\
Rb & Sr & In & Sn & Sb & Te & I  & Xe\\  Cs & Ba & Tl & Pb & Bi & Po & At & Rn\\
Fr & Ra & 112&    & 114&    &    &\\
\end{tabular}
```

H							He
Li	Be	B	C	N	O	F	Ne
Na	Mg	Al	Si	P	S	Cl	Ar
K	Ca	Ga	Ge	As	Se	Br	Kr
Rb	Sr	In	Sn	Sb	Te	I	Xe
Cs	Ba	Tl	Pb	Bi	Po	At	Rn
Fr	Ra	112		114			

```
\usepackage{pst-node}  % lualatex

\setlength\tabcolsep{2mm}
\begin{tabular}{*{8}{p{4mm}}}
  H  &    &    &    &    &\rnode{A}{~~}&& He\\  Li & Be & B  & C  & N  & O  & F  & Ne\\
  Na & Mg & Al & Si & P  & S  & Cl & Ar\\
  \rnode{B}{K}& Ca & Ga & Ge & As & Se & Br & \rnode{b}{Kr}\\
  Rb & Sr & In & Sn & Sb & Te & I  & Xe\\  Cs & Ba & Tl & Pb & Bi & Po & At & Rn\\
  Fr & Ra & 112&    & 114 & \rnode{a}{~~} &&
\end{tabular}
\psset{linecolor=red,linewidth=1.5pt,nodesep=-1em}\pcline(A)(a)\pcline(B)(b)
```

H							He
Li	Be	B	C	N	O	F	Ne
Na	Mg	Al	Si	P	S	Cl	Ar
K	Ca	Ga	Ge	As	Se	Br	Kr
Rb	Sr	In	Sn	Sb	Te	I	Xe
Cs	Ba	Tl	Pb	Bi	Po	At	Rn
Fr	Ra	112		114			

texte texte	texte texte	texte texte

```
\usepackage{array}

\parbox[0cm][0.5ex][s]{0mm}{\makebox[42mm]{\dotfill}}%
\begin{tabular}{|b{9mm}|m{9mm}|p{9mm}|}\hline
texte texte & texte texte & texte texte \\\hline
\end{tabular}
```

```
\usepackage{dcolumn,booktabs,ragged2e}
\newcolumntype{d}[1]{D{.}{,}{#1}} \newcolumntype{P}[1]{>{\scriptsize\Centering\hspace{0pt}}p{#1}}

\begin{tabular}{@{} l *{3}{d{7.0}} @{}}\toprule
\scriptsize Ort & \multicolumn{1}{P{6em}@{}}{Gesamtzahl der Orts"~~und Ferngespräche}
 & \multicolumn{1}{P{6em}@{}}{Ortsgespräche in öffentlichen Fernsprechstellen}
 & \multicolumn{1}{P{6em}@{}}{Ferngespräche im Selbstwählfernverkehr} \\%
      \cmidrule(r){1-1}\cmidrule(lr){2-2}\cmidrule(lr){3-3}\cmidrule(l){4-4}
München &  723849 & 436322 & 287527 \\ Ludwigshafen & 957365 & 593146 & 364219 \\
Hamburg & 1242212 &1115321 &1326861 \\ Wiesbaden    &1641050 & 942316 & 698734 \\
Berlin  & 1351204 & 651223 & 442747 \\ Düsseldorf   &1274714 & 394613 & 915853 \\
\bottomrule
\end{tabular}
```

Ort	Gesamtzahl der Orts- und Ferngespräche	Ortsgespräche in öffentlichen Fernsprechstellen	Ferngespräche im Selbstwähl-fernverkehr
München	723849	436322	287527
Ludwigshafen	957365	593146	364219
Hamburg	1242212	1115321	1326861
Wiesbaden	1641050	942316	698734
Berlin	1351204	651223	442747
Düsseldorf	1274714	394613	915853

```
\usepackage{dcolumn,booktabs,tabularx}\let\addLS\addlinespace

\begin{tabularx}{0.85\linewidth}{@{} X l c D{.}{,}{2.2} @{}}\toprule
\small Schmelzeinsätze & \small Schalter & \small kg & \multicolumn{1}{c@{}}{\euro}\\
   \cmidrule(r){1-1}\cmidrule(lr){2-2}\cmidrule(lr){3-3}\cmidrule(l){4-4}\addLS
Pilzdruckknopf mit Rastung und Drehentriegelung & rot& 54 & 13.$---$\\\addLS
Pilzdruckknopf mit Rastung und Schloss     & rot     & 32 & 21.60\\\addLS
Schlüsselantrieb mit abziehbarem Schlüssel & schwarz & 43 & 15.10\\\addLS
Knebel mit 3~Schaltstellungen              & schwarz & 23 &  5.40\\\addLS\bottomrule
\end{tabularx}
```

Schmelzeinsätze	Schalter	kg	€
Pilzdruckknopf mit Rastung und Drehentriegelung	rot	54	13,–
Pilzdruckknopf mit Rastung und Schloss	rot	32	21,60
Schlüsselantrieb mit abziehbarem Schlüssel	schwarz	43	15,10
Knebel mit 3 Schaltstellungen	schwarz	23	5,40

```
\usepackage{dcolumn,booktabs,ragged2e} \newcolumntype{d}[1]{D{.}{,}{#1}}
\newcolumntype{P}[1]{>{\RaggedRight\hspace{0pt}}p{#1}}

\begin{tabular}{@{} P{12.5em} l c d{2.2} @{}}\toprule
\small Schmelzeinsätze & \small Schalter & \small kg & \multicolumn{1}{c}{\euro} \\
  \cmidrule(r){1-1}\cmidrule(lr){2-2}\cmidrule(lr){3-3}\cmidrule(l){4-4}
Pilzdruckknopf mit Rastung und Drehentriegelung & rot  & 54 & 13.$---$ \\
  \cmidrule(r){1-1}\cmidrule(lr){2-2}\cmidrule(lr){3-3}\cmidrule(l){4-4}
Pilzdruckknopf mit Rastung und Schloss         & rot     & 32 & 21.60 \\
  \cmidrule(r){1-1}\cmidrule(lr){2-2}\cmidrule(lr){3-3}\cmidrule(l){4-4}
Schlüsselantrieb mit abziehbarem Schlüssel     & schwarz & 43 & 15.10 \\
  \cmidrule(r){1-1}\cmidrule(lr){2-2}\cmidrule(lr){3-3}\cmidrule(l){4-4}
Knebel mit 3~Schaltstellungen                  & schwarz & 23 &  5.40 \\\bottomrule
\end{tabular}
```

Schmelzeinsätze	Schalter	kg	€
Pilzdruckknopf mit Rastung und Drehentriegelung	rot	54	13,–
Pilzdruckknopf mit Rastung und Schloss	rot	32	21,60
Schlüsselantrieb mit abziehbarem Schlüssel	schwarz	43	15,10
Knebel mit 3 Schaltstellungen	schwarz	23	5,40

Monat	Frauen		Männer	
	1967	1968	1967	1968
September	2000	1700	2300	1900
Oktober	1500	1800	1900	3000
November	2500	2800	4700	3200
Dezember	2300	2000	3600	2700

```
\usepackage{array,booktabs}
\newcolumntype{C}{>{\small}c}

\begin{tabular}{@{}l *{4}{c} @{}}\toprule
\small Monat & \multicolumn{2}{C}{Frauen}
   & \multicolumn{2}{C@{}}{Männer}\\
    \cmidrule(lr){2-3}\cmidrule(l){4-5}
  & \small 1967 & \small 1968 & \small 1967
  & \small 1968\\\cmidrule(r){1-1}
     \cmidrule(lr){2-2}\cmidrule(lr){3-3}%
     \cmidrule(lr){4-4}\cmidrule(l){5-5}
September& 2000 & 1700 & 2300 & 1900\\
Oktober  & 1500 & 1800 & 1900 & 3000\\
November & 2500 & 2800 & 4700 & 3200\\
Dezember & 2300 & 2000 & 3600 & 2700\\\bottomrule
\end{tabular}
```

```
\usepackage{array,booktabs,multirow,ragged2e,eurosym}
\renewcommand\multirowsetup{\RaggedRight\footnotesize}
\newcolumntype{N}{>{\footnotesize}l} \newcolumntype{C}{>{\footnotesize}c}
\newcommand\mc[3]{\multicolumn{#1}{#2}{#3}}

\begin{tabular}{@{} *{5}{l} @{}}\toprule
 & & \mc{2}{N}{Ohne Sicherungen} & \multirow{3}{7em}{%
   Höchstzulässiger Erdungswider\-stand bei Berüh\-rungsspannung}\\\cmidrule(lr){3-4}
\mc{1}{C}{Reihe} & \mc{1}{C}{Spannung} & \mc{1}{C}{Type} & \mc{1}{C}{Preis} \\
 & \mc{1}{C}{V} & & \mc{1}{C}{\euro} \\\cmidrule(r){1-1}\cmidrule(lr){2-2}
    \cmidrule(lr){3-3}\cmidrule(lr){4-4}\cmidrule(l){5-5}
\ldots \\\bottomrule
\end{tabular}
```

		Ohne Sicherungen		Höchstzulässiger Erdungswider-stand bei Berüh-rungsspannung
Reihe	Spannung V	Type	Preis €	
...				

```
\usepackage{array,booktabs,ragged2e,rotating,eurosym}
\newcolumntype{N}{>{\small}l}   \newcommand\mc[1]{\multicolumn{1}{R{4.5em}}{#1}}
\newcolumntype{R}[1]{>{\begin{turn}{90}\begin{minipage}{#1}
  \footnotesize\RaggedRight\hspace{0pt}} l <{\end{minipage}\end{turn}}}

\begin{tabular}{@{} *{8}{l} @{}}\toprule
\small Typ&\multicolumn{6}{N}{Anlagen mit Freileitungen}&\small Preis\\\cmidrule(lr){2-7}
 & \mc{Betriebsspannung~kV} & \mc{Löschspannung~kV} & \mc{Wechselspannung~kV}
 & \mc{Ansprechspannung~kV} & \mc{Restspannung kV} & \mc{Nettogewicht~ kg}
 & \multicolumn{1}{c}{\small\euro}\\\cmidrule(r){1-1}\cmidrule(lr){2-2}\cmidrule(lr){3-3}
\cmidrule(lr){4-4}\cmidrule(lr){5-5}\cmidrule(lr){6-6}\cmidrule(lr){7-7}\cmidrule(l){8-8}
\ldots \\\bottomrule
\end{tabular}
```

Typ	Anlagen mit Freileitungen						Preis
	Betriebs-spannung kV	Löschspan-nung kV	Wechsel-spannung kV	Ansprech-spannung kV	Restspan-nung kV	Nettoge-wicht kg	€
...							

```
\usepackage{array,booktabs,dcolumn,ragged2e,rotating}
\newcolumntype{N}{>{\footnotesize}l}
```

```
\newcolumntype{P}[1]{>{\footnotesize\RaggedRight\hspace{0pt}}p{#1}}
\newcolumntype{d}[1]{D{.}{,}{#1}}
\newcommand\mc[2]{\multicolumn{1}{#1}{#2}}
\newcolumntype{R}[1]{>{\begin{turn}{90}\begin{minipage}{#1}
  \footnotesize\RaggedRight\hspace{0pt}} l <{\end{minipage}\end{turn}}}%

\begin{tabular}{@{} l d{1.1} *{3}{d{1.2}} d{1.1} d{3.2} @{}}\toprule
&\multicolumn{5}{N}{Spannungsschutz für Netze}\\
&\multicolumn{5}{N}{Leiterspannung an der Einbaustelle}\\\cmidrule(lr){2-6}
&\multicolumn{2}{P{6em}}{Nicht geerdeter Sternpunkt}
&\multicolumn{2}{P{6em}}{Starr geerdeter Sternpunkt}\\\cmidrule(lr){2-3}\cmidrule(lr){4-5}
\mc{@{}N}{Typen-}  & \mc{R{4.5em}}{Normale Leiterspannung}
&\mc{R{4.5em}}{Zulässiger Bereich} & \mc{R{4.5em}}{Normale Leiterspannung}
&\mc{R{4.5em}}{Zulässiger Bereich} & \mc{R{4.5em}}{Nennspannung} &\mc{N}{Preis}\\[-2pt]
\mc{@{}N}{bezeichnung} & \mc{N}{kV} & \mc{N}{kV} & \mc{N}{kV} & \mc{N}{kV}
&\mc{N}{kV} & \mc{N}{\euro}\\\cmidrule(r){1-1}\cmidrule(lr){2-2}\cmidrule(lr){3-3}
  \cmidrule(lr){4-4}\cmidrule(lr){5-5}\cmidrule(lr){6-6}\cmidrule(l){7-7}
H 484--1    & 1    & 1.15 & 1.25 & 1.45 & 1    & 220.$---$ \\  \ldots\\
H 484--3    & 3.5 & 3.5  & 3.8  & 4.3  & 3    & 264.$---$ \\\bottomrule
\end{tabular}
```

	Spannungsschutz für Netze Leiterspannung an der Einbaustelle Nicht geerdeter Sternpunkt		Starr geerdeter Sternpunkt			
Typen-bezeichnung	Normale Leiterspannung kV	Zulässiger Bereich kV	Normale Leiterspannung kV	Zulässiger Bereich kV	Nennspannung kV	Preis €
H 484–1	1	1,15	1,25	1,45	1	220,–
...						
H 484–3	3,5	3,5	3,8	4,3	3	264,–

```
\usepackage{booktabs,dcolumn,ragged2e}
\newcolumntype{N}{>{\footnotesize}l}
\newcolumntype{P}[1]{>{\footnotesize\RaggedRight\hspace{0pt}}p{#1}}
\newcolumntype{d}[1]{D{.}{,}{#1}}
\newcommand\mc[2]{\multicolumn{1}{#1}{#2}}

\begin{tabular}{@{}l *{6}{d{3.0}} @{}}\toprule
\mc{@{}N}{Zeit} & \multicolumn{2}{N}{Material von Drischel}
  & \multicolumn{2}{N}{Material von Bauer} & \multicolumn{2}{N@{}}{Eigenes Material}\\
    \cmidrule(lr){2-3}\cmidrule(lr){4-5}\cmidrule(l){6-7}
  & \mc{P{3.5em}}{Häufigster Wert} & \mc{P{3.5em}}{Extremwert}
  & \mc{P{3.5em}}{Häufigster Wert} & \mc{P{3.5em}}{Extremwert}
  & \mc{P{3.5em}}{Häufigster Wert} & \mc{P{3.5em}@{}}{Extremwert}\\
    \cmidrule(r){1-1}\cmidrule(lr){2-2}\cmidrule(lr){3-3}\cmidrule(lr){4-4}%
    \cmidrule(lr){5-5}\cmidrule(lr){6-6}\cmidrule(l){7-7}\addlinespace
Latenzzeit    & 220 & 330 & 245 & 325 & 235 & 320 \\
              &     & 150 &     & 155 &     & 160 \\\addlinespace
Halbwertszeit & 210 & 380 & 145 & 535 & 180 & 320 \\
des Anstiegs  &     &  90 &     &  95 &     &  70 \\\addlinespace
Gipfelzeit    & 485 & 700 & 375 & 535 & 420 & 600 \\
              &     & 260 &     & 315 &     & 290 \\\addlinespace
Halbwertszeit & 855 & 870 & 665 & 945 & 775 & 820 \\
des Abstiegs  &     & 590 &     & 575 &     & 490 \\\addlinespace\bottomrule
\end{tabular}
```

Zeit	Material von Drischel		Material von Bauer		Eigenes Material	
	Häufigster Wert	Extremwert	Häufigster Wert	Extremwert	Häufigster Wert	Extremwert
Latenzzeit	220	330 150	245	325 155	235	320 160
Halbwertszeit des Anstiegs	210	380 90	145	535 95	180	320 70
Gipfelzeit	485	700 260	375	535 315	420	600 290
Halbwertszeit des Abstiegs	855	870 590	665	945 575	775	820 490

```
\usepackage{dcolumn,ragged2e,eurosym}
\newcolumntype{N}{>{\footnotesize}l}
\newcolumntype{P}[1]{>{\footnotesize\RaggedRight}p{#1}}
\newcolumntype{d}[1]{D{.}{,}{#1}}
\newcommand\mc[2]{\multicolumn{1}{#1}{#2}}

\begin{tabular}{@{}l *{2}{d{3.0}d{2.2}} @{}}\toprule
\mc{@{}N}{Gegenstand} & \multicolumn{2}{N}{Vierleitersystem}
  & \multicolumn{2}{N@{}}{Fünf"|leitersystem}\\\cmidrule(lr){2-3}\cmidrule(l){4-5}
  & \mc{N}{Bestell-} & \mc{N}{Preis} & \mc{N}{Bestell} & \mc{N@{}}{Preis} \\[-2pt]
  & \mc{N}{Nr.} & \mc{P{2em}}{\euro} & \mc{N}{Nr.} & \mc{P{2.5em}@{}}{\euro}\\
 \cmidrule(r){1-1}\cmidrule(lr){2-2}\cmidrule(lr){3-3}\cmidrule(lr){4-4}
 \cmidrule(l){5-5}
Schienenkasten          & 103 & 70.$---$ & 107 & 83.$---$ \\
Schiene für Hauptleiter & 104 & 9.50     & 108 & 9.50     \\
Verbindungsklemme       & 105 & 1.25     & 109 & 1.25     \\
Schienenkastenöffnung   & 106 & 1.55     & 110 & 1.55     \\\bottomrule
\end{tabular}
```

Gegenstand	Vierleitersystem		Fünfleitersystem	
	Bestell-Nr.	Preis €	Bestell Nr.	Preis €
Schienenkasten	103	70,–	107	83,–
Schiene für Hauptleiter	104	9,50	108	9,50
Verbindungsklemme	105	1,25	109	1,25
Schienenkastenöffnung	106	1,55	110	1,55

```
\usepackage{booktabs,dcolumn,ragged2e}
\newcolumntype{N}{>{\footnotesize}l}
\newcolumntype{P}[1]{>{\footnotesize\RaggedRight\hspace{0pt}}p{#1}}
\newcolumntype{d}[1]{D{.}{,}{#1}}
\newcommand\mc[2]{\multicolumn{1}{#1}{#2}}

\begin{tabular}{@{}lld{2.0}@{$\!$--}d{2.0}d{3.0}ld{1.0}@{$\!$--}d{2.0}d{3.0}l@{}}\toprule
  & \multicolumn{8}{N}{Zum Umsetzen} & \\\cmidrule(lr){2-9}
  & \multicolumn{4}{N}{von Frequenzen im} & \multicolumn{4}{N}{auf Frequenzen im} \\
      \cmidrule(lr){2-5}\cmidrule(lr){6-9}
\mc{@{}N}{Type} & \mc{P{3em}}{Fernsehbereich} & \multicolumn{2}{N}{Kanal} & \mc{N}{MHz}
  & \mc{P{3em}}{Fernsehbereich} & \multicolumn{2}{N}{Kanal} & \mc{N}{MHz}
  & \mc{P{2em}@{}}{Bauform}\\
```

```
    \cmidrule(r){1-1}\cmidrule(lr){2-2}\cmidrule(lr){3-4}\cmidrule(lr){5-5}
    \cmidrule(lr){6-6}\cmidrule(lr){7-8}\cmidrule(lr){9-9}\cmidrule(l){10-10}
SAFE 381 WK & F I   &  2 &  4 & 174 & F III & 5 & 12 & 174 & DO \\
SAFE 382 WK & F II  &  5 & 12 &  68 & F I   & 2 &  4 &  47 & DO \\
SAFE 383 WK & F III & 21 & 38 & 174 & F III & 5 & 12 & 174 & ES \\
SAFE 384 WK & F IV  & 42 & 48 &  47 & F III & 5 & 12 & 174 & ET \\\bottomrule
\end{tabular}
```

Type	Zum Umsetzen von Frequenzen im Fernseh-bereich	Kanal	MHz	auf Frequenzen im Fernseh-bereich	Kanal	MHz	Bau-form
SAFE 381 WK	F I	2– 4	174	F III	5–12	174	DO
SAFE 382 WK	F II	5–12	68	F I	2– 4	47	DO
SAFE 383 WK	F III	21–38	174	F III	5–12	174	ES
SAFE 384 WK	F IV	42–48	47	F III	5–12	174	ET

```
\usepackage{dcolumn,booktabs,ragged2e,rotating,eurosym}
\newcolumntype{C}{>{\footnotesize}c}
\newcolumntype{N}{>{\footnotesize}l}
\newcolumntype{P}[1]{>{\footnotesize\RaggedRight\hspace{0pt}}p{#1}}
\newcolumntype{d}[1]{D{.}{,}{#1}}
\newcommand\mc[2]{\multicolumn{1}{#1}{#2}}
\newcommand\Rotate[1]{\begin{turn}{90}\rlap{#1}\end{turn}}

\begin{tabular}{@{}d{1.0}*{3}{d{3.0}}d{2.0}d{3.0}d{2.2}@{}}\toprule
  & \multicolumn{4}{N}{Leistungsaufnahme} & & \\\cmidrule(lr){2-5}
  & \multicolumn{2}{P{7em}}{kurzzeitig beim Ein"~~und Umschalten}
  & \multicolumn{2}{P{7em}}{nach dem Umschalten in die Dreieckstufe}
  & \mc{C}{\raisebox{-4em}{\Rotate{Spannung}}}
  & \mc{C@{}}{\raisebox{-4em}{\Rotate{Mehrpreis für}}
    \raisebox{-4em}{\Rotate{abweichende}} \raisebox{-4em}{\Rotate{Spannung}}}\\
    \cmidrule(lr){2-3}\cmidrule(lr){4-5}
\mc{@{}C}{\Rotate{Schaltergröße}}
  & \mc{C}{VA}&\mc{C}{W}&\mc{C}{VA}&\mc{C}{W}&\mc{C}{VA}
  & \mc{C}{\euro}\\\cmidrule(r){1-1}\cmidrule(lr){2-2}\cmidrule(lr){3-3}
                 \cmidrule(lr){4-4}\cmidrule(lr){5-5}\cmidrule(lr){6-6}
                 \cmidrule(l){7-7}
1& 120& 100& 16&  6&  24& 12.$---$\\ 2& 150& 100&  36& 12& 110& 15.$---$\\
4& 342& 210& 60& 18& 220& 19.$---$\\ 6& 733& 320& 100& 36& 220& 29.$---$\\\bottomrule
\end{tabular}
```

Schaltergröße	Leistungsaufnahme kurzzeitig beim Ein- und Umschalten VA	W	nach dem Umschalten in die Dreieckstufe VA	W	Spannung VA	Mehrpreis für abweichende Spannung €
1	120	100	16	6	24	12,—
2	150	100	36	12	110	15,—
4	342	210	60	18	220	19,—
6	733	320	100	36	220	29,—

```
\usepackage{dcolumn,booktabs,multirow,ragged2e}
\renewcommand\multirowsetup{\RaggedRight\footnotesize}
\newcolumntype{m}{>{$}l<{$}}
\newcolumntype{N}{>{\footnotesize}l}
\newcolumntype{d}[1]{D{.}{,}{#1}}
\newcommand\mc[2]{\multicolumn{1}{#1}{#2}}

\begin{tabular}{@{} *{3}{d{3.0}} d{2.0} *{3}{m} l@{}}\toprule
\multicolumn{3}{@{}N}{Listen-Nummer} & \mc{N}{Nennstrom} & \mc{N}{Polzahl}
  & \multicolumn{2}{N}{Anschluss bis mm$^2$} & \multirow{3}{3.5em}{Pg für Abgang oben}\\
    \cmidrule(r){1-3}\cmidrule(lr){6-7}
\mc{@{}N}{mit Bügel-} & \mc{N}{mit Mantel-} & \mc{N}{mit Block-}
  & & & \mc{N}{unten} & \mc{N}{oben} \\[-3pt]
\mc{@{}N}{klemme} & \mc{N}{klemme} & \mc{N}{klemme} & A & & & \\
  \cmidrule(r){1-1}\cmidrule(lr){2-2}\cmidrule(lr){3-3}\cmidrule(lr){4-4}%
  \cmidrule(lr){5-5}\cmidrule(lr){6-6}\cmidrule(lr){7-7}\cmidrule(l){8-8}\addlinespace
406 & 416 & 426 & 25 & 3+\mathrm{Mp}& 4\times16& 4\times16& Pg 21\\
407 & 417 & 427 &    &              &           &           & Pg 29\\\addlinespace
408 & 418 & 428 & 60 & 3+\mathrm{Mp}& 4\times35& 4\times16& Pg 29\\
409 & 419 & 429 &    &              &           &           & Pg 36\\ \addlinespace
456 & 466 & 476 & 90 & 3+\mathrm{Mp}& 4\times70& 4\times70& Pg 36\\
457 & 467 & 477 &    &              &           &           & Pg 42\\\addlinespace
                                                          \bottomrule
\end{tabular}
```

Listen-Nummer			Nennstrom	Polzahl	Anschluss bis mm²		Pg für Abgang oben
mit Bügel-klemme	mit Mantel-klemme	mit Block-klemme	A		unten	oben	
406	416	426	25	$3 + \mathrm{Mp}$	4×16	4×16	Pg 21
407	417	427					Pg 29
408	418	428	60	$3 + \mathrm{Mp}$	4×35	4×16	Pg 29
409	419	429					Pg 36
456	466	476	90	$3 + \mathrm{Mp}$	4×70	4×70	Pg 36
457	467	477					Pg 42

```
\usepackage{dcolumn,booktabs,ragged2e,rotating}
\newcommand\Rotate[1]{\raisebox{-3ex}{\begin{turn}{90}\rlap{#1}\end{turn}}}
\newcolumntype{C}{>{\footnotesize}c}
\newcolumntype{N}{>{\footnotesize}l}
\newcolumntype{P}[1]{>{\footnotesize\RaggedRight\hspace{0pt}}p{#1}}
\newcommand\mc[2]{\multicolumn{1}{#1}{#2}}

\begin{tabular}{@{}l *{5}{r} c@{}}\toprule
\mc{@{}N}{Heilanstalten} & \multicolumn{6}{N}{Ärzte} \\\cmidrule(l){2-7}
  & \multicolumn{2}{N}{insgesamt} & \multicolumn{4}{N@{}}{davon}\\
    \cmidrule(lr){2-3}\cmidrule(l){4-7}
  & & & \multicolumn{3}{N@{}}{nachgeordnete Ärzte} \\\cmidrule(l){5-7}
  & & & & \multicolumn{2}{C}{davon}\\\cmidrule(l){6-7}
  & \mc{C}{\Rotate{zusammen}} & \mc{C}{\Rotate{davon weiblich}}
  & \mc{C}{\Rotate{leitende Ärzte}} &  \mc{C}{\Rotate{insgesamt}}
  & \mc{P{2em}@{}}{Ober"-ärzte} & \mc{P{3.5em}@{}}{Assistenz"-ärzte} \\
    \cmidrule(r){1-1}\cmidrule(lr){2-2}\cmidrule(lr){3-3}\cmidrule(lr){4-4}%
    \cmidrule(lr){5-5}\cmidrule(lr){6-6}\cmidrule(l){7-7}
Josefsstift, Bad Brückenau & 90 & 24 & 11 & 79 & 15 & 64 \\
Tannenheim, Schlüchtern    & 37 & 12 &  8 & 27 &  7 & 22 \\
Waldfrieden, Selters       & 24 &  8 &  2 & 22 &  6 & 22 \\
Habichtshöhe, Lauterbach   & 36 & 13 &  3 & 33 &  8 & 25 \\\bottomrule
\end{tabular}
```

Heilanstalten	Ärzte					
	insgesamt		davon			
				nachgeordnete Ärzte		
					davon	
	zusammen	davon weiblich	leitende Ärzte	insgesamt	Oberärzte	Assistenzärzte
Josefsstift, Bad Brückenau	90	24	11	79	15	64
Tannenheim, Schlüchtern	37	12	8	27	7	22
Waldfrieden, Selters	24	8	2	22	6	22
Habichtshöhe, Lauterbach	36	13	3	33	8	25

```
\usepackage{dcolumn,booktabs,ragged2e,rotating,nicefrac}
\newcolumntype{C}{>{\footnotesize}c}
\newcolumntype{N}{>{\footnotesize}l}
\makeatletter\newcolumntype{B}[1]{>{\boldmath\DC@{.}{,}{#1}} c <{\DC@end}}\makeatother
\newcolumntype{P}[1]{>{\footnotesize\RaggedRight\hspace{0pt}}p{#1}}
\newcolumntype{d}[1]{D{.}{,}{#1}}
\newcommand\mc[2]{\multicolumn{1}{#1}{#2}}

\begin{tabular}{@{} d{4.0} d{2.0} d{2.1} B{2} d{2.1} @{\,\,} l@{}}\toprule
\mc{@{}N}{Hubraum} & \mc{N}{Leistung}
  & \mc{P{4.5em}}{Beschleunigung 0\,\nicefrac{km}{h} bis 100\,\nicefrac{km}{h}}
  & \mc{>{\bfseries}P{4em}}{Höchstgeschwindigkeit}
  & \multicolumn{2}{P{4em}@{}}{Kraftstoffverbrauch auf 100\,km}\\
\mc{@{}C}{cm$^3$} & \mc{C}{kW} & \mc{C}{s} & \mc{>{\bfseries}C}{\nicefrac{km}{h}}
  & \multicolumn{2}{C@{}}{l}\\\cmidrule(r){1-1}\cmidrule(lr){2-2}\cmidrule(lr){3-3}
                               \cmidrule(lr){4-4}\cmidrule(l){5-6}
1288 & 37 & 22.7 & 133 & 8.6        \\ 1488 & 44 & 18.8 & 140 & 8.7 \\
1688 & 55 & 13.7 & 155 & 9.4  & Super\\ 1985 & 66 & 11.7 & 165 & 9.9  & Super \\
2274 & 80 &  9.8 & 178 & 10.1 & Super\\\bottomrule
\end{tabular}
```

Hubraum	Leistung	Beschleunigung 0 $\nicefrac{km}{h}$ bis 100 $\nicefrac{km}{h}$	**Höchstgeschwindigkeit**	Kraftstoffverbrauch auf 100 km
cm³	kW	s	**km/h**	l
1288	37	22,7	**133**	8,6
1488	44	18,8	**140**	8,7
1688	55	13,7	**155**	9,4 Super
1985	66	11,7	**165**	9,9 Super
2274	80	9,8	**178**	10,1 Super

Erste Spalte	Zweite Spalte
Zweite Zeile	Weiterer Text
Dritte Zeile	Unten Links

```
\begin{tabular}{ll}
 Erste Spalte & Zweite Spalte\\
 Zweite Zeile & Weiterer Text
 \\[-6pt]\hline\noalign{\vspace{1ex}}
 Dritte Zeile & Unten Links
\end{tabular}
```

v_n / u_n	ℓ	$+\infty$	$-\infty$
ℓ'	$\ell+\ell'$	$+\infty$	$-\infty$
$+\infty$	$+\infty$	$+\infty$	F.I.
$-\infty$	$-\infty$	F.I.	$-\infty$

```
\usepackage{array,diagbox,ragged2e}

\renewcommand\arraystretch{1.6}
\begin{tabular}{|*{4}{>{%
  \Centering$}m{11mm}<{$}|}}\hline
\multicolumn{1}{|c|}{%
  \diagbox[dir=SW]{$v_n$}{$u_n$}}
  & \ell&+\infty&-\infty\\\hline
\ell'  &\ell+\ell'&+\infty&-\infty\\\hline
+\infty&+\infty&+\infty&$F.I.$\\\hline
-\infty&-\infty&$F.I.$&-\infty\\\hline
\end{tabular}
```

2	Di		Seminar
3	Mi		
4	Do		
5	Fr		
6	Sa	Stammtisch	Wochenende
7	So		
8	Mo		
9	Di		

```
\usepackage{tabularx,longtable,amsmath}
\usepackage[table]{xcolor}
\newcommand*\RMarker{.}
\newcommand*\SeminarOn[1][Wochenende]{%
  \def\RMarker{\rbrace\text{#1}}}
\newcommand*\SeminarOff{\def\RMarker{.}}
\newcommand*\SA{\rowcolor{black!20}}
\newcommand*\SO{\rowcolor{black!30}}

\begin{longtable}{>{$\left.}l<{\right\RMarker$}}
\SeminarOn[Seminar]
\begin{tabularx}{.6\linewidth}{rlX}
2 & Di &\\ 3 & Mi &\\ 4 & Do &\\ 5 & Fr &\\
\end{tabularx} \\\SeminarOn
\begin{tabularx}{.6\linewidth}{rlX}
\SA 6 & Sa & Stammtisch \\ \SO 7 & So & \\
\end{tabularx} \\\SeminarOff
\begin{tabularx}{.55\linewidth}{rlX}
8 & Mo &\\  9 & Di &
\end{tabularx}
\end{longtable}
```

```
\usepackage{tabularx,hvlogos}  \usepackage[table]{xcolor}

\begin{tabularx}{\linewidth}{@{}>{\columncolor{black!20}} l >{\columncolor{black!10}}X @{}}
DANTE & »Die Deutschsprachige Anwendervereinigung \TeX\ \eV«, wurde am 14.\,April~1989 in Heidelberg
gegründet. Der Zweck des Vereins ist die Betreuung und Beratung von \TeX"=Benutzern im gesamten
deutschsprachigen Raum.
\end{tabularx}
```

DANTE	»Die Deutschsprachige Anwendervereinigung TEX e.V.«, wurde am 14. April 1989 in Heidelberg gegründet. Der Zweck des Vereins ist die Betreuung und Beratung von TEX-Benutzern im gesamten deutschsprachigen Raum.

Die beiden folgenden Abbildungen zeigen zwei Gleitumgebungen, die auf gegenüberliegenden Seiten erscheinen. Dabei wird durch eine entsprechende **\phantom**-Anweisung bei der rechten Teiltabelle erreicht, dass beide Tabellen auf der gleichen Höhe beginnen. Sie lassen sich praktisch auch jeweils zur Mitte hin verschieben, sodass der Zusammenhang der beiden Tabellen noch verstärkt wird. Grundsätzlich sollte man Anordnungen bevorzugen, wie sie in Abschnitt 4.1.5 auf Seite 168 gezeigt wurden. Aus reinen Platzgründen ist der Quellcode für dieses Beispiel nicht mit abgedruckt. Man findet ihn aber als **07-00-27.ltx2** auf **https://hvoss.org/Books/errata.html**.

Autor	Fläche	Airgap	Empfindl.	Frequenz	Rauschen	Materialien Membran, Elektrode	Quellen	Aufbauart
	mm^2	µm	mV/Pa	Hz-kHz	dBA SPL			
Schellin	1		0,3	–		Poly-Si, Poly-Si	[6,7,9]	1 Chip
van der Donk							[12]	1 Chip
Bernstein	0,57	2,2	10,77	-20	–	Nitrid, Gold	[13]	1 Chip
Chen	–	2	40	50–15	–	Poly-Si, Mono-Si	[17,18]	1 Chip
Dehé	∅1.2	1	3,2	100–10	30	Poly-Si, Epi-Poly	[19,10]	1 Chip
Hsu	2	4	–	200–10		Poly-Si, Mono-Si	[7]	1 Chip
Kronast	2	1,3	11	300–20	–	Nitrid+Alu, Mono-Si	[20,21,22]	1 Chip
Li	1	–	9,6	100–19	–	Poly-Si, Poly-Si	[1,24]	1 Chip
Pedersen	4,84	3,6	–	100–15	60	Gold, Polymid	[2,6]	1 Chip
Rombach	1	0,9	14	20–10	22,5	Poly-Si, Poly-Si	[17,18]	1 Chip
Kovács	0,25	1,5	–	–	–	Poly-Si, Poly-Si	[25,26]	1 Chip
Torkkeli	1	1,3	2	10–12	35	Poly-Si, Poly-Si	[26]	1 Chip
Bay	4	0,4	27				[26,27,28,30]	2 Chip
Füldner								2 Chip
Tajima	4	15	7	75–24	–	Oxid, Mono-Si	[29]	2 Chip
Kressmann	1	1	2,9	100–10	39	Oxid+Nitrid, Poly-Si	[11,12]	Elektret
Thielemann							[8]	Elektret
Hsieh	64	4,5	40	100–10	60	Nitrid, Nitrid	[1,2,4]	Elektret
Murphy	–	–	8	100–15	–	Al + Nitrid, Mono-Si	[3]	Elektret
Zou	1	2,6	14,2	9–16	–	Poly-Si , Mono-Si	[7]	Elektret

Tabelle 1: Eine automatische Zeilenzählung innerhalb einer Tabelle

No. Tier
1 Gelse
2 Gemse
3 Stinktier
4 Ameisenbär
5 Gürteltier

Siehe Tabellenzeile 2 oder auch alternativ Tabellenzeile 5 in der Tabelle 1 auf Seite 1.

```
\usepackage{array}
\newcounter{tabline}
\newcolumntype{n}{>{%
  \refstepcounter{tabline}\thetabline\enspace}l}

\begin{table}
\centering
\caption{Eine automatische Zeilenzählung
  innerhalb einer Tabelle}\label{BAZ}
\begin{tabular}{n}\hline
  \multicolumn{1}{l}{\emph{No. Tier}} \\\hline
  Gelse                               \\
  Gemse \label{FOO}                   \\
  Stinktier                           \\
  Ameisenbär                          \\
  Gürteltier \label{BAR}              \\\hline
\end{tabular}
\end{table}

\medskip
Siehe Tabellenzeile~\ref{FOO} oder auch alternativ
Tabellenzeile~\ref{BAR} in der Tabelle~\ref{BAZ}
auf Seite~\pageref{BAR}.
```

```
\usepackage{array,booktabs,ragged2e}
\def\xstrut{\rule{0pt}{3ex}}
\newcolumntype{P}[1]{>{\RaggedRight}p{#1}}

\begin{tabular}{@{}ccc@{\qquad}rrrr@{}}\toprule
\multicolumn{1}{@{}P{1.25cm}}{Tipo de avi\'on}
 & \multicolumn{1}{P{1.75cm}}{Capacidad (pasajeros)}
 & \multicolumn{1}{P{1.75cm}}{N\'umero de aviones}
 & \multicolumn{4}{@{}p{4cm}@{}}{%
          \xstrut N\'umero de viajes diarios en la ruta}\\\cmidrule{4-7}
\xstrut &     &    & 1  & 2 & 3 & 4 \\\midrule
   1    & 50  & 5  & 3  & 2 & 2 & 1 \\
   2    & 30  & 8  & 4  & 3 & 3 & 2 \\
   3    & 20  & 10 & 5  & 5 & 4 & 2 \\ \midrule
   4    & 10  & 18 & 3  & 1 & -- & 1 \\
   5    & 5   & 8  & 2  & 1 & -- & 6 \\
   6    & 1   & 80 & 6  & 5 & 12 & 4 \\\midrule
\multicolumn{3}{@{}l}{N\'umero de clientes diarios}
   & 1000 & 2000 & 900 & 1200 \\\bottomrule
\end{tabular}
```

Tipo de avión	Capacidad (pasajeros)	Número de aviones	Número de viajes diarios en la ruta			
			1	2	3	4
1	50	5	3	2	2	1
2	30	8	4	3	3	2
3	20	10	5	5	4	2
4	10	18	3	1	–	1
5	5	8	2	1	–	6
6	1	80	6	5	12	4
Número de clientes diarios			1000	2000	900	1200

Das folgende Beispiel erlaubt das automatische Addieren von Spalten mit Angabe einer Zwischensumme. Die Berechnung der Summe erfolgt auf der Ebene von Lua, sodass ein Übersetzungslauf mit lualatex zwingend ist.

```
\usepackage{array,booktabs,supertabular,luacode}
\begin{luacode}
Zwischensumme = 0.0
function resetSumme()  -- falls mehrere Rechnungen erstellt werden.
  Zwischensumme = 0.0
end
function normiereWert(w)   -- string in Punktnotation
  w_int,w_frac = w:match"([^.]*).(.*)"  -- am Punkt zerlegen
  if w_frac:len() == 0 then
    w_frac = "00"
  elseif w_frac:len() == 1 then
    w_frac = w_frac .. "0"
  end
  return tostring(w_int)..","..w_frac -- wieder mit Komma ausgeben
end
function addiereBetrag(s) -- s ist ein String!
  s2 = s:gsub(",",".")  -- Komma zu Punkt ändern
  Zwischensumme = Zwischensumme + tonumber(s2)
  tex.print(normiereWert(s2))
end
function printZwischensumme()
  tex.print(normiereWert(tostring(Zwischensumme)))
end
\end{luacode}
\def\Wert#1{\directlua{addiereBetrag('#1')}}
\def\resetSumme{\directlua{resetSumme()}}
\def\Zwischensumme{\directlua{printZwischensumme()}}

\resetSumme
\tablefirsthead{\toprule\multicolumn{2}{c}{Rechnung vom \today}\\\midrule}
\tablehead{\emph{Zwischensumme:} & \Zwischensumme\\\midrule}
\tabletail{\midrule\emph{Zwischensumme:} & \Zwischensumme\\\midrule}
\tablelasttail{\midrule\textbf{Endsumme:} & \textbf{\Zwischensumme€}\,\\\bottomrule}

\begin{supertabular}{p{0.7\linewidth}r}
  Ein beliebiger einleitender Text zu Beginn der Spalte \ldots.
    & \Wert{1,00} \\ b & \Wert{2,1}  \\ c & \Wert{3,4}  \\ d & \Wert{4,5} \\ e & \Wert{5,6}  \\
  f & \Wert{6,7}  \\ g & \Wert{7,8}  \\ h & \Wert{8,9}  \\ c & \Wert{3,4} \\ d & \Wert{4,5}  \\
  e & \Wert{5,6}  \\ d & \Wert{4,5}  \\ e & \Wert{5,6}  \\f & \Wert{6,7}  \\ g & \Wert{7,8}  \\
  h & \Wert{8,9}  \\c & \Wert{3,4}  \\ d & \Wert{4,5}  \\ e & \Wert{5,6}  \\ f & \Wert{6,7}  \\
  g & \Wert{7,8}  \\ i & \Wert{9,42} \\j & \Wert{10,88}\\ k & \Wert{15,76}\\
\end{supertabular}
```

Rechnung vom 3. Dezember 2022	
Ein beliebiger einleitender Text zu Beginn der Spalte	1,00
b	2,10
c	3,40
d	4,50
e	5,60
f	6,70
g	7,80
Zwischensumme:	31,10

Zwischensumme:	31,10
h	8,90
c	3,40
d	4,50
e	5,60
d	4,50
e	5,60
f	6,70
g	7,80
h	8,90
c	3,40
Zwischensumme:	90,40

Zwischensumme:	90,40
d	4,50
e	5,60
f	6,70
g	7,80
i	9,42
j	10,88
k	15,76
Endsumme:	**151,06 €**

Es ist auch möglich, die Summenbildung automatisch erstellen zu lassen, indem der entsprechenden Spalte mit dem Paket **collcell** von Martin Scharrer ein Makro zugewiesen wird, beispielsweise das im obigen Beispiel angegebene **\Wert**. Zu beachten ist lediglich, dass alle Zellen der Wertespalte, die keine Zahlen enthalten, beispielsweise die Überschriften, mit **\multicolumn** gesondert festzulegen sind. Weiterhin kann man das Paket **siunitx** benutzen, um die normierte Ausgabe zu vereinfachen.

```
\usepackage{array,booktabs,supertabular,luacode,collcell,siunitx}
\addto\extrasenglish{\sisetup{locale=US}}  \addto\extrasngerman{\sisetup{locale=DE}}
\begin{luacode}
Zwischensumme = 0.0
function resetSumme()
  Zwischensumme = 0.0
end
function addiereBetrag(s) -- s ist ein String!
  s2 = s:gsub(",",".")
  Zwischensumme = Zwischensumme + tonumber(s2)
end
function printZwischensumme()
  tex.print(Zwischensumme)
end
\end{luacode}
\def\resetSumme{\directlua{resetSumme()}}
\def\Zwischensumme{\AMOUNT{\directlua{printZwischensumme()}}}
\newcommand*\AMOUNT[1]{\SI€{#1}{}}
\sisetup{round-mode = places, round-precision = 2}
\newcommand*\Amount[1]{\directlua{addiereBetrag('#1')}\SI€{#1}{}}
\newcolumntype{E}{>{\collectcell\Amount}r<{\endcollectcell}}
```

```
€€
\resetSumme
\tablefirsthead{\toprule\multicolumn{2}{c}{Rechnung vom \today}\\\midrule}
\tablehead{\emph{Zwischensumme:} & \multicolumn{1}{r}{\Zwischensumme}\\\midrule}
\tabletail{\midrule\emph{Zwischensumme:} & \multicolumn{1}{r}{\Zwischensumme}\\\midrule}
\tablelasttail{\midrule\textbf{Endsumme:} &
\multicolumn{1}{r}{\textbf{\Zwischensumme}}\\\bottomrule}
\begin{supertabular}{p{0.7\linewidth}E}
Ein beliebiger einleitender Text zu Beginn der Spalte \ldots. & 1,0012345 \\ b & 2,1 \\c & 3,4\\
d & 4,5\\ e & 5,6\\ f & 6,7\\ g & 7,8\\ h & 8,9\\ c & 3,4\\ d & 4,5\\ e & 5,6\\ d & 4,5\\ e & 5,6\\
f & 6,7\\ g & 7,8\\ h & 8,9\\ c & 3,4\\ d & 4,5\\ e & 5,6\\ f & 6,7\\ g & 7,8\\ i & 9,42\\ j & 10.88\\ k & 15,76
\end{supertabular}
```

Rechnung vom 3. Dezember 2022	
Ein beliebiger einleitender Text zu Beginn der Spalte ….	1,00 €
b	2,10 €
c	3,40 €
d	4,50 €
e	5,60 €
f	6,70 €
g	7,80 €
Zwischensumme:	31,10 €

Zwischensumme:	31,10 €
h	8,90 €
c	3,40 €
d	4,50 €
e	5,60 €
d	4,50 €
e	5,60 €
f	6,70 €
g	7,80 €
h	8,90 €
c	3,40 €
Zwischensumme:	90,40 €

Zwischensumme:	90,40 €
d	4,50 €
e	5,60 €
f	6,70 €
g	7,80 €
i	9,42 €
j	10,88 €
k	15,76 €
Endsumme:	151,06 €

```
\usepackage{array,booktabs,arydshln,eurosym,graphicx} \usepackage[table]{xcolor}
```

```
\resizebox{0.9\textwidth}{!}{\renewcommand\arraystretch{1.25}%
\begin{tabular}{@{}l c rr | rr@{}}\toprule
\textit{TEST 1} & & \multicolumn{2}{c}{1. Jahr} & \multicolumn{2}{c}{ab 2. Jahr}\\
\textit{TEST 2} & & Monat & Jahr & Monat & Jahr \\\midrule
```

```
\textit{Werkzeugkosten je Automat} && \textit{8.000} & \textit{96.000} & \textit{8.000} & \textit{96.000} \\
Anzahl Bestellungen für Werkzeuge & & 8 & 96 & 8 & 96 \\Prozesskosten pro Beschaffungsprozess &40 &&&&\\
Kosten für Stammdatenpflege & & 10 & 120 & 10 & 120 \\
\rowcolor[gray]{0.92}[\tabcolsep]Bestellkosten && 330 & 3.960 & 330 & 3.960 \\% \midrule
Durchschnittlicher Lagerwert (2 Monate)& & & 16.000 & & 16.000 \\\cline{3-6}
Gebundenes Kapital pro Jahr & 6\% & 80 & 960 & 80 & 960
\\Lagerabwertung vom Lagerwert pro Jahr & 5\% & 67 & 800 & 67 & 800 \\
\rowcolor[gray]{0.92}[\tabcolsep] Lagerkosten & & 147 & 1.760 & 147 & 1.760 \\
Personalkosten Werkzeugausgabe \euro/h & 30 &&&& \\
Einsparung Werkzeugausgabe pro Tag in h & 2 & 1.200 & 14.400 & 1.200 & 14.400 \\
Werkzeugschwund & 1\% & 80 & 960 & 80 & 960 \\
\textit{Stillstand aufgrund fehlendem Werkzeug}&\textit{0,03h/Tag}&\textit{53}&\textit{636}&\textit{53}&\textit{636}\\
Anzahl Maschinen & 5 & 265 & 3.180 & 265 & 3.180 \\Weniger Verbrauch durch Kontrolle & 5\% &400&4.800&400&4.800\\
Weniger Schwarzbestände im 1. Jahr    & 10\% & 800 & 9.600 &  &\\
\rowcolor[gray]{0.92}[\tabcolsep] Verbrauch- und Personalkosten & & 2.745 & 32.940 & 1.945 & 23.340 \\
\rowcolor[gray]{0.88}[\tabcolsep]Einsparungen                         & & 3.222 & 38.660 & 2.422 & 29.060 \\
\rowcolor[gray]{0.99}\multicolumn{4}{c|}{Abzüglich zusätzliche Kosten:}     \\
Miete           & & 200 & 2.400 & 200 & 2.400 \\Installation und Wartung& & 142 & 1.700 & 42  & 500   \\
Sonstige Kosten & & 83  & 1.000 & 83  & 1.000 \\
\rowcolor[gray]{0.88}[\tabcolsep]Tatsächliche Einsparungen&&2.797&33.560&2.097&25.160\\
 & & \multicolumn{2}{c|}{$\stackrel{\wedge}{=}35\%$} & \multicolumn{2}{c@{}}{$\stackrel{\wedge}{=} 26\%$}\\
    \cmidrule{3-6}\morecmidrules\cmidrule{3-6}
\end{tabular}}
```

TEST 1		1. Jahr		ab 2. Jahr	
TEST 2		Monat	Jahr	Monat	Jahr
Werkzeugkosten je Automat		*8.000*	*96.000*	*8.000*	*96.000*
Anzahl Bestellungen für Werkzeuge		8	96	8	96
Prozesskosten pro Beschaffungsprozess	40				
Kosten für Stammdatenpflege		10	120	10	120
Bestellkosten		330	3.960	330	3.960
Durchschnittlicher Lagerwert (2 Monate)			16.000		16.000
Gebundenes Kapital pro Jahr	6%	80	960	80	960
Lagerabwertung vom Lagerwert pro Jahr	5%	67	800	67	800
Lagerkosten		147	1.760	147	1.760
Personalkosten Werkzeugausgabe €/h	30				
Einsparung Werkzeugausgabe pro Tag in h	2	1.200	14.400	1.200	14.400
Werkzeugschwund	1%	80	960	80	960
Stillstand aufgrund fehlendem Werkzeug	*0,03h/Tag*	*53*	*636*	*53*	*636*
Anzahl Maschinen	5	265	3.180	265	3.180
Weniger Verbrauch durch Kontrolle	5%	400	4.800	400	4.800
Weniger Schwarzbestände im 1. Jahr	10%	800	9.600		
Verbrauch- und Personalkosten		2.745	32.940	1.945	23.340
Einsparungen		3.222	38.660	2.422	29.060
Abzüglich zusätzliche Kosten:					
Miete		200	2.400	200	2.400
Installation und Wartung		142	1.700	42	500
Sonstige Kosten		83	1.000	83	1.000
Tatsächliche Einsparungen		2.797	33.560	2.097	25.160
		$\stackrel{\wedge}{=}$ 35%		$\stackrel{\wedge}{=}$ 26%	

Der Zeilenabstand in einer Tabelle kann relativ einfach kontrolliert werden. Zum einen durch das Paket **tabls** und zum anderen durch Verändern des Wertes von **\arraystretch**, der standardmäßig auf Eins gesetzt ist, oder durch das Einfügen einer unsichtbaren Linie (**\rule**) mit einer Tiefe *und* Höhe.

Zeilenabstand in einer Tabelle

Standardzeilenhöhe

1	Eine besonders lange Zeile in einer m-Spalte
2	Eine besonders lange Zeile in einer m-Spalte
3	Eine besonders lange Zeile in einer m-Spalte

`\renewcommand\arraystrech{1.5}`

1	Eine besonders lange Zeile in einer m-Spalte
2	Eine besonders lange Zeile in einer m-Spalte
3	Eine besonders lange Zeile in einer m-Spalte

`\rule[-3ex]{0pt}{7ex}` in erster Spalte

1	Eine besonders lange Zeile in einer m-Spalte
2	Eine besonders lange Zeile in einer m-Spalte
3	Eine besonders lange Zeile in einer m-Spalte

```
\usepackage{array,ragged2e}

\begin{center}
Zeilenabstand in einer Tabelle\\[5pt]

Standardzeilenhöhe\\[2pt]
\begin{tabular}{@{}c
  >{\RaggedRight}m{4cm}@{}}\hline
1 & Eine besonders lange Zeile
    in einer m-Spalte\\\hline
2 & Eine besonders lange Zeile
    in einer m-Spalte\\\hline
3 & Eine besonders lange Zeile
    in einer m-Spalte\\\hline
\end{tabular}

\bigskip
\renewcommand\arraystretch{1.5}
\verb=\renewcommand\arraystrech{1.5}=\\[2pt]
\begin{tabular}{@{}c
  >{\RaggedRight}m{4cm}@{}}\hline
1 & Eine besonders lange Zeile
    in einer m-Spalte\\\hline
2 & Eine besonders lange Zeile
    in einer m-Spalte\\\hline
3 & Eine besonders lange Zeile
    in einer m-Spalte\\\hline
\end{tabular}

\bigskip
\verb=\rule[-3ex]{0pt}{7ex}= in
  erster Spalte\\[2pt]
\begin{tabular}{@{}
  >{\rule[-3ex]{0pt}{7ex}}c
  >{\RaggedRight}m{4cm}@{}}\hline
1 & Eine besonders lange Zeile
    in einer m-Spalte\\\hline
2 & Eine besonders lange Zeile
    in einer m-Spalte\\\hline
3 & Eine besonders lange Zeile
    in einer m-Spalte\\\hline
\end{tabular}
\end{center}
```

Die folgenden beiden Tabellen sind zum einen mit **sidwaystable** und zum anderen mit **\rotatebox** gedreht worden. Im ersten Fall wird die Option **twoside** der Beispiel-Dokumentenklasse berücksichtigt und entsprechend rotiert, während im zweiten Fall einfach im mathematisch positiven Sinn gedreht wird.

```
\usepackage{array,booktabs,rotating,units}
\newcolumntype{N}{>{\scriptsize}l}

\begin{sidewaystable}
\caption{Die folgende Tabelle wurde mit \texttt{sidewaystable} automatisch gedreht}
\begin{center}
\begin{tabular}{@{}NN*{5}{l}@{}}\toprule
Hubraum  & $\unit{cm^3}$ & 1288 & 1488 & 1688 & 1985 & 2274 \\\midrule
Leistung & \unit{kW} & 37 & 44 & 55  & 66 & 80 \\\midrule
Beschleunigung \unitfrac[0]{km}{h} bis \unitfrac[100]{km}{h} & \unit{s} & 22,7
  & 18,8 & 13,7 & 11,7 & 9,8 \\\midrule
\textbf{Höchstgeschwindigkeit}
```

```
  & \textbf{\unitfrac{km}{h}}
  & \textbf{133} & \textbf{140} & \textbf{155}
  & \textbf{165} & \textbf{178} \\\midrule
Kraftstoffverbrauch auf \unit[100]{km} & \unit{l} & 8,6 & 8,7 & 9,4 (Super)
  & 9,9 (Super) & 10,1 (Super) \\\bottomrule
\end{tabular}
\end{center}
\end{sidewaystable}
```

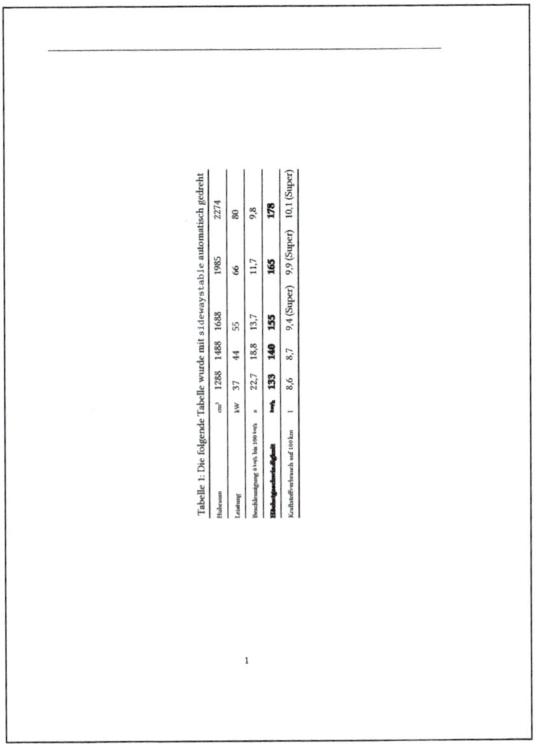

Tabelle 1: Die folgende Tabelle wurde mit sidewaystable automatisch gedreht

Hubraum	cm³	1288	1488	1688	1985	2274
Leistung	kW	37	44	55	66	80
Beschleunigung 0 km/h bis 100 km/h	s	22,7	18,8	13,7	11,7	9,8
Höchstgeschwindigkeit	**km/h**	**133**	**140**	**155**	**165**	**178**
Kraftstoffverbrauch auf 100 km	l	8,6	8,7	9,4 (Super)	9,9 (Super)	10,1 (Super)

1

Im Gegensatz zur Umgebung **sidewaystable**, kann mit dem Makro **\rotatebox** die Tabelle gedreht werden, ohne dass diese automatisch auf einer eigenen Seite erscheint. Dadurch kann hier neben die gedrehte Tabelle noch Text in normaler Ausrichtung gesetzt werden.

```
\usepackage{wrapfig,array,booktabs,rotating,units,caption}
\newcolumntype{N}{>{\scriptsize}l}
\newsavebox\TBox

\savebox\TBox{\parbox{0.9\linewidth}{%
\captionof{table}{Die folgende Tabelle wurde mit \texttt{rotatebox} gedreht}
\begin{tabular}{@{}NN*{5}{l}@{}}\toprule
Hubraum  & $\unit{cm^3}$ & 1288 & 1488 & 1688 & 1985 & 2274 \\\midrule
Leistung & \unit{kW}     &   37 &   44 &   55 &   66 &   80 \\\midrule
Beschleunigung \unitfrac[0]{km}{h} bis \unitfrac[100]{km}{h}
         & \unit{s}      & 22,7 & 18,8 & 13,7 & 11,7 &  9,8 \\\midrule
\textbf{Höchstgeschwindigkeit} & \textbf{\unitfrac{km}{h}} & \textbf{133}
  & \textbf{140} & \textbf{155} & \textbf{165} & \textbf{178} \\\midrule
Kraftstoffverbrauch auf \unit[100]{km}
         & \unit{l} & 8,6 & 8,7 & 9,4 (Super)& 9,9 (Super)& 10,1 (Super) \\\bottomrule
\end{tabular}}}

\begin{wraptable}{l}{2\ht\TBox}
\rotatebox{90}{\usebox\TBox}
\end{wraptable}
\blindtext[4] \par \blindtext
```

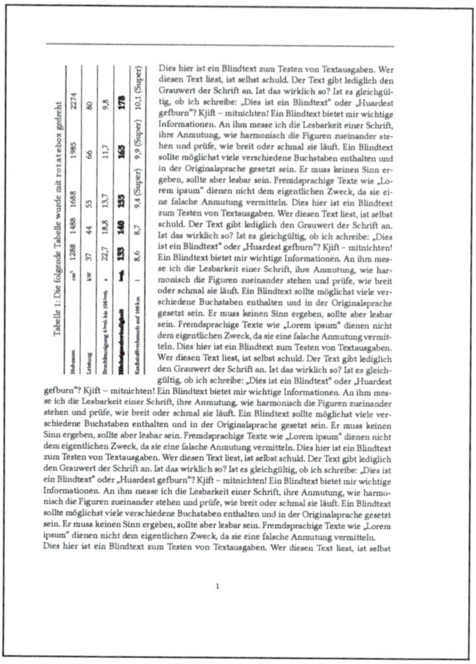

Tabelle 1: Die folgende Tabelle wurde mit rotatebox gedreht

Hubraum	cm³	1288	1488	1688	1985	2274
Leistung	kW	37	44	55	66	80
Beschleunigung 0 km/h bis 100 km/h	s	22,7	18,8	13,7	11,7	9,8
Höchstgeschwindigkeit	**km/h**	**133**	**140**	**155**	**165**	**178**
Kraftstoffverbrauch auf 100 km	l	8,6	8,7	9,4 (Super)	9,9 (Super)	10,1 (Super)

Dies hier ist ein Blindtext zum Testen von Textausgaben. Wer diesen Text liest, ist selbst schuld. Der Text gibt lediglich den Grauwert der Schrift an. Ist das wirklich so? Ist es gleichgültig, ob ich schreibe: „Dies ist ein Blindtext" oder „Huardest gefburn"? Kjift – mitnichten! Ein Blindtext bietet mir wichtige Informationen. An ihm messe ich die Lesbarkeit einer Schrift, ihre Anmutung, wie harmonisch die Figuren zueinander stehen und prüfe, wie breit oder schmal sie läuft. Ein Blindtext sollte möglichst viele verschiedene Buchstaben enthalten und in der Originalsprache gesetzt sein. Er muss keinen Sinn ergeben, sollte aber lesbar sein. Fremdsprachige Texte wie „Lorem ipsum" dienen nicht dem eigentlichen Zweck, da sie eine falsche Anmutung vermitteln. Dies hier ist ein Blindtext zum Testen von Textausgaben. Wer diesen Text liest, ist selbst schuld. Der Text gibt lediglich den Grauwert der Schrift an. Ist das wirklich so? Ist es gleichgültig, ob ich schreibe: „Dies ist ein Blindtext" oder „Huardest gefburn"? Kjift – mitnichten! Ein Blindtext bietet mir wichtige Informationen. An ihm messe ich die Lesbarkeit einer Schrift, ihre Anmutung, wie harmonisch die Figuren zueinander stehen und prüfe, wie breit oder schmal sie läuft. Ein Blindtext sollte möglichst viele verschiedene Buchstaben enthalten und in der Originalsprache gesetzt sein. Er muss keinen Sinn ergeben, sollte aber lesbar sein. Fremdsprachige Texte wie „Lorem ipsum" dienen nicht dem eigentlichen Zweck, da sie eine falsche Anmutung vermitteln. Dies hier ist ein Blindtext zum Testen von Textausgaben. Wer diesen Text liest, ist selbst schuld. Der Text gibt lediglich den Grauwert der Schrift an. Ist das wirklich so? Ist es gleichgültig, ob ich schreibe: „Dies ist ein Blindtext" oder „Huardest gefburn"? Kjift – mitnichten! Ein Blindtext bietet mir wichtige Informationen. An ihm messe ich die Lesbarkeit einer Schrift, ihre Anmutung, wie harmonisch die Figuren zueinander stehen und prüfe, wie breit oder schmal sie läuft. Ein Blindtext sollte möglichst viele verschiedene Buchstaben enthalten und in der Originalsprache gesetzt sein. Er muss keinen Sinn ergeben, sollte aber lesbar sein. Fremdsprachige Texte wie „Lorem ipsum" dienen nicht dem eigentlichen Zweck, da sie eine falsche Anmutung vermitteln. Dies hier ist ein Blindtext zum Testen von Textausgaben. Wer diesen Text liest, ist selbst schuld. Der Text gibt lediglich den Grauwert der Schrift an. Ist das wirklich so? Ist es gleichgültig, ob ich schreibe: „Dies ist ein Blindtext" oder „Huardest gefburn"? Kjift – mitnichten! Ein Blindtext bietet mir wichtige Informationen. An ihm messe ich die Lesbarkeit einer Schrift, ihre Anmutung, wie harmonisch die Figuren zueinander stehen und prüfe, wie breit oder schmal sie läuft. Ein Blindtext sollte möglichst viele verschiedene Buchstaben enthalten und in der Originalsprache gesetzt sein. Er muss keinen Sinn ergeben, sollte aber lesbar sein. Fremdsprachige Texte wie „Lorem ipsum" dienen nicht dem eigentlichen Zweck, da sie eine falsche Anmutung vermitteln.

Dies hier ist ein Blindtext zum Testen von Textausgaben. Wer diesen Text liest, ist selbst

1

```
\usepackage{pst-node,pst-tree,graphicx,geometry}
\def\GraphTabLine#1(#2,#3,#4,#5){%
  #1 & \rnode{A}{#2} & \checkSpace(#2,#3){B}{#3}
     & \checkSpace(#2,#4){C}{#4} & \checkSpace(#2,#5){D}{#5}
  \ncline{A}{B}\ncline{B}{C}\ncline{C}{D}}
\newlength\Vspace  \def\checkSpace(#1,#2)#3#4{%
  \Vspace=#1pt \advance\Vspace by -#2pt \raisebox{-3\Vspace}{\rnode{#3}{#4}}}

\psset{nodesep=2pt,arrows=->}
\resizebox{!}{0.5\textheight}{%
\begin{tabular}{@{}l*4{p{2cm}}@{}}
 & 5 year & 10 year & 15 year & 20 year\\
 \GraphTabLine{Prostate}               (99,95,87,81)\\
 \GraphTabLine{Thyroid}                (96,96,94,95)\\
 \GraphTabLine{Testis}                 (95,94,91,88)\\[-15pt]
 \GraphTabLine{Melanomas}              (89,87,84,82)\\[-15pt]
 \GraphTabLine{Breast}                 (86,78,71,65)\\[-45pt]
 \GraphTabLine{Hodgkin's disease}      (85,80,74,67)\\[-10pt]
 \GraphTabLine{Corpus uteri, uterus}   (84,83,81,79)\\[-10pt]
 \GraphTabLine{Urinar bladder}         (82,76,70,67)\\[-27pt]
 \GraphTabLine{Cervix uteri}           (71,64,63,60)\\[-25pt]
 \GraphTabLine{Larynx}                 (69,57,46,37)\\[-35pt]
 \GraphTabLine{Rectum}                 (63,55,52,49)\\[-35pt]
 \GraphTabLine{Kidney, renal pelvis}   (62,54,50,47)\\[-25pt]
 \GraphTabLine{Colon}                  (62,55,54,52)\\[-20pt]
 \GraphTabLine{Non-Hodgkin's}          (58,46,38,34)\\[-63pt]
 \GraphTabLine{Oral cavity, pharynx}   (57,44,38,33)\\[-10pt]
 \GraphTabLine{Ovary}                  (55,49,50,50)\\[-10pt]
 \GraphTabLine{Leukaemias}             (43,32,29,26)\\[-10pt]
 \GraphTabLine{Brain, nervous system}(32,29,27,26)\\[-10pt]
 \GraphTabLine{Multiple myeloma}       (30,13, 7, 5)\\[-15pt]
 \GraphTabLine{Stomach}                (24,19,19,15)\\[-20pt]
 \GraphTabLine{Lung and bronchus}      (15,11, 8, 6)\\[-20pt]
 \GraphTabLine{Esophagus}              (14, 8, 8, 5)\\[ 30pt]
 \GraphTabLine{Liver, bile duct}       ( 8, 6, 6, 8)\\
 \GraphTabLine{Pancreas}               ( 4, 3, 3, 3)
\end{tabular}}
```

	5 year	10 year	15 year	20 year
Prostate	99	95	87	81
Thyroid	96	96	94	95
Testis	95	94	91	88
Melanomas	89	87	84	82
Breast	86	78	71	65
Hodgkin's disease	85	80	74	67
Corpus uteri, uterus	84	83	81	79
Urinar bladder	82	76	70	67
Cervix uteri	71	64	63	60
Larynx	69	57	46	37
Rectum	63	55	52	49
Kidney, renal pelvis	62	54	50	47
Colon	62	55	54	52
Non-Hodgkin's	58	46	38	34
Oral cavity, pharynx	57	44	38	33
Ovary	55	49	50	50
Leukaemias	43	32	29	26
Brain, nervous system	32	29	27	26
Multiple myeloma	30	13	7	5
Stomach	24	19	19	15
Lung and bronchus	15	11	8	6
Esophagus	14	8	8	5
Liver, bile duct	8	6	6	8
Pancreas	4	3	3	3

```
\usepackage{ragged2e,array,graphicx}

\renewcommand\arraystretch{1.3}
\begin{tabular}{@{}cc@{}}\small
\begin{tabular}{@{}c l l >{\RaggedRight}m{3.0cm}@{}}\hline
\emph{pin} & \emph{color} & \emph{at encoder} & \emph{description}\\\hline
1  & ---    & ---        & $\langle empty \rangle$         \\
2  & yellow & 8 (gray)   & Encoder channel B               \\
3  & white  & 7 (violet) & Encoder channel $\overline{B}$  \\
4  & blue   & 6 (blue)   & Encoder channel A               \\
5  & green  & 5 (green)  & Encoder channel $\overline{A}$  \\
6  & ---    & ---        & $\langle empty \rangle$         \\
7  & red    & 2 (red)    & Encoder power supply (+5V)      \\
8  & black  & 3 (orange) & GND                             \\ \hline
\end{tabular}
  & % rechte Spalte fuer das Bild
\raisebox{-0.5\height}{\includegraphics[width=3cm]{images/din8}}
\end{tabular}
```

pin	*color*	*at encoder*	*description*
1	—	—	$\langle$*empty*$\rangle$
2	yellow	8 (gray)	Encoder channel B
3	white	7 (violet)	Encoder channel $\overline{B}$
4	blue	6 (blue)	Encoder channel A
5	green	5 (green)	Encoder channel $\overline{A}$
6	—	—	$\langle$*empty*$\rangle$
7	red	2 (red)	Encoder power supply (+5V)
8	black	3 (orange)	GND

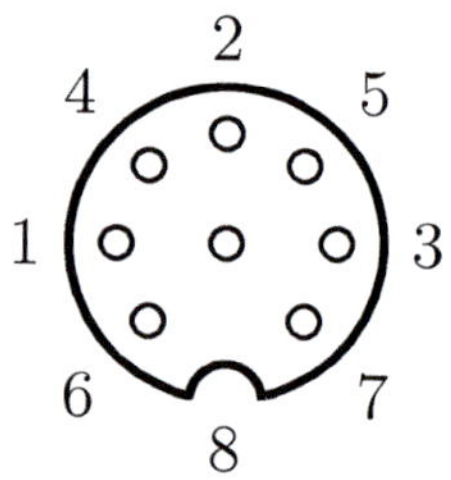


```
\usepackage{numprint,spreadtab}

\begin{minipage}[t]{0.45\linewidth}\vspace{0pt}
\[\forall x\in \mathbf{R}\qquad e^x=\sum_{k=0}^\infty\frac{x^k}{k!}\]
Die nebenstehende Tabelle zeigt die Konvergenz für $x=0.5$.
\end{minipage}\hfill
\begin{minipage}[t]{0.45\linewidth}\vspace{0pt}
\STautoround{15}
\begin{spreadtab}[\STsavecell\xvalue{a1}]{{tabular}{cN{2}{15}}}
\multicolumn{2}{c}{Konvergenz für $x={\numprint{:={0.5}}}$}\\[1.5ex]
@$n$      & e^a1\SThidecol & {@
  $\displaystyle e^{\numprint\xvalue}-\sum_{k=0}^n
   \frac{\numprint\xvalue^k}{k!}$}\\[3ex]\hline
 0       & a1^[-1,0]/fact([-1,0])        & b2-[-1,0] \\
 [0,-1]+1 & a1^[-1,0]/fact([-1,0])+[0,-1] & b2-[-1,0] \\
 [0,-1]+1 & a1^[-1,0]/fact([-1,0])+[0,-1] & b2-[-1,0] \\
 [0,-1]+1 & a1^[-1,0]/fact([-1,0])+[0,-1] & b2-[-1,0] \\
 [0,-1]+1 & a1^[-1,0]/fact([-1,0])+[0,-1] & b2-[-1,0] \\
 [0,-1]+1 & a1^[-1,0]/fact([-1,0])+[0,-1] & b2-[-1,0] \\
 [0,-1]+1 & a1^[-1,0]/fact([-1,0])+[0,-1] & b2-[-1,0] \\
 [0,-1]+1 & a1^[-1,0]/fact([-1,0])+[0,-1] & b2-[-1,0] \\
 [0,-1]+1 & a1^[-1,0]/fact([-1,0])+[0,-1] & b2-[-1,0] \\
 [0,-1]+1 & a1^[-1,0]/fact([-1,0])+[0,-1] & b2-[-1,0] \\\hline
\end{spreadtab}
\end{minipage}
```

$$\forall x \in \mathbf{R} \qquad e^x = \sum_{k=0}^{\infty} \frac{x^k}{k!}$$

Die nebenstehende Tabelle zeigt die Konvergenz für $x = 0.5$.

Konvergenz für $x = 0{,}5$

n	$e^{0,5} - \sum_{k=0}^{n} \frac{0,5^k}{k!}$
0	0,648 721 270 700 128
1	0,148 721 270 700 128
2	0,023 721 270 700 128
3	0,002 887 937 366 795
4	0,000 283 770 700 128
5	0,000 023 354 033 461
6	0,000 001 652 644 572
7	0,000 000 102 545 366
8	0,000 000 005 664 166
9	0,000 000 000 281 877

```
\usepackage{tabularx,numprint,spreadtab}

\nprounddigits2
\begin{spreadtab}{{tabularx}{0.8\linewidth}{|
  >{\rule[-1.2ex]{0pt}{4ex}}X >{{\bfseries}}N42
  >{\bfseries}c N42 >{\bfseries}c N42|}}\hline
@Pos. & @\multicolumn{1}{c}{Preis/Einh.} & @\multicolumn{1}{c}{Anzahl} &
@\multicolumn{1}{c}{Preis} & @\multicolumn{1}{c}{Rabatt} & @\textbf{Netto}\\\hline
@1 & 5.99 & 20 & [-2,0]*[-1,0] & $-:={20}\%$ & [-2,0]*(1-[-1,0]/100)\\
@2 & 12   & 7  & [-2,0]*[-1,0] & $-:={10}\%$ & [-2,0]*(1-[-1,0]/100)\\
@3 & 4.50 & 40 & [-2,0]*[-1,0] & $-:={35}\%$ & [-2,0]*(1-[-1,0]/100)\\
@4 & 650  & 2  & [-2,0]*[-1,0] & $-:={15}\%$ & [-2,0]*(1-[-1,0]/100)\\\hline
@\multicolumn{6}{c}{\vspace{-1.5ex}}\\\cline{4-6}
@\multicolumn{1}{c}{\rule[-1.2ex]{0pt}{4ex}} &
@\multicolumn{2}{r|}{Summe} & sum(d2:[0,-2])
  & \multicolumn{1}{c}{$:={round(([1,0]/[-1,0]-1)*100,0)}\%$}
  & {\bfseries}:={sum(f2:[0,-2])}\\\cline{4-6}
@\multicolumn{3}{r|}{} & @\multicolumn{1}{r}{\textbf{MWSt}} & @ 19\%
  & {\bfseries}:={[0,-1]*0.19}\\\cline{4-6}
@\multicolumn{3}{r|}{} &
@\multicolumn{2}{r}{\textbf{Endsumme}} & {\bfseries}:={[0,-2]+[0,-1]}\\\cline{4-6}
\end{spreadtab}
```

Pos.	Preis/Einh.	Anzahl	Preis	Rabatt	**Netto**
1	**5,99**	**20**	119,80	−20%	95,84
2	**12,00**	**7**	84,00	−10%	75,60
3	**4,50**	**40**	180,00	−35%	117,00
4	**650,00**	**2**	1 300,00	−15%	1 105,00
		Summe	1 683,80	−17%	**1393.44**
			MWSt	**19%**	**264.7536**
			Endsumme		**1658.1936**

```
\usepackage{booktabs,paralist,dcolumn,ragged2e}
\newenvironment{Vorteile}
  {\hbox{}\vspace{-\baselineskip}\begin{compactitem}[$\oplus$]}
  {\hbox{}\vspace{-\baselineskip}\end{compactitem}}
\newenvironment{Nachteile}
  {\hbox{}\vspace{-\baselineskip}\begin{compactitem}[$\ominus$]}
  {\hbox{}\vspace{-\baselineskip}\end{compactitem}}
\newcolumntype{v}[1]{>{\RaggedRight\hspace{0pt}}p{#1}}

\sffamily\footnotesize
\begin{tabular}{@{}v{1.4cm}*{2}{v{6.9cm}}@{}}\toprule
Material & Vorteile & Nachteile \\\cmidrule(r){1-1}\cmidrule(rl){2-2}\cmidrule(l){3-3}
Edelstahl
  & \begin{Vorteile}
    \item robust \item preisgünstig \item leicht zu verarbeiten
    \item unterschiedliche Durchmesser und Längen im Handel erhältlich
    \end{Vorteile}
  & \begin{Nachteile}
    \item nur inert bei geringen Temperaturen in Verbindung mit bestimmten Substanzen
    \item Oxidationen der Oberfläche führen zu unsymmetrischen Peaks
    \item Zersetzung durch Verunreinigungen der Legierungsform
    \end{Nachteile} \tabularnewline\cmidrule(r){1-1}\cmidrule(rl){2-2}\cmidrule(l){3-3}
Glas
  & \begin{Vorteile}%
    \item fast vollständig inert
    \item durchsichtig, bessere Kontrolle der Packung auf Gleichmäßigkeit
    \end{Vorteile}%
  & \begin{Nachteile}%
    \item aufwendige Reinigung der Säule
    \item keine Analyse von aggressiver Fluoride möglich
    \item leicht zerbrechlich
    \item Knallgasexplosion beim Zerbrechen bei erhitzter Kapillare und
          Wasserstoff als Trägergas
    \end{Nachteile} \tabularnewline\cmidrule(r){1-1}\cmidrule(rl){2-2}\cmidrule(l){3-3}
Nickel
  & \begin{Vorteile}%
    \item stabil
    \item Analyse von empfindlichen Substanzen möglich, z.\,B. Steroide, Analgetica
          und Barbiturate
    \end{Vorteile}%
  & \begin{Nachteile}%
    \item nicht so inert wie Glassäulen
    \end{Nachteile} \tabularnewline\cmidrule(r){1-1}\cmidrule(rl){2-2}\cmidrule(l){3-3}
Kupfer
  & \begin{Vorteile}%
    \item leicht zu verarbeiten
    \end{Vorteile}%
  & \begin{Nachteile}
    \item Oberfläche ist autoxydabel
    \item Kupferoxid oxidiert organische Stoffe
    \item ungeeignet wenn Sauerstoff im Trägergas vorhanden ist
    \item aufwendiges Herstellungsverfahren
    \end{Nachteile} \tabularnewline\cmidrule(r){1-1}\cmidrule(rl){2-2}\cmidrule(l){3-3}
Teflon
  & \begin{Vorteile}
    \item vollständig inert
    \item Analyse von aggressiven Substanzen möglich
    \end{Vorteile}
  & \begin{Nachteile}
    \item Material kann mikroporös sein, Spurenelemente der Außenluft rufen negative
          Effekte bei der Analyse hervor
    \end{Nachteile} \tabularnewline\cmidrule(r){1-1}\cmidrule(rl){2-2}\cmidrule(l){3-3}
Silizium
  & \begin{Vorteile}
    \item fast vollständig inert
    \item nahezu unbegrenzte Rohstoffreserven
    \item autoxydable Bildung von nativen Siliziumdioxiden
    \end{Vorteile}
```

```
& \begin{Nachteile}
  \item zerbrechlicher als Metalle
  \end{Nachteile} \tabularnewline\addlinespace\bottomrule
\end{tabular}
```

Material	Vorteile	Nachteile
Edelstahl	⊕ robust ⊕ preisgünstig ⊕ leicht zu verarbeiten ⊕ unterschiedliche Durchmesser und Längen im Handel erhältlich	⊖ nur inert bei geringen Temperaturen in Verbindung mit bestimmten Substanzen ⊖ Oxidationen der Oberfläche führen zu unsymmetrischen Peaks ⊖ Zersetzung durch Verunreinigungen der Legierungsform
Glas	⊕ fast vollständig inert ⊕ durchsichtig, bessere Kontrolle der Packung auf Gleichmäßigkeit	⊖ aufwendige Reinigung der Säule ⊖ keine Analyse von aggressiver Fluoride möglich ⊖ leicht zerbrechlich ⊖ Knallgasexplosion beim Zerbrechen bei erhitzter Kapillare und Wasserstoff als Trägergas
Nickel	⊕ stabil ⊕ Analyse von empfindlichen Substanzen möglich, z. B. Steroide, Analgetica und Barbiturate	⊖ nicht so inert wie Glassäulen
Kupfer	⊕ leicht zu verarbeiten	⊖ Oberfläche ist autoxydabel ⊖ Kupferoxid oxidiert organische Stoffe ⊖ ungeeignet wenn Sauerstoff im Trägergas vorhanden ist ⊖ aufwendiges Herstellungsverfahren
Teflon	⊕ vollständig inert ⊕ Analyse von aggressiven Substanzen möglich	⊖ Material kann mikroporös sein, Spurenelemente der Außenluft rufen negative Effekte bei der Analyse hervor
Silizium	⊕ fast vollständig inert ⊕ nahezu unbegrenzte Rohstoffreserven ⊕ autoxydable Bildung von nativen Siliziumdioxiden	⊖ zerbrechlicher als Metalle

Die im Folgenden gezeigte Lösung erlaubt es, den Inhalt des Tabellenfeldes nahezu beliebig zu formatieren. Sie basiert auf einer speziellen Umgebung, welche sich mit Hilfe des Paketes **environ** von Will Robertson definieren lässt. Im Gegensatz zu den sonst in LaTeX üblichen Umgebungen wird hier der Text, der sich zwischen **\begin{...}** und **\end{...}** befindet, nicht sofort ausgegeben, sondern stattdessen in einem Makro gespeichert. Man hat danach vielfältige Möglichkeiten, den Inhalt dieses Makros zu bearbeiten, bevor er tatsächlich ausgegeben wird. Im folgenden Beispiel wird die erwähnte Umgebung für die Definition eines neuen Spaltenmodifikators **C** genutzt. Zusätzlich zum Zentrieren wird bei Angabe von **C** der Inhalt der betreffenden Spalte in recht ungewöhnlicher Weise bearbeitet; er wird vertikal gespiegelt.

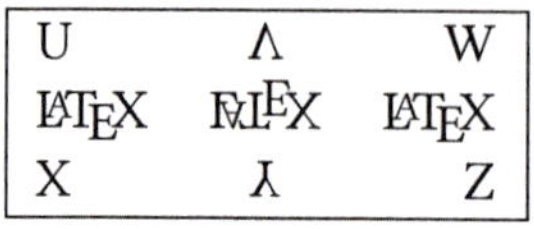

```
\usepackage{array,environ,graphicx}
\NewEnviron{collectC}{%
 \mbox{}\scalebox{1}[-1]{\raisebox{-\height}{\BODY}}}
\newcolumntype{C}{>{\begin{collectC}} c <{\end{collectC}}}
```

```
\begin{tabular}{|l C r|}        \hline
    U      & V      & W      \\
    \LaTeX & \LaTeX & \LaTeX \\
    X      & Y      & Z      \\\hline
\end{tabular}
```

Die Erstellung von Tabellen mit einem Schleifenmakro ist nicht ganz einfach, da das Erstellen einer Tabelle unter LaTeX ein recht komplexer Vorgang ist.

```
\usepackage{ltablex,ragged2e}  \keepXColumns
\newcolumntype{C}{>{\Centering}X} \newcolumntype{P}[1]{>{\Centering}p{#1}}
%----------- Nach einem Vorschlag von David Kastrup -----------
\newcommand\replicate[2]{\ifnum#1>0 #2%
  \expandafter\replicate\expandafter{\number\numexpr#1-1}{#2}\fi}
\newcommand*\ZeilenZahl{79} \newcounter{N} \newcommand*\Platz{\rule[-1.8mm]{0pt}{6mm}}
```

```
\begin{tabularx}{\linewidth}{|r|c|P{3cm}|C|P{3cm}|} \hline
\emph{Nr.} & \emph{Vorname} & \emph{Nachname}
  & \small\emph{Anschrift} & \emph{Unterschrift} \Platz \\ \hline
\endhead
\replicate{\ZeilenZahl}{\stepcounter{N}\theN &&&& \Platz \\ \hline}
\end{tabularx}
```

Eine Umfrage

Nr.	*Vorname*	*Nachname*	*Anschrift*	*Unterschrift*
1				
2				
3				
4				
5				
6				
7				
8				
9				
10				
11				
12				
13				
14				
15				
16				
17				
18				
19				
20				
21				
22				
23				
24				
25				
26				
27				
28				
29				
30				
31				
32				
33				

1

Eine Umfrage

Nr.	*Vorname*	*Nachname*	*Anschrift*	*Unterschrift*
34				
35				
36				
37				
38				
39				
40				
41				
42				
43				
44				
45				
46				
47				
48				
49				
50				
51				
52				
53				
54				
55				
56				
57				
58				
59				
60				
61				
62				
63				
64				
65				
66				

2

```
\usepackage{booktabs}
\usepackage{dcolumn}
\newcommand\mc[1]{\multicolumn{1}{@{}c@{}}{#1}}
\newcolumntype{x}{D{.}{.}{3.2}@{\kern1pt\%\kern10pt}}
\newcolumntype{y}{D{.}{.}{3.1}@{\%\kern10pt}}
```

```
\begin{tabular}{@{} r @{\kern2pt} yyy x y x yyy @{}}\toprule
 &\mc{CSY} &\mc{Ezaki}  &\mc{Holz}&\mc{Maddison}&\mc{Wong}    &\mc{Chow}  &\mc{Wang}
   &\mc{Scheibe}&\mc{IMF} \\
 &\mc{}    &\mc{and Sun}&\mc{}    &\mc{}         &\mc{and Chan}&\mc{and Li}&\mc{and Yao}
   &\mc{}       & \mc{}\\
 &\mc{2006}&\mc{1999}   &\mc{2005}&\mc{2007}     &\mc{2003}    &\mc{2002}  &\mc{2003}
   &\mc{2003}   & \mc{}\\\midrule
1978 & 11.7 &\mc{} & 11.7 &  7.71 &\mc{} &  7.60 &  7.6 &  7.6 &\mc{} \\
1979 &  7.6 &\mc{} &  7.6 &  3.37 &\mc{} &  7.81 &  7.8 &  7.6 &\mc{} \\
1980 &  7.8 &\mc{} &  7.8 &  5.98 &\mc{} &  5.26 &  5.2 &  5.2 &  7.9 \\
1981 &  5.2 &  5.2 &  5.2 &  7.52 &  5.3 &  9.01 &  9.1 &  9.1 &  4.7 \\
1982 &  9.1 &  9.3 &  9.1 &  8.48 & 12.1 & 10.89 & 10.9 & 10.9 &  9.1 \\
1983 & 10.9 & 11.2 & 10.9 & 12.45 &  9.6 & 15.18 & 15.2 & 15.2 & 10.9 \\\bottomrule
% \mc{} in leeren Feldern, damit das %-Zeichen nicht ausgegeben wird.
\end{tabular}
```

	CSY 2006	Ezaki and Sun 1999	Holz 2005	Maddison 2007	Wong and Chan 2003	Chow and Li 2002	Wang and Yao 2003	Scheibe 2003	IMF
1978	11.7%		11.7%	7.71 %		7.60 %	7.6%	7.6%	
1979	7.6%		7.6%	3.37 %		7.81 %	7.8%	7.6%	
1980	7.8%		7.8%	5.98 %		5.26 %	5.2%	5.2%	7.9%
1981	5.2%	5.2%	5.2%	7.52 %	5.3 %	9.01 %	9.1%	9.1%	4.7%
1982	9.1%	9.3%	9.1%	8.48 %	12.1 %	10.89 %	10.9%	10.9%	9.1%
1983	10.9%	11.2%	10.9%	12.45 %	9.6 %	15.18 %	15.2%	15.2%	10.9%

```
\usepackage{tabto}

\begin{testArea}% siehe Präambel des Beispiels -> CTAN
  \NumTabs{4} Ente \tab Gans \tab Pute \tab Blesshuhn \par
                   \tab      \tab      \tab Auerhahn
\end{testArea}

\bigskip
\begin{testArea}
  \TabPositions{1.5cm,5cm,8cm} Ente \tab Gans \tab Pute \tab Blesshuhn \par
                                    \tab      \tab      \tab Auerhahn
\end{testArea}

\bigskip
\begin{testArea}
  Ente           \tabto{1.5cm} Gans     \tabto{5cm}  Pute \tabto{8cm}
  Blesshuhn \par \tabto{8cm}   Auerhahn \tabto*{4cm} Pelikan
\end{testArea}
```

Ente *Gans* *Pute* *Blesshuhn*
Auerhahn

Ente *Gans* *Pute* *Blesshuhn*
Auerhahn

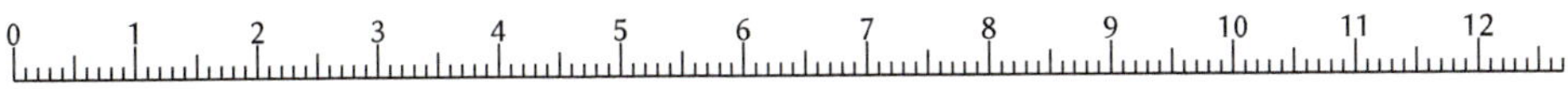

Ente *Gans* *Pute* *Blesshuhn*
Pelikan *Auerhahn*

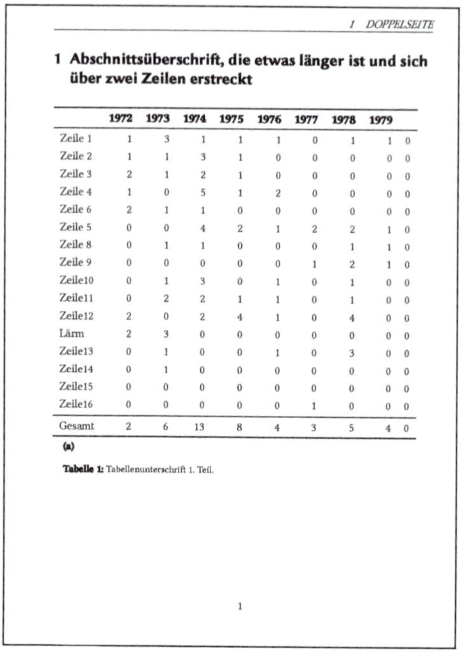
1 DOPPELSEITE

1 Abschnittsüberschrift, die etwas länger ist und sich über zwei Zeilen erstreckt

	1972	1973	1974	1975	1976	1977	1978	1979	
Zeile 1	1	3	1	1	1	0	1	1	0
Zeile 2	1	1	3	1	0	0	0	0	0
Zeile 3	2	1	2	1	0	0	0	0	0
Zeile 4	1	0	5	1	2	0	0	0	0
Zeile 6	2	1	1	0	0	0	0	0	0
Zeile 5	0	0	4	2	1	2	2	1	0
Zeile 8	0	1	1	0	0	0	1	1	0
Zeile 9	0	0	0	0	0	1	2	1	0
Zeile10	0	1	3	0	1	0	1	0	0
Zeile11	0	2	2	1	1	0	1	0	0
Zeile12	2	0	2	4	1	0	4	0	0
Lärm	2	3	0	0	0	0	0	0	0
Zeile13	0	1	0	0	1	0	3	0	0
Zeile14	0	1	0	0	0	0	0	0	0
Zeile15	0	0	0	0	0	0	0	0	0
Zeile16	0	0	0	0	0	1	0	0	0
Gesamt	2	6	13	8	4	3	5	4	0

(a)

Tabelle 1: Tabellenunterschrift 1. Teil.

1

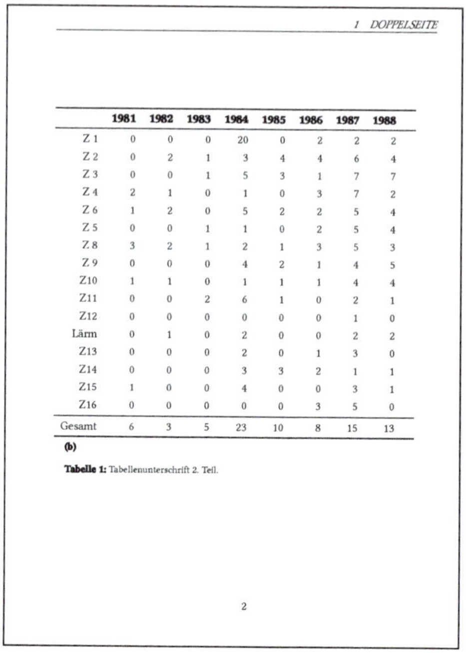
1 DOPPELSEITE

	1981	1982	1983	1984	1985	1986	1987	1988
Z 1	0	0	0	20	0	2	2	2
Z 2	0	2	1	3	4	4	6	4
Z 3	0	0	1	5	3	1	7	7
Z 4	2	1	0	1	0	3	7	2
Z 6	1	2	0	5	2	2	5	4
Z 5	0	0	1	1	0	2	5	4
Z 8	3	2	1	2	1	3	5	3
Z 9	0	0	0	4	2	1	4	5
Z10	1	1	0	1	1	1	4	4
Z11	0	0	2	6	1	0	2	1
Z12	0	0	0	0	0	0	1	0
Lärm	0	1	0	2	0	0	2	2
Z13	0	0	0	2	0	1	3	0
Z14	0	0	0	3	3	2	1	1
Z15	1	0	0	4	0	0	3	1
Z16	0	0	0	0	0	3	5	0
Gesamt	6	3	5	23	10	8	15	13

(b)

Tabelle 1: Tabellenunterschrift 2. Teil.

2

```
\usepackage{tabularx}
\makeatletter\newcolumntype{M}{>{\@minipagetrue}X}\makeatother

\begin{tabularx}{\linewidth}{|X|M|}\hline
Links & Rechts\\\hline
Die rechte Liste beginnt auf gleicher Höhe wie diese Spalte.
 & \begin{itemize} \item a \item b \item c \end{itemize}\\\hline
\begin{itemize}  \item a \item b \item c \end{itemize}
 & Die linke Spalte ist jetzt keine M-Spalte, sodass die Liste einen vertikalen
   Abstand am Anfang aufweist.\\\hline
\end{tabularx}
```

Links	Rechts
Die rechte Liste beginnt auf gleicher Höhe wie diese Spalte.	• a • b • c
• a • b • c	Die linke Spalte ist jetzt keine M-Spalte, sodass die Liste einen vertikalen Abstand am Anfang aufweist.

Die Datendatei für das Folgende Beispiel ist eine typische »kommaseparierte« Liste, die Zeilenweise die Datensätze enthält und mit allen Datenbankprogrammen durch eine entsprechende Exportoption erstellt werden kann.

```
vorname;nachname;strasse;ort;zuzahlen;bezahlt
Nicole;Müller;Schillerplatz 61;18419 Vogelow;100,0;100,0
Tom;Lehmann;Nachtigallgasse 11;29098 Altaue;100,0;100,0
Tim;Wagner;Amselplatz 92;46917 Langenhausen;100,0;0,0
Moritz;Müller;Waldallee 71;55348 Kirchstein;100,0;0,0
Susi;Mayer;Sonnenweg 27a;83675 Heidehausen;100,0;100,0
Ines;Mayer;Wasserallee 83a;26118 Kirchfurt;100,0;100,0
Uwe;Meier;Sonnenplatz 7;07514 Vogelburg;100,0;0,0
Mandy;Berger;Goetheweg 25;03783 Wolfental;100,0;100,0
Tim;Grönwald;Wiesenplatz 9a;90778 Moosow;100,0;50,0
Jenny;Köster;Finkenallee 29c;53522 Wiesenow;100,0;100,0
Marko;Mayer;Amselweg 11c;32108 Grünstein;100,0;100,0
Jenny;Berger;Wiesenallee 82;72044 Moosaue;0,0;0,0
```

```
\usepackage{datatool}  \usepackage{eurosym,booktabs}
\DTLsetseparator{;}                \DTLsetnumberchars{}{,}
\DTLsetdefaultcurrency{\texteuro~} \DTLloaddb{list}{data/data2d.csv}
\DTLsort{nachname,vorname}{list}   \DTLsumforkeys{list}{zuzahlen}{\soll}
\DTLsumforkeys{list}{bezahlt}{\haben}
```

```
\small\addtolength\tabcolsep{-1pt}
\begin{tabular}{@{} r llll rr @{}}\toprule
ID & Vorname & Nachname & Straße & Ort & zu zahlen & bezahlt \\\midrule
\DTLforeach{list}{% definiere Listenelemente
 \first=vorname,\last=nachname,\address=strasse,
 \town=ort,\fee=zuzahlen,\paid=bezahlt}{%
    \\ \theDTLrowi & \first & \last & \address & \town & \euro\, %
       \DTLifcurrency {\fee} % wenn \fee eine Währungsangabe ist
         {\DTLconverttodecimal{\fee}{\fee} % dann konvertiere nach decimal und speichere in \fee
           {\fee}} % gebe den Wert von \fee aus
         {\fee}    % wenn keine Währung, dann nur ausgeben
  & \euro\, \DTLifcurrency{\paid}% wenn \paid eine Währungsangabe ist
    {\DTLconverttodecimal{\paid}{\paid}{\paid}} % dann konvertiere
    {\paid}} \\\midrule                         % sonst Ausgabe von \paid
& & & & & \DTLdecimaltocurrency{\soll}{\soll}\euro\,\soll& %
\DTLdecimaltocurrency{\haben}{\haben}\euro\,\haben \\\bottomrule
\end{tabular}
```

ID	Vorname	Nachname	Straße	Ort	zu zahlen	b
1	Jenny	Berger	Wiesenallee 82	72044 Moosaue	€ 0,0	
2	Mandy	Berger	Goetheweg 25	03783 Wolfental	€ 100,0	€
3	Tim	Grönwald	Wiesenplatz 9a	90778 Moosow	€ 100,0	€
4	Jenny	Köster	Finkenallee 29c	53522 Wiesenow	€ 100,0	€
5	Tom	Lehmann	Nachtigallgasse 11	29098 Altaue	€ 100,0	€
6	Ines	Mayer	Wasserallee 83a	26118 Kirchfurt	€ 100,0	€
7	Marko	Mayer	Amselweg 11c	32108 Grünstein	€ 100,0	€
8	Susi	Mayer	Sonnenweg 27a	83675 Heidehausen	€ 100,0	€
9	Uwe	Meier	Sonnenplatz 7	07514 Vogelburg	€ 100,0	
10	Moritz	Müller	Waldallee 71	55348 Kirchstein	€ 100,0	
11	Nicole	Müller	Schillerplatz 61	18419 Vogelow	€ 100,0	€
12	Tim	Wagner	Amselplatz 92	46917 Langenhausen	€ 100,0	
					€ € 1100,00	€ € 7

Eine Tabelle soll aus zwei Spalten bestehen, einem Haupteintrag und einem zugeordneten Untereintrag, beispielsweise »A→A1«. Wird nach einem eventuellen Seitenumbruch die Liste der Untereinträge fortgesetzt, so soll der Haupteintrag mit dem Hinweis »(continued)« fortgesetzt werden. Dies ist nicht so einfach möglich, da die Kopf- und Fußzeilen der Umgebung **longtable** bereits »vor« dem Start der Tabelle ausgewertet werden und danach nicht mehr veränderbar sind.

```
\usepackage{longtable,array}
\usepackage[abspage,user]{zref}
\usepackage{etoolbox}
\newbool{startparent} \newcounter{rowcount}
\makeatletter
\newcommand\checkandsetparent{%
  \refstepcounter{rowcount}\zref@label{longtabel-row-\number\c@rowcount}%
  \ifnum \zref@extractdefault{longtabel-row-\number\c@rowcount}{abspage}{-1}
      = \zref@extractdefault{longtabel-start-\number\c@LT@tables}{abspage}{-1} %same page as
    \global\boolfalse{startparent}  %start
  \else
    \ifnum \zref@extractdefault{longtabel-row-\number\c@rowcount}{abspage}{-1}
        =\zref@extractdefault{longtabel-row-\the\numexpr\c@rowcount-1}{abspage}{-1} %first row
      \global\boolfalse{startparent}
    \else
      \ifbool{startparent}{}{\current@parent\ (continued)}
    \fi
  \fi}
\newcommand\parent[1]{\global\booltrue{startparent}\gdef\current@parent{#1}#1}
\newcommand\initlongtable{\zref@label{longtable-start-\the\numexpr \c@LT@tables+1}}
\makeatletter
```

```
\begin{longtable}{ c<{\checkandsetparent} c }\hline
\multicolumn{2}{c}{Header}\\\hline
\endhead
\hline
\endfoot
\initlongtable% Init
\parent{X} & X1\\  & x2\\ & X3\\ & X4 \\\hline
\parent{A} & A1\\  & A2\\ & A3     \\    \newpage
           & A4\\  & A5\\ & A6     \\\hline
\parent{Y} & Y1\\              \newpage
           & y2\\  & Y3 \\\hline        \newpage
\parent{Z} & Z1 \\  & Z2 \\ & Z3\\ & Z4
\end{longtable}
```

Header	
X	X1
	x2
	X3
	X4
A	A1
	A2
	A3

Header	
A (continued)	A4
	A5
	A6
Y	Y1

Header	
Y (continued)	y2
	Y3

Header	
Z	Z1
	Z2
	Z3
	Z4

Bei sich wiederholenden Tabellenköpfen und einer Tabelle, die mit **\rowcolors** gefärbte Zeilen hat, muss mit **\hiderowcolors** und **\showrowcolors** gearbeitet werden, wenn die Köpfe immer die gleiche Färbung haben sollen.

```
\usepackage{longtable,booktabs} \usepackage[table]{xcolor}
\rowcolors{2}{white}{gray!16}
\begin{longtable}[t]{ l*{11}r }
\hiderowcolors
\caption{A long striped table}\\\toprule
\multicolumn{1}{c}{ } & \multicolumn{5}{c}{Group} & \multicolumn{1}{c}{ } & \multicolumn{5}{c}{Other Group} \\
\cmidrule(l{2pt}r{2pt}){2-6} \cmidrule(l{2pt}r{2pt}){8-12}
\rowcolor{gray!16}  & mpg & cyl & disp & hp & drat & wt & qsec & vs & am & gear & carb\\\midrule
\endfirsthead
\hiderowcolors
\caption{A long striped table \textit{(continued)}}\\\toprule
\multicolumn{1}{c}{ } & \multicolumn{5}{c}{Group} & \multicolumn{1}{c}{ } & \multicolumn{5}{c}{Other Group} \\
\cmidrule(l{2pt}r{2pt}){2-6} \cmidrule(l{2pt}r{2pt}){8-12}
\rowcolor{gray!16}  & mpg & cyl & disp & hp & drat & wt & qsec & vs & am & gear & carb\\\midrule
\endhead
\bottomrule
\endlastfoot
\showrowcolors Mazda RX4 & 21.0 & 6 & 160.0 & 110 & 3.90 & 2.620 & 16.46 & 0 & 1 & 4 & 4\\
Mazda RX4 Wag & 21.0 & 6 & 160.0 & 110 & 3.90 & 2.875 & 17.02 & 0 & 1 & 4 & 4\\
Datsun 710 & 22.8 & 4 & 108.0 & 93 & 3.85 & 2.320 & 18.61 & 1 & 1 & 4 & 1\\
Hornet 4 Drive & 21.4 & 6 & 258.0 & 110 & 3.08 & 3.215 & 19.44 & 1 & 0 & 3 & 1\\
Hornet Sportabout & 18.7 & 8 & 360.0 & 175 & 3.15 & 3.440 & 17.02 & 0 & 0 & 3 & 2\\\addlinespace
Valiant & 18.1 & 6 & 225.0 & 105 & 2.76 & 3.460 & 20.22 & 1 & 0 & 3 & 1\\
Duster 360 & 14.3 & 8 & 360.0 & 245 & 3.21 & 3.570 & 15.84 & 0 & 0 & 3 & 4\\
Merc 240D & 24.4 & 4 & 146.7 & 62 & 3.69 & 3.190 & 20.00 & 1 & 0 & 4 & 2\\
Merc 230 & 22.8 & 4 & 140.8 & 95 & 3.92 & 3.150 & 22.90 & 1 & 0 & 4 & 2\\
Merc 280 & 19.2 & 6 & 167.6 & 123 & 3.92 & 3.440 & 18.30 & 1 & 0 & 4 & 4\\\addlinespace
Merc 280C & 17.8 & 6 & 167.6 & 123 & 3.92 & 3.440 & 18.90 & 1 & 0 & 4 & 4\\
Merc 450SE & 16.4 & 8 & 275.8 & 180 & 3.07 & 4.070 & 17.40 & 0 & 0 & 3 & 3\\
Merc 450SL & 17.3 & 8 & 275.8 & 180 & 3.07 & 3.730 & 17.60 & 0 & 0 & 3 & 3\\
Merc 450SLC & 15.2 & 8 & 275.8 & 180 & 3.07 & 3.780 & 18.00 & 0 & 0 & 3 & 3\\
Cadillac Fleetwood & 10.4 & 8 & 472.0 & 205 & 2.93 & 5.250 & 17.98 & 0 & 0 & 3 & 4\\
\newpage
Honda Civic1 & 30.4 & 4 & 75.7 & 52 & 4.93 & 1.615 & 18.52 & 1 & 1 & 4 & 2\\
Toyota Corolla1 & 33.9 & 4 & 71.1 & 65 & 4.22 & 1.835 & 19.90 & 1 & 1 & 4 & 1\\
Toyota Corona1 & 21.5 & 4 & 120.1 & 97 & 3.70 & 2.465 & 20.01 & 1 & 0 & 3 & 1\\
Dodge Challenger1 & 15.5 & 8 & 318.0 & 150 & 2.76 & 3.520 & 16.87 & 0 & 0 & 3 & 2\\
AMC Javelin1 & 15.2 & 8 & 304.0 & 150 & 3.15 & 3.435 & 17.30 & 0 & 0 & 3 & 2\\\addlinespace
Camaro Z281 & 13.3 & 8 & 350.0 & 245 & 3.73 & 3.840 & 15.41 & 0 & 0 & 3 & 4\\
Pontiac Firebird1 & 19.2 & 8 & 400.0 & 175 & 3.08 & 3.845 & 17.05 & 0 & 0 & 3 & 2\\
Fiat X1-91 & 27.3 & 4 & 79.0 & 66 & 4.08 & 1.935 & 18.90 & 1 & 1 & 4 & 1\\
Porsche 914-21 & 26.0 & 4 & 120.3 & 91 & 4.43 & 2.140 & 16.70 & 0 & 1 & 5 & 2\\
Lotus Europa1 & 30.4 & 4 & 95.1 & 113 & 3.77 & 1.513 & 16.90 & 1 & 1 & 5 & 2\\\addlinespace
Ford Pantera L1 & 15.8 & 8 & 351.0 & 264 & 4.22 & 3.170 & 14.50 & 0 & 1 & 5 & 4\\
Ferrari Dino1 & 19.7 & 6 & 145.0 & 175 & 3.62 & 2.770 & 15.50 & 0 & 1 & 5 & 6\\
Maserati Bora1 & 15.0 & 8 & 301.0 & 335 & 3.54 & 3.570 & 14.60 & 0 & 1 & 5 & 8\\
Volvo 142E1 & 21.4 & 4 & 121.0 & 109 & 4.11 & 2.780 & 18.60 & 1 & 1 & 4 & 2\\
\end{longtable}
```

Tabelle 1: A long striped table

	Group						Other Group				
	mpg	cyl	disp	hp	drat	wt	qsec	vs	am	gear	carb
Mazda RX4	21.0	6	160.0	110	3.90	2.620	16.46	0	1	4	4
Mazda RX4 Wag	21.0	6	160.0	110	3.90	2.875	17.02	0	1	4	4
Datsun 710	22.8	4	108.0	93	3.85	2.320	18.61	1	1	4	1
Hornet 4 Drive	21.4	6	258.0	110	3.08	3.215	19.44	1	0	3	1
Hornet Sportabout	18.7	8	360.0	175	3.15	3.440	17.02	0	0	3	2
Valiant	18.1	6	225.0	105	2.76	3.460	20.22	1	0	3	1
Duster 360	14.3	8	360.0	245	3.21	3.570	15.84	0	0	3	4
Merc 240D	24.4	4	146.7	62	3.69	3.190	20.00	1	0	4	2
Merc 230	22.8	4	140.8	95	3.92	3.150	22.90	1	0	4	2
Merc 280	19.2	6	167.6	123	3.92	3.440	18.30	1	0	4	4
Merc 280C	17.8	6	167.6	123	3.92	3.440	18.90	1	0	4	4
Merc 450SE	16.4	8	275.8	180	3.07	4.070	17.40	0	0	3	3
Merc 450SL	17.3	8	275.8	180	3.07	3.730	17.60	0	0	3	3
Merc 450SLC	15.2	8	275.8	180	3.07	3.780	18.00	0	0	3	3
Cadillac Fleetwood	10.4	8	472.0	205	2.93	5.250	17.98	0	0	3	4

Tabelle 1: A long striped table *(continued)*

	Group						Other Group				
	mpg	cyl	disp	hp	drat	wt	qsec	vs	am	gear	carb
Honda Civic1	30.4	4	75.7	52	4.93	1.615	18.52	1	1	4	2
Toyota Corolla1	33.9	4	71.1	65	4.22	1.835	19.90	1	1	4	1
Toyota Corona1	21.5	4	120.1	97	3.70	2.465	20.01	1	0	3	1
Dodge Challenger1	15.5	8	318.0	150	2.76	3.520	16.87	0	0	3	2
AMC Javelin1	15.2	8	304.0	150	3.15	3.435	17.30	0	0	3	2
Camaro Z281	13.3	8	350.0	245	3.73	3.840	15.41	0	0	3	4
Pontiac Firebird1	19.2	8	400.0	175	3.08	3.845	17.05	0	0	3	2
Fiat X1-91	27.3	4	79.0	66	4.08	1.935	18.90	1	1	4	1
Porsche 914-21	26.0	4	120.3	91	4.43	2.140	16.70	0	1	5	2
Lotus Europa1	30.4	4	95.1	113	3.77	1.513	16.90	1	1	5	2
Ford Pantera L1	15.8	8	351.0	264	4.22	3.170	14.50	0	1	5	4
Ferrari Dino1	19.7	6	145.0	175	3.62	2.770	15.50	0	1	5	6
Maserati Bora1	15.0	8	301.0	335	3.54	3.570	14.60	0	1	5	8
Volvo 142E1	21.4	4	121.0	109	4.11	2.780	18.60	1	1	4	2

```
\usepackage{booktabs}
\usepackage{dcolumn}
\newcommand\mc[1]{\multicolumn{1}{@{}c@{}}{#1}}
\newcolumntype{x}{D{.}{.}{3.2}@{\kern1pt\%\kern10pt}}
\newcolumntype{y}{D{.}{.}{3.1}@{\%\kern10pt}}

\begin{tabular}{@{} r @{\kern2pt} yyy x y x yyy @{}}\toprule
 &\mc{CSY} &\mc{Ezaki}  &\mc{Holz}&\mc{Maddison}&\mc{Wong}    &\mc{Chow}  &\mc{Wang}
   &\mc{Scheibe}&\mc{IMF} \\
 &\mc{}    &\mc{and Sun}&\mc{}    &\mc{}         &\mc{and Chan}&\mc{and Li}&\mc{and Yao}
   &\mc{}       & \mc{}\\
 &\mc{2006}&\mc{1999}   &\mc{2005}&\mc{2007}    &\mc{2003}    &\mc{2002}  &\mc{2003}
   &\mc{2003}   & \mc{}\\\midrule
1978 & 11.7 &\mc{} & 11.7 &  7.71 &\mc{} &  7.60 &  7.6 &  7.6 &\mc{} \\
1979 &  7.6 &\mc{} &  7.6 &  3.37 &\mc{} &  7.81 &  7.8 &  7.6 &\mc{} \\
1980 &  7.8 &\mc{} &  7.8 &  5.98 &\mc{} &  5.26 &  5.2 &  5.2 &  7.9 \\
1981 &  5.2 &  5.2 &  5.2 &  7.52 &  5.3 &  9.01 &  9.1 &  9.1 &  4.7 \\
1982 &  9.1 &  9.3 &  9.1 &  8.48 & 12.1 & 10.89 & 10.9 & 10.9 &  9.1 \\
1983 & 10.9 & 11.2 & 10.9 & 12.45 &  9.6 & 15.18 & 15.2 & 15.2 & 10.9 \\\bottomrule
% \mc{} in leeren Feldern, damit das %-Zeichen nicht ausgegeben wird.
\end{tabular}
```

	CSY 2006	Ezaki and Sun 1999	Holz 2005	Maddison 2007	Wong and Chan 2003	Chow and Li 2002	Wang and Yao 2003	Scheibe 2003	IMF
1978	11.7%		11.7%	7.71 %		7.60 %	7.6%	7.6%	
1979	7.6%		7.6%	3.37 %		7.81 %	7.8%	7.6%	
1980	7.8%		7.8%	5.98 %		5.26 %	5.2%	5.2%	7.9%
1981	5.2%	5.2%	5.2%	7.52 %	5.3 %	9.01 %	9.1%	9.1%	4.7%
1982	9.1%	9.3%	9.1%	8.48 %	12.1 %	10.89 %	10.9%	10.9%	9.1%
1983	10.9%	11.2%	10.9%	12.45 %	9.6 %	15.18 %	15.2%	15.2%	10.9%

```
\usepackage{array}
\newcolumntype{C}[1]{@{} >{\rule[0.5\dimexpr-#1+1.2ex]{0pt}{#1}\hfil$} p{#1} <{$\hfil}@{}}

{\huge$\begin{array}{|C{2cm} | C{2cm} |}\hline
  I_{r \times r} & 0 \\\hline  0 & 0 \\\hline
\end{array} $}
$\begin{array}{|C{1.5cm} | C{1.5cm} |}\hline
  I_{r \times r} & 0 \\\hline  0 & 0 \\\hline
\end{array} $
```

$I_{r \times r}$	0
0	0

$I_{r \times r}$	0
0	0

```
\usepackage{array,mathtools}
\newcolumntype{L}{>{$}l<{$}}  \newcolumntype{R}{>{$}r<{$}}
\def\V{\makebox[\widthof{=}]{$|$}} \def\mc#1{\multicolumn{2}{@{}l@{}}{#1}}

\begin{tabular}{@{} p{5mm} R @{ } L L}
\mc{Label1...}                                \\
  & name1 ::= & choice11...  &comment11.   \\
  &          \V & choice12..   &comment12.. \\
```

```
  &         \V & chocie13.    &comment13...\\[10pt]
\mc{Label2...}                             \\
  & name1 ::= & choice21...  &comment21.   \\
  &         \V & choice22..   &comment22.. \\
  &         \V & chocie23.    &comment23...\\
\end{tabular}
```

Label1...

*name*1	::=	*choice*11...	*comment*11.
	|	*choice*12..	*comment*12..
	|	*chocie*13.	*comment*13...

Label2...

*name*1	::=	*choice*21...	*comment*21.
	|	*choice*22..	*comment*22..
	|	*chocie*23.	*comment*23...

```
\usepackage{booktabs, siunitx, graphicx,caption}
\def\RB#1{\rotatebox{90}{#1}}

\begin{tabular}{
   @{}l
   S[table-format=5.0] S[table-format=4.0] S[table-format=3.0] S[table-format=3.0]
   S[table-format=4.0] S[table-format=2.2] S[table-format=2.2] S[table-format=1.2]
   @{}} \toprule
\RB{Year} & \RB{Risk Set} & \RB{Graduated}  & \RB{\shortstack{Academically\\Excluded}} &
  \RB{Transferred} & \RB{Censored} & \RB{\shortstack{Hazard Ratio -\\Graduates}} &
  \RB{\shortstack{Hazard Ratio -\\Academically\\ Excluded}} &
  \RB{\shortstack{Hazard Ratio -\\Transferred}} \\\midrule
1 & 13 298 & 0 & 725 & 583 & 1915 & 0.00 & 5.45 & 4.38  \\
2 & 10 075 & 0 & 474 & 176 & 1617 & 0.00 & 4.70 & 1.75 \\
3 & 7 808 & 1266 &  334 &   38 &    1030 &  16.21 & 4.28 &  0.49 \\
4 & 5 139 & 2782 &  147 &   2 & 455 &   54.14 & 2.86 &  0.04 \\
5 & 1 754 & 1135 &  76 &    2 & 205&    64.71 & 4.33 &  0.11 \\
6 & 336 &   235 &   17 &    0 & 39 &    69.94 & 5.06 &  0.00 \\
7 & 45 &    28 &    7 & 0 & 5 & 62.22 & 15.56 & 0.00 \\
8 & 5 & 3 & 0 & 0 & 2   & 60.00 &    0.00 &  0.00 \\
\bottomrule
\end{tabular}
```

Year	Risk Set	Graduated	Academically Excluded	Transferred	Censored	Hazard Ratio - Graduates	Hazard Ratio - Academically Excluded	Hazard Ratio - Transferred
1	13 298	0	725	583	1915	0.00	5.45	4.38
2	10 075	0	474	176	1617	0.00	4.70	1.75
3	7808	1266	334	38	1030	16.21	4.28	0.49
4	5139	2782	147	2	455	54.14	2.86	0.04
5	1754	1135	76	2	205	64.71	4.33	0.11
6	336	235	17	0	39	69.94	5.06	0.00
7	45	28	7	0	5	62.22	15.56	0.00
8	5	3	0	0	2	60.00	0.00	0.00

```
\usepackage{array,graphicx,booktabs,pifont}
\usepackage[table]{xcolor}
\newcommand*\rot{\rotatebox{90}}   \newcommand*\OK{\ding{51}}

\begin{tabular}{@{} cr*{10}c }
  & & \multicolumn{10}{c}{Knowledge Areas} \\[1ex]
\rowcolor{blue!30} \cellcolor{white}
  & & \rot{Integration} & \rot{Scope} & \rot{Time} & \rot{Cost}
    & \rot{Quality} & \rot{Human Resource~} & \rot{Communication}
    & \rot{Risk} & \rot{Procurement} & \rot{\shortstack[l]{Stakeholder\\Management}} \\
    \cmidrule{2-12}
\rowcolor{black!15} \cellcolor{white}
  & Initiating   &\OK &    &    &    &    &\OK &    &    &\OK \\
  & Planning     &\OK &\OK &\OK &\OK &\OK &\OK &\OK &\OK &\OK &\OK \\
\rowcolor{black!15} \cellcolor{white}
  & Executing    &\OK &    &    &    &\OK &\OK &\OK &    &\OK &\OK \\
  & Monitoring and Control
                 &\OK &\OK &\OK &\OK &\OK &    &\OK &\OK &\OK &\OK \\
\rowcolor{black!15} \cellcolor{white}
 \rot{\rlap{~Processes}}
  & Closing      &\OK &    &    &    &    &    &\OK &    &\OK &\OK \\\cmidrule[1pt]{2-12}
   \end{tabular}
```

		Knowledge Areas									
		Integration	Scope	Time	Cost	Quality	Human Resource	Communication	Risk	Procurement	Stakeholder Management
Processes	Initiating	✓						✓			✓
	Planning	✓	✓	✓	✓	✓	✓	✓	✓	✓	✓
	Executing	✓				✓	✓	✓		✓	✓
	Monitoring and Control	✓	✓	✓	✓	✓		✓	✓	✓	✓
	Closing	✓						✓		✓	✓

Tabellenmakros oder -umgebungen, die ihren Inhalt zwecks Formatierung mehr als einmal lesen, haben Schwierigkeiten beim Färben von Tabellenzeilen, da sie den entsprechenden Zeilenzähler nicht zurücksetzen. Da dieser benutzt wird, um gerade und ungerade Zeilen zu unterscheiden, kommt es dann zu einer falschen Farbreihenfolge. Eine Abhilfe schafft ein automatisches Zurücksetzen des Zählers **`rownum`**.

ID	*Requirement*
REQ1	Requirement 1
REQ1	Requirement 1
REQ1	Requirement 1
REQ2	Requirement 2

```
\usepackage[table]{xcolor}
\usepackage{tabulary}
\definecolor{light-grey}{gray}{0.9}
%%%%------------- important! ------------%%%%
\let\Tabular\tabular
\def\tabular{\global\rownum=0\relax\Tabular}

\rowcolors{2}{light-grey}{white}
\begin{tabulary}{\textwidth}{|l|L|}\hline
\emph{ID} & \emph{Requirement} \\ \hline
REQ1        & Requirement 1 \\
REQ1        & Requirement 1 \\
REQ1        & Requirement 1 \\
REQ2        & Requirement 2 \\\hline
\end{tabulary}
```

Bei der Anwendung des Paketes **listings** innerhalb einer Tabelle kommt es zu Problemen, wenn das Listing mithilfe von **\multicolumn** über mehrere Spalten gehen soll. In solchen Fällen hilft nur ein Trick mit dem Paket **varwidth**:

1st line 2nd line	
some text	some text

```
\usepackage{listings,array,varwidth}
\lstset{basicstyle=\ttfamily}

\begin{tabular}{ |l|l| } \hline
\multicolumn{2}{|@{\kern\tabcolsep}}{}%% empty arguments!!
\begin{varwidth}{\linewidth}
\begin{lstlisting}
1st line
2nd line
\end{lstlisting}
\end{varwidth}\hfill\vline \\ \hline
some text & some text \\ \hline
\end{tabular}
```

Das Erzeugen von leeren Tabellen mit fortlaufender Zeilenzählung kann über eine Tokenliste erreicht werden.

```
\usepackage{longtable}  \newcounter{xyz}\newcounter{uvw}
\makeatletter
\newtoks\@tabtoks
\newcommand\addtabtoks[1]{\@tabtoks\expandafter{\the\@tabtoks#1}}
\newcommand*\resettabtoks{\@tabtoks{}\setcounter{xyz}{1}}  \newcommand*\printtabtoks{\the\@tabtoks}
\makeatother

\resettabtoks
\loop\ifnum\theuvw<10\relax
  \stepcounter{uvw}\addtabtoks{\thexyz\stepcounter{xyz}
     & & & & \\\hline}%
\repeat
\begin{longtable}{|*5{c|}}\hline
\emph{Nr.} & \emph{Vorname} & \emph{Nachname} &
   \emph{Anschrift} & \emph{Unterschrift}\\\hline
\printtabtoks
\end{longtable}
```

Nr.	*Vorname*	*Nachname*	*Anschrift*	*Unterschrift*
1				
2				
3				
4				
5				
6				
7				
8				
9				
10				

```
\usepackage{tabularx}  \usepackage[table]{xcolor}
\newenvironment{Merksatz}[1][blue]{\par%  neuen Absatz beginnen
   \tabularx{\linewidth}{@{} >{\columncolor{#1!22}}l >{\columncolor{#1!11}}X @{}}}
  {\endtabularx}\par

\begin{Merksatz}
SPD & Die Sozialdemokratische Partei Deutschlands ist eine bundesweit vertretene politische Partei
      in Deutschland. Sie ist eine politische Wiedergründung der Nachkriegszeit vom Oktober 1945
```

```
      und bezeichnet sich seit dem Godesberger Programm von 1959 als „linke "Volkspartei.
\end{Merksatz}

\begin{Merksatz}[red]
CDU & Die Christlich Demokratische Union Deutschlands ist eine politische Partei in allen deutschen
      Ländern mit Ausnahme des Freistaates Bayern. Sie bezeichnet sich als die Volkspartei der Mitte.
      Sie beschreibt als ihre Grundwerte „Freiheit, Solidarität, "Gerechtigkeit, die sich aus „ihren
      christlich-sozialen, liberalen und wertkonservativen "Wurzeln ableiten würden
\end{Merksatz}
```

SPD	Die Sozialdemokratische Partei Deutschlands ist eine bundesweit vertretene politische Partei in Deutschland. Sie ist eine politische Wiedergründung der Nachkriegszeit vom Oktober 1945 und bezeichnet sich seit dem Godesberger Programm von 1959 als „linke Volkspartei“.
CDU	Die Christlich Demokratische Union Deutschlands ist eine politische Partei in allen deutschen Ländern mit Ausnahme des Freistaates Bayern. Sie bezeichnet sich als die Volkspartei der Mitte. Sie beschreibt als ihre Grundwerte „Freiheit, Solidarität, Gerechtigkeit“, die sich aus „ihren christlich-sozialen, liberalen und wertkonservativen Wurzeln“ ableiten würden

Listen innerhalb einer Tabelle führen oft zu ungünstigen Abständen insbesondere nach einer Liste. Mithilfe des Pakets **enumitem** lassen sich auf einfache Weise alle Parameter so modifizieren, dass es keine Probleme innerhalb einer Tabelle gibt.

```
\usepackage{tabularx,xcolor,enumitem}  \newlist{Itemize}{itemize}{4}
\setlist[Itemize]{noitemsep,topsep=0pt,label=\textbullet,parsep=0pt,leftmargin=*,after=\vspace*{-\baselineskip}}

\begin{tabularx}{\textwidth}{l !{\color{blue}\vline width 3pt} >{\scriptsize}X}
Contexte & Classification des dunes selon leur mécanisme de croissance, leur
orientation et leur forme. Bonne compréhension :
  \begin{Itemize}
  \item du mécanisme de croissance lié à une disponibilité en sédiment grande.
  \item de la croissance sous un vent unidirectionnel.
  \end{Itemize}   \\
Objectifs & Étude de l'orientation longitudinale :
  \begin{Itemize}
  \item Développement d'un formalisme sous des vents multidirectionnels.
  \item Etude des dunes longitudinales dans le cas d'une faible disponibilité en sédiment. (\emph{Fingering mode})
  \item Inversion: données topographiques $\longrightarrow$ Données de vents $\rightarrow$ paléo-climats.
  \end{Itemize} \\
Outils & Modèle numérique (Rescal), Données expérimentales, Théorie.
\end{tabularx}
```

Contexte	Classification des dunes selon leur mécanisme de croissance, leur orientation et leur forme. Bonne compréhension : • du mécanisme de croissance lié à une disponibilité en sédiment grande. • de la croissance sous un vent unidirectionnel.
Objectifs	Étude de l'orientation longitudinale : • Développement d'un formalisme sous des vents multidirectionnels. • Etude des dunes longitudinales dans le cas d'une faible disponibilité en sédiment. (*Fingering mode*) • Inversion : données topographiques $\cup$ Données de vents $\mathcal{E}$ paléo-climats.
Outils	Modèle numérique (Rescal), Données expérimentales, Théorie.

Das Einfügen grafischer Elemente in eine Tabelle ist nur hinsichtlich der Spaltenbreiten ein kleines Problem. Das folgende Beispiel benutzt das Grafikpaket PSTricks, sodass das Beispiel mit XƎLaTeX oder besser LuaLaTeX übersetzt werden muss. Für pdfLaTeX gibt es die Alternative durch das Paket **auto-pst-pdf** und Anwendung der Umgebung **postscript**. Allerdings ist dann für die Tabelle kein Seitenumbruch mehr möglich.

```
\usepackage{booktabs,longtable,pst-plot}  \psset{xunit=0.75} % Needs a lualatex run
\def\Bar#1 \pm #2;{\psframe[fillstyle=solid,fillcolor=black!20](!#1 6 sub 0.5)%
  \rput(!#1 6 sub 0.25){\psline{|-|}(-#2,0)(#2,0)}}

\def\arraystretch{1.8}
\begin{longtable}{@{} l l r l @{}}\toprule
Smoothing  & Inter-   &  PER $\pm1$ sd & \\[-5mm]
method     & polation &                & \\\midrule
\endhead
Good-Turing          & no  & $8.28 \pm 0.12$ & \Bar8.28 \pm 0.12;\\
Witten--Bell         & no  & $8.00 \pm 0.13$ & \Bar8.00 \pm 0.13;\\
absolute disc. of 0.9 & no  & $11.71 \pm 0.14$ & \Bar11.71 \pm 0.14;\\
original Kneser--Ney  & no  & $8.62 \pm 0.13$ & \Bar8.62 \pm 0.13;\\
modified Kneser--Ney  & no  & $9.18 \pm 0.13$ & \Bar9.18 \pm 0.13;\\
Witten--Bell         & yes & $7.68 \pm 0.12$ & \Bar7.68 \pm 0.12;\\
absolute disc. of 0.5 & yes & $8.03 \pm 0.13$ & \Bar8.03 \pm 0.13;\\
absolute disc. of 0.8 & yes & $7.56 \pm 0.13$ & \Bar7.56 \pm 0.13;\\
absolute disc. of 0.9 & yes & $7.52 \pm 0.12$ & \Bar7.52 \pm 0.12;\\
absolute disc. of 1.0 & yes & $8.24 \pm 0.13$ & \Bar8.24 \pm 0.13;\\
original Kneser--Ney  & yes & $6.86 \pm 0.12$ & \Bar6.86 \pm 0.12;\\
modified Kneser--Ney  & yes & $6.75 \pm 0.12$ & \Bar6.75 \pm 0.12;\\[-4mm]
\rule[-5mm]{0pt}{0mm} & & &  \makebox[5cm][l]{\psaxes[yAxis=false,Ox=6.0,Dx=2,subticks=5,
                          xticksize=0 2mm,xsubticksize=0.5](6,0)}\\\bottomrule
\end{longtable}
```

Smoothing method	Inter-polation	PER ± 1 sd	
Good-Turing	no	8.28 ± 0.12	
Witten–Bell	no	8.00 ± 0.13	
absolute disc. of 0.9	no	11.71 ± 0.14	
original Kneser–Ney	no	8.62 ± 0.13	
modified Kneser–Ney	no	9.18 ± 0.13	
Witten–Bell	yes	7.68 ± 0.12	
absolute disc. of 0.5	yes	8.03 ± 0.13	
absolute disc. of 0.8	yes	7.56 ± 0.13	
absolute disc. of 0.9	yes	7.52 ± 0.12	
absolute disc. of 1.0	yes	8.24 ± 0.13	
original Kneser–Ney	yes	6.86 ± 0.12	
modified Kneser–Ney	yes	6.75 ± 0.12	

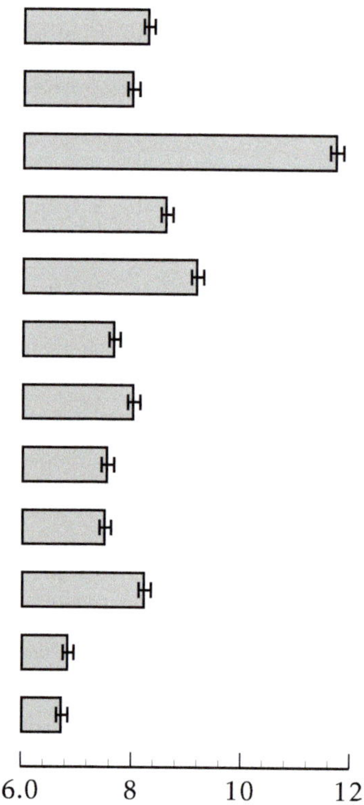

```
\usepackage{pgfplotstable,array,booktabs}   \newcolumntype{C}{@{} c @{}}

\def \arraystretch{1.5}
\pgfplotstabletypeset[
  column type=,
  begin table={\small\begin{tabular}{@{}l*8c@{}}},
  end table={\end{tabular}},
  col sep = comma,
  string type,
  every head row/.style={
    before row={\toprule
      & \multicolumn{4}{C}{ADF Fisher unit root test} &
         \multicolumn{4}{C}{Phillips-Perron Fisher unit root test} \\\cmidrule{2-9}
      &  \multicolumn{2}{C}{Without trend} &
         \multicolumn{2}{C}{With trend} &
         \multicolumn{2}{C}{Without trend} &
         \multicolumn{2}{C}{With trend} \\\cmidrule{2-9}
    },
    after row={\bottomrule}
  },
  every last row/.style={after row=\bottomrule},
]{%
  \space,Chi0,P0,Chi1,P1,Chi2,P2,Chi3,P3
 Variable XXXXXXXXXX,-9.49,0,-8,0,-7.14,0,-4.6,0
 Variable YYYYYYYYYY,-8.73,0,-7.45,0,-7.18,0,-4.92,0
 Variable ZZZZZZZZZZ,-5.05,0,-8.19,0,-3.75,0,-3.5,0
 Variable WWWWWWWWWW,-17.85,0,-15.85,0,-10.73,0,-8.47,0
 Variable VVVVVVVVVV,-7.32,0,-7.19,0,-7.08,0,-6.04,0
}
```

	ADF Fisher unit root test				Phillips-Perron Fisher unit root test			
	Without trend		With trend		Without trend		With trend	
	Chi0	P0	Chi1	P1	Chi2	P2	Chi3	P3
Variable XXXXXXXXXX	-9.49	0	-8	0	-7.14	0	-4.6	0
Variable YYYYYYYYYY	-8.73	0	-7.45	0	-7.18	0	-4.92	0
Variable ZZZZZZZZZZ	-5.05	0	-8.19	0	-3.75	0	-3.5	0
Variable WWWWWWWWWW	-17.85	0	-15.85	0	-10.73	0	-8.47	0
Variable VVVVVVVVVV	-7.32	0	-7.19	0	-7.08	0	-6.04	0

```
\usepackage{tabularx,diagbox}

\begin{tabularx}{\textwidth}{|X|c|c|c|}\hline
\backslashbox[\dimexpr\linewidth+2\tabcolsep]{Task}{Question} & 1 & 2 & 3\\\hline
  What? & Yes & Yes & Yes \\\hline
\end{tabularx}
```

Task \ Question	1	2	3
What?	Yes	Yes	Yes

```
\usepackage{hhline,tabularx,ragged2e}
\newcommand*\Lcs[1]{\texttt{\textbackslash#1}}
\newcolumntype{C}{>{\Centering}X}
\renewcommand\tabularxcolumn[1]{m{#1}}

\begin{tabularx}{\linewidth}{||C|C|C||>{\RaggedRight}X|>{\RaggedLeft}X||}\hhline{|t:===t==:t|}
```

```
  Column 1 & Column 2 & Column 3 & Column 4 & Column 5\\
   (cm)    &   (pc)   & ($m^3$)  &          &          \\\hhline{||-|-|--|-||}
  $12.3\pm 0.3$\newline$98.8\pm0.4$ &  $154.2\pm0.8$ \newline$245.3\pm0.9$ &
       11.2\newline31.8 & 67.8\newline134.2 & 13\newline27 \\ \hhline{||-|-|-||~|~||}
  \multicolumn{3}{||c||}{this text spans 3 columns} & & \\\hhline{||-|-|--|-||}
  \RaggedRight this text spans 4 rows and is centered vertically  & like this
       & you can tweak the line breaks using \Lcs{newline}
       & & \Centering and center text horizontally as well \\\hhline{||=:=:=#=:=||}
  \multicolumn{3}{||p{6cm}||}{You can even combine the \Lcs{multicolumn}
                       and the \Lcs{multirow} commands} & & \\\hhline{|b:=:=:=b=:=:b|}
\end{tabularx}
```

<table>
<tr><td>Column 1
(cm)</td><td>Column 2
(pc)</td><td>Column 3
(m^3)</td><td>Column 4</td><td>Column 5</td></tr>
<tr><td>12.3 , 0.3
98.8 , 0.4</td><td>154.2 , 0.8
245.3 , 0.9</td><td>11.2
31.8</td><td rowspan="2">67.8
134.2</td><td rowspan="2">13
27</td></tr>
<tr><td colspan="3">this text spans 3 columns</td></tr>
<tr><td>this text spans 4 rows and is centered vertically</td><td>like this</td><td>you can tweak the line breaks using \newline</td><td></td><td>and center text horizontally as well</td></tr>
<tr><td colspan="3">You can even combine the \multicolumn and the \multirow commands</td><td></td><td></td></tr>
</table>

```
\usepackage{threeparttablex,booktabs, makecell}

\small\renewcommand{\cellalign}{tl}
\begin{threeparttable}
\caption{Estimation Results Eqs. (10) and (11)}
\begin{tabular}{@{} c @{}}
\begin{tabular}[t]{l*{2}{S[table-format=-2.3, table-space-text-post = {***}]}}\toprule
\multicolumn{1}{l}{Variable} & \multicolumn{1}{l}{US TP} & \multicolumn{1}{l}{US OIS} \\\midrule
  Constant & 0.059 & -0.095 \\ $\Delta y_{t-1}$ & -0.267*** & \\\midrule
  \multicolumn{3}{c}{\textbf{QE 1}} \\\midrule
  25-11-2008 & 4.142 & -29.389***\\\MC{25-11-2008\\ ($t+1$)} & -1.899 & -6.033 \\\addlinespace
  01-12-2008 & 0.284 & -19.282***\\\MC{28-01-2009\\ ($t+1$)} & -3.065 & 20.982*** \\\addlinespace
  18-03-2009 & -17.389*** & -38.322*** \\\MC{18-03-2009\\ ($t+1$)} & -11.911*** & 7.639 \\\midrule
  \multicolumn{3}{c}{\textbf{QE 2}} \\\midrule
  10-08-2010 & -1.085 & -4.305 \\ \MC{10-08-2010\\ ($t+1$)} & -2.208 & -4.024 \\\addlinespace
  27-08-2010 & -0.260 & 17.874*** \\\MC{15-10-2010\\ ($t+1$)} & 1.456 & -5.798 \\\addlinespace
  03-11-2010 & -0.211 & -2.045 \\\MC{03-11-2010\\($t+1$)} & -7.182*** & -3.722 \\\addlinespace\midrule
  \multicolumn{3}{c}{\textbf{FG \& OT}} \\\midrule
  09-08-2011 & 8.191*** & -8.668 \\\MC{09-08-2011\\ ($t+1$)} & 2.114 & -14.568** \\\addlinespace
\end{tabular} \hfill
\begin{tabular}[t]{l*{2}{S[table-format=-2.3, table-space-text-post = {***}]}}\toprule
\multicolumn{1}{l}{Variable} & \multicolumn{1}{l}{US TP} & \multicolumn{1}{l}{US OIS} \\\midrule
  20-06-2012 & -2.264 & 3.829 \\ \MC{20-06-2012\\ ($t+1$)} & -2.247 & -2.510 \\\addlinespace
  25-01-2012 & -2.363 & -5.459 \\\MC{25-01-2012\\($t+1$)} & -1.170 & -5.140 \\\midrule
  \multicolumn{3}{c}{\textbf{QE 3}} \\\midrule
  22-08-2012 & 0.217 & -10.419* \\\MC{22-08-2012\\($t+1$)} & -4.278*** & -0.952 \\\addlinespace
  12-12-2012 & 0.063 & 4.113 \\\MC{12-12-2012\\ ($t+1$)} & 0.035 & 2.671 \\\midrule
  \multicolumn{3}{c}{\textbf{Tapering}} \\\midrule
  22-05-2013 & -2.957 & 11.709*\\\MC{22-05-2013\\($t+1$)} & 1.230 & -1.666 \\\addlinespace
  18-12-2013 & -3.518 & 6.574 \\\MC{18-12-2013 \\($t+1$)} & 0.310 & 5.909 \\\midrule
  $ECB_t$ &-0.515 & 1.801** \\ $ \Delta CESI_{vs}$ & & 0.161*** \\\midrule
  Observations & {1973} & {1994} \\ \MC{R-squared\\ (adj.)} & 0.135 & 0.096 \\\bottomrule
\end{tabular}
\end{tabular}
\begin{tablenotes}\footnotesize
  \item \textit{Notes}: US TP and US OIS refer to the dependent variables in
    Eqs. (11) and (10), respectively. The results are shown in basis points.
  \item Day $t$ refers to the announcement date described in Table 2. *, **, ***
    denote the 10 percent, 5 percent and 1 percent significance levels, respectively.
\end{tablenotes}
\end{threeparttable}
```

Table 1: Estimation Results Eqs. (10) and (11)

Variable	US TP	US OIS
Constant	0.059	*0.095
Δy_{t*1}	*0.267***	
QE 1		
25-11-2008	4.142	*29.389***
25-11-2008 $(t+1)$	*1.899	*6.033
01-12-2008	0.284	*19.282***
28-01-2009 $(t+1)$	*3.065	20.982***
18-03-2009	*17.389***	*38.322***
18-03-2009 $(t+1)$	*11.911***	7.639
QE 2		
10-08-2010	*1.085	*4.305
10-08-2010 $(t+1)$	*2.208	*4.024
27-08-2010	*0.260	17.874***
15-10-2010 $(t+1)$	1.456	*5.798
03-11-2010	*0.211	*2.045
03-11-2010 $(t+1)$	*7.182***	*3.722
FG & OT		
09-08-2011	8.191***	*8.668
09-08-2011 $(t+1)$	2.114	*14.568**
20-06-2012	*2.264	3.829
20-06-2012 $(t+1)$	*2.247	*2.510
25-01-2012	*2.363	*5.459
25-01-2012 $(t+1)$	*1.170	*5.140
QE 3		
22-08-2012	0.217	*10.419*
22-08-2012 $(t+1)$	*4.278***	*0.952
12-12-2012	0.063	4.113
12-12-2012 $(t+1)$	0.035	2.671
Tapering		
22-05-2013	*2.957	11.709*
22-05-2013 $(t+1)$	1.230	*1.666
18-12-2013	*3.518	6.574
18-12-2013 $(t+1)$	0.310	5.909
ECB_t	*0.515	1.801**
$\Delta CESI_{vs}$		0.161***
Observations	1973	1994
R-squared (adj.)	0.135	0.096

Notes: US TP and US OIS refer to the dependent variables in Eqs. (11) and (10), respectively. The results are shown in basis points.
Day *t* refers to the announcement date described in Table 2. *, **, *** denote the 10 percent, 5 percent and 1 percent significance levels, respectively.

TEX

Kapitel 8

Fragen und Antworten

8.1 DANTE e.V. 251
8.2 Dokumentationen 251
8.3 Tabellen als Gleitobjekte 253
8.4 Von pdfLaTeX nach LuaLaTeX/XeLaTeX 255
8.5 Beispielprogramme 256

8.1 DANTE e.V.

Die »Deutschsprachige Anwendervereinigung TeX e.V.« (**`http://www.dante.de`**) wurde 1989 mit dem Ziel gegründet, den deutschsprachigen Raum in allen Belangen, die das Satzsystem TeX betreffen, zu unterstützen. Unterstützt durch fast 2000 Mitglieder fördert und entwickelt DANTE e.V. Software und Literatur zur Unterstützung von TeX, organisiert Tagungen und veröffentlicht die Zeitschrift »Die TeXnische Komödie«. Mitglieder erhalten diese Zeitschrift und die jährliche DVD TeX-Collection kostenlos, welche TeXLive, MacTeX und den CTAN-Abzug (**`http://www.ctan.org`**) enthält. Eine erste Anlaufstation für Fragen und Problemen im Umgang mit LaTeX, die nicht mit diesem Buch gelöst werden können, sollte die FAQ von DANTE e.V. sein, die unter **`http://projekte.dante.de/DanteFAQ/WebHome`** zu erreichen ist. Dort erhält man auch alle ergänzenden Informationen zu öffentlichen Mailinglisten und Newsgruppen.

8.2 Dokumentationen

Bis auf relativ wenige Ausnahmen kommt jedes Paket mit einer eigenen Dokumentation, die ebenso zur TeX-Distribution gehört, wie die Stil- oder Klassendatei des Pakets. Diese Dokumentation kann über den Befehl texdoc jederzeit aufgerufen werden. Je nach vorhandenem Betriebssystem wird ein entsprechender Betrachter gestartet, der die

Datei anzeigt. Abbildung 8.1 zeigt das Ergebnis vom Aufruf »**texdoc tabularx**« für das Betriebssystem macOS. Für andere Systeme ergibt sich faktisch dieselbe Ausgabe.

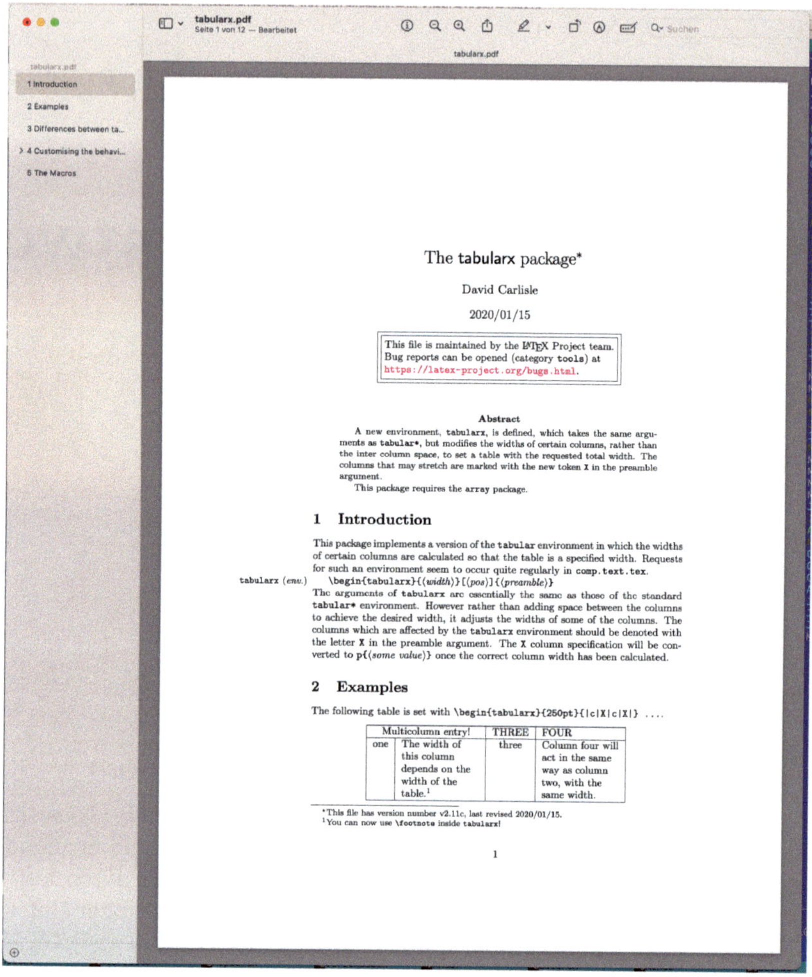

Abbildung 8.1: Anzeige der Paketdokumentation mit dem Programm texdoc unter macOS.

Alternativ kann man auch die grafische Umgebung texdoctk aufrufen (Abbildung 8.2), die aber nicht ganz aktuell ist, da ihre Liste der Pakete, die man durch Klicken auf einen der Auswahlbutton bekommt, etwas veraltet ist. Ein Beispiel der Ausgabe zeigt Abbildung 8.3 auf der nächsten Seite.

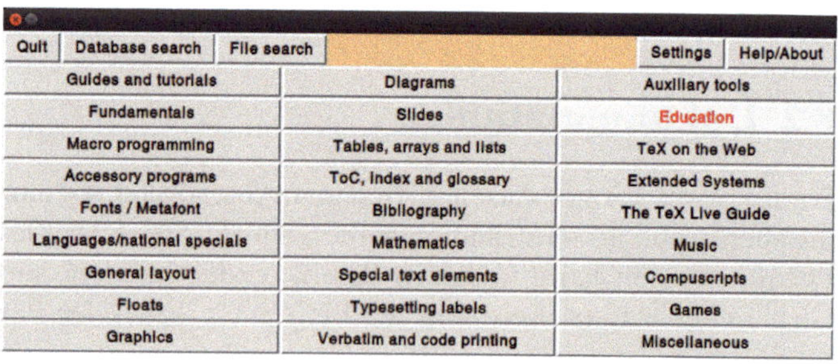

Abbildung 8.2: Das Menü (grafische Oberfläche) des Programms texdoctk, welches sowohl bei TEXLive als auch MiKTEX vorhanden ist.

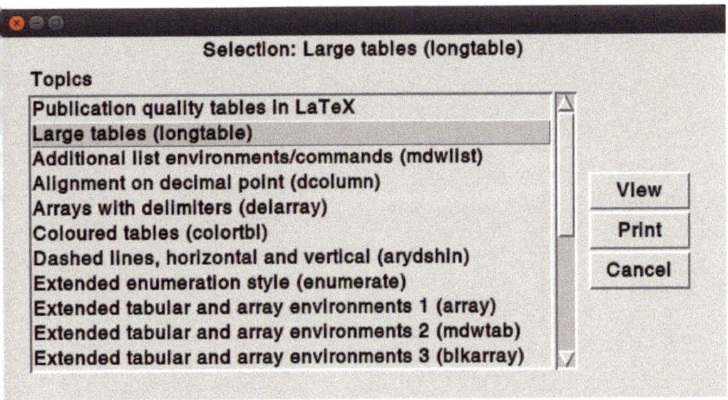

Abbildung 8.3: Auswahlmenü der Option »Tabellen und Listen«.

Manche Paketautoren verzichten auf eine eigenständige Dokumentation und geben Kurzhinweise direkt in der Paketdatei selbst, beispielsweise für das Paket **threeparttable**. Unter der Voraussetzung, dass ein entsprechender Link zu dem Paket besteht, zeigt texdoc dann auch diese Datei an. Den Speicherort des Paketes findet man durch Ausführen des Befehls **kpsewhich ‹Datei›**, der für Windows mit der Eingabeaufforderung das in Abbildung 8.4 gezeigte Ergebnis liefert. Gibt es keine Ausgabe, so ist das Paket nicht installiert oder der Paketname wurde falsch geschrieben.

Abbildung 8.4: Anwendung des Programms kpsewhich unter der Windows Eingabeaufforderung

Mit einem normalen Editor kann diese Datei jetzt geladen und die Beschreibung gelesen werden.

TEX-Quellen

Sehr häufig können die TEX-Quellen der Dokumentation eine Hilfe sein; der Anwender kann direkt nachvollziehen, wie gewisse Dinge erreicht wurden. Alle Quelldateien findet man für TEXLive im Verzeichnis **$TEXMF/texmf-dist/source/latex/** und für MiKTEX im Verzeichnis ...**\hologoRobust{MiKTeX}2.9\source**[1].

8.3 Tabellen als Gleitobjekte

Eine Tabelle vom Typ **longtable** inkrementiert intern den Zähler **table**, auch wenn die Tabelle selbst keinen **\caption**-Befehl aufweist. Dadurch kann es zu einer falschen Zählung kommen, wenn *nach* der **longtable** noch eine Gleitumgebung vom Typ **table** folgt. Im folgenden Beispiel wird die Gleitumgebung durch TEX zwar vor die **longtable** gesetzt, hat aber trotzdem die falsche Nummer.

[1] Für andere MiKTEX-Versionen ist der Pfad entsprechend anzupassen.

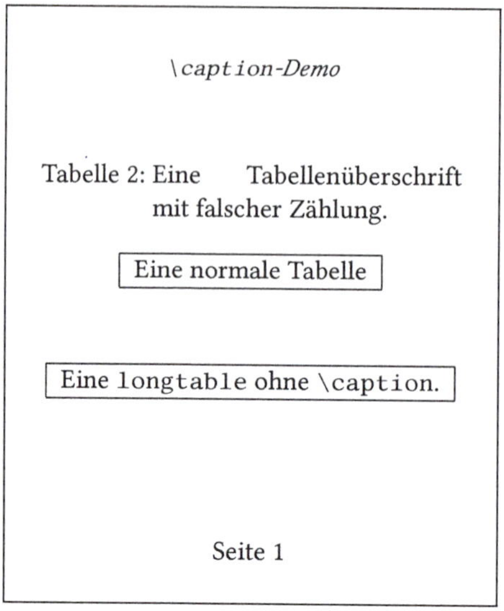


```
\usepackage{longtable}

\begin{longtable}{|c|}\hline
Eine \texttt{longtable} ohne
\texttt{\textbackslash caption}.\\\hline
\end{longtable}

\begin{table}
\centering
\caption{Eine Tabellenüberschrift mit
        falscher Zählung.}
\begin{tabular}{|c|}\hline
Eine normale Tabelle\\\hline
\end{tabular}
\end{table}
```

Das Problem kann behoben werden, indem bei einer **longtable** *ohne* Beschriftung der Tabellenzähler **table** nach der Tabelle um Eins heruntergesetzt wird.

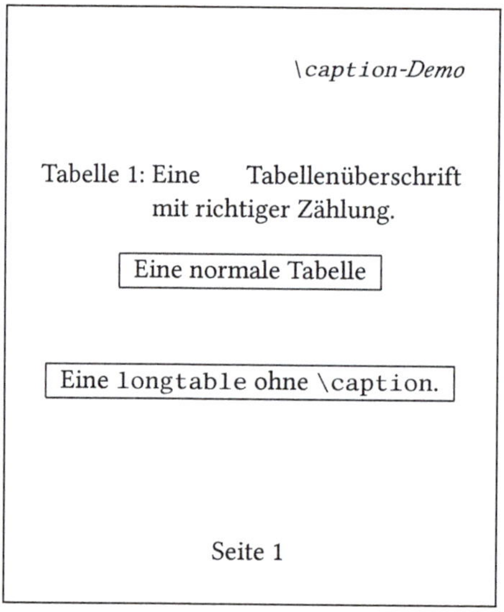


```
\usepackage{longtable}

\begin{longtable}{|c|}\hline
Eine \texttt{longtable} ohne
\texttt{\textbackslash caption}.\\\hline
\end{longtable}
\addtocounter{table}{-1}%%%%%

\begin{table}
\centering
\caption{Eine Tabellenüberschrift mit
        richtiger Zählung.}
\begin{tabular}{|c|}\hline
Eine normale Tabelle\\\hline
\end{tabular}
\end{table}
```

Nichtgleitende Umgebungen sollte man nicht mit dem Paket **float** und dem Platzierungsparameter **H** realisieren, sondern über eine eigene Umgebung. Durch die Anwendung einer **minipage** ist sichergestellt, dass kein Seitenumbruch zwischen der Beschriftung und der Tabelle selbst erfolgen kann. Grundsätzlich ist das Nichtgleiten von Tabellen zu vermeiden; für TeX und den Textsatz ist die Tabelle wie ein einzelnes großes Zeichen und erschwert dadurch deutlich den Satz des Textes.

Text vor der Tabelle:

Tabelle 1: Eine Tabelle, die genau hier erscheint.

Eine normale Tabelle

Text nach der Tabelle ...

1

```
\makeatletter
\newenvironment{Table}% Nichtgleitend
  {\par\minipage{\linewidth}
   \def\@captype{table}}
  {\endminipage\par}
\makeatother

Text vor der Tabelle:

\begin{Table}
\centering
\caption{Eine Tabelle, die genau
  hier erscheint.}
\begin{tabular}{|c|}\hline
Eine normale Tabelle\\\hline
\end{tabular}
\end{Table}
Text nach der Tabelle \ldots
```

8.4 Von pdfLaTeX nach LuaLaTeX/XeLaTeX

Grundsätzlich ist der Übergang von pdfLaTeX zu XeLaTeX oder LuaLaTeX zu empfehlen. Der Vorteil eines Systems, welches eine volle Unicodeunterstützung liefert, gegenüber den sehr eingeschränkten Möglichkeiten von pdfLaTeX, ist einfach unübersehbar. Die notwendigen Änderungen in bestehenden Dokumenten halten sich in Grenzen; lediglich die Kodierung und die Schriftwahl muss angepasst werden. Das Laden des Paketes **inputenc** kann komplett entfallen, denn ist der Standard. Anstelle des Paketes **fontenc** wird **fontspec** (font specification) geladen.

```
\usepackage[T1]{fontenc}
\usepackage[utf8]{inputenc}   ⇒ \usepackage{fontspec}
```

Bei pdfLaTeX wurden die Schriften in der Regel durch ein oder mehrere Pakete geladen, bei LuaLaTeX und/oder XeLaTeX wird dies über die folgenden drei Schriftmakros vorgenommen:

\setmainfont{*Schriftname*} [*Optionen*]
\setromanfont{*Schriftname*} [*Optionen*]
\setsansfont{*Schriftname*} [*Optionen*]
\setmonofont{*Schriftname*} [*Optionen*]

Dabei sind **\setmainfont** und **\setromanfont** im Allgemeinen identisch. In vielen Fällen existiert bereits ein Paket zur EInbindung von OpenType-Schriften, sodass sich eine Vereinfachung ergibt:

```
\usepackage{tgpagella} ⇒ \usepackage{pagella-otf}
```

Eine Zusammenstellung der zur Zeit vorhandenen Schriftpakete zur Unterstützung von OpenType und TrueType findet man auf **https://hvoss.org/Books/fontpackages.html**.

TEX Gyre Pagella
TEX Gyre Heros
TEX Gyre Pagella
TEX Gyre Pagella
TEX Gyre Heros
TEX Gyre Pagella
TEX Gyre Heros
αλφάβητο éèðđŋħſł¶ŧ

```
\usepackage{fontspec}
\usepackage{pagella-otf}
\usepackage[ScaleSF=0.9]{heros-otf}

\TeX\ Gyre Pagella\par
\textsf{\TeX\ Gyre Heros}\par
\textbf{\TeX\ Gyre Pagella}\par
\textit{\TeX\ Gyre Pagella}\par
\textsf{\textbf{\TeX\ Gyre Heros}}\par
\textit{\textbf{\TeX\ Gyre Pagella}}\par
\textit{\textsf{\TeX\ Gyre Heros}}\par
% Pagella hat kein άŧ -> andere Schrift wählen
\fontspec{LibertinusSans-Regularαλφάβητο} đŋħſłŧéèð¶
```

Alle zusätzlichen Pakete, die sich auf Schriften beziehen, sollten *vor* dem Paket `fontspec` geladen werden. Dies betrifft insbesondere `amsmath`, wenn man in seinem Dokument mathematische Elemente hat. In dem Fall ist es ohnehin sinnvoller, dass Paket `unicode-math` zu laden, um zusätzlich zu den Textschriften auch die mathematischen Schriften einstellen zu können.

Dies ist ein deutscher Text
ةيناملألا نص يوجد لا
No þýski textinn
Ne nemškem jeziku
Не немски език
Жоқ неміс мәтін

$$\sin^2 x + \cos^2 x = 1$$

```
\usepackage{amsmath, unicode-math}
\setmainfont{DejaVu Sans}[Scale=0.95]
\setmonofont{DejaVu Sans Mono}
    [Scale=0.9,FakeStretch=0.9]
\setmathfont{XITS Math}

Dies ist ein deutscher Text\parةيناملألانصيوجدلا
   \par
No þýski textinn\par
Ne šnemkem jeziku\parНенемскиезик
  \parЖоқнемісмәтін

\begin{flalign*} \sin^2x+\cos^2x=1
\end{flalign*}
```

8.5 Beispielprogramme

Alle hier angegebenen Beispiele können als ZIP-Datei oder einzeln von der Webseite `http://hvoss.org/Books/` heruntergeladen werden. Damit die Beispiele mit pdfLATEX, XƎLATEX beziehungsweise mit LuaLATEX laufen, sind ein paar Dinge zu beachten:

- Es empfiehlt sich, die ebenfalls im gleichen Verzeichnis vorhandenen Dokumentenklassen zu benutzen.
- Viele Beispiele benötigen Daten, die teilweise in einem Unterverzeichnis gespeichert sind, aber ebenfalls auf obiger Webseite zu finden sind.
- Bei einigen Beispielen werden Daten erst während der Laufzeit erstellt, wozu die Umgebung `filecontents` verwendet wird.
- Alle Beispiele für pdfLATEX sollten auch mit XƎLATEX oder LuaLATEX laufen, wenn man das Paket `fontenc` gegen das Paket `fontspec` austauscht. Umgekehrt gilt entsprechendes. Zu beachten ist, dass die Beispiele nicht mit ConTEXt laufen. Welches Programm, beziehungsweise Programmsequenz bei den Beispielen verwendet wurde, erkennt man an der Dateiendung:

Dateiendung	*Compiler*
.ltx	pdflatex
.ltx2	pdflatex
.ltxE	pdflatex/exceltex
.ltxps	latex->dvips->ps2pdf
.lualtx	lualatex
.lualt2	lualatex
.xltx	xelatex

Als typisches Beispielprogramm soll hier der komplette Code von 07-00-62 auf Seite 247 gezeigt werden:

```
%%
%% Ein Beispiel der DANTE-Edition
%% Tabellen mit LaTeX
%% 4. Auflage
%% Beispiel 07-00-61 auf Seite 247.
%%
%% Copyright (C) 2022 Herbert Voss
%%
%% It may be distributed and/or modified under the conditions
%% of the LaTeX Project Public License, either version 1.3
%% of this license or (at your option) any later version.
%% See http://www.latex-project.org/lppl.txt for details.
%%
%% ====
% Show page(s) 1
%%
%%
\documentclass[]{screxa}
\pagestyle{empty}
\setlength\textwidth{352.81416pt}
\setlength\parindent{0pt}
\usepackage[T1]{fontenc}
\usepackage{kpfonts}
\usepackage[english]{babel}
%StartShownPreambleCommands
\usepackage{pgfplotstable,array,booktabs}   \newcolumntype{C}{@{} c @{}}
%StopShownPreambleCommands
\begin{document}
\def \arraystretch{1.5}
\pgfplotstabletypeset[
  column type=,
  begin table={\small\begin{tabular}{@{}l*8c@{}}},
  end table={\end{tabular}},
  col sep = comma,
  string type,
  every head row/.style={
    before row={\toprule
      & \multicolumn{4}{C}{ADF Fisher unit root test} &
         \multicolumn{4}{C}{Phillips-Perron Fisher unit root test} \\\cmidrule{2-9}
      &  \multicolumn{2}{C}{Without trend} &
         \multicolumn{2}{C}{With trend} &
         \multicolumn{2}{C}{Without trend} &
         \multicolumn{2}{C}{With trend} \\\cmidrule{2-9}
    },
    after row={\bottomrule}
```

```
  },
  every last row/.style={after row=\bottomrule},
]{%
  \space,Chi0,P0,Chi1,P1,Chi2,P2,Chi3,P3
 Variable XXXXXXXXXX,-9.49,0,-8,0,-7.14,0,-4.6,0
 Variable YYYYYYYYYY,-8.73,0,-7.45,0,-7.18,0,-4.92,0
 Variable ZZZZZZZZZZ,-5.05,0,-8.19,0,-3.75,0,-3.5,0
 Variable WWWWWWWWWW,-17.85,0,-15.85,0,-10.73,0,-8.47,0
 Variable VVVVVVVVVV,-7.32,0,-7.19,0,-7.08,0,-6.04,0
}
\end{document}
```

Alle Angaben, die von der Zeichenfolge == umschlossen sind, beispielsweise ==biblatex==, verweisen auf ein externes Programm, welches zusätzlich zum LaTeX-Lauf anzuwenden ist. In der Regel sind das Index- oder Bibliografieprogramme, was bei Tabellen aber nicht der Fall ist. Die verwendete Dokumentenklasse, die im Allgemeinen mit exa beginnt, kann durch eine der Standarddokumentenklassen, beispielsweise article ersetzt werden. Die beiden Zeilen

```
%StartShownPreambleCommands
[...]
%StopShownPreambleCommands
```

haben nur eine interne Bedeutung und können daher problemlos gelöscht werden. Spezielle Angaben, wie beispielsweise:

```
\AtBeginDocument{\setlength\parindent{0pt}}
```

haben hier nur den Sinn, dass der Befehl am Anfang des Dokuments ausgeführt wird, ohne dass er in der Ausgabe des Codes im Dokument erscheint; alles zwischen \begin{document} und \end{document} wird standardmäßig ausgegeben (siehe 07-00-62 auf Seite 247). Dies ist jedoch beim Testen der Beispiele uninteressant, so dass obiges Beispiel in gekürzter Form wie folgt lauten könnte:

```
\documentclass{article}
\usepackage[T1]{fontenc}
\usepackage{kpfonts}
\usepackage[english]{babel}
\usepackage{tabularx,diagbox}
\begin{document}
\begin{tabularx}{\textwidth}{|X|c|c|c|}\hline
\backslashbox[\dimexpr\linewidth+2\tabcolsep]{Task}{Question} & 1 & 2 & 3\\\hline
  What? & Yes & Yes & Yes \\\hline
\end{tabularx}
\end{document}
```

Alternativ kann man auch eine LuaLaTeX/XeLaTeX-Variante erstellen:

```
\documentclass{article}
\usepackage{kpfonts-otf}
\usepackage[english]{babel}
\usepackage{tabularx,diagbox}
\begin{document}
\begin{tabularx}{\textwidth}{|X|c|c|c|}\hline
\backslashbox[\dimexpr\linewidth+2\tabcolsep]{Task}{Question} & 1 & 2 & 3\\\hline
  What? & Yes & Yes & Yes \\\hline
\end{tabularx}
\end{document}
```

Literatur

Arseneau, Donald. *The* `tabls` *package. Better vertical spacing in tables and arrays.* 24. 6. 2016. Version 3.5. URL: https://ctan.org/pkg/tabls (siehe S. 20).

– *The* `tabto-ltx` *package. "Tab" to a measured position in the line.* 5. 3. 2019. Version 1.4. URL: https://ctan.org/pkg/tabto-ltx (siehe S. 21).

– *The* `threeparttable` *package. Tables with captions and notes all the same width.* 24. 6. 2016. URL: https://ctan.org/pkg/threeparttable (siehe S. 20).

Barros, Gustavo. *The* `postnotes` *package. Endnotes for LaTeX.* 13. 11. 2022. Version 0.1.7. URL: https://ctan.org/pkg/postnotes (siehe S. 13).

Beccari, Claudio. *The* `widetable` *package. An environment for typesetting tables of specified width.* 15. 1. 2020. Version 2.1. URL: https://ctan.org/pkg/widetable (siehe S. 21).

Bertolazzi, Enrico. *The* `easytable` *package. A simple package for writing tables.* 5. 8. 2017. Version 1.0. URL: https://ctan.org/pkg/easytable (siehe S. 20).

Braams, Johannes L. *The* `supertabular` *package. A multi-page tables package.* 2. 2. 2020. Version 4.1g. URL: https://ctan.org/pkg/supertabular (siehe S. 21).

Carlisle, David. *The* `blkarray` *package. Extended array and tabular.* 6. 1. 2018. Version 0.07. URL: https://ctan.org/pkg/blkarray (siehe S. 20).

– *The* `colortbl` *package. Add colour to LaTeX tables.* 31. 7. 2022. Version 1.0f. URL: https://ctan.org/pkg/colortbl (siehe S. 21).

– *The* `hhline` *package. Better horizontal lines in tabulars and arrays.* 1. 6. 2021. Version 2.04. URL: https://ctan.org/pkg/hhline (siehe S. 20).

– *The* `ltxtable` *package. Longtable and tabularx merge.* 14. 3. 2022. Version 0.4. URL: https://ctan.org/pkg/ltxtable (siehe S. 21).

– *The* `tabulary` *package. Tabular with variable width columns balanced.* 6. 1. 2018. Version 0.10. URL: https://ctan.org/pkg/tabulary (siehe S. 20).

Carlisle, David, David Kastrup und The LaTeX Project Team. *The* `longtable` *package. Allow tables to flow over page boundaries.* 12. 11. 2021. Version 4.17. URL: https://ctan.org/pkg/longtable (siehe S. 21, 129).

Carlisle, David und The LaTeX Project Team. *The* `afterpage` *package. Execute command after the next page break.* 1. 6. 2021. Version 1.08. URL: `https://ctan.org/pkg/afterpage` (siehe S. 177).

– *The* `dcolumn` *package. Align on the decimal point of numbers in tabular columns.* 1. 6. 2021. Version 1.06. URL: `https://ctan.org/pkg/dcolumn` (siehe S. 21).

– *The* `tabularx` *package. Tabulars with adjustable-width columns.* 1. 6. 2021. Version 2.11c. URL: `https://ctan.org/pkg/tabularx` (siehe S. 20).

Chetan Shirore and Dr. Ajit Kumar. *The* `luatruthtable` *package. Generate truth tables of boolean values in LuaLaTeX.* 25. 9. 2022. Version 1.1. URL: `https://ctan.org/pkg/luatruthtable` (siehe S. 21, 177).

Dekker, Wybo H. *The* `ctable` *package. Flexible typesetting of table and figure floats using key/value directives.* 24. 6. 2016. Version 1.31. URL: `https://ctan.org/pkg/ctable` (siehe S. 20).

Doerr, Hans-Peter. *The* `Exceltex` *package. Get data from Excel files into LaTeX.* 24. 6. 2016. Version 0.5.1. URL: `https://ctan.org/pkg/exceltex` (siehe S. 206).

Drucbert, Jean-Pierre. *The* `tabbing` *package. Tabbing with accented letters.* 28. 6. 2021. URL: `https://ctan.org/pkg/tabbing` (siehe S. 21).

Els, Danie und Simon Fear. *The* `booktabs` *package. Publication quality tables in LaTeX.* 14. 1. 2020. Version 1.61803398. URL: `https://ctan.org/pkg/booktabs` (siehe S. 20).

Feuersänger, Christian. *The* `pgfplotstable` *package. Loads, rounds, formats and postprocesses numerical tables.* 8. 5. 2021. Version 1.18. URL: `https://ctan.org/pkg/pgfplotstable` (siehe S. 108).

Godby, Kevin. *The* `tufte-latex` *package. Document classes inspired by the work of Edward Tufte.* 5. 4. 2018. Version 3.5.2. URL: `https://ctan.org/pkg/tufte-latex` (siehe S. 175).

Goel, Anil. *The* `ltablex` *package. Table package extensions.* 28. 9. 2017. Version 1.1. URL: `https://ctan.org/pkg/ltablex` (siehe S. 21).

Grewe, Richard. *The* `keyvaltable` *package. Re-usable table layouts separating content and presentation.* 5. 4. 2020. Version 2.2. URL: `https://ctan.org/pkg/keyvaltable` (siehe S. 20).

Guthöhrlein, Eckhart. *The* `rccol` *package. Decimal-centered optionally rounded numbers in tabular.* 24. 6. 2016. Version 1.2c. URL: `https://ctan.org/pkg/rccol` (siehe S. 21).

Hoftich, Michal. *The* `odsfile` *package. Read OpenDocument Spreadsheet documents as LaTeX tables.* 24. 6. 2016. Version 0.6. URL: `https://ctan.org/pkg/odsfile` (siehe S. 20, 82).

Kern, Uwe und The LaTeX Project Team. *The* `xcolor` *package. Driver-independent color extensions for LaTeX and pdfLaTeX.* 12. 6. 2022. Version 2.14. URL: `https://ctan.org/pkg/xcolor` (siehe S. 21, 191).

Lamport, Leslie. *Das LaTeX Handbuch.* Reading, MA, USA: Addison-Wesley, 1995. ISBN: 0-201-15790-X (siehe S. 46).

Lapko, Olga. *The* `makecell` *package. Tabular column heads and multilined cells.* 14. 8. 2019. Version 0.1e. URL: `https://ctan.org/pkg/makecell` (siehe S. 20).

Löh, Andres. *The* `polytable` *package. Tabular-like environments with named columns.* 14. 7. 2020. Version 0.8.6. URL: `https://ctan.org/pkg/polytable` (siehe S. 21, 110).

Lyu, Jianrui. *The* `tabularray` *package. Typeset tabulars and arrays with LaTeX3.* 1. 11. 2022. Version 2022D. URL: `https://ctan.org/pkg/tabularray` (siehe S. 21, 160).

Madsen, Lars. »Avoid eqnarray«. In: *The PracTeX Journal* 2.4 (2006). URL: `http://www.tug.org/pracjourn/2006-4/madsen/madsen.pdf` (siehe S. 36).

– *The* threeparttablex *package. Notes in longtables.* 24. 6. 2016. Version 0.3. URL: https://ctan.org/pkg/threeparttablex (siehe S. 20).
Mittelbach, Frank, Michel Goossens, Johannes Braams, David Carlisle und Chris Rowley. *Der LaTeX Begleiter.* 2. Aufl. Reading, MA: Addison-Wesley, 2006. ISBN: 978-3868940886 (siehe S. 1).
Mittelbach, Frank und The LaTeX Project Team. *The* array *package. Extending the array and tabular environments.* 1. 11. 2022. Version 2.5g. URL: https://ctan.org/pkg/array (siehe S. 20).
Münch, Hans-Martin. *The* tablefootnote *package. Permit footnotes in tables.* 24. 6. 2016. Version 1.1c. URL: https://ctan.org/pkg/tablefootnote (siehe S. 20).
Nakashima, Hiroshi. *The* arydshln *package. Draw dash-lines in array/tabular.* 22. 2. 2019. Version 1.76. URL: https://ctan.org/pkg/arydshln (siehe S. 20).
Niepraschk, Rolf. »Tabellenwerte mit Lua bearbeiten«. In: *Die TeXnische Komödie* 29.4 (12/2017), S. 35–37 (siehe S. 53).
Niepraschk, Rolf und Hubert Gäßlein. *The* sidecap *package. Typeset captions sideways.* 24. 6. 2016. Version 1.6f. URL: https://ctan.org/pkg/sidecap (siehe S. 163).
Noirel, Josselin. *The* cellspace *package. Ensure minimal spacing of table cells.* 5. 1. 2022. Version 1.9.0. URL: https://ctan.org/pkg/cellspace (siehe S. 20).
Oberdiek, Heiko. *The* tabularht *package. Tabular environments with height specified.* 31. 12. 2019. Version 2.7. URL: https://ctan.org/pkg/tabularht (siehe S. 20).
– *The* tabularkv *package. Tabular environments with key-value interface.* 6. 1. 2018. Version 1.2. URL: https://ctan.org/pkg/tabularkv (siehe S. 20).
Olthof, Edgar. *The* fcolumn *package. Typesetting financial tables.* 1. 2. 2022. Version 1.4.1. URL: https://ctan.org/pkg/fcolumn (siehe S. 21).
Oostrum, Pieter van. *The* bigstrut *package. Struts for opening up tabular spacing.* 15. 3. 2021. Version 2.8. URL: https://ctan.org/pkg/bigstrut (siehe S. 20).
Oostrum, Pieter van und Jerry Leichter. *The* multirow *package. Create tabular cells spanning multiple rows.* 15. 3. 2021. Version 2.8. URL: https://ctan.org/pkg/multirow (siehe S. 20).
Reichert, Axel. *The* tabsatz *package. How to use tables in LaTeX.* 24. 6. 2016. URL: https://ctan.org/pkg/tabsatz (siehe S. 1, 209).
Robertson, Will und Peter R. Wilson. *The* xtab *package. Break tables across pages.* 24. 6. 2016. Version 2.3f. URL: https://ctan.org/pkg/xtab (siehe S. 21).
Rochester, Wayne A. *The* warpcol *package. Relative alignment of rows in numeric columns in tabulars.* 24. 6. 2016. Version 1.0c. URL: https://ctan.org/pkg/warpcol (siehe S. 21).
Scharrer, Martin. *The* collcell *package. Collect contents of a tabular cell as argument to a macro.* 26. 10. 2022. Version 0.5. URL: https://ctan.org/pkg/collcell (siehe S. 20, 53).
– *The* ifoddpage *package. Determine if the current page is odd or even.* 26. 10. 2022. Version 1.2. URL: https://ctan.org/pkg/ifoddpage (siehe S. 176).
Talbot, Nicola. *The* datatool *package. Tools to load and manipulate data.* 27. 9. 2019. Version 2.32. URL: https://ctan.org/pkg/datatool (siehe S. 20, 62).
Tellechea, Christian. *The* spreadtab *package. Spreadsheet features for LaTeX tabular environments.* 27. 2. 2019. Version 0.5. URL: https://ctan.org/pkg/spreadtab (siehe S. 20).
Tolušis, Sigitas. *The* stabular *package. Multipage tabular.* 11. 10. 2021. Version 2.1. URL: https://ctan.org/pkg/stabular (siehe S. 21).

Voß, Herbert. »Controlling captions, fullpage and doublepage floats: hvfloat«. In: *TUGboat* 42.3 (2021), S. 267–283. DOI: https://doi.org/10.47397/tb/42-3/tb132voss-hvfloat (siehe S. 163).
– *Einführung in LaTeX. pdfLaTeX, XeLaTeX, LuaLaTeX.* 4. Aufl. Berlin und Heidelberg: DANTE e.V. und Lehmanns Media, 2022. ISBN: 978-3-96543-296-3 (siehe S. 24).
– »Ganz- und doppelseitige Gleitumgebungen«. In: *Die TeXnische Komödie* 38.4 (12/2021), S. 15–46 (siehe S. 163).
– *Mathematiksatz mit LaTeX.* 3. Aufl. Heidelberg und Berlin: DANTE e.V. und Lehmanns Media, 2018 (siehe S. 1, 36, 40).
– *LaTeX Referenz.* 3. Aufl. Berlin und Heidelberg: DANTE e.V. und Lehmanns Media, 2014. ISBN: 9783865415639 (siehe S. 10).
– *The hvfloat package. Controlling captions, fullpage and doublepage floats.* 21. 11. 2022. Version 2.44. URL: https://ctan.org/pkg/hvfloat (siehe S. 163).
Wooding, Mark. *The mdwtab package. A reimplementation of tabular and array environments.* 24. 6. 2016. Version 1.9. URL: https://ctan.org/pkg/mdwtab (siehe S. 20).
Wright, Joseph. *The siunitx package. A comprehensive (SI) units package.* 5. 12. 2022. Version 3.1.11. URL: https://ctan.org/pkg/siunitx (siehe S. 21, 102).

Index der Befehle und Begriffe

In diesem Index sind sämtliche Befehle und Sachbegriffe zusammengefasst. Um diese besser zuordnen zu können, ist ihr jeweiliger »Typ« mit einem Schlüsselwort versehen, wie beispielsweise *Paket*, *Env.* (Environment – Umgebung), *Option*, *Wert* (Optionswert), *Länge*, *Programm* oder/und dem jeweiligen Paketnamen, in dem dieser Begriff oder Befehl behandelt wird. Fehlt ein Paketname bei einem Befehl oder einer Umgebung, so ist davon auszugehen, dass es sich entweder um einen LaTeX-Standardnamen handelt oder einem Paket entstammt, welches standardmäßig geladen wird, beispielsweise `biblatex` oder `amsmath`. Die Angabe »Wert« bezieht sich jeweils auf eine Option, der dieser Wert zugewiesen werden kann und »demo« auf ein reines Beispiel, in dem dieses Makro oder die Länge oder ein anderer Typ definiert wurde. Ein *kursiver* Eintrag weist darauf hin, dass der Begriff oder Befehl in einem Beispiel auf der angegebenen Seite zu finden ist.

Symbole

∗ Syntax, *5*, 5
∗ Syntax (blkarray), 44
∗ Syntax (hhline), 64
\+, 14, *15*, 15
\,, 106
- Syntax (blkarray), *44*, 44
- Syntax (hhline), 64
\-, 14, *15*, 15
. Syntax (blkarray), *44*, 44
. Syntax (mdwtab), 73
/ Syntax (mdwtab), 73
: Syntax (arydshln), *29*, 29, *30*
: Syntax (blkarray), *44*, 44
: Syntax (easytable), *63*
: Syntax (hhline), 64
:= Syntax (spreadtab), 77
; Syntax (arydshln), *29*, 29
< Syntax (array), *23*, 23, *25*, 202
\<, 13
\< (polytable), 110
= Syntax (blkarray), 44
= Syntax (hhline), 64
\=, 13, *14*, *15*, 15, *16*
\= (polytable), 110
> Syntax (array), *23*, 23, 24, *25*
\>, 13, *14*, *15*, 15, *16*, 197
\> (polytable), 110
Syntax (blkarray), 44
Syntax (hhline), 64
Syntax (mdwtab), 72
& Syntax, 60
! Syntax (array), *23*, 23, *27*, *140*, 184
!!+ Syntax (xcolor), *191*, 191
\', 14, *16*, 16
@ Syntax, 4, *5*, 5, *8*, *10*, 10, *26*, 71, 83, 101, 183
\`, 14, *16*, 16
| Syntax, 4, *5*, *10*, 10, *27*, *30*, 184
|| Syntax, 4
~ Syntax (blkarray), 44
~ Syntax (hhline), 64
\\, *22*, 22, 57, 60, 124, 139, 146, 196
\\ (Tabbing), 115
\\ (tabularray), 157
\\∗, 118
$ Syntax, *23*, *25*, 72, 97
! Syntax (array), *41*, *185*
! Syntax (arydshln), *29*
" Syntax (blkarray), 44
| Syntax (arydshln), *29*
| Syntax (blkarray), 44
| Syntax (hhline), 64
|| Syntax (blkarray), *44*

A

\a, *14*, 14, 115
\abovedisplayskip Länge, 34
\aboverulesep Länge (booktabs), 47
\abovetopsep Länge (booktabs), 47
add-decimal-zero Option (siunitx), 102
\AddKeyValRow (keyvaltable), 113
\addlinespace (booktabs), 47, 50, *223*, *240*
\addparagraphcolumntypes (cellspace), 52
\addtocounter, 134
\addtolength, 52
\ADLdrawingmode (arydshln), 30, *31*, 31
\ADLnullwide (arydshln), 30
\ADLsomewide (arydshln), *30*, 30
after Wert (hvfloat), 166, 175
\aftergroup, *201*
\afterpage (afterpage), 177
align Option (keyvaltable), 112
Alph Zähler, 71
alph Zähler, 71
amsmath Paket, 36, 40, 68, 256
arabic Zähler, 71
array Paket, 3, 4, 7, 8, 17, 21–28, 51, 54, 65, 73, 139, 147, 158
array Env., 3, 36–38, 71, 83, 110, 135, 153, *188*, 188
\arraybackslash (array), *22*, 22, 88, *134*
arrayht Env. (tabularht), 84
\arraylinesep Länge (tabls), 83
\arrayrulecolor (colortbl), *185*, 185, *189*, *190*, 190, *191*, 191, *193*
\arrayrulewidth Länge, 4, *7*, *8*, *185*, 185
\arrayrulewidth Länge (array), *30*
\arraystretch, 51, 52, 227, *228*, *232*
arydshln Paket, 29, 30, 29–31
Ausgabetreiber, 84
Ausrichtung, 5, 198
auto-pst-pdf Paket, 246
.aux Dateiendung, 128, 139, 196

B

b Syntax, 52, 65, *66*, 68, 69
b Syntax (array), 24, 65
b Syntax (bigstrut), 33, 35
b Syntax (blkarray), 44
b Syntax (easytable), 62
b Syntax (hhline), 64
b Syntax (mdwtab), 73
b Syntax (threeparttable), 90
\backslashbox (diagbox), *247*
Backspace, 73
\BAenum (blkarray), 41
BAenumi Zähler (blkarray), 41
\BAextraheightafterhline (blkarray), 43
\BAextrarowheight (blkarray), 43
\BAhhline (blkarray), 43, *44*, 44, 45
\BAhline (blkarray), 43, *44*, 45
\BAmulticolumn (blkarray), *39*, 39, *40*
\BAmultirow (blkarray), 41
\BAnoalign (blkarray), 41
\BAnoalign∗ (blkarray), 41
Baseline, 28, 68
\baselineskip Länge, 152
Basislinie, 28
\BAtablenotes (blkarray), 41
\BAtablenotesfalse (blkarray), 41

\BAtablenotestrue (blkarray), 41, *42*, 42, *43*
before Wert (hvfloat), 166, 174
\begingroup, 17
\belowbottomsep Länge (booktabs), 47
\belowrulesep Länge (booktabs), 47
\bfseries, *23*
bigdelim Paket, 31–38
\bigskipamount Länge, 121, 122
bigstrut Paket, 31–38
\bigstrut (bigstrut), 31, 33, 34, *35*, 35
\bigstrutjot Länge (bigstrut), 35
Bindekorrektur, 163
bl Syntax (makecell), *66*
blkarray Paket, 38, 39, 42, 43, 38–45, 64
block Env. (blkarray), 39, 40, *41–44*
block* Env. (blkarray), 39, 41
blockarray Env. (blkarray), *39*, 39, *40*, 40, *41–44*
Blocksatz, 34
\boldmath, *220*
booktabs Paket, 21, 46, 47, 49, 50, 46–51, 54, 57, 62, 82, 153
\bordermatrix, 40
botcap Option (ctable), 55
\botstrut (makecell), *69*, 69
bottom Wert (hvfloat), 166
bottom Wert (tabularkv), 86
\bottomcaption (supertabular), 142
\bottomcaption (xtab), 149
\bottomrule (booktabs), *47*, 47, *50*, *51*, 51, 57
\bottopstrut (makecell), *69*, 69

C

C Syntax, 236
C Syntax (tabulary), 89
c Syntax, 4, 52, 62, 65, 89, 94
c Syntax (easytable), 62, *63*, 63
c Syntax (longtable), 118, 122
c Syntax (mdwtab), 71, 73
c Syntax (tabularray), 156
c Syntax (threeparttable), 90
calc Paket, 51
cap Option (ctable), 55
capAngle Option (hvfloat), 166
capFormat Option (hvfloat), 166
capHPos Option (hvfloat), 166
capPos Option (hvfloat), 166, 174, 175
Caption, 199
caption Paket, 142, 149, 164, 166
\caption, 91, 123, 124, 253
\caption (hvfloat), 171
\caption (longtable), *124*, 124, *125*, *126*, 126, *127*
\caption (ltablex), 130
\caption (threeparttable), 90
caption Option (ctable), 55, *57*
\captionsetup (hvfloat), 173
captionskip Option (ctable), 55
capVPos Option (hvfloat), 166
capWidth Option (hvfloat), 166
\cdashline (arydshln), *29*, 29, *30*
\cdot, 96, *101*
\cellalign (makecell), 66, *67*, 67, *68*
\cellcolor (colortbl), 183, *184*, 184
\cellcolor (xcolor), *38*, *187*, 187, *192*, *243*
\cellrotangle (makecell), 66, 67
\cellset (makecell), 66, 67
cellspace Paket, 51, 52, 51–53, 75
\cellspacebottomlimit Länge (cellspace), 52
\cellspacetoplimit Länge (cellspace), 52
center Option (ctable), 55, 57
center Wert (hvfloat), 166
center Wert (siunitx), 102, 103
center Wert (tabularkv), *86*, 86
center-decimal-marker Wert (siunitx), 103, 104
centerdecimal Wert (siunitx), 102
\Centering (ragged2e), 26, *195*, *211*, *221*
\centering, 22, 26, 89
centre Wert (siunitx), 103
\checkoddpage (ifoddpage), 176
\cline, 6, *7*, 7, 9, *32*, *46*, *48*, 48, *49*, 49, 73, 83, 185
\cmidrule (booktabs), *47*, 47–49
\cmidrulekern Länge (booktabs), 47, 48
\cmidrulesep Länge (booktabs), 47, 49
\cmidrulewidth Länge (booktabs), 47
CMYK, 192
cmyk Syntax (color), 181
collcell Paket, 53, 53–54, 226
\collectcell (collcell), *53*, 53
color Paket, 54, 181, 186
\color (colortbl), *185*
\color (xcolor), *191*
colortbl Paket, 37, 181, 181–185
coltypes Option (odsfile), 82
\column (polytable), 110
columnbreak Option (odsfile), 82
\columncolor (colortbl), 181, *182*, *183*, 183, *184*
\columncolor (xcolor), *187*, 187, *188*, *192*
columns Option (odsfile), 82
\columnwidth Länge, 166
comma Wert (siunitx), 103
compactitem Env. (paralist), *234*
ContinuedFloat Env. (subfig), *222*
csv-Format, 202
csvtools Paket, 58
ctable Paket, 54, 57
\ctable (ctable), *54*, 54, *56*, *57*, 57, *58*

D

D Syntax (dcolumn), 96, *97*, *98*, 98, 201, 202
\dashlinedash Länge (arydshln), *30*, 30, *31*
\dashlinegap Länge (arydshln), *30*, 30
datatool Paket, 58, 61, 58–62, 62, 202
\DC@ (dcolumn), *201*, *202*
\DC@end (dcolumn), *201*, *202*
dcolumn Paket, 94, 96, 97, 100, 105, 202
default Option (keyvaltable), 112
\defaultaddspace Länge (booktabs), 47
\defaultcolumn (polytable), 110
\definecolor (color), *182–184*
\definecolorseries (xcolor), *191*, 191
\DefTblrTemplate (tabularray), *160*

delimiter, 40
\depth, *31*
Dezimalkomma, 96, 201
Dezimalpunkt, 96, 201
Dezimalstellen, 97
diagbox Paket, 73
\diagbox (diagbox), *73*, 73, *74*, 74, *221*
\dimexpr, *241*, *247*
dir Option (diagbox), 74
Dokumentenklasse
    beamer, 193
    tufte-book, 175
Dokumentation, 251
Dokumentenpräambel, 39
\dotfill, 197
doubleFULLPAGE Option (hvfloat), 166
doublePAGE Option (hvfloat), 166
doublePage Option (hvfloat), 166
\doublerulesep Länge, 71, 73, 185
\doublerulesepcolor (colortbl), *185*, 185
\DTLforeach (datatool), *58*, 58, *59*, 59, *60*, 60, *61*
\DTLiffirstrow (datatool), 60
\DTLifoddrow (datatool), 60
\DTLisopenbetween (datatool), *59*, *60*, 60, *61*
\DTLloaddb (datatool), 59, *238*
DTLrowi Zähler (datatool), 59
DTLrowii Zähler (datatool), 59
\DTLsetdefaultcurrency (datatool), *238*
\DTLsetnumberchars (datatool), *238*
\DTLsetseparator (datatool), *238*
\DTLsort (datatool), 61, *238*
\DTLsumforkeys (datatool), *238*
dvips Programm, 186

E

e Syntax (easytable), 62, 63
easy Paket, 62
easytable Paket, 62
\eline (makecell), *71*, 71
\endcollectcell (collcell), 53
\endfirsthead (longtable), *123*, 123, *124–126*
\endfoot (longtable), *123*, 123, *124–126*
\endgroup, 17
\endhead (longtable), *123*, 123, *124–126*
\endlastfoot (longtable), *123*, 123, *124–126*
Endnoten, 12
\enspace, *224*
enumitem Paket, 245
environ Paket, 235
eqnarray Env., 35, 36
etex Paket, 62
\euro (eurosym), *226*
evenPage Wert (hvfloat), 166
Excel, 202
Excel2LaTeX.xla, 202
exceltex Paket, 204, 205
exceltex Programm, 205, 206
expand Option (tabularray), *161*, 161
explizit-sign Option (siunitx), 102
exponent-base Option (siunitx), 102
exponent-product Option (siunitx), 102
\extracolsep, 5, *6*, 139, *140*
\extracolsep (array), *85*, *147*, *148*
\extrarowheight Länge (array), *22*, 22
\extrarulesep Länge (tabls), 83
\extratabsurround Länge (array), *28*, 28

F

F Syntax (fcolumn), 98, 99
f Syntax (fcolumn), 98, *99*, 99
Farbe, 181
Farbmodell, 181, 186
\fbox, *63*
\fboxsep Länge, 62
\fcolorbox (xcolor), 53
fcolumn Paket, 98, 98–100
Feinjustierung, 33
Fettschrift, 23
\figcaption (hvfloat), 164
figure Option (ctable), 55
figure Option (hvfloat), 173
filecontents Env., *132*, 132, 133
\fill Länge, 5, *6*, 121, 122
\firsthdashline (arydshln), 29, *30*
\firsthline (array), *28*, 28, 29
\FL (ctable), 54
Flattersatz, 26
float Paket, 254
floatCapSep Option (hvfloat), 166
floatPos Option (hvfloat), 166
fltpoint Paket, 101
fontenc Paket, 255
fontspec Paket, 255, 256
\footnote, 11, *42*, *43*, *127*, 127
footnote Zähler, 17, 134
\footnotemark, *11*, 11, 16, *17*, 17, 133, 134, 143, 150
\footnotetext, *11*, 11, 16, *17*, 17, *42*, *43*, 55, 134, 143, 150
force Option, 132, 133
format Option (keyvaltable), 112
fp Paket, 75
\FPseed (fp), 79
framebg Option (ctable), 55
framefg Option (ctable), 55
framerule Option (ctable), 55
framesep Option (ctable), 55
\fromto (polytable), 110
FULLPAGE Option (hvfloat), 166
FullPage Option (hvfloat), 166
fullpage Option (hvfloat), 166
Funktionsgraph, 58
Fußnote, 11–13, 41, 42, 127
Fußnotenstrich, 143, 151
Fußnotenzähler, 11
Fußnotenzählung, 127
Fußzeile, 128, 131, 137, 138

G

\Gape (makecell), 68

\gape (makecell), *68*, 68
Gleitumgebung, 55, 117, 130, 221
group-separator Option (siunitx), 102, 105
Grundlinie, 28, 68
Gruppe, 120

H

H Syntax (float), 254
h Syntax (mdwtab), 72
\hdashline (arydshln), *29*, 29, *30*
\hdashline (dcolumn), *97*
head Option (keyvaltable), 112
head Wert (odsfile), 82
headbg Option (keyvaltable), 112
\heavyrulewidth Länge (booktabs), 47
\height, *31*
height Option (tabularkv), *86*, 86
hhline Paket, 43, 64, 185
\hhline (hhline), 64, *65*, *247*
hidden Option (keyvaltable), 112
\hiderowcolors (xcolor), 187, *188*, *189*, 189, *190*, 190, 239, *240*
\hline, 6, *7*, 7, *8*, *9*, *46*, *48*, *49*, 83, 112, 141, 149, 187, 191
\hline (tabls), 83
hline Wert (odsfile), 82
\hlx (mdwtab), 72
\hrulefill, 197
\hsize Länge (tabularx), *87*, 87, *88*, 88
\hspace, *15*, 15, 25, *26*, *118*
\hvDefFloatStyle (hvfloat), 164, 165
\hvFLoat (hvfloat), 177
\hvFloat (hvfloat), 164, *165*, 165, *167–170*, *172*, 172, *174*, 174, *175*, 176, 177
hvfloat Paket, 164, 163–177
\hvFloat* (hvfloat), 168
\hvFloatSet (hvfloat), 164
\hvFloatSetDefaults (hvfloat), 164
\hvOBox (hvfloat), 165, 166, 169, 177
hyperref Paket, 164, 186

I

ifoddpage Paket, 176
ifthen Paket, 51
\inccell (exceltex), *205*, 205
\includegraphics (graphicx), *232*
\includespread (odsfile), 80, 81
\inctab (exceltex), *205*, 205, *206*
Inlinemodus, 23
inMargin Option (hvfloat), 166
inner Wert (hvfloat), 166
\input, 133, *197*, 197, 203
input-decimal-markers Option (siunitx), 102, 105
input-digits Option (siunitx), 102, 105
input-exponent-markers Option (siunitx), 102
input-ignore Option (siunitx), 102
input-product Option (siunitx), 102
input-quotient Option (siunitx), 102
input-signs Option (siunitx), 102
inputenc Paket, 255
\insertTableNotes (threeparttablex), *92*, 92, *93*
inter-unit-product Option (siunitx), 102
\interrowfill (tabularht), 85
\interrowspace (tabularht), *85*, 85
\interrowstart (tabularht), *85*, 85
\interrowstop (tabularht), 85
\item, 90, 91

J

J Syntax (tabulary), 89
\jot Länge, 35, 68, 69

K

KeyValTable Env. (keyvaltable), *112*, 112, *113*
keyvaltable Paket, 111, 112, 111–113
KeyValTableContent Env. (keyvaltable), 113
\kill, *14*, 14, *16*
\kill (Tabbing), 115
\kill (longtable), 129, *130*
Kodierung, 195
Komma, 96, 99
Konventionen, 3
Konvertieren, 202
Kopfzeile, 25, 131, 137, 138

L

L Syntax (tabulary), 89
l Syntax, 4, *5*, 52, 55, 57, 62, 65, 89, 94, 110
l Syntax (booktabs), 48
l Syntax (easytable), *63*, 63
l Syntax (longtable), 118, 122
l Syntax (makecell), *66*
l Syntax (mdwtab), 71
Label, 59
\label, 126
label Option (ctable), 55
last Syntax (xcolor), *191*
\lasthdashline (arydshln), 29, *30*
\lasthline (array), *28*, 28, 29
latin1 Fontkodierung (exceltex), 205
\ldelim (bigdelim), 36, *37*, 37
\Left (blkarray), 41
\left, 36, *188*
left Option (ctable), 55, 57
left Wert (hvfloat), 166, 175
left Wert (siunitx), 102, 103
LibreOfficeCalc, 202
\lightrulewidth Länge (booktabs), 47
\linebreak, 82
\linewidth Länge, *87*, 115
Linie, 21, 43
    farbig, 7
    horizontal, 6, 43
    vertikal, 6, 27, 43
Linksbündig, 26
list of tables, 124
listings Paket, 15, 109, 244
\listoffigures, 164
\listoftables, 164

\LL (ctable), 54
Logfile, 26
longtable
Tabellenunterschrift, 126
Tabellenüberschrift, 126
longtable Paket, 50, 117, 117–130, 138, 160
longtable Env. (longtable), 50, 73, 117, *118*, 118, *119*, *120*, 121, *122*, 122, *123*, 123, *124*, 124, *125*, *126*, 126, *127*, 127, *128*, 128, *129*, 129, *130*, 130, 133, 139, 196, 239, 253
longtable Env. (ltxtable), 133
\LongTableWidth Länge (demo), 196
longtabu Paket, 112
longtblr Env. (tabularray), 159, *160*, 160, *161*, 161
lot, 124
ltablex Paket, 130–132
\ltablex (ltablex), *131*
\LTcapwidth Länge (longtable), 126, *129*
\LTchunksize Länge (longtable), *128*, 128, *129*, 129
\LTleft Länge (longtable), 121, *122*, 122
\LTpost Länge (longtable), 121, *122*, 122
\LTpre Länge (longtable), 121, *122*, 122
\LTright Länge (longtable), 121, *122*, 122
\LTXtable (ltxtable), *133*, 133, *134*, 134, 136
ltxtable Paket, 130, 132, 132–134, 139
lualatex Programm, 177, 225
\luaTruthTable (luatruthtable), 177, *178*, 178, *179*
luatruthtable Paket, 177

M

m Syntax, 52
m Syntax (array), 23, 24, 65, 88
\makebox, *213*
\makebox (array), 24
makecell Paket, 65–71
\makecell (makecell), *65*, 65, *66*, 66, *67*, 67, *68*, 69, *248*
\makecell* (makecell), *66*
\makegapedcells (makecell), 69
\marginnote (marginnote), 176
\marginparwidth Länge, 166, 175
math-rm Option (siunitx), 102
math-tt Option (siunitx), 102
maths Wert (siunitx), 102
Matrix, 36, 187
matrix Env., 76
maxwidth Option (ctable), 55, *57*, 57
\mbox, 40
Mc Syntax (mdwtab), 71, 72
mdwtab Paket, 71–73
\midrule (booktabs), *47*, 47, *50*, *51*, 51, 57
mincapwidth Option (ctable), 55
minipage Env., *16*, 16, 19, 25, 136, 138, 143, 151, 208, 254
\ML (ctable), 54
Ml Syntax (mdwtab), 71
mode Option (siunitx), 102
\morecmidrules (booktabs), 47, 49, *226*
mpsupertabular Env. (supertabular), 138, 139, 143
mpsupertabular* Env. (supertabular), 138, 139
mpxtabular Env. (xtab), 146, 151
mpxtabular* Env. (xtab), 146
Mr Syntax (mdwtab), 71
multicol Paket, 198
multicols Env. (multicol), 198, *199*
\multicolumn, *8*, 8, *9*, 18, *25*, *27*, 27, 39, 41, 53, 72, 75, 79, 82, 94, *123*, 124, 126, 129, 158, 184, 187, 189, 197, 226, 244, *247*
\multicolumn Env., 8
\multicolumn Env. (array), 27
multiFloat Option (hvfloat), 166, 171, 172
multipage Wert (keyvaltable), 112
multiply defined labels, 126
multirow Paket, 9, 31–38, 69, 158
\multirow (bigstrut), *36*
\multirow (multirow), 31, *32*, 32, *33*, 33, *34*, 34, *35*, 35–37, *38*, 38, 41, 46, 69, 158, *219*
\multirow (tabularray), 157
\multirow Env., 31
\multirow Env. (multirow), 38
multirow-Zelle, 31
\multirowcell (makecell), *38*, *69*, 69, *70*
\multirowhead (makecell), *69*, 69, *70*
\multirowsetup (multirow), 34, *219*

N

\ncline (pst-node), *14*
NE Wert (diagbox), 74
\need (demo), 199, 200
\NewColumnType (tabularray), 154, 158
\newcolumntype (array), *25*, 25, *26*, 26, 52, 105, *202*, *241*
\newcolumntype (mdwtab), *73*, 73
\newcounter, *224*, *244*
\newenvironment, *234*
\NewKeyValTable (keyvaltable), *112*, 112, *113*
\newline, *7*, *22*, 22
newline Wert (odsfile), 82
\newlist (enumitem), *245*
\newpage, 118, *120*
\NewRowType (tabularray), 159
\NewTblrEnviron (tabularray), 154, *155*, *156*
\NewTblrTheme (tabularray), *160*
\newtoks, *244*
\nline (makecell), *71*, 71
\NN (ctable), 54
\noalign, *31*, 53, 187, 195, *196*, 196, *220*
\nodefaultcolumn (polytable), 110
\nofiles, 129
noheader Option, 132, 133
\nomakegapedcells (makecell), *69*, 69
nonFloat Option (hvfloat), 166
\nopagebreak, 118
\normalbaselineskip Länge, *15*, *140*, *148*, 152, 200
nosearch Option, 132
nosuper Option (ctable), 55
notespar Option (ctable), 55
Null, 61
\number, *189*, *190*, 190
number-unit-product Option (siunitx), 102
\NumTabs (tabto), 114, *115*, 115
NW Wert (diagbox), 74

O

objectAngle Option (hvfloat), 166
objectFrame Option (hvfloat), 166
objectPos Option (hvfloat), 166
oddPage Wert (hvfloat), 166
ods Dateiendung (odsfile), 80–82, 202
odsfile Paket, 80, 81, 202
\omit, 195
onepage Wert (keyvaltable), 112
onlyText Option (hvfloat), 164, 166
Open Document Spreadsheet, 80
outer Wert (hvfloat), 166
output-decimal-marker Option (siunitx), 102, 103, 105
overwrite Option, 132
owerwrite Option, 133
oztex Programm, 186

P

P Syntax (warpcol), *94*, 94, *95*, 95
p Syntax, 4, *5*, 22, 24, 32, 52, 65, 88, 89
p Syntax (tabularray), 154, 156
p-Spalte, 32, 34
\pagebreak, 73
Paragraphmode, 110
\parbox, 4, 41, 126, *213*, *229*
\parfillskip Länge, 120
\parindent Länge, 24
\PassOptionsToPackage, 193
pboxed Env. (polytable), 109, 110
\pcline (pst-node), *213*
\pcolbegin (warpcol), 95
\pcolend (warpcol), 95
pdftex Programm, 186
Perlmodul, 205
\pgfplotstableread (pgfplotstable), 107
\pgfplotstableset (pgfplotstable), 107
\pgfplotstabletypeset (pgfplotstable), 107, 109, *247*
\pgfplotstabletypesetfile (pgfplotstable), 107
\phantom, 221
pmboxed Env. (polytable), 109, 110, *111*
polytable Paket, 109, 110
pos Option (ctable), 55
\postnote (postnotes), *12*
postnotes Paket, 12
\postnotesection (postnotes), *12*
postscript Env. (pst-pdf), 246
Präambel, 133
\psrotateleft (pstricks), *212*
\pstilt (pst-3d), *212*
PSTricks, 245
ptboxed Env. (polytable), 109, *110*, 110
Punkt, 96, 99
\pushtabs, 14

Q

Q Syntax (tabularray), 156, 158, 159
\qquad, *25*
\quad, 41, *209*

R

R Syntax (rccol), 100, *101*, 101
R Syntax (tabulary), 89
r Syntax, 4, *5*, 52, 62, 65, *66*, 89, 94, 110
r Syntax (booktabs), 48
r Syntax (easytable), 62, *63*, 63
r Syntax (longtable), 118, 122
r Syntax (mdwtab), 71
r-Spalte, 34
ragged2e Paket, 22, 26, 88
\RaggedLeft (ragged2e), 26
\raggedleft, 22, 26, 89
\RaggedRight (ragged2e), *22*, 26, *88*, 88, *195*, *211*, *220*
\raggedright, *22*, 22, 26, 88, 89, *134*
\raisebox, 46, 68, *232*
range Option (odsfile), 81, 82
rccol Paket, 101
\rdelim (bigdelim), 36, 37, *223*
Rechtsbündig, 26
\ref, 59
Referenzieren, 59
\refstepcounter, 59, *224*
\relax, 18, 51, 195
\renewcommand, 66, 67
\resetcolorseries (xcolor), *191*
\resetsumline (fcolumn), 98, 99
\resizebox (graphicx), *230*
retain-zero-exponent Option (siunitx), 102
RGB, 192
rgb Syntax (color), 181
rgb Syntax (xcolor), *191*
\Right (blkarray), *41*, 41
\right, 36, *188*
right Option (ctable), 55, 57
right Wert (hvfloat), 166, 175
right Wert (siunitx), 102, 103
\rightarrow, *5*
\rlap, *243*
\rnline (makecell), 71
\rnode (pst-node), *14*, *213*
Roman Zähler, 71
roman Zähler, 71
rotAngle Option (hvfloat), 165, 166
\rotatebox, 56, *242*
\rotatebox (rotating), 228, *229*, 229, *243*
rotating Paket, 25, 54, 67
\rotcell (makecell), *68*
\rothead (makecell), 66, 67, *68*
\rotheadsize Länge (makecell), 67
roundmode Option (siunitx), 102
\Row (keyvaltable), 112, 113
rowbg Option (keyvaltable), 112
\rowcolor (colortbl), *183*, 183, *184*, 184
\rowcolor (xcolor), *187*, 187, *189*, *190*, *192*, *226*, *243*
\rowcolors (xcolor), 187, *188*, 188–190, *191*, 191, 239, *240*, *243*
\rowcolors* (xcolor), 187
rownum Zähler (xcolor), *189*, 189, *190*, 190, *243*, 243
rowseparator Option (odsfile), 82
rowspec Option (tabularray), *159*

rowtemplate Option (odsfile), 82
\rtab (demo), 197
\rule, 7, *8*, 10, *83*, *210*, *228*, 228

S

S Syntax (cellspace), *52*, 52
S Syntax (siunitx), 101, 105, 106
s Syntax (mdwtab), 73
s Syntax (siunitx), 106
sameHeight Option (hvfloat), 166
Sans-Serif, 201
\savebox, *229*
SE Wert (diagbox), 74
Seitenumbruch, 13, 117, 119, 199
\setbox, *31*
\SetCell (tabularray), 154, *157*, 157, *158*, 158
\setcellgapes (makecell), *69*, 69
\setcounter, 127
\setlength, 24
\setlist (enumitem), *245*
\setmainfont (fontspec), 255
\setmonofont (fontspec), 255
\setromanfont (fontspec), 255
\setsansfont (fontspec), 255
\SetTblrInner (tabularray), 154, *155, 156*
\SetTblrOuter (tabularray), 154, *155, 156*
\SetTblrStyle (tabularray), *160*
\settowidth, 67
shape Option (keyvaltable), 112
\showcols (array), 26, *27*
\ShowKeyValTable (keyvaltable), 113
\showrowcolors (xcolor), 187, *189*, 189, *190*, 190, 239, *240*
\shrinkheight (supertabular), *140*, 140
\shrinkheight (xtab), 147, *148*, 152
sideways Option (ctable), 55, 56, *57*
sidewaystable Env., 11, 20
sidewaystable Env. (rotating), *228*, 229
sidwaystable Env. (rotating), 228
singlelinecheck Option (hvfloat), 173
\sisetup (siunitx), 102, *248*
siunitx Paket, 101, 226
slashbox Paket, 73
\small, *25*
\smash (amsmath), 68
Sortierung, 61
Spalte, 36
Spaltenabstand, 5, 10, 101
Spaltenbreite, 84, 86
Spaltendefinition, 4, 8, 25, 37
Spaltendeklaration, 27
Spaltenfarbe, 181
Spaltensumme, 98
Spaltentrenner, 41
Spaltentyp, 25, 32, 40, 86, 94, 100, 133
Spaltenzwischenraum, 86
\span, 195
\specialrule (booktabs), 47, 49, *50*, 50, *51*, 51
\spread Länge (tabularht), 84
spreadtab Paket, 75–78
spreadtab Env. (spreadtab), *75*, 75, *76–78*, 78, *79, 80, 232, 233*
SQL-Datenbank, 61
\ST@seed (spreadtab), 79
stabular Paket, 135
stabular Env. (stabular), *135*, 135, *136*
stabular* Env. (stabular), 135, *136*, 136, *137*
star Option (ctable), 55
\STautoround (spreadtab), 75, 76
\stepcounter, 134, *244*
Sternversion, 3, 5
stfloats Paket, 163, 164, 168
\SThidecol (spreadtab), 77
\SThiderow (spreadtab), 77
\STnumericfieldmarker (spreadtab), 77
\strut, 69, 112
\strutbox, *31*
\STsavecell (spreadtab), 78
\STtextcell (spreadtab), 77
sttools Paket, 135
style Option (hvfloat), 166
subcapFormat Option (hvfloat), 166
subcaption Paket, 166, 173
subFloat Option (hvfloat), 166, 171–173
\sumline (fcolumn), 98, *99*, 99
supertabular Paket, 138, 142, 138–145, 145
supertabular Env. (supertabular), 138, *139*, 139, 140, *141–143*, 143, *144, 145, 198*, 198, *200*
supertabular* Env. (supertabular), 138, *140*
SW Wert (diagbox), 74
Syntax, 3

T

t Syntax, *28*, 65, *66*, 68, 69
t Syntax (arydshln), *30*
t Syntax (bigstrut), 33, 35
t Syntax (blkarray), 44
t Syntax (easytable), 62
t Syntax (hhline), 64
t Syntax (tabularkv), 86
t Syntax (tabularray), 156
t Syntax (threeparttable), 90
TAB Env. (easytable), 62, *63*, 63, *64*
\TAB (Tabbing), *115*, 115
\tab (tabto), *114*, 114, *115*, 115
Tabbing Paket, 14
Tabbing Env. (Tabbing), *115*, 115
tabbing Env., 13, *14*, 14, *15*, 15, *16*, 16, *17*, 18, 110, *114*, 115, 197, *198*, 198, *199*
\tabbingsep Länge, 16
\tabcaption (hvfloat), 164
\tabcaptionbelow (hvfloat), 164
\tabcolsep Länge, 4, 6, 9, 10, 18, *31*, 48, 74, *101*, 106, *114*, 182, *183*, 183, *184, 192, 226, 244*
\tabcolsep Länge (array), 23
Tabelle, 187
  Breite, 4, 7, 86
  Farbe, 37
  gerahmt, 27
  geschachtelt, 9, 31

Höhe, 84
Kopf, 25
Tabellenbreite, 5
Tabellenkalkulation, 75
Tabellenunterschrift, 138
longtable, 126
Tabellenüberschrift, 138, 199
longtable, 126
table Env., 11, 20, 90, 117, 253
table Env. (longtable), 130
table Zähler, 253, 254
table-align-exponent Option (siunitx), 102, 104
table-alignment Option (siunitx), 102
table-auto-round Option (siunitx), 102, 104
table-format Option (siunitx), 102, *103*, 103, 104
table-number-alignment Option (siunitx), 102, *103*, 103–105
table-parse-only Option (siunitx), 102, 105
table-text-alignment Option (siunitx), 103
table-unit-alignment Option (siunitx), 103
\tablecaption (supertabular), *142*, 142, *200*
\tablecaption (xtab), *149*, 149, *152*
\tablefirsthead (supertabular), 141
\tablefirsthead (xtab), 148, 149
tablefootnote Paket, 11
\tablefootnote, *11*
\tablehead (supertabular), 141, *200*
\tablehead (xtab), 148, 149
\tablelasttail (supertabular), 141
\tablelasttail (xtab), 148, 149
tableline Wert (odsfile), 82
TableNotes Env. (threeparttablex), *92*, 92, *93*, 93
tablenotes Env. (threeparttable), 90, *91*, 91, *92*
\tabletail (supertabular), 141
\tabletail (xtab), 148, 149
\tabletemplate (odsfile), 80
\tablinesep Länge (tabls), 83
tabls Paket, 83
\tabpause (mdwtab), *72*, 72
\TabPositions (tabto), 114
Tabstop, 13, 14
tabto Paket, 113
\tabto (tabto), 114
\tabto* (tabto), 114
tabu Paket, 112
tabular Env., *4*, *5*, *6*, *7*, *8*, *9*, *10*, *11*, *22*, *23*, *24*, *26*, *27*, 3–28, *28–31*, 36–39, *46–49*, 51, *53*, *59–61*, 62, 71, *72*, *73*, 75, *83*, 83, *94*, *95*, 110, 135, 138, *197*
tabular* Env., 4, *5*, *6*, *96*, 96, 136, 138
tabularht Paket, 84, 86
tabularht Env. (tabularht), 84, *85*
tabularht* Env. (tabularht), 84, *85*
tabularht* Env. (tabularkv), 86
tabularhtx Env. (tabularht), 84
tabularhtx Env. (tabularkv), 86
tabularkv Paket, 86
tabularkv Env. (tabularkv), *86*, 86
\tabularnewline, 17, *22*, 22, 57, 124, 139, 146
tabularray Paket, 19, 153, 157–159, 161
tabularx Paket, 54, 57, 86, 86–89, 89, 160
\tabularx (tabularx), *247*
tabularx Env. (ltablex), 130
tabularx Env. (tabularx), 6, 55, 86, *87*, *88*, 88, 89, 130, 133, 136
\tabularxcolumn (tabularx), *88*
tabulary Paket, 89
tabulary Env. (tabulary), *89*, 89
Tabulator, 13, 17, 110, 114, 197
Tabulatortaste, 13
tblr Env. (tabularray), *153*, *154*, 154, *157–159*
\TblrNote (tabularray), *160*
Tc Syntax (mdwtab), 71
template Option (odsfile), 82
texdoc Programm, 206, 251, 253
texdoctk Programm, 252
\text (amsmath), 40
text Wert (siunitx), 102
text-rm Option (siunitx), 103
text-sf Option (siunitx), 103
text-tt Option (siunitx), 103
\textepsilon (tipa), 195
\textheight Länge, 172
\textsuperscript, *223*
\textwidth Länge, 166
\the, 4
\thead (makecell), *66*, 66, *67*, 67, *68*, 69
\theadalign (makecell), 66, *67*, 67, *68*
\theadfont (makecell), 66, *67*, 67, *68*
\theadset (makecell), 67
\theBAenumi (blkarray), 41
\theDTLrowi (datatool), *59–61*
theme Option (tabularray), 160
\thinspace Länge, 106
ThreePartTable Env. (threeparttablex), *92*, 92, *93*
threeparttable Paket, 90, 92, 253
threeparttable Env. (threeparttable), 90, *91*, 91, *92*
threeparttablex Paket, 92
tight-spacing Option (siunitx), 103
tipa Paket, 195
\tipaencoding (tipa), *195*
Tl Syntax (mdwtab), 71
tl Syntax (makecell), *66*
\tmark (ctable), 54, 55, *56*, *57*
\tnote (ctable), 54, 55, *56*, *57*
\tnote (threeparttable), 90, 91
\tnotex (threeparttablex), 93
\tnotex* (threeparttablex), 93
\to Länge (tabularht), 84
.toc Dateiendung (supertabular), 142
\today, 80
Tokenliste, 244
top Wert (hvfloat), 166
top Wert (odsfile), 82
top Wert (tabularkv), 86
\topcaption (supertabular), 142
\topcaption (xtab), 149
\toprule (booktabs), *47*, 47, *50*, *51*, 51, 57
\topstrut (makecell), *69*, 69
Tortendiagramm, 58

\TPTminimum Länge (threeparttable), 91
\TPTnoteLabel (threeparttable), 91
\TPTnoteSettings (threeparttable), 91
\TPTrlap (threeparttable), 91
\TPTtagStyle (threeparttable), 91
Tr Syntax (mdwtab), 71
Trennlinie, 23
Trennung, 25
trim Option (diagbox), 74
\ttfamily, *25*
turn Env. (rotating), *25*, *215*, *219*
\twocolumn, 18, 55, 166, 168, *198*, 198, *199*
twoColumnCaption Option (hvfloat), 166
\tymax Länge (tabulary), 89
\tymin Länge (tabulary), 89
Typografie, 3

U

Umbruchmöglichkeit, 119
unicode-math Paket, 256
\unit (units), *223*, *228*, *229*
unit-math-tt Option (siunitx), 103
use-xspace Option (siunitx), 103
\usebox, 177
useOBox Option (hvfloat), 166, 177
\UseTblrTemplate (tabularray), *160*
UTF-8, 205, 255

V

v Syntax (mdwtab), 72, 73
valign Option (tabularkv), *86*, 86
varwidth Paket, 25, 208, 244
varwidth Env. (varwidth), *208*, 208, *244*
\verb, 53, 89
\verb*, 89
Verkehrsfarben, 192
Versionsdatum, 20
vertikale Linien, 27
vFill Option (hvfloat), 166, 172
\vfill, 85
\vgap (mdwtab), 72
\vline, *23*, *185*
\vline (mdwtab), 72
\vrule, *27*, *31*, *87*
\vspace, 85, *208*, 208

W

W Syntax (array), 24
w Syntax (array), 24
Wahrheitstabelle, 21
warpcol Paket, 94
wide Option (hvfloat), 166
widetable Paket, 96
widetable Env. (widetable), *96*, 96
\width, *31*
width Option (ctable), 55
width Option (tabularkv), *86*, 86
Wiederholungsfaktor, 5
Worttrennung, 26

X

X Syntax (tabularray), 154, 160
X Syntax (tabularx), 55, 57, 86, *87*, 87, *88*, 88
x Option (tabularkv), 86
X-Spalte, 87
xcolor Paket, 37, 56, 181, 186–191
xdvi Programm, 186
xkeyval Paket, 54
.xlsx Dateiendung, 203
xspace Paket, 54
xtab Paket, 145, 146, 149
xtabular Env. (xtab), 145, *146*, 146, 147, *148–152*
xtabular* Env. (xtab), 146, *147*, *148*

Z

Zahlenkolonnen, 96, 98
Zahlenspalten, 94
Zeile
    Abstand, 7, 51
    Breite, 86
    Farbe, 181
    Höhe, 7, 22
    Tiefe, 22
    Vorschub, 33
    Zähler, 41
Zeilenumbruch, 157
Zellenfarbe, 181
Zentrieren, 16
zref Paket, 239
Zählung, 71

Personen

Arseneau, Donald, 25, 83, 90, 113, 199

Barros, Gustavo, 12
Beccari, Claudio, 96
Bertolazzi, Enrico, 62
Borchert, Uwe, 209
Braams, Johannes, 138

Carlisle, David, 21, 38, 64, 86, 89, 96, 132, 181, 186
Charpentier, Jean-Côme, 209

Dekker, Wybo, 54
Doerr, Hans-Peter, 204
Drucbert, Jean-Pierre F., 115

Els, Danie, 46

Fear, Simon, 46
Feuersänger, Christian, 107
Fischer, Ulrike, 209

Gay, Richard, 111
Geiger, Christiane, 209
Godby, Kevin, 175
Goel, Anil K., 130
Guthöhrlein, Eckhart, 100

Høgholm, Morten, 209
Hoftich, Michal, 80
Höppner, Klaus, 2

Ihlenburg, Lutz, 2

Junge, Stefan, 209
Jurriens, Theo, 138

Kaeder, Christoph, 2
Kern, Uwe, 186
Kleb, Bil, 175
Kohm, Markus, 209
Kokan, Ivan, 202
Kumar, Ajit, 177

Lapko, Olga, 65
Leichter, Jerry, 31
Liu, Leo, 73
Löh, Andres, 109
Lyu, Jianrui, 153

Madsen, Lars, 92
Mittelbach, Frank, 21
Münch, H. Martin, 11

Nakashima, Hiroshi, 29
Niepraschk, Rolf, 2, 209
Noirel, Josselin, 51

Oberdiek, Heiko, 84, 86, 196f, 201, 209
Olthof, Edgar, 98
Oostrum, Piet van, 31

Raichle, Bernd, 195, 209
Reichert, Axel, 1, 209
Robertson, Will, 235
Rochester, Wayne A., 94

Schaa, Volker RW, 2
Scharrer, Martin, 53, 226
Schröder, Martin, 26, 88
Shirore, Chetan, 177

Talbot, Nicola, 1, 58
Tellechea, Christian, 75, 209
Tolušis, Sigitas, 135

Wilson, Peter, 145
Wood, Bill, 175
Wooding, Mark, 71
Wright, Joseph, 101

Ziegenhagen, Uwe, 2, 209

34 Jahre DANTE e.V.

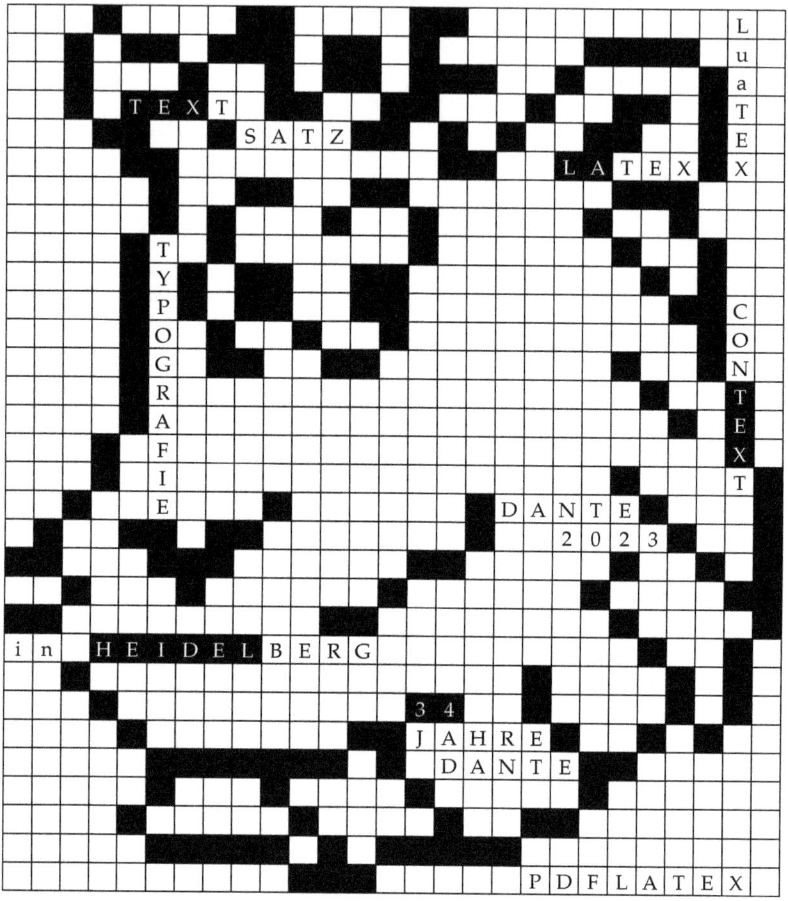

DANTE e.V., Deutschsprachige Anwendervereinigung TEX e.V., wurde am 14. April 1989 in Heidelberg gegründet. Zweck des Vereins ist die Unterstützung und Beratung von TEX-Benutzern im gesamten deutschsprachigen Raum.

Hierzu betreibt DANTE e.V. den deutschen Hauptknoten von CTAN, dem weltweiten Software-Archiv für TEX, veranstaltet Tagungen, bietet einen Beraterkreis für Mitglieder und unterhält einen Projektfonds zur Unterstützung der Weiterentwicklung von TEX.

Mitglieder erhalten viermal jährlich die Zeitschrift „Die TEXnische Komödie“ und einmal im Jahr die „TEX-Collection DVD-ROM“.

DANTE e.V. ist vom Finanzamt Heidelberg als gemeinnützig anerkannt.

DANTE e.V.
Postfach 11 03 61
69072 Heidelberg

Tel.: +49 6221 29766
Fax: +49 6221 167906
E-Mail: info@dante.de
WWW: http://www.dante.de